Analyse du discours et comparaison : enjeux théoriques et méthodologiques

PETER LANG
Bruxelles · Bern · Berlin · New York · Oxford · Wien

SHEILA VIEIRA DE CAMARGO GRILLO,
SANDRINE REBOUL-TOURÉ, MARIA GLUSHKOVA (DIR.)

Analyse du discours et comparaison : enjeux théoriques et méthodologiques

Études contrastives
Vol. 16

Nous remercions les groupes de recherche pour leur soutien :
Clesthia, Langage, systèmes, discours, EA 7345 université Sorbonne nouvelle,
Diálogo, université de São Paulo.

Cette publication a fait l'objet d'une évaluation par les pairs.

Toute représentation ou reproduction intégrale ou partielle faite par quelque procédé que ce soit, sans le consentement de l'éditeur ou de ses ayants droit, est illicite. Tous droits réservés.

© P.I.E. PETER LANG s.a.

Éditions scientifiques internationales

Brussels, 2021

1 avenue Maurice, B-1050 Bruxelles, Belgium brussels@peterlang.com;
www.peterlang.com

ISSN 1424-3563
ISBN 978-2-8076-1680-6
ePDF 978-2-8076-1681-3
ePub 978-2-8076-1682-0
DOI 10.3726/b18463
D/2021/5678/37

Information bibliographique publiée par « Die Deutsche Bibliothek »

« Die Deutsche Bibliothek » répertorie cette publication dans la « Deutsche Nationalbibliografie » ; les données bibliographiques détaillées sont disponibles sur le site <http://dnb.ddb.de>.

Sommaire

Liste des contributeurs 11

Introduction : comparaison, invariance et altérité 13
*Sheila Vieira de Camargo Grillo, Sandrine Reboul-Touré,
Maria Glushkova, Flávia Silvia Machado*

1. ANALYSE DU DISCOURS COMPARATIVE/CONTRASTIVE : ÉLÉMENTS POUR UN CADRE THÉORIQUE

L'analyse du discours contrastive, un voyage
au cœur du discours 35
Patricia von Münchow

Fondements théorico-méthodologiques pour les analyses
comparatives/contrastives des discours : les documents
officiels de l'éducation de base au Brésil et en Russie 55
Sheila Vieira de Camargo Grillo

Comparer des genres de discours en français et en
japonais : questionnements théoriques et méthodologiques 87
Chantal Claudel

2. L'ARTICULATION LANGUE ET CULTURE

L'analyse du discours contrastive et les discours
professionnels 117
Geneviève Tréguer-Felten

Linguoculturologie : la comparaison entre les langages et les cultures 137
Darya Alekseevna Shchukina

3. COMPARAISON ET GENRES DE DISCOURS : LA TRANSMISSION DES CONNAISSANCES

Comparaison et catégories pour l'analyse du discours – L'exemple des blogs de vulgarisation scientifique 171
Sandrine Reboul-Touré

Aspects de la divulgation scientifique dans les blogs brésiliens .. 201
Flávia Silvia Machado

Traces de didacticité dans la vulgarisation scientifique : une analyse dialogique-comparative du discours de *Ciência Hoje* et de *La Recherche* 221
Urbano Cavalcante Filho

Philosophie Magazine et *Filosofia Ciência & Vida* : un support pédagogique et un outil d'interprétation de l'actualité médiatique 247
Daniela Nienkötter Sardá

Une analyse comparative des conversations médiatiques avec des scientifiques : le manque d'eau au Brésil et en Russie 269
Maria Glushkova

4. DE LA COMPARAISON : OUVERTURE THÉORIQUE

Des exigences théoriques de la comparaison aux contingences d'un corpus particulier : « immigrationniste » dans un discours politique à vocation polémique 295
Sophie Moirand

Comparer pour comprendre la communication institutionnelle : analyses discursives des logiques communicationnelles des campagnes d'information et d'éducation 329
Florimond Rakotonoelina

Liste des contributeurs

Urbano Cavalcante Filho
Diálogo (CNPq/ université de São Paulo) et IFBA de Bahia

Chantal Claudel
Université Paris Nanterre
ModyCo – UMR 7114

Maria Glushkova
Université de São Paulo (Brésil)
Groupe de recherche *Diálogo*

Sheila Vieira de Camargo Grillo
Université de São Paulo, Diálogo (GP/ CNPq/ USP)

Flávia Silvia Machado
Université Paris Nanterre EA 369 CRILUS –
Centre de recherches interdisciplinaires

Sophie Moirand
Université Sorbonne nouvelle
Clesthia, Langage, systèmes, discours – EA 7345

Patricia von Münchow
Université Paris Descartes, EDA

Florimond Rakotonoelina
Université Sorbonne nouvelle
Clesthia, Langage, systèmes, discours – EA 7345

Sandrine Reboul-Touré
Université Sorbonne nouvelle
Clesthia, Langage, systèmes, discours – EA 7345

Daniela Nienkötter Sardá
Université de São Paulo, Diálogo (USP/ CNPq)

Darya Alekseevna Shchukina
Université des Mines de Saint-Pétersbourg

Geneviève Tréguer-Felten
Université Sorbonne nouvelle
Clesthia, Langage, systèmes, discours – EA 7345

Introduction : comparaison, invariance et altérité

SHEILA VIEIRA DE CAMARGO GRILLO, SANDRINE REBOUL-TOURÉ, MARIA GLUSHKOVA, FLÁVIA SILVIA MACHADO

L'analyse du discours se trouve confrontée à de « véritables défis », notamment la globalisation, l'impact d'internet et la grande diversité des corpus. Cette globalisation des études de discours est mise en évidence par D. Maingueneau :

> en matière d'étude du discours, on est passé en peu d'années d'une division en espaces intellectuels nationaux (au départ dans les années 1960–1970, il existait pour l'essentiel une analyse du discours française, britannique, nord-américaine) à une recherche largement globalisée : non seulement ce type de recherche se développe sur l'ensemble de la planète mais les échanges entre les chercheurs sont constants. On n'a plus affaire à des territoires nationaux mais à des réseaux transnationaux. (Maingueneau 2018 : 507)

Dans le champ très vaste des études de discours, les recherches menées par les auteur.e.s de ce livre s'inscrivent, sur le plan théorique, dans une triple perspective : l'analyse des discours contrastive/comparative[1], le dialogisme de Bakhtine, Medvedev, Volóchinov et la linguoculturologie [лигвокультурология] russe. Ces trois perspectives s'articulent autour du rapport entre langue, discours et culture. Le défi de cet ouvrage est tout à fait spécifique : d'une part, examiner le rôle de la comparaison pour la description, la compréhension et l'interprétation des discours, et, d'autre part, rassembler autour de la comparaison des recherches sur

---

[1] Dans les différents articles de cet ouvrage, les auteurs utilisent ces deux désignations à cause de leur appartenance à différentes communautés scientifiques et langagières : en France, on préfère « constrastive », et, au Brésil, on emploie plutôt « comparative », parce que « constrastive » est vue comme relevant du structuralisme.

des corpus diversifiés menées par des scientifiques brésiliens, français et russes.

Cet intérêt sur l'ouverture internationale de l'analyse du discours est prégnant dans nos groupes de recherche. En France, comme le montrent, entre autres, *Les Carnets du Cediscor*[2] qui, dès les années 1990, accueillent des articles de chercheurs internationaux. Nous avons mis en place des échanges entre le Cediscor[3] et le groupe de recherche Diálogo[4] dirigé par S. Grillo avec qui nous avons créé le réseau *Logos*, depuis 2008. À l'université de São Paulo, le groupe collabore aussi avec des collègues de l'Université Gornyi à Saint-Pétersbourg. Ainsi, nous avons organisé un colloque international *Analyse des discours et comparaison*[5] qui s'inscrit dans une perspective d'échanges institutionnels et scientifiques. L'objectif de ce partenariat est de promouvoir le dialogue entre des approches théoriques et méthodologiques différentes en analyse des discours au Brésil, en France et en Russie.

La comparaison : brève histoire et importance pour l'analyse du discours, le dialogisme de Bakhtine/ Medvedev/Volóchinov et la linguoculturologie

Dans cet ouvrage, l'analyse du discours rencontre la dimension comparative qui est explorée sous différents angles dans chaque contribution. L'intérêt de cette dimension comparative et sa méthode sont clairement

---

[2] Voir Open Edition : <https://journals.openedition.org/cediscor/>
[3] Centre de recherche sur les discours ordinaires et spécialisés, créé en 1989 par S. Moirand, à l'université de la Sorbonne Nouvelle – Paris 3, aujourd'hui au sein de l'axe « Sens et discours » de l'équipe d'accueil Clesthia – Université Sorbonne nouvelle, <http://www.univ-paris3.fr/clesthia-langage-systemes-discours-ea-7345-98241.kjsp?STNAV=&RUBNAV>
[4] Le groupe de recherche Diálogo – <http://dialogo.fflch.usp.br/> – a été formé en 2015 à l'Université de São Paulo (USP-Brésil) pour rassembler des chercheurs de différentes universités brésiliennes, françaises et russes intéressés par la recherche du contexte de production, la traduction et le développement de la théorie de Bakhtine et son Cercle. L'analyse des discours comparative inspirée par des travaux développés au sein de l'axe « Sens et discours » de l'équipe d'accueil Clesthia et dans les travaux de Bakhtine est un axe majeur de ce groupe. Actuellement, ce groupe est dirigé par les professeures Sheila Vieira de Camargo Grillo (USP) et Dária Schúkina (Université Górnyi – Saint-Pétersbourg).
[5] Colloque qui s'est tenu à l'université de São Paulo, les 7, 8 et 9 novembre 2017.

mis en évidence par M. Bréal (1864) qui cherche une méthode pour rendre l'approche scientifique :

> Ce qui caractérise cette science nouvelle [la grammaire comparée], c'est moins encore le nombre des idiomes qui forment la matière des observations que la méthode qui préside aux rapprochements et la direction générale des recherches. De tout temps on a comparé le latin au grec, et les langues anciennes aux langues modernes ; mais le goût avait plus de part à ces comparaisons que la rigueur scientifique [...] il [...] manquait deux choses : un terme de comparaison pour classer les faits [...] observés, et un instrument de précision pour rendre les observations plus sures et plus complètes. La découverte du sanscrit vint fournir l'un et l'autre.

La comparaison qui repose certes sur une tradition permet d'ouvrir un champ nouveau dans le domaine de l'analyse du discours, comme le montrent les auteur.e.s. de ce volume. Le champ traditionnel fait référence à l'existence de nombreux travaux d'analyse du discours qui ont utilisé des comparaisons pour mettre en évidence le fonctionnement des discours. Par exemple, le livre de D. Maingueneau, *Sémantique de la Polémique* (1983), utilise des confrontations pour caractériser différentes formations discursives ; les textes de S. Grillo, *La production du réel dans des genres de la presse* [*A produção do real em gêneros do jornal impresso*] (2004) et *Vulgarisation scientifique : langages, sphères et genres* [*Divulgação Cientifica: linguagens, esferas e gêneros*] (2013) comparent, eux, les discours selon différents moyens de communication au sein d'une même sphère d'activité humaine ou dans le dialogue entre sphères, afin de mettre en évidence des fonctions discursives dans des relations polémiques et/ou en dialogue. Ces recherches ne prétendaient pas fonder une analyse des discours comparative, mais utilisaient des procédures méthodologiques de comparaison, car, comme le souligne H. M. Posnett (2011 [1986]), l'un des fondateurs de la littérature comparée, le fondement de la raison et de l'imagination est d'opérer de manière objective d'un individu à l'autre, à l'aide de comparaisons et de différences. Selon H. M. Posnett, la proposition de logique la plus ancienne – l'affirmation d'une comparaison, A est B, ou la négation d'une comparaison, A n'est pas B, est supportée par la structure primitive de la comparaison et de la différence. À notre avis, l'utilisation de comparaisons dans plusieurs travaux d'analyse de discours est un moyen fondamental de construire la connaissance humaine à travers des contrastes et des similitudes, capables de révéler le fonctionnement du discours dans l'interdiscours, en divisant l'espace dans la même sphère d'activité humaine et dans différentes sphères de celle-ci.

L'innovation est portée par les chercheurs du Cediscor (Cislaru, 2006 ; Claudel *et alii* (éds) 2013, von Münchow 2004, 2011, 2013) et depuis 2000, certains chercheurs se consacrent au développement d'une analyse du discours comparative ou contrastive, pour comparer des langues, des cultures distinctes – dans cet ouvrage français/japonais, allemand/français, français/portugais, portugais/russe, à travers des concepts d'analyse du discours, de linguistique textuelle et des théories de l'énonciation (Ablali, Achard-Bayle, Reboul-Touré, Temmar (éds) 2018). Plus particulièrement, le concept de *tertium comparationis* – l'invariant de la comparaison (le genre du discours, par exemple) à partir duquel s'articule le travail comparatif des discours dans différentes langues et cultures formulé par ces chercheurs a été utile pour effectuer des comparaisons réalisées par ceux du groupe Diálogo (CNPq/USP) (Grillo et Glushkova 2016 ; Grillo et Higachi 2017). Le trait caractéristique du collectif brésilien est de développer une analyse comparative basée sur les concepts et les procédures méthodologiques de Bakhtine et de son Cercle, en les articulant avec les résultats des chercheurs français. Le domaine de l'analyse du discours emprunte ici notamment deux voies, celle de l'analyse du discours « à la française » qui :

> s'articule autour d'une conviction forte, à savoir que toute réflexion sur le(s) discours découle d'une série d'interrogations sur « le sens » : sens des mots et des constructions syntaxiques, sens des énoncés et usages de la langue en rapport avec les conditions de production, sens des propos tenus par les acteurs sociaux, ou encore réflexion sur le « sens social » des dires d'une époque, qui s'inscrirait dans l'histoire des idées d'une société à un moment de son histoire. (Moirand 2020)

et celle qui s'inscrit dans la lignée des travaux de Bakhtine.

Nous présenterons une approche historique de la comparaison afin d'insérer le concept dans le domaine des sciences du langage (partie 4 – *De la comparaison : ouverture théorique*) et dans le domaine d'une analyse du discours comparative/contrastive. La comparaison invite à identifier d'une part des invariants afin de trouver des régularités et d'autre part des dissemblances entre les langues, d'où la notion d'altérité.

Les analyses littéraires de Bakhtine[6] cherchent à découvrir la genèse d'une œuvre d'art littéraire dans la tradition et dans la vie, mais identifient

---

[6] Ses recherches sur l'œuvre de F. Dostoïevski, le roman et l'œuvre de F. Rabelais emploient de manière intensive des procédés de comparaison entre les littératures

en même temps comment l'acte créateur de l'écrivain supplante cette tradition, évitant ainsi à la fois l'étude typologique (du folklore, par exemple) de traditions anonymes ayant pour nature 'l'impersonnalité' et l'acte créatif détaché de leurs origines littéraires et du milieu sociohistorique et culturel. Dans ce processus d'analyse, la signification des œuvres et d'une culture est révélée par la distance temporelle et spatiale entre les œuvres et les cultures. Les liens qui unissent l'œuvre à d'autres éléments du passé, à d'autres cultures, garantissent leur survie dans le temps futur.

L'approche bakhtinienne dont se révendiquent plusieurs articles de ce volume, nous conduit à deux précurseurs du comparatisme : l'analyse comparative des langues et la littérature comparée.

Depuis les XVIIe et XVIIIe siècles, des procédures comparatives ont été utilisées pour analyser différentes langues – sans relation génétique entre elles – dans le but de créer des dictionnaires bilingues, des grammaires générales et de solidifier l'enseignement des langues étrangères (Kodukhov 1974). Depuis lors, un système de procédures d'analyse a été développé pour la découverte d'aspects communs et spécifiques parmi les langues étudiées, dont la productivité dépendait d'une délimitation adéquate de phénomènes similaires.

À la fin du XVIIIe siècle, W. von Humboldt[7] s'appuyait sur le modèle de l'anatomie comparée, pour proposer justement son anthropologie comparée pointant des différences dans l'organisation spirituelle de divers peuples et individus (Chabrolle-Cerretini 2014), entendus comme des personnages, c'est-à-dire, les modes de production, de développement et de succession des pensées, des sensations, des inclinaisons et des décisions d'une nation, d'un groupe de personnes ou d'une époque. Un principe fondamental de l'anthropologie de Humboldt est la comparaison, puisque, comme la compréhension du particulier ne peut être appréhendée que par la connaissance de la diversité, elle est une méthode incontournable. Pour décrire un personnage, Humboldt propose de partir des faits réels qu'il regroupe dans les discours, les actions et les extériorisations en général, pour arriver à ce qui est moins manifeste : la constitution

---

[7] du monde entier et entre la littérature et les autres sphères de la culture (le carnaval, par exemple).

Une fois qu'on est arrivé aux travaux de Humboldt du fait de la lecture de Bakhtine et Volóchinov, on va utiliser les traductions russes, puisqu'elles montrent le regard russe sur l'œuvre du théoricien allemand.

interne du caractère. Nous concluons qu'une analyse comparative des discours fait partie de l'anthropologie comparée de Humboldt, dans la mesure où elle propose d'enquêter sur la culture manifestée dans des discours dans différentes langues : « La richesse du monde et la variété de ce que nous découvrons en lui grandissent grâce à la variété des langues ; dans le même temps, les frontières de l'existence humaine s'élargissent et de nouvelles façons de penser et de ressentir apparaissent. » (Humboldt 2018 : 203)[8]. Cette conception de la manifestation de la culture sur la langue et le discours est centrale pour la linguoculturologie russe. Selon A.-M. Chabrolle-Cerretini (2014), le comparativisme de Humboldt est guidé par la compréhension et la description des caractères nationaux qui sont des expressions particulières de l'humanité. Pour en arriver aux caractères nationaux, Humboldt analyse les langues, qui sont comprises comme une nécessité intérieure de l'homme développé dans des conditions géographiques, historiques, sociales et culturelles spécifiques. Au cours de son travail, Humboldt opère le passage d'une anthropologie à une linguistique comparée.

La conception du langage qui guide le travail de Humboldt comprend le dialogue en tant que dimension intrinsèque. Comme S. Grillo l'a déjà souligné dans l'essai d'introduction à la traduction de *Marxisme et philosophie du langage* (Grillo 2017), le langage relie l'esprit individuel à l'esprit objectif : « Parler – même dans les formes les plus simples du discours – signifie unir sons sens individuel à la nature humaine générale. On peut en dire autant de la compréhension de ce qui a été communiqué. » (Humboldt 2013 [1859] : 52)[9]. La langue est le lien entre des hommes qui ne se comprennent que lorsqu'ils se sont assurés de comprendre les mots les uns des autres. J. Walker (2017) souligne que le caractère dialogique original du langage chez Humboldt est lié à la fois à la façon dont nous apprenons les langues et à la manière dont les langues se développent, entre une pluralité de langues individuelles, différentes (« tongues »). La variété des langues révèle, à la fois la capacité plurielle

---

[8] Citation en russe : « Благодаря многообразию языков непосредственно возрастает для нас богатство мира и многообразие того, что мы в нём обнаруживаем ; одновременно раздвигаются для нас границы человеческого бытия и новые способы мыслить и чувствовать встают перед нами в определённых и подлинных характерах. »

[9] Citation en russe : « Говорить – даже в простейших формах речи – значит примыкать своим индивидуальным чувством к общечеловеческой природе. То-же самое должно сказать о понимании сообщаемаго. »

de la pensée humaine à concevoir la réalité et la nécessité de les étudier comparativement pour comprendre le langage et l'humanité. Pour Humboldt, comprendre la diversité et l'objectivité du langage n'implique pas le renoncement à la subjectivité : toute l'humanité a le même langage et chaque personne a ses propres aspects centraux d'une philosophie éthique et politique de la liberté humaine.

Dans la foulée des travaux de Humboldt, R. Lado, dans *Linguistics across cultures*, publié en 1957, affirme que la comparaison entre langues et cultures peut être efficace dans le processus d'acquisition-apprentissage d'une langue étrangère. S'appuyant sur les auteurs de l'anthropologie culturelle, la méthodologie développée par R. Lado vise à reconnaître les différences entre les aspects linguistiques et culturels des langues en présence, maternelle et cible, de l'apprenant. Dans ce contexte, la culture est supposée structurée en systèmes de comportements uniformisés dont la forme, la signification et la distribution sont des unités constitutives. Les formes et les significations seraient déterminées et modifiées culturellement, tandis que la distribution serait liée aux cycles de temps, d'espace et de position par rapport aux unités précédentes.

Par l'analyse de telles unités, intrinsèquement indissociables, R. Lado estime qu'il est possible de préciser la nature de la récurrence de certains types d'erreurs, de malentendus ou de difficultés qui affectent le processus d'acquisition-apprentissage de la langue cible. Il existe des cas où la forme coïncide dans les langues A et B, mais leurs significations diffèrent. D'autres fois, comme le montre l'auteur, le même sens est donné sous des formes différentes dans chaque langue. Enfin, les langues peuvent s'appuyer sur une forme et une signification communes avec une distribution différente. En ce qui concerne ce dernier élément, R. Lado souligne que l'observateur de la langue étrangère peut supposer que la distribution d'un aspect dans sa culture d'origine est identique ou plus homogène dans la culture de l'autre.

En 1958, un an après l'apparition de l'étude R. Lado, les chercheurs J.-P. Vinay et J. Darbelnet lancèrent une méthode de traduction intitulée *Stylistique comparée du français et de l'anglais*. L'œuvre fait partie de la collection *Bibliothèque de stylistique comparée*, organisée par A. Malblanc, qui couvre également d'autres éditions visant à comparer la stylistique et la « valeur des parties du discours » en français, allemand, espagnol et anglais. Au cours d'un voyage de New York à Montréal, les chercheurs ont constaté des différences linguistiques frappantes sur les plaques de transit des provinces francophones et anglophones. Selon eux, des plaques en anglais révélaient un caractère de conseil « presque paternel et légèrement autoritaire » (p. 18). Les plaques françaises, en revanche, avaient des mots longs et lourds, tels que des adverbes finissant par *-ment*, et des phrases qui indiquaient plus clairement les effets de la transgression d'une règle de circulation donnée. Cette observation a amené les auteurs à réfléchir sur l'exercice de la traduction et a fini par considérer celle-ci comme une discipline de nature comparative reposant à la fois sur la connaissance de deux structures linguistiques distinctes et sur deux conceptions particulières d'une même réalité.

Dix ans plus tard, en 1968, A. Malblanc présentait le deuxième livre de la collection, *Stylistique comparée du français et de l'allemand*. En plus d'établir un dialogue direct avec les travaux antérieurs de J.-P. Vinay et J. Darbelnet, A. Malblanc a proposé une réflexion plus détaillée sur la stylistique comparée, basée sur la pensée de Humboldt sur les différentes visions du monde de chaque langue et dans le *Traité stylistique* (1951) du linguiste français C. Bally. Contrairement à la stylistique interne, qui serait orientée vers l'étude des éléments intellectuels et affectifs à l'intérieur d'une langue, la stylistique externe ou comparée serait intéressée par la mise en contraste des caractéristiques spécifiques de différentes langues. Les recherches dans le domaine de la stylistique comparée porteraient à la fois sur la compréhension de la correspondance de deux systèmes linguistiques et sur les modes de passage de l'un à l'autre (traduction), ainsi que sur la relation entre leurs genres et leurs styles. Pour A. Malblanc, la relation entre stylistique et traduction est fondamentale car « c'est en comparant des textes de même signification que la stylistique comparée procède et que la traduction en est le principal instrument d'exploitation ; une fois constituée, la stylistique informe et clarifie, à son tour, la traduction » (Malblanc 1968 : 18). Dans le travail en question, après avoir confronté les langues allemande et française en matière de lexique, d'agencement, d'infrastructure et de message, A. Malblanc conclut qu'il avait reconnu deux grands plans de représentation, récurrents. D'un côté, l'allemand s'est révélé plus proche du plan du réel et du concret, rempli de "mots-images" et de "mots-signes", avec une tendance à passer des faits aux idées. D'autre part, le français est plus proche du plan de la compréhension et de la généralisation, composé de "mots-motivés" et de "mots-arbitraires", à partir d'idées allant vers des faits.

Un autre précurseur du comparativisme bakhtinien nous semble être la littérature comparée, apparue comme une discipline académique au XIXe siècle, basée sur « la notion de transversalité, que ce soit par rapport aux frontières entre nations et langues ou par rapport aux limites entre les domaines de la connaissance. » (Coutinho 2011, p. 7). Elle est née des sciences « comparatives » en biologie du début du XIXe siècle, dans le but de « comparer les objets analogues *du même groupe* aux fins de classification, mais en comparant des phénomènes *détachés à certains égards du groupe auquel ils appartiennent normalement* et sont soumis à une confrontation qui montre un caractère commun et, ce faisant, suggère une relation de *parenté et de développement entre des groupes considérés jusqu'alors comme des étrangers* » (Baldensperger 2011 [1921] : 83–84). Bien qu'elles soient discutables pour la plupart des comparatistes, deux conceptions et deux modes de recherche guident les études comparatives : d'une part, la littérature générale comprise comme une recherche de la littérature sans se soucier des frontières linguistiques et, d'autre part, la littérature comparative considérée en tant qu'étude des littératures nationales les unes par rapport aux autres.

Le compatriote de Bakhtine, V. Zhirmunsky (2011 [1967]), comprend que l'étude comparative au sein ou au-delà d'une littérature nationale est le principe fondamental de l'explication historique et de la recherche littéraire. Selon V. Zhirmunsky, les mouvements littéraires internationaux sont en partie fondés sur l'unité et la régularité de l'évolution sociale de l'humanité et en partie sur leurs relations culturelles et littéraires réciproques : « Chaque grande littérature a développé son caractère national en interaction constante avec d'autres littératures. » (2011 [1967] : 222).

La littérature comparée présente trois grandes orientations interdépendantes pouvant éclairer différentes approches de l'analyse comparative du discours. La première établit comme objectif, l'étude des influences d'une littérature ou d'une culture sur l'autre, à travers l'étude des sources, de la fortune critique, de la réputation et du mythe. Cette approche est importante pour le travail de S. Grillo en comparant les linguistiques brésilienne et russe[10], influencées par des auteurs tels que F. de Saussure et W. von Humboldt. La seconde cherche à explorer deux civilisations, deux psychologies distinctes, afin de révéler l'originalité de chaque peuple : « La nature de l'histoire de la littérature comparée est [...] de pénétrer dans l'essence de phénomènes littéraires individuels en comparant des phénomènes similaires ; démêler les lois qui

---

[10] Cf. Grillo, S. V. C. A linguística em manuais brasileiro e soviético. *Alfa* : revista de linguística (unesp. Online), v. 64, p. 1–30, 2020, <https://periodicos.fclar.unesp.br/alfa/article/view/11752/9814>

sont responsables des similitudes ainsi que des différences. » (Betz 2011 [1973] : 56). Enfin, la troisième la conceptualise comme « une méthode pour élargir la perspective d'approche des œuvres littéraires isolées [...] afin que les mouvements et les tendances puissent être discernés dans les différentes cultures nationales et que les relations entre littérature et autres domaines de l'activité humaine soient aperçues » (Aldridge 2011 [1969], 272). Grâce à cette définition, nous comprenons que les œuvres de Bakhtine qui comparent les sphères littéraires et scientifiques, insèrent également la littérature et la vie dans cette perspective.

Axes théoriques et méthodologiques de l'ouvrage

En tenant compte à la fois des travaux de Bakhtine, de ses précurseurs et des propositions avancées par le Cediscor, les axes théoriques-méthodologiques qui rassemblent les recherches comparatives/contrastives menées par les auteur.e.s de ce volume sont :

I) La notion de culture et son rapport avec la langue/le discours. Ce rapport est traversé par le principe de l'hétérogénéité qui se manifeste, d'une part, dans l'analyse intra-textuelle (à l'intérieur d'un même texte/énoncé) des *corpus* – plus ou moins présent dans les différents travaux de cet ouvrage – et, d'autre part, dans la diversité des langues/cultures des auteur.e.s des articles qui aboutissent à la diversité des approches théoriques. La culture discursive n'est jamais homogène : elle évolue dans le temps, elle reçoit l'influence des différentes communautés discursives, elle est un espace de conflit entre différents points de vue, lorsque la notion de culture fait frontière avec celle d'idéologie. La diversité de langues/cultures des auteur.e.s se manifeste aussi par les différentes traditions scientifiques nationales : les articles révèlent soit une approche centrée sur le concept de culture discursive – notion héritée de et transformée à partir de l'analyse du discours française – , soit des relations entre langue et culture – à la suite de la pensée de W. von Humboldt, qui cherchait à découvrir l'influence de la mentalité d'un peuple sur la langue et de la langue sur la formation des mentalités.

II) La notion de genre du discours occupe une place centrale dans les recherches comparatives/contrastives développées par les auteur.e.s de ce volume, parce que : 1) le genre joue le rôle de *tertium comparationis* ou l'invariant de la comparaison à la base duquel s'articule le travail comparatif des discours dans différentes langues et cultures ; 2) il est formé par des éléments verbaux et extra-verbaux, pertinents pour des analyses qui visent à décrire et à comprendre le rapport entre la langue/le discours et la culture, rapport qui va aboutir à la notion de culture discursive.

Nous avons organisé cet ouvrage autour de quatre parties qui mettent en évidence différentes facettes de l'articulation entre l'analyse du discours et la comparaison.

La première partie *Analyse du discours comparative/contrastive : éléments pour un cadre théorique* fait le point sur les avancées théoriques et méthodologiques actuelles de cet espace de l'analyse du discours qui fait se rencontrer des corpus dans des langues et des cultures différentes, ici le français et l'allemand, le portugais et le russe ou le français et le japonais. La question centrale, *comment comparer ?* a fait naître, au niveau méthodologique, la notion de *tertium comparationis* qui permet d'apporter une stabilité pour les études comparatives entre langues et cultures : cette base commune est le genre, par exemple, le manuel scolaire d'histoire, le document officiel de l'éducation, l'interview de presse ou le courrier électronique.

P. von Münchow s'interroge sur la nomination de cette analyse du fait de son intersection entre langues et cultures différentes ; elle a proposé la dénomination de « linguistique de discours comparative », rebaptisée aujourd'hui « analyse du discours contrastive » (ADC). L'auteure présente quelques résultats de l'analyse d'un corpus de manuels scolaires d'histoire français et allemands et cherche à montrer comment d'une conception plutôt (ou trop) homogène du discours, elle est passée à une plus grande prise en compte d'une certaine hétérogénéité discursive, hétérogénéité qui s'est d'abord imposée sur le plan descriptif et interprétatif avant d'être pensée sur le plan méthodologique et théorique. L'hétérogénéité intratextuelle *en tant qu'outil d'analyse* permet à l'analyste d'accéder au non-dit et au peu-dit qui sont d'une importance considérable dans l'ADC car les représentations les plus partagées et les moins contestées dans une communauté sont aussi les moins marquées ou les moins dites.

Dans sa contribution, S. Grillo aborde le concept de culture dans les textes de Bakhtine, Medvedev et Volóchinov en l'articulant avec les concepts de culture discursive développés par des chercheurs du Cediscor dans le but de construire une approche théorique pour comparer des énoncés en portugais du Brésil et en russe. La comparaison porte sur le genre discursif « document officiel d'éducation », au Brésil et en Russie, dans le but de mettre en évidence les spécificités de l'enseignement de la langue maternelle dans les deux pays. Les résultats de la recherche sont, d'abord, l'affirmation du concept de culture discursive, concept compris en tant que matérialisation en énoncés et signes idéologiques des valeurs, croyances et significations, qui acquièrent une relative stabilité dans les genres du discours. Ainsi, ont été découvertes des différences importantes en ce qui concerne l'enseignement de la littérature, le rapport avec la constitution multiethnique des deux pays et l'influence des différentes théories linguistiques et littéraires sur les documents officiels d'éducation au Brésil et en Russie.

Ch. Claudel compare des données issues d'un même genre de discours (interview de presse, courrier électronique) produit dans des langues et des cultures différentes, le français et le japonais, ce qui implique des outils théoriques et méthodologiques spécifiques. Le choix des catégories s'effectue non à partir de phénomènes caractéristiques d'un des idiomes, mais en fonction des spécificités des deux langues et cultures contrastées. Et, qu'elles soient méta-cognitives, énonciatives ou pragmatiques, les catégories retenues sont à accorder aux données soumises à la comparaison. L'auteure prend pour point de départ la notion de genre et rend compte de son rôle de *tertium comparationis* ou invariant de la comparaison. Une place est accordée à la notion métacognitive de « figure » pour étudier l'interview de presse et la réflexion menée sur la politesse linguistique permet de traiter certains actes de langage caractéristiques du courrier électronique.

Dans la deuxième partie *L'articulation langue et culture*, c'est l'orientation de l'analyse vers la culture qui est mise en valeur avec une approche interprétative de la culture associée à l'analyse du discours contrastive et la présentation de la « linguoculturologie », une nouvelle discipline scientifique.

G. Tréguer-Felten constate que l'entreprise du XXIe siècle évolue dans un monde de plus en plus technologique et international ce qui favorise des rencontres (souvent à distance) entre interlocuteurs et contribue à la généralisation de l'anglais en tant que « langue du *business* ». Les entreprises recourent à l'anglais (ou plutôt à sa version véhiculaire, l'anglais *lingua franca*, couramment désignée par le sigle ELF) pour diffuser des documents (codes éthiques ou énoncés de leurs missions) visant à convaincre leurs publics internes ou externes du bien-fondé de leurs actions. Dans la majorité des cas, l'entreprise émettrice n'appartient pas à un pays anglophone et propose ces documents sous deux formes que seule la langue distingue. C'est à un tel cas qu'est consacrée cette contribution. L'auteure associe à une approche interprétative de la culture, l'analyse du discours contrastive, ce qui permet non seulement des comparaisons translangagières ou unilangagières mais aussi le rapprochement de bi-textes (couples de textes dont l'un résulte de la traduction de l'autre).

La « linguoculturologie » est au cœur de la contribution de D. A. Shchukina. Elle prend en compte l'influence du langage sur la culture et réciproquement de la culture sur le langage. L'auteure présente les travaux réalisés par des chercheurs russes au sein de cette nouvelle discipline scientifique qui s'est développée au cours de ces dernières années. Elle fait converger les domaines de la communication, de la linguistique, de la culturologie et de la psychologie. La linguoculturologie met en évidence des oppositions culturelles sur la base des données linguistiques. Ainsi, on peut étudier les éléments linguistiques suivants : les lacunes lexicales, les unités linguistiques mythologiques comme les archétypes et les mythologèmes, les coutumes et les croyances, les rituels et les habitudes établis dans la langue, la réserve parémiologique de la langue (proverbes, dictons), la phraséologie, les expressions, les stéréotypes et les symboles.

La troisième partie *Comparaison et genres de discours : la transmission des connaissances* met en valeur la comparaison des discours de transmission des connaissances autour de la vulgarisation/divulgation scientifique ou encore de la philosophie. Les langues et les cultures qui sont mises en comparaison sont le portugais du Brésil avec le français ou le russe. Les corpus sont à l'écrit ou bien à l'oral (interview radiophonique ou télévisée). Les genres analysés qui peuvent constituer un *tertium comparationis* vont du blog sur internet, en passant par des magazines de vulgarisation scientifique ou des articles/dossiers de couverture de magazines de philosophie. Les auteur.e.s explorent, revisitent ou proposent des catégories d'analyse, reformulation, hétérogénéité énonciative, sphères d'activité langagière, dialogisme hypertextuel, didacticité…

Les deux premières contributions de cette partie proposent une expérience particulière car la dimension contrastive est à lire non pas dans chaque texte mais dans l'articulation des deux. Ainsi chaque auteure explore des corpus dans sa propre langue avec une grille d'analyse comportant des points communs et des différences. C'est donc en faisant converger les deux contributions qu'il est possible de saisir une expérience dans le domaine de l'analyse contrastive. S. Reboul-Touré met en place un dialogue avec l'article de F. S. Machado : dans le cadre de l'analyse du discours contrastive, les auteures ont choisi un genre, le blog de vulgarisation/divulgation scientifique qui peut être considéré comme le *tertium comparationis*. S. Reboul-Touré étudie un corpus de blogs en français dans l'aire culturelle de la France. Tout d'abord, un parcours historique de la vulgarisation scientifique permet de souligner le lien avec la dimension culturelle. Puis, elle s'interroge sur les catégories d'analyse, entre intralinguistique et linguistique de l'énonciation pour la reformulation, distingue des catégories liées à la linguistique de l'énonciation avec les hétérogénéités énonciatives, étend les catégories entre énonciation et interdiscours aux « hyperdiscours » sur internet et enfin elle explore les catégories liées à la linguistique du discours avec les « sphères d'activités langagières », ces dernières étant issues des échanges avec les chercheurs du groupe Diálogo.

F. Machado, quant à elle, analyse des blogs de divulgation de la science dont les auteurs se situent dans différentes sphères de communication : la sphère « quotidienne » (ou l'idéologie du quotidien selon les auteurs du Cercle de Bakhtine), la sphère journalistique et la sphère scientifique. Après avoir présenté les terminologies liées à la transmission de connaissances scientifiques dans le contexte brésilien, l'auteure dresse une cartographie des sphères idéologiques à partir desquelles émergent les déclarations analysées. Enfin, elle présente les catégories d'analyses, trouvées dans les blogs brésiliens choisis, en tenant compte des catégories discursives présentées ultérieurement par S. Reboul-Touré. F. Machado a pu identifier que ces catégories sont tout aussi productives dans le *corpus* brésilien. Sous le prisme de la théorie bakhtinienne, elle a retrouvé la présence de différents rapports dialogiques hypertextuels, la réponse générée par les outils de commentaire et de partage, ainsi que différentes manifestations de la bivocalité, dans les énoncés étudiés.

Les deux contributions suivantes s'intéressent à la dimension de la didacticité et de la pédagogie. Dans sa contribution, U. Cavalcante analyse les traces de didacticité matérialisées dans les énoncés de vulgarisation scientifique de deux communautés de langues et de cultures distinctes (brésilienne et française). Le fondement théorico-méthodologique de cette recherche est basé sur l'articulation de l'*Analyse dialogique du discours*/ADD (ligne théorique basée sur la perspective bakhtinienne d'étude du langage) et l'*Analyse du discours comparative*/ADC (courant théorique né au sein du Cediscor, en France). Sur la base de la métalinguistique, l'objet de l'observation, de la description, de l'analyse et de l'interprétation, dans une perspective dialogique-comparative, est le fonctionnement des opérations langagières de didacticité (dans leurs similitudes, différences et variations), matérialisées dans les énoncés des revues *Ciência Hoje* et *La Recherche*, produites respectivement par la Société brésilienne pour le progrès de la science (SBPC) et par la Société d'éditions scientifiques, en France.

D. Nienkötter Sardá propose une comparaison des discours de deux magazines de philosophie publiés respectivement en France et au Brésil : *Philosophie Magazine* et *Filosofia Ciência & Vida*. L'analyse de ces discours comprend la période qui va de 2006 à 2016. Le genre analysé est celui de l'*article/dossier de couverture*, comprenant les titres qui renvoient à ces articles tels qu'ils sont annoncés sur les couvertures de ces magazines. L'objectif de cette analyse est de comprendre comment ces journaux conçoivent leur public-cible respectif, ainsi que la place de la Philosophie dans chacune de ces publications. Le cadre théorico-méthodologique suivi est celui de l'analyse du discours comparative. Les résultats indiquent que les deux magazines ont une double intention : être un support pédagogique (pour les élèves, dans un cas, et pour les enseignants, dans l'autre) et un outil d'interprétation de l'actualité médiatique.

Enfin, l'article de M. Glushkova présente une analyse comparative discursive des énoncés oraux dans le cadre des conversations avec des scientifiques au Brésil et en Russie au sujet du manque d'eau. Ces rencontres ont eu lieu lors d'émissions audiovisuelles (l'une radiophonique, l'autre télévisée) de vulgarisation scientifique dans les deux pays. Les fondements théorico-méthodologiques de cette comparaison ont été élaborés au confluent de la théorie bakhtinienne et de l'analyse comparative de discours pratiquée dans les travaux des chercheurs du Cediscor et du groupe de recherche Diálogo. À partir de ces fondements a été construit un corpus d'énoncé en deux langues : le portugais du Brésil et le russe. Ceci a permis d'observer deux approches distinctes : il y a dans le programme russe une promotion d'une conscience de l'espace public qui est absente du discours brésilien, et inversement, celui-ci met en avant l'espace domestique. L'émission brésilienne a aussi tendance à occulter la responsabilité de l'État en ce domaine, clairement exposée dans le programme russe. De plus, au Brésil, le problème configure un événement discursif de façon différente comparativement au ton théorique adopté en Russie.

La quatrième et dernière partie *De la comparaison : ouverture théorique* invite à s'interroger sur la comparaison à la fois d'un point de vue théorique et d'un point de vue méthodologique et à mieux cerner les exigences autour de cette notion dans le domaine des sciences du langage et dans le champ des sciences sociales avec une mise au point épistémologique ouverte.

S. Moirand présente ce qui a conduit d'une linguistique de discours comparative, fondée sur des données interlinguales ou intralinguales, à une comparaison entre les dires « représentés » des acteurs sociaux dans la presse quotidienne française lors de la campagne présidentielle de 2017. Après avoir souligné les difficultés liées à la comparaison, l'auteure retrace l'évolution d'une analyse du discours à entrée lexicale vers des démarches de sémantique discursive. S. Moirand étudie d'une part la valeur polémique de mots « construits » et de mots « associés », notamment des mots dérivés en *-isme/-iste*. Ces « mots » et « cotextes » ne manquent pas de « (re)surgir » lors des élections au Parlement européen en mai 2019, et cette fois dans différentes langues/cultures de pays dont l'Histoire est différente. D'autre part, elle analyse des « comparaisons » entre des propos tenus dans une même langue/culture à un même moment de « l'actualité-en-train-d'être-actée » mais à partir de positions socio-politiques différentes que l'on peut retrouver dans d'autres langues/cultures de l'Europe des 28. Ainsi, des bribes de « discours représentés », sorties de leurs cotexte et contexte, acquièrent un autre sens lorsqu'elles sont insérées dans les textes des commentateurs. L'articulation du lexique, du cadre énonciatif et des acteurs sociaux participent à la sémantique discursive.

La contribution de F. Rakotonoelina propose une analyse du discours qui articule *énonciation anglo-saxonne* et *énonciation indicielle* en pointant les relations interlocutives. L'auteur s'interroge sur la comparaison des campagnes d'information et d'éducation institutionnelles sur le web à partir de leurs logiques pragmatiques et énonciatives pour comprendre les enjeux sociaux de ce type de communication. Un site web n'est ni un discours particulier ni un genre discursif spécifique, mais il combine une multitude de discours et de genres pour former sa propre logique communicationnelle. L'objectif de l'article consiste à appréhender cette logique communicationnelle en portant un regard global sur un type de communication que F. Rakotonoelina qualifie de communication institutionnelle à visée informative et éducative. Après avoir placé la comparaison comme le fondement même des sciences humaines et sociales, l'auteur souligne le fait que la démarche comparative demeure dans toute entreprise d'analyse du discours, de manière implicite ou explicite, pour une même langue et pour un corpus donné, hétérogène ou non.

Références bibliographiques

Ablali, D., Achard-Bayle, G., Reboul-Touré, S. et Temmar, M. (éds), 2018, *Texte et discours en confrontation dans l'espace européen*, Berne, Peter Lang.

Aldridge, A. O., 2011 [1969], Propósito e perspectivas da literatura comparada, [Le but et les perspectives de la littérature comparée], *in* Coutinho, E. F. et Carvalhal, T. F. (Org.), *Literatura comparada. Textos fundadores* [La littérature comparée. Textes fondateurs], 2. ed. Trad. Torres S., Rio de Janeiro, Rocco : 272-276.

Baldensperger, F., 2011 [1921], Literatura comparada : a palavra e a coisa, [La littérature comparée : le mot et la chose], *in* Coutinho, E. F. et Carvalhal, T. F. (org.), *Literatura comparada. Textos fundadores*. [La littérature comparée. Textes fondateurs], 2. ed. Trad. Neis, I. A., Rio de Janeiro, Rocco : 75-99.

Betz, L. P., 2011 [1973], Observações críticas a respeito da natureza, função e significado da história da literatura comparada [Des observations à propos de la nature, fonction et signification de l'histoire de la littérature comparée], *in* Coutinho, E. F. et Carvalhal, T. F. (org.) *Literatura comparada. Textos fundadores* [La littérature comparée. Textes fondateurs]. 2. ed. Trad. Zyngier, S., Rio de Janeiro, Rocco : 53-69.

Bréal, M., 1864, *De la méthode comparative appliquée à l'étude des langues. Leçon d'ouverture du cours de grammaire comparée au collège de France*, Paris, Librairie Germer Baillère.

Chabrolle-Cerretini, A., 2014, « L'approche anthropologique du caractère national chez Wilhelm von Humboldt », *The Tocqueville Review/La revue Tocqueville*, Volume 35, n° 1, Toronto : 55-71.

Cislaru, G., 2006, « Noms de pays et autoreprésentation dans le discours des périodiques nationaux français, anglophones, roumanophones et russes », *Les Carnets du Cediscor 9*, Presses Sorbonne nouvelle, <https://journals.openedition.org/cediscor/65>

Claudel, Ch., von Münchow, P., Pordeus Ribeiro, M. Pugnière-Saavedra, F. et Tréguer-Felten, G. (éds), 2013, *Cultures, discours, langues : nouveaux abordages*, Limoges, Lambert-Lucas.

Coutinho, E. F., 2011, Nota à 2ª. edição [Note à la 2ª. édition], *in* Coutinho, E. F. et Carvalhal, T. F. (org.) *Literatura comparada*. Textos fundadores [La littérature comparée. Textes fondateurs], 2. ed. Rio de Janeiro, Rocco : 7–13.

Grillo, S. V. C., 2004, *A produção do real em gêneros do jornal impresso* [La production du réel dans les genres de la presse], São Paulo : Humanitas/ Fapesp.

Grillo, S. V. C., 2013, *Divulgação científica : linguagens, esferas, gêneros* [La vulgarisation scientifique : langages, sphères, genres], 333f, Tese (Doutorado em Filologia e Língua Portuguesa) – Faculdade de Filosofia, Letras e Ciências Humanas, Universidade de São Paulo, São Paulo.

Grillo, S. V. C., 2017, Marxismo e filosofia da linguagem : uma resposta à ciência da linguagem do século XIXᵉ início do XX [Le marxisme et la philosophie du langage : une réponse à la science du langage du XIXᵉ siècle et du début du XXᵉ], *in* Volóchinov, V. N., *Marxismo e filosofia da linguagem*. Problemas fundamentais do método sociológico na ciência da linguagem [Le marxisme et la philosophie du langage. Les problèmes fondamentaux de la méthode sociologique dans la science du langage], São Paulo, Ed. 34 : 7–82.

Grillo, S. V. C. et Glushkova, M., 2016, « A divulgação científica no Brasil e na Rússia : um ensaio de análise comparativa de discursos » [La vulgarisation scientique au Brésil et en Russie : un essai d'analyse comparative des discours], *Bakhtiniana – revista de estudos do discurso*, v. 11 : 69–92.

Grillo, S. V. C. et Higachi, A., 2017, Enunciados verbo-visuais na divulgação científica no Brasil e na Rússia : as revistas *Scientific American Brasil* e *v míre naúki* (no mundo da ciência) [Des énoncés verbo-visuels dans la vulgarisation scientifique au Brésil et en Russie : les revues *Scientific American brasil* e *V míre naúki* (dans le monde de la science)], *in* Kozma, E. V. B. et Puzzo, M. B. (org.). *Múltiplas linguagens* : discurso e efeito de sentido [Des langages multiples : discours et effet de sens], 1ed.Campinas : Pontes, v. 1 : 91–130.

Humboldt, W. von, [1859], 2013, *O razlítchi organízmov tcheloviétcheskogo iaziká i o vliáni étogo razlítchia na úmstvennoe razvítie tcheloviétcheskogo roda*. *Vvedénie vo vseóbschee iazikoznánie* [Sur la distinction des organismes du langage humain et l'influence de cette distinction sur le développement intellectuel du genre humain. Une introduction à la linguistique générale], Tradução de Biliárski P. S., Moscou, Librokom, 2ª ed.

Humboldt, W. von, 2018, Концепция общего языкознания : цели, содержание, структура. Избранные переводы [La conception d'une linguistique générale : objectifs, contenus, structure. Traduction de textes sélectionnés]. Пер. с нем./Вступ. ст. И примеч. Л. П. Лобановой. Moscou : Ленанд.

Kodukhov, V. I., 1974, *Óbchee iazikoznánie* [La linguistique générale], Moscou, Víchaia Chkola.

Lado, R., 1957, *Linguistics across cultures. Applied linguistics for language teachers*, The University of Michigan Press.

Maingueneau, D., 1983, *Sémantique de la polémique*, Lausanne, L'Âge d'Homme.

Maingueneau, D., 2018, Quelques réflexions sur l'évolution de l'analyse du discours, *in* Ablali, D., Achard-Bayle, G., Reboul-Touré, S. et Temmar, M. (éds), *Texte et discours en confrontation dans l'espace européen*, Berne, Peter Lang.

Malblanc, A., 1968, *Stylistique comparée du français et de l'allemand. Essai de représentation linguistique comparée et étude de traduction*, Paris, Didier.

Moirand, S., 2020, « Retour sur l'analyse du discours française », *Pratiques* 185–186, <http://journals.openedition.org/pratiques/8721>

von Münchow, P., 2004, *Les journaux télévisés en France et en Allemagne. Plaisir de voir ou devoir de s'informer*, Paris, Presses Sorbonne Nouvelle.

von Münchow, P., 2011, *Lorsque l'enfant paraît… Le discours des guides parentaux en France et en Allemagne*, Toulouse, PUM.

von Münchow, P., 2013, Cultures, discours, langues : aspects récurrents, idées émergentes. Contextes, représentations et modèles mentaux, *in* Claudel, Ch. *et alii* (éds), *Cultures, discours, langues : nouveaux abordages*, Limoges, Lambert-Lucas : 186–207.

Pajević, M., 2013, "Sprachdenken: Thinking of Language (Humboldt/Trabant) and its anthropological consequences", *Forum for Modern Language Studies*, Vol. 50, n° 1, Saint Andrews.

Posnett, H. M., 2011 [1886], O método comparativo e a literatura [La méthode comparative et la littérature], *in* Coutinho, E. F. et Carvalhal, T. F. (org.) *Literatura comparada. Textos fundadores* [La littérature comparée. Textes fondateurs], 2. ed. Trad. S. Zyngier, Rio de Janeiro, Rocco : 23–34.

Trabant, J., 2017, "Vanishing Worldviews", *Forum for Modern Language Studies* 53, issue 1, Saint Andrews : 21–34.

Vinay, J.-P. et Darbelnet, J., 1977, *Stylistique comparée du français et de l'anglais*. Méthode de traduction, Paris, Didier.

Walker, J., 2017, "Wilhelm von Humboldt and Dialogical Thinking", *Forum for Modern Language Studies* 53, Saint Andrews, 2017.

Weisstein, U., 2011 [1973], Literatura comparada : definição » [La littérature compare : définition, *in* Coutinho, E. F. et Carvalhal, T. F. (org.), *Literatura comparada,* Textos fundadores [La littérature comparée. Textes fondateurs], 2. ed. Trad. Torres S., Rio de Janeiro, Rocco : 326–352.

Zhirmuhsky, V. M., 2011 [1967], Sobre o estudo da literatura comparada » [Sur l'étude de la littérature comparée, *in* Coutinho, E. F. et Carvalhal, T. F. (org.), *Literatura comparada.* Textos fundadores [La littérature comparée. Textes fondateurs], 2. ed. Trad. Nogueira R. P., Rio de Janeiro, Rocco : 214–228.

1.

ANALYSE DU DISCOURS COMPARATIVE/CONTRASTIVE : ÉLÉMENTS POUR UN CADRE THÉORIQUE

L'analyse du discours contrastive, un voyage au cœur du discours

PATRICIA VON MÜNCHOW

Au début des années 2000 (voir von Münchow 2009 [2004]), j'ai mis en place une approche que j'ai alors appelée « linguistique de discours comparative », rebaptisée par la suite « analyse du discours contrastive » (ADC). J'ai toujours continué à travailler dans cette optique et quelques collègues, doctorants et jeunes docteurs ont pu mettre au service de leurs propres recherches les résultats que j'ai obtenus. Après plus de 20 ans d'études de corpus dans une optique contrastive et de réflexion théorique et méthodologique toujours menée en parallèle, l'ADC a, bien entendu, évolué. Après un premier bilan effectué à la fin des années 2000 (voir von Münchow 2008, 2010), j'ai de nouveau fait état des évolutions les plus importantes dans des publications récentes, abordant en particulier l'importance que revêtent désormais le champ éducatif (2015a), l'orientation socio-cognitive de l'approche (2013a, 2016a) et une nouvelle attitude adoptée face à l'hétérogénéité du discours (2015b). Or mes récents travaux sur le non-dit et le « peu-dit » (2016a, 2017, 2018) imposent un retour sur la question de l'hétérogénéité du discours, qu'ils permettent de voir dans une nouvelle lumière. Après avoir brièvement rappelé la définition de l'ADC, je montrerai donc ici, à l'aide de quelques résultats de l'analyse d'un corpus de manuels scolaires d'histoire français et allemands, comment d'une conception plutôt (ou trop) homogène du discours l'ADC est passée à une plus grande prise en compte d'une certaine hétérogénéité discursive, hétérogénéité qui s'est d'abord imposée sur le plan descriptif et interprétatif avant d'être pensée sur le plan méthodologique et théorique.

1. L'analyse du discours contrastive

L'ADC se situe au carrefour de l'analyse du discours française (Pêcheux 1990 ; Maingueneau 1995, 2005, 2014 ; Moirand 2006) et de la linguistique textuelle (Harweg 1979 [1968] ; de Beaugrande 1980 ; Adam 2005 ; Adamzik 2010), tout en s'inscrivant également dans le champ des approches contrastives ou « transculturelles » (Kerbrat-Orecchioni 1994, 2005 ; Béal 2010 ; Fix, Habscheid et Klein 2007 [2001]). Son objet est la comparaison de différentes cultures discursives, notion qui recouvre les manifestations discursives des représentations sociales circulant dans une communauté donnée sur les objets sociaux, d'une part, et sur les discours à tenir sur ces objets, d'autre part. Dans cette optique, on met en rapport non pas différentes langues, comme le fait traditionnellement la linguistique contrastive, mais les manifestations d'un même genre discursif dans au moins deux communautés différentes (ou ce qu'on suppose être des communautés), genre dont il s'agit alors de décrire et ensuite d'interpréter les régularités et les variabilités.

On peut dire, en suivant J.-B. Grize (1996 : 63), qu'un document (écrit ou oral) consiste en des traces (marques linguistiques) d'opérations discursives qui permettent à l'analyste de (re)construire les représentations discursives (ou encore les images données à voir dans le discours par l'auteur, individuel ou collectif). Ce qui nous intéresse ensuite, c'est d'accéder par l'intermédiaire de ces représentations discursives aux représentations sociales (cf. Guimelli 1999) en cours dans la communauté en question, la relation de cause à effet entre les deux types de représentations allant dans les deux sens. Or il faut bien comprendre que si ce sur quoi se concentre l'ADC est la relation entre les représentations discursives et les représentations sociales, on ne peut penser cette relation sans une interface cognitive. En effet, si un document peut donner accès à des représentations sociales, ce n'est toujours que sous la forme de l'image que l'auteur du document se fait de ces représentations sociales (qu'il peut, par ailleurs, endosser ou contester, mais dont il tient obligatoirement compte d'une façon ou d'une autre). Cette conception de la relation entre représentations discursives, mentales (ou cognitives) et sociales permet de penser l'articulation entre ce qui est individuel et ce qui est collectif et ainsi d'éviter l'écueil du déterminisme et de l'essentialisme. En effet, selon van Dijk (2014 : 306–307, par exemple), locuteur et récepteur ont – et continuent perpétuellement à construire – des

L'analyse du discours contrastive 37

« modèles mentaux » du contexte social, générique et situationnel de leur interaction. Ces modèles ont une dimension sociale et intersubjective (2009 : 4–6), mais c'est la façon dont chaque locuteur/récepteur interprète le contexte et non pas le contexte lui-même qui façonne la production/interprétation des énoncés.

Il faut préciser que lorsqu'on compare des documents en deux langues différentes, le niveau auquel se déroule concrètement l'analyse n'est pas celui des marques linguistiques mêmes (non comparables à travers les langues), mais celui des opérations discursives, comme par exemple les opérations prédicatives, énonciatives, de désignation, de caractérisation, de positionnement dans le temps et dans l'espace, de mise en avant-plan ou en arrière-plan des acteurs (voir van Leeuwen 2008), les opérations d'organisation textuelle, etc. C'est à ces opérations discursives qu'on rattache – de façon non bi-univoque et distincte selon les langues – les marques linguistiques relevées, seules données empiriques dont on dispose en tant que linguiste.

2. De l'homogénéité à l'hétérogénéité : une analyse de manuels scolaires d'histoire

2.1. Une évolution en analyse du discours française et en analyse du discours contrastive

Rappelons que l'analyse du discours française, qui constitue l'inspiration la plus importante de l'ADC, a connu, au cours de son histoire, une évolution qu'on pourrait décrire comme allant d'une vision homogène vers une vision hétérogène du discours (von Münchow 2015b). Jusqu'au début des années 1980, l'ADF considérait le discours comme n'étant « rien d'autre que l'expression textuelle écrite et/ou parlée des idéologies liées aux places sociales des individus, eux-mêmes analysés beaucoup plus en tant que vecteurs "pensés" et "assujettis" qu'en tant qu'"acteurs" conscients et volontaires » (Bonnafous et Tournier 1995 : 76). On considérait que « le texte avait pour fonction de dissimuler le secret qui le rend nécessaire » (Maingueneau 1992 : 117), mais que ce qu'il cachait était une entité cohérente et régulière, dans l'interdiscours aussi bien que dans l'intradiscours. La construction des corpus – généralement prélevés dans les écrits politiques des partis de gauche – et la méthodologie, fondée sur l'établissement de classes d'équivalence, étaient « tournée[s] vers la répétition, le même et l'homogène » (Maldidier 1993 : 117). Mais à partir des années 1980 l'ADF s'intéresse à des corpus plus variés ainsi qu'aux « aléas de l'histoire, [aux] histoires singulières, [à] l'événement », en accordant une place au sujet tout en considérant que « le discours résiste à la subjectivisation » (Maldidier 1993 : 119).

En ADC, j'ai toujours pris en compte une certaine hétérogénéité, mais dans mes premiers travaux je l'envisageais seulement à travers les sous-corpus étudiés ou, à la limite, d'un document à l'autre à l'intérieur des sous-corpus. Je partais du principe, par exemple (et l'étude le confirmait dans tous les cas), que les journaux télévisés de chaînes privées se distingueraient de celles des chaînes publiques (von Münchow 2009 [2004]) ou que les manuels scolaires de lecture pour le niveau *Gymnasium* (filière généraliste menant au baccalauréat allemand) ne ressembleraient pas en tous points à ceux pour le *Hauptschule* (filière professionnelle) (von Münchow 2009 [2004]). Je constatais aussi qu'il y avait de légères différences d'un journal télévisé à l'autre, même à l'intérieur des différents sous-corpus (von Münchow 2004).

Mais c'est à partir de mon analyse de guides parentaux (von Münchow 2011) qu'un autre type d'hétérogénéité s'est imposé : l'hétérogénéité non plus « inter-sous-corpus » ou « intra-corpus », mais intratextuelle. Sans doute le passage à un nombre a priori illimité d'entrées d'analyse – par opposition à l'exploration des journaux télévisés, opérée par l'intermédiaire des types séquentiels et du discours rapporté seulement – a-t-il joué un rôle dans ce « surgissement » de l'hétérogénéité. Mais il est possible aussi que, par la nature des objets sociaux qu'ils impliquent, certains genres discursifs deviennent davantage que d'autres la scène d'un affrontement non explicite de différentes représentations incompatibles entre elles.

Dans toutes les analyses conduites depuis l'étude des guides parentaux, j'ai alors envisagé les éléments de chaque sous-corpus non seulement pour dégager des ressemblances entre eux, mais aussi pour faire ressortir l'hétérogénéité qui les caractérise, y compris au niveau intratextuel. Dans les pages à venir je montrerai, à l'exemple d'extraits d'une étude de manuels d'histoire français et allemands[1], comment on peut aborder un

---

[1] L'étude a porté sur quatre manuels français et sept manuels allemands tous récents et en usage au moment de l'établissement du corpus (2012–2014). Les ouvrages français s'adressent tous à un public de niveau troisième alors que les manuels allemands sont censés pouvoir être utilisés de façon plus flexible entre l'équivalent de la quatrième et de la seconde (8. Klasse, 9. Klasse, 10. Klasse), selon les Länder. Pour plus de détails, voir von Münchow 2016b.

corpus à la fois comme étant homogène et comme étant hétérogène. J'y ai plus précisément étudié les chapitres portant sur la Première Guerre Mondiale en m'interrogeant sur la représentation de la guerre.

2.2. Discours homogènes en contraste : quels acteurs et quelles perspectives dans la présentation de la Première Guerre Mondiale ?

Comme j'ai pu le montrer dans des publications antérieures (von Münchow 2013b, 2016b, par exemple), il est frappant dans les manuels d'histoire français que les acteurs réels de la guerre soient le plus souvent « mis en arrière-fond » ou « backgrounded », selon la terminologie de van Leeuwen (2008). Cette mise en arrière-fond peut être opérée par l'intermédiaire du passif, comme dans l'extrait (1), par des désignations référant à des acteurs non-humains et/ou collectifs englobant les adversaires, à l'instar de l'extrait (2), ou encore par le syntagme « L'Europe » (extrait 3)[2] :

(1) La guerre en Europe *est déclenchée* durant l'été 1914 et dure jusqu'à l'armistice du 11 novembre 1918. (Ivernel, M. et Villemagne, B., dir. (2012) : *Histoire Géographie 3ᵉ*, Paris, Hatier 38)

(2) À partir de l'automne de 1914, **sur le front ouest**, *les armées* s'enterrent face à face dans des **tranchées** protégées par des barbelés et des mines. Pendant trois ans, *le front* bouge peu. *Les grandes offensives* pour le percer (Verdun, la Somme), très meurtrières, se soldent par des échecs. (Hatier 44)

(3) *L'Europe* connaît un déclin économique. (Arias, S. et Chaudron, E., dir. (2012) : *Histoire Géographie* 3ᵉ, Paris, Belin 38)

Cette tendance majoritaire dans les manuels français consistant à éviter de nommer les acteurs de la guerre au singulier s'explique sans doute par le fait que l'Europe d'aujourd'hui constitue – ou aspire à constituer – une unité politique. Dans ce contexte, on s'abstient d'épingler un pays européen désormais ami comme ayant agressé un autre pays pendant la

---

[2] Les italiques dans les extraits servent à mettre en évidence des éléments particulièrement importants pour l'analyse alors que les caractères gras figurent tels quels dans les manuels.

Première Guerre Mondiale. Les événements semblent être décrits dans une perspective qu'on pourrait appeler « européenne ».

Il n'en est pas de même dans les manuels allemands, dans lesquels la guerre est montrée comme ayant opposé différents pays européens les uns aux autres. Ainsi on relève, dans l'extrait suivant, un emploi récurrent de gentilés et d'adjectifs correspondants :

(4) Vom Bewegungs- zum Stellungskrieg
Für die deutschen Soldaten schien die Erwartung, nach wenigen Monaten siegreich in die Heimat zurückzukehren, gut begründet, denn schnell und planmäßig war Belgien überrannt worden, tief standen die Armeen in Frankreich. /.../ Anfang September *war die Marne überschritten, Paris nur noch 50 Kilometer entfernt*. Aber die *angestrebte* Umfassung der französischen Hauptstadt *wollte nicht gelingen*. Im Gegenteil, am 4. September setzte der Gegenangriff von Franzosen und Engländern ein. An der Marne stieß das englische Expeditionskorps tief zwischen die deutschen Armeen. Die deutschen Truppen *mussten* sich zurückziehen. /.../ *Die Heere* gruben sich in festen Stellungen ein, die Fronten erstarrten. Dasselbe Bild bot sich seit 1915 auch an der Ostfront *im Krieg gegen Russland*. Die Zuversicht auf einen schnellen Sieg wich sowohl an der Front wie auch *in der Heimat* der Ernüchterung. (Regenhardt, H.-O. et Tatsch, C., dir. (2009) : *Forum Geschichte. Ausgabe Hessen. Band 4: Vom Ersten Weltkrieg bis heute*, Berlin, Cornelsen 20)

[**De la guerre de mouvement à la guerre de position**
Pour les soldats allemands la perspective de rentrer chez eux victorieux en peu de mois *semblait* fondée car la Belgique avait été envahie au pas de course et conformément au plan et les armées avaient largement avancé en France. /.../ début septembre *la Marne était franchie, Paris à 50 kilomètres seulement*. Mais l'encerclement de la capitale française, *auquel on aspirait, ne voulait pas se produire*. Au contraire, le 4 septembre débuta la contre-offensive des Français et des Anglais. Au bord de la Marne le corps d'expédition anglais fit une grande avancée au milieu des armées allemandes. Les troupes allemandes *durent* se retirer. /.../ *Les armées de terre* s'enfouirent dans des positions stables, les fronts se figèrent. La même image se montrait également depuis 1915 sur le front de l'Est *dans la guerre contre la Russie*. La confiance en une victoire rapide céda la place à la désillusion sur le front aussi bien que *dans le pays*.]

Il apparaît certes dans cet extrait relativement peu d'actions d'acteurs humains, les énoncés au passif et les acteurs non humains ou au pluriel généralisant (« die /.../ Umfassung », fr. « l'encerclement » ; « der Gegenangriff », fr. « la contre-offensive » ; « die Fronten », fr. « les fronts » ; « Die Heere », fr. « Les armées de terre ») permettant de construire la guerre comme « étant arrivée » aux acteurs réels plutôt que d'avoir été créée par eux. Mais cette « action d'acteurs » n'est pas pour autant absente : « das englische Expeditionskorps » (« le corps d'expédition anglais ») et « Die deutschen Truppen » (« Les troupes allemandes ») constituent des acteurs humains collectifs. L'un de ces acteurs, à savoir les Allemands, est même représenté comme un sujet au sens plein du terme par l'intermédiaire de verbes modaux et de modalités dont les Allemands sont le sujet sémantique. Cela n'étant pas le cas pour les autres acteurs – ils agissent, mais ne subissent pas de contraintes, n'aspirent à rien, n'évaluent pas les circonstances, ne montrent pas de déception (lorsque l'encerclement ne « veut » pas se produire) – nous avons ici affaire à une représentation des événements dans une perspective résolument allemande.

Si cette perspective allemande n'est marquée que de façon discrète par l'intermédiaire des verbes modaux et modalités elle n'est plus indiquée du tout à la fin de l'extrait. En effet, lorsqu'il est question de ce qui se passe « dans la guerre contre la Russie » (« im Krieg gegen Russland »), on ne précise pas qui mène cette guerre contre la Russie. La localisation de « la confiance » (« Die Zuversicht ») et de « la désillusion » (« der Ernüchterung ») n'est pas effectuée non plus. Quel est donc « le pays » (« [die] Heimat ») dont il est ici question ? L'élève lecteur comprend sans doute sans même se poser la question qu'il s'agit de l'Allemagne, référent « évident » dans un manuel d'histoire allemand, évidence qui renforce encore la communauté qu'elle présuppose.[3]

La comparaison est ici un outil méthodologique particulièrement efficace. En effet, lorsque les représentations se construisent et/ou se transmettent dans le non-dit, elles ne peuvent être facilement mises au jour, si ce n'est par contraste avec d'autres représentations construites dans d'autres (sous-)corpus. C'est en l'occurrence la perspective européenne dans les manuels français qui a attiré mon attention sur la perspective allemande non marquée dans les ouvrages allemands.

---

[3] Dans l'énoncé « Anfang September war die Marne überschritten, Paris nur noch 50 Kilometer entfernt » (« Début septembre la Marne était franchie, Paris à 50 kilomètres seulement »), la deixis est allemande aussi sans que cela ne soit marquée d'aucune façon.

2.3. Hétérogénéités intratextuelles

2.3.1. Retour d'un agresseur

Si la perspective européenne, « neutre », voire fédératrice à l'égard des différents belligérants de la Première Guerre Mondiale, est omniprésente dans les manuels français, elle n'est pas pour autant systématique. En effet, de temps en temps l'agresseur allemand « surgit » dans les textes :

(5)   C 1918 : vers la fin de la guerre
 • **En 1918, la guerre de mouvement reprend.** Ayant déplacé à l'Ouest les troupes du front russe, les Allemands tentent une offensive décisive. Comme en 1914, ils sont arrêtés sur la Marne.
 •• La contre-offensive des Alliés est lancée par le général Foch. Elle utilise les renforts américains et les chars. *L'armée allemande recule.*
 ••• **Les Italiens battent les Austro-Hongrois, l'Empire ottoman s'effondre ;** vaincues sur tous les fronts, *les Puissances centrales s'inclinent.* Menacée d'invasion, *l'Allemagne signe* l'armistice à Rethondes, le 11 novembre 1918. (Belin 29)

L'extrait commence par une phrase dont le sujet est « la guerre ». Mais ensuite, « les Allemands » sont acteur d'une tentative d'« offensive décisive », puis patient de l'arrêt de cette dernière, l'agent n'étant pas précisé. Ensuite, on découvre un agent individuel, « le général Foch », dont la nationalité n'est pas indiquée. Le sujet de la phrase suivante est « La contre-offensive des Alliés », sous la forme de l'anaphore « Elle ». Puis est rapportée une série d'actions « de retrait » ou « de capitulation » (à l'exception de l'action victorieuse attribuée aux Italiens), dont les acteurs sont clairement marqués : « L'armée allemande », « l'Empire ottoman », « les Puissances centrales », « l'Allemagne ». Les subordonnées passives expliquant les actions de capitulation, quant à elles, ne contiennent de nouveau pas d'actant agent. On a l'impression ici que le seul véritable acteur de cette guerre était l'Allemagne – et parfois, plus généralement, les Puissances centrales –, les autres pays étant le plus souvent « supprimés » du récit ou, lorsqu'ils sont mentionnés, montrés comme ayant réagi seulement. Cette façon de construire les événements est peu compatible avec la tendance générale dans les manuels français de n'indiquer aucun acteur individuel. L'hétérogénéité est sans doute due au fait que la perspective européenne constitue somme toute un anachronisme lorsqu'il s'agit de l'époque de la Première Guerre Mondiale. On a ici affaire à une « synchronisation »

(Blommaert 2005 : 142) difficile des différentes « couches simultanées » (« simultaneous layers », *op. cit.* : 130–131) de l'histoire.

2.3.2. « Européens » versus « Africains »

Les manuels allemands ne construisent pas de représentations discursives plus homogènes. On pourrait dans un premier temps mentionner, à cet égard, des titres comme ceux-ci, qui s'opposent à l'image – majoritaire – d'une Europe composée d'États distincts :

(6) Die Europäer verteilen die Welt (Christoffer, S. *et alii* (2012) : *Mitmischen 2*, Stuttgart/Leipzig, Klett 266)

[Les Européens partagent le monde]

(7) Europäer wollen Kolonien (Mitmischen 268)

[Des Européens veulent des colonies]

Mais il n'est guère étonnant, et certainement pas incohérent que dans ces titres, qui figurent dans la sous-section portant sur l'impérialisme comme cause de la Première Guerre Mondiale, « les Européens » ou « des Européens » soient envisagés de façon généralisante comme un ensemble cohérent. C'est, bien entendu, l'opposition à un « autre Autre », « les Africains », qui a comme effet l'unification des Européens dans ce manuel :

(8) Die Europäer behaupteten, den Afrikanern helfen zu wollen. Wie sah ihre Hilfe aus? (Mitmischen 272)

[Les Européens prétendaient vouloir aider les Africains. À quoi ressemblait leur aide ?]

« Les Africains » sont, eux aussi, le plus souvent traités de façon généralisante, par l'intermédiaire de la désignation avec déterminant défini, mais la quantification s'opère de façon plus nuancée à certains endroits, comme le montrent les quantificateurs en italique dans ce passage :

(9) Wie die Afrikaner lebten

Im 15./ 16. Jahrhundert hatten Portugiesen und Spanier an den Küsten Afrikas Stützpunkte und Handelsniederlassungen errichtet. Erst viel später unternahmen Forscher und Kaufleute Reisen in das Innere des Kontinents. Sie berichteten, dass die Afrikaner *überwiegend* in Stammesgemeinschaften lebten. *Einige Völker* gingen auf Jagd oder waren als Nomaden auf ständiger Suche nach neuen Weideplätzen für ihre Tiere. *Andere* waren Bauern,

Handwerker und Händler. Die Afrikaner hatten ihre eigene Religion und Kultur. Sie lebten in Dörfern, *aber auch* in alten Städten, die an Handelswegen lagen. (Mitmischen 272)

[Comment vivaient les Africains

Au 15ᵉ/16ᵉ siècle des Portugais et des Espagnols avaient établi des bases et des comptoirs de commerce sur les côtes de l'Afrique. Beaucoup plus tard seulement des explorateurs et des marchands entreprirent des voyages au centre du continent. Ils rapportèrent que les Africains vivaient *majoritairement* dans des communautés tribales. *Quelques peuples* pratiquaient la chasse ou cherchaient, en tant que nomades, perpétuellement de nouveaux pâturages pour leurs animaux. *D'autres* étaient agriculteurs, artisans et commerçants. Les Africains avaient leur propre religion et culture. Ils vivaient dans des villages, *mais aussi* dans de vieilles villes le long de routes commerciales.]

On a ici l'impression que par l'intermédiaire de la quantification à proprement parler, l'auteur fait l'effort de présenter des formes de vie diversifiées, mais qu'il est rattrapé dans son effort par le procédé sans doute moins conscient que constitue la désignation généralisante « die Afrikaner » (« les Africains »), qui apparaît trois fois dans cet extrait.[4]

Ce n'est pas la seule contradiction qu'on peut relever dans le sous-chapitre en question que cette particularisation qui s'oppose à la généralisation abusive. Dans le même manuel, les auteurs précisent de quelle manière était justifié l'impérialisme :

(10) Die militärische Überlegenheit der Europäer über außereuropäische Völker wurde durch Erzählungen über die [sic] Dummheit und die Hilfsbedürftigkeit ergänzt. /.../ Um die eigene Macht und Stärke zu sichern, waren diese Vorstellungen günstig. (Mitmischen 274)

[La supériorité militaire des Européens face à des peuples non européens fut complétée par des récits au sujet de la [sic] stupidité et de l'impuissance. /.../ Pour assurer leur propre pouvoir et leur puissance ces représentations étaient avantageuses.]

Mais sur la page précédente est reproduite une photographie d'Albert Schweitzer examinant un petit enfant noir et dont la légende indique :

---

[4] Cette généralisation s'oppose d'ailleurs à la particularisation effectuée à l'aide de l'énumération ainsi que du déterminant zéro dans « Portugiesen und Spanier » (fr. « des Portugais et des Espagnols »).

(11) /.../ Der Arzt war ein großer Freund der Afrikaner und setzte sich selbstlos für sie ein. (Mitmischen 273)
[Le médecin était un grand ami des Africains et s'engageait pour eux de façon désintéressée.]

L'élève apprend donc par un énoncé métadiscursif – c'est-à-dire par un procédé très explicite et donc conscient – que les Européens se servaient de récits sur l'impuissance des « peuples non européens » pour asseoir leur pouvoir tout en voyant cette image d'impuissance confortée par ce qui lui est montré et dit au sujet d'Albert Schweitzer, de façon non marquée et donc vraisemblablement non consciente, cette fois. On peut en effet *inférer* à partir de l'énoncé (11) que « les Africains » ont besoin d'aide, étant eux-mêmes impuissants, mais ce n'est pas explicite. Il faut ajouter que si l'on relève la construction de cette représentation dans le discours malgré l'absence de marquage dans l'énoncé, c'est sans doute justement grâce à l'hétérogénéité intratextuelle, autrement dit grâce au fait que dans le même manuel, on construit très explicitement une représentation tout à fait opposée. Ce qu'on remarque donc, sans doute avant même de décoder précisément le non-dit, c'est le fait qu'il y a une incohérence dans les différentes représentations véhiculées.

3. De l'hétérogénéité aux cultures discursives : le dit, le peu-dit et le non-dit

Les analyses présentées *supra* montrent que l'hétérogénéité intratextuelle – qu'on retrouve à l'intérieur de chaque manuel d'histoire – est manifeste. On perçoit bien ainsi les contraintes multiples et parfois contradictoires qui pèsent sur le genre en question (voir von Münchow 2013b). Ce constat confirme par ailleurs ceux que j'avais dressés auparavant au sujet des guides parentaux (von Münchow 2011, 2015c). Mais que faut-il conclure de cela ?

L'objectif de décrire des « cultures discursives » est-il impossible à atteindre ? Devrait-on suivre une autre influence importante sur l'ADC, à savoir les approches interculturelles, dont certaines, depuis deux décennies environ, s'inscrivent pleinement dans une conjoncture « liquide » (cf. Bauman 2000, 2004) plus générale en sciences humaines et sociales et vont parfois jusqu'à considérer que les cultures n'existent pas (Kubota

2012 : 92) ?[5] Doit-on au moins considérer que les cultures sont trop « hybrides » pour qu'on puisse en décrire des aspects ? La comparaison ne peut-elle donc plus être qu'un outil méthodologique, mais non l'objet de recherche ?

Cela ne me semblerait pas justifié et ce non seulement parce qu'on parvient toujours à dégager, au-delà de l'hétérogénéité, des tendances discursives majoritaires dans les documents constituant le corpus. En effet, loin de relever (le plus souvent) d'une hybridité à proprement parler, les marques permettant d'induire des représentations différentes se situent généralement à des niveaux différents. En effet, le jeu entre le dit, le peu-dit et le non-dit fait ressortir la hiérarchie dans laquelle entrent les représentations. En ce sens, on pourrait dire que, quel que soit le niveau auquel elle se situe, une communauté ou une culture discursive – parce qu'elle n'est jamais homogène, parce qu'elle évolue dans le temps et parce qu'elle subit toujours l'influence d'autres communautés – se caractérise par des représentations qui ne sont ni homogènes ni hybrides, mais hiérarchisées d'une certaine manière. Pour mieux concevoir cette hiérarchisation des représentations, on peut se servir du tableau suivant (exposé pour la première fois dans von Münchow 2016a), qui établit un rapport entre le statut d'une représentation dans une communauté (évidente, dominante, en émergence, en déclin, etc.), son degré de marquage dans le texte et les procédés d'analyse qu'on peut mettre en œuvre pour y accéder :

---

[5] Pour une description plus détaillée de cette tendance dans les approches interculturelles, voir von Münchow 2015b.

L'analyse du discours contrastive

Tableau 1. Types de représentations sociales, marquage linguistique et procédés d'analyse

		statut d'une représentation sociale dans la communauté		marquage	procédés d'analyse pour accéder aux représentations (exemples)
N O N - D I T	1	évidentes		non marquées	recherche d'acteurs sociaux (associés), de prémisses argumentatives, d'*hétérogénéité* à l'intérieur du corpus, comparaison
	2	dominantes		(assertées), indexées	tous types d'analyses (syntaxe, sémantique, énonciation, séquences textuelles, argumentation, présupposition, préconstruit, appels aux prédiscours, *procédés cat. 1…*)
D I T	3	en voie de devenir dominantes	en déclin	assertées = objet d'un énoncé (métadiscursif)	analyse de contenu
N O N - D I T	4	en émergence	devenues fortement contestées	indexées ou rapportées	*tous types* (cf. cat. 2)
	5	encore inacceptables	devenues inacceptables	non marquées	*cf. cat. 1*
	6	inexistantes/non pertinentes		non marquées	comparaison

À l'origine, ce tableau devait constituer un inventaire des procédés d'analyse pour la mise au jour du « peu-dit » et du non-dit. Dans la continuité de l'analyse du discours française et de ses travaux sur le « préconstruit » (Pêcheux 1975), sur les « prédiscours » (Paveau 2006) ou sur le non-dit plus généralement (Orlandi 1996 [1994]), j'ai en effet proposé de nouveaux outils d'analyse pour accéder à ce qui est (plus ou moins) absent du discours (von Münchow 2016a, 2018), outils centrés non pas sur ce qui est observé, mais sur l'observation, ou, si l'on veut, non pas sur ce qui est marqué dans un document, mais sur la manière dont l'analyste peut s'y prendre pour *re*marquer un marquage discret, voire un non-marquage. Si, à la différence de l'analyse de contenu, qui mène exclusivement à l'observation de ce qui est asserté (représentations de catégorie 3), l'analyse du discours donne accès aux représentations seulement indexées ou « peu dites » (catégories 2 et 4), les procédés que je propose permettent d'atteindre le non-dit à proprement parler, c'est-à-dire les représentations évidentes pour la communauté, d'un côté (catégorie 1), et inacceptables, de l'autre (catégorie 5). Parmi ces procédés, seule la comparaison permet d'ailleurs d'accéder aux représentations de la catégorie 6, inexistantes ou non pertinentes dans une communauté.

Mais le tableau sert aussi à mieux penser l'hétérogénéité intratextuelle, qui y apparaît à deux endroits différents. 1) Dans la colonne de droite, elle apparaît (en italique) comme outil d'analyse permettant la mise en évidence de « peu-dits » ou de non-dits que l'analyste ne remarquerait pas sans elle. 2) Elle apparaît aussi comme résultat de la co-présence de représentations contradictoires de différentes catégories de la colonne de gauche, montrant alors que plusieurs représentations incompatibles les unes avec les autres se font concurrence au sujet d'un objet social dans une communauté donnée. Le tableau permet de concevoir à la fois le lien entre marquage et représentations sociales et l'articulation des différentes représentations entre elles. En effet, si deux représentations sont véhiculées par un marquage du même degré (c'est le cas, par exemple, dans les manuels français pour la guerre sans acteurs, concurrencée par l'acteur unique Allemagne), les représentations entrent dans un rapport concurrentiel à proprement parler.[6] Si, au contraire, l'une des représentations correspond à un marquage (très) explicite et l'autre à un non-marquage ou une indexation seulement, les deux représentations en question n'ont pas le même statut. Le regard critique porté très explicitement sur l'image des Africains comme étant impuissants, par exemple, pourrait correspondre, si l'on se fie au tableau, à une représentation en voie de devenir dominante, mais qui ne l'est pas encore, raison pour laquelle elle doit être assertée. La représentation de l'Africain impuissant, en revanche, véhiculée dans le non-dit, a probablement un statut plus dominant et moins conscient. C'est là qu'on voit clairement que l'hétérogénéité intratextuelle confirme l'existence des cultures discursives plutôt que de l'infirmer : c'est parce qu'une fois acquises, on ne peut pas se débarrasser (facilement) des représentations qu'elles continuent à « ressurgir » dans le discours, même si elles entrent en contradiction avec d'autres représentations plus récentes et plus conscientes, autrement dit, avec ce que l'auteur

---

[6] Il faudra encore affiner la question de l'échelle de marquage à cet égard. Les différentes marques relevant de la catégorie 2, par exemple, ne sont certainement pas toutes équivalentes.

veut dire. Ainsi le discours colonial peut-il être explicitement déconstruit tout en étant réitéré de façon moins explicite.

Conclusion

Dans cette contribution, j'ai tenté de montrer, à travers l'analyse de quelques extraits de corpus, que dans son évolution, l'ADC a effectué un voyage au cœur du discours. Les cultures discursives étaient initialement conçues dans une certaine complexité (selon les genres et sous-genres actualisés), certes, mais aussi dans une relative homogénéité et on peut effectivement constater dans les corpus des tendances majoritaires significatives quant aux représentations véhiculées. Par la suite, cependant, l'analyse de corpus dans lesquels on ne pouvait pas ne pas être frappé par une hétérogénéité certaine dans les représentations transmises m'a amenée à attribuer à cette hétérogénéité un statut de plus en plus central dans l'analyse, aussi bien sur le plan théorique que comme outil méthodologique à plusieurs titres.

Tout comme la comparaison, l'hétérogénéité intratextuelle *en tant qu'outil d'analyse* permet à l'analyste d'accéder au non-dit et au peu-dit, d'une importance considérable dans l'ADC car les représentations les plus partagées et les moins contestées dans une communauté – et donc celles qui intéressent au plus haut point l'analyste – sont aussi les moins marquées ou les moins dites : elles sont « au cœur du discours » à la fois par leur statut central et parce qu'elles n'apparaissent pas ou peu à la surface matérielle du texte. Mais *en tant que résultat d'analyse*, et à l'aide d'un outil comme le tableau que j'ai construit, l'hétérogénéité intratextuelle permet également au chercheur de montrer les cultures discursives dans leur évolution, dans la dynamique dans laquelle elles sont engagées, et dans leur tiraillement entre différentes contraintes qui s'exercent simultanément, sans pour autant considérer ces cultures discursives comme « hyper-hybrides », insaisissables et dépourvues de cohérence. La bonne « gestion conceptuelle » de l'hétérogénéité intratextuelle permet donc également de faire un pas vers le « cœur du discours » et plus exactement des « cultures discursives » sur le plan théorique.

Références bibliographiques

Adam, J.-M., 2005, *La linguistique textuelle. Introduction à l'analyse textuelle des discours*, Paris, Armand Colin.

Adamzik, K., 2010, Texte im Kulturvergleich. Überlegungen zum Problemfeld in Zeiten von Globalisierung und gesellschaftlicher Parzellisierung, *in* Luginbühl, M. et Hauser, S. (éds), *MedienTextKultur. Linguistische Beiträge zur kontrastiven Medienanalyse*, Landau, Verlag Empirische Pädagogik : 17–41.

Arias, S. et Chaudron, E., dir., 2012, *Histoire Géographie* 3ᵉ, Paris, Belin 38.

Bauman, Z., 2000, *Liquid Modernity*, Cambridge, Polity.

Bauman, Z., 2004, *Identity*, Cambridge, Polity.

Béal, C., 2010, *Les interactions quotidiennes en français et en anglais. De l'approche comparative à l'analyse des situations interculturelles*, Berne, Peter Lang.

Blommaert, J., 2005, *Discourse. A Critical Introduction*, Cambridge, Cambridge University Press.

Bonnafous, S. et Tournier, M., 1995, « Analyse du discours, lexicométrie, communication et politique », *Langages* 117 : 67–81.

De Beaugrande, R., 1980, Text, discourse and process. Toward a multidisciplinary science of texts, Londres, Longman.

van Dijk, T.A., 2009, *Society and discourse. How social contexts influence text and talk*, Cambridge, Cambridge University Press.

van Dijk, T.A., 2014, *Discourse and knowledge. A sociocognitive approach*, Cambridge, Cambridge University Press.

Fix, U., Habscheid, S. et Klein, J. (éds), 2007 [2001], *Zur Kulturspezifik von Textsorten*, Tübingen, Stauffenberg.

Grize, J.-B., 1996, *Logique naturelle et communications*, Paris, PUF.

Guimelli, C., 1999, *La Pensée sociale*, Paris, PUF.

Harweg, R., 1979 [1968], *Pronomina und Textkonstitution*, Munich, Fink.

Kerbrat-Orecchioni, C., 1994, *Les interactions verbales*, tome III, Paris, Armand Colin.

Kerbrat-Orecchioni, C., 2005, *Le discours en interaction*, Paris, Armand Colin.

Kubota, R., 2012, Critical approaches to intercultural discourse and communication, *in* Bratt-Paulston, C., Kiesling, S.F. et Rangel, E.S. (éds), *The handbook of intercultural discourse and communication*, Chichester, Wiley-Blackwell : 90–109.

van Leeuwen, T., 2008, *Discourse and practice. New tools for critical discourse analysis*, Oxford, Oxford University Press.

Maingueneau, D., 1992, « Le 'tour' ethnolinguistique de l'analyse du discours », *Langages* 105 : 114–125.

Maingueneau, D., 1995, « Présentation », *Langages* 117 : 5–11.

Maingueneau, D., 2005, « L'analyse du discours et ses frontières », *Marges linguistiques* 9 : 64–75, <http://www.revue-texto.net/Parutions/Marges/00_ml092005.pdf>

Maingueneau, D., 2014, L'analyse du discours et l'espace européen. Quelques réflexions, *in* Grezka, A., Leclère, M. et Temmar, M. (éds), *Les Sciences du langage en Europe : tendances actuelles*, Paris, Lambert Lucas : 15–22.

Maldidier, D., 1993, « L'inquiétude du discours. Un trajet dans l'histoire de l'analyse du discours : le travail de Michel Pêcheux », *Semen* 8 : 107–119

Moirand, S., 2006, « Textes/discours et co(n)textes. Entretien », *Pratiques* 129–130 : 43–49.

von Münchow, P., 2008, *De la grand-messe du 20 heures à la Bible des parents : un parcours de recherche en linguistique de discours comparative*, synthèse pour l'obtention de l'habilitation à diriger des recherches, Paris, Université Paris 3 – Sorbonne nouvelle.

von Münchow, P., 2009, « Entre valeurs universelles et centration sur le sujet : comparaison de manuels de lecture français et allemands », *Synergies Pays riverains de la Baltique* 6 : 125–133, <https://gerflint.fr/Base/Baltique6/von_munchow.pdf>

von Münchow, P., 2009 [2004], *Les journaux télévisés français et allemands. Plaisir de voir ou devoir de s'informer*, Paris, Presses Sorbonne Nouvelle.

von Münchow, P., 2010, « Langue, discours, culture : quelle articulation ? », *Signes, discours et sociétés* 4, 1e et 2e partie, <http://revue-signes.gsu.edu.tr/author/-Luy4Fmq4dK_axeC1a5p>

von Münchow, P., 2011, *Lorsque l'enfant paraît. Le discours des guides parentaux en France et en Allemagne*, Toulouse, Presses Universitaires du Mirail.

von Münchow, P., 2013a, Cultures, discours, langues : aspects récurrents, idées émergentes. Contextes, représentations et modèles mentaux, *in* Claudel, Ch., von Münchow, P., Pordeus Ribeiro, M., Pugnière-Saavedra, F. et Tréguer-Felten, G. (éds), *Cultures, discours, langues. Nouveaux abordages*, Limoges, Lambert Lucas : 187–207.

von Münchow, P., 2013b, Le discours sur les conflits entre nations dans les manuels d'histoire français et allemands. Représentations de la Première

Guerre Mondiale, *in* Gonnot, A.-C., Rentel, N. et Schwerter, S. (éds), *Dialogue(s) entre langues et cultures*, Francfort-s.-Main, Peter Lang : 85–106.

von Münchow, P., 2015a, Analyse du discours et éducation : territoires, « extérieurs » et réseaux, *in* Canut, C. et von Münchow, P. (éds), *Le langage en sciences humaines et sociales*, Limoges, Lambert Lucas : 155–167.

von Münchow, P., 2015b, Analyse du discours, approches critiques et hétérogénéités, *in* Angermuller, J. et Philippe, G., dir. : *Analyse du discours et dispositifs d'énonciation. Autour des travaux de Dominique Maingueneau*, Limoges, Lambert Lucas : 19–31.

von Münchow, P., 2015c, "'Believe me when I say that this is not an attack on American parents': The intercultural in intercultural parenting books," *Multilingua: Journal of Cross-Cultural and Interlanguage Communication* 34 (6) : 797–820.

von Münchow, P., 2016 a, « Quand le non-dit n'est pas l'implicite : comment rendre visibles les silences dans le discours ? », *Signes, discours et société* 17, <http://revue-signes.gsu.edu.tr/article/-LY-6XwEW9n8ye3pKT1yf>

von Münchow, P., 2016b, Un enseignement tacite de l'Europe dans les manuels d'histoire français et allemands, *Actes de la 12e Journée Pierre Guibbert du 3 février 2016* « L'Europe et les Européens dans les manuels scolaires », Montpellier, Université de Montpellier 3, <http://www.fde.univ-montp2.fr/internet/site/cedrhe/_img_cedrhe/jepg/jepg_id_49.pdf>

von Münchow, P., 2017, Observer les normes en discours, *in* Feuillard, C. (éd.), *Usage, norme et codification, de la diversité des situations à l'utilisation du numérique*, Louvain-la-Neuve, éditions EME : 97–105.

von Münchow, P., 2018, Theoretical and methodological challenges in identifying meaningful absences in discourse, *in* Schröter, M. et Taylor, Ch. (éds), *Exploring silence and absence in discourse. Empirical approaches*, London, Palgrave Macmillan : 215–240.

Orlandi, E., 1996 [1994], *Les formes du silence. Dans le mouvement du sens*, Paris, Editions des Cendres.

Paveau, M.-A., 2006, *Les prédiscours. Sens, mémoire cognition*, Paris, Presses Sorbonne Nouvelle.

Pêcheux, M., 1975, *Les Vérités de la Palice. Linguistique, sémantique, philosophie*, Paris, Maspero, repris partiellement *in* Pêcheux, M. [textes de] (1990) : 175-244.

Pêcheux, M. [textes de], 1990, *L'inquiétude du discours*, textes choisis et présentés par D. Maldidier, Paris, Éditions des Cendres.

Regenhardt, H.-O. et Tatsch, C., dir., 2009, *Forum Geschichte. Ausgabe Hessen. Band 4: Vom Ersten Weltkrieg bis heute*, Berlin, Cornelsen 20.

Fondements théorico-méthodologiques pour les analyses comparatives/contrastives des discours : les documents officiels de l'éducation de base au Brésil et en Russie*

SHEILA VIEIRA DE CAMARGO GRILLO

La construction de fondements théorico-méthodologiques pour les analyses comparatives/ contrastives des discours trouve sa plus importante justification dans le fait que la perspective comparative – dans les termes de Moirand (1992), von Münchow (2005, 2011) et Claudel (2017) – ou la rencontre dialogique entre cultures – selon la perspective de Bakhtine (2003 [1970-71]) – permettent une meilleure compréhension des discours et des cultures en contraste valeurs, croyances, significations, etc., ce qui « permet de souligner des aspects qu'une étude ne portant que sur une seule langue-culture ne révèlerait pas. » (von Münchow 2005 : 18). Pour Bakhtine (2003 [1970]), la distance temporelle, spatiale et culturelle de l'individu en rapport avec son objet d'étude est essentielle. En effet, la rencontre dialogique entre cultures non seulement permet une meilleure compréhension de la culture d'autrui mais, de plus, apporte à ces cultures un enrichissement mutuel. La base même de l'existence du sens est la rencontre entre l'un et l'autre : « Il ne peut y avoir de "sens en soi" – il n'existe que pour un autre sens, c'est-à-dire, il n'existe qu'avec lui. Il ne peut y avoir un sens unique (un). C'est pourquoi il ne peut y avoir de sens premier ni de sens ultime, il est toujours situé entre les sens » (Bakhtine 2003 : 382).

Dans ce travail, postulant qu'une analyse comparative de discours demande nécessairement que l'on définisse une position sur ce qu'est une culture et quelles sont les relations qu'elle entretient avec le discours et la langue, nous mènerons une investigation sur le concept de culture développé chez des chercheurs du Clesthia-Cediscor[1] et sur les concepts

---

* Cet article a été traduit par Alain Marcel Mouzat.
[1] Voir notamment *Les Carnets du Cediscor* 9 – *Discours, cultures, comparaison*, 2006.

d'idéologie, de signe idéologique, d'emphase évaluative et de culture dans les écrits de Bakhtine, Medvedev et Volóchinov, afin de réaliser une analyse comparative de documents officiels d'éducation fondamentale au Brésil (pays d'origine où vit l'auteure de cet article) et en Russie, à savoir la Base Nationale Commune Curriculaire (BNCC) dans sa version de 2017[2] et « Sur l'approbation du modèle éducatif du gouvernement fédéral à l'Éducation Fondamentale générale » [3]. Le choix de ces deux pays a été motivé par l'influence de la théorie de Bakhtine et de son Cercle sur les sphères éducatives et académiques brésiliennes[4] et par la connaissance – indispensable – de la culture et de la langue russe par l'auteure de cet article. La sélection de ces genres d'énoncés a été guidée par la compréhension du fait que leur caractère national et unificateur en fait l'expression privilégiée des communautés culturelles et linguistiques brésiliennes et russes, dans la mesure où elles permettent d'identifier des valeurs, des croyances et des significations présentes dans un document de portée nationale.

---

[2] La BNCC en est à sa troisième version et, bien que nous ayons consulté les trois, nous nous sommes concentrée sur la troisième dans la mesure où elle était la plus récente au moment de la réalisation de la recherche. « Curriculaire » : lié au cursus scolaire.

[3] Titre du document original en russe : Об утверждении Федерального государственного образовательного стандарта основного общего образования. MOSCOU, 2010

[4] La forte présence de la théorie de Bakhtine et son Cercle au Brésil a motivé la réalisation, par l'auteur de cet article, de plusieurs stages de recherche en Russie depuis 2010 et la traduction « à quatre mains » avec E. V. Américo des travaux suivants : Medviédev, P. N., (2012 [1928]) O método formal nos estudos literários. Introdução crítica a uma poética sociológica.Trad. Grillo, S.V.C. et Américo, E. V., 1ª. reimpressão São Paulo, Contexto. 269 p. Volóchinov, V. N., 2018 [1929] *Marxismo e filosofia da linguagem*. Problemas fundamentais do método sociológico na ciência da linguagem. Trad. Grillo, S.V.C. et Américo, E. V., 2. ed. São Paulo : Editora 34. 371 p. Bakhtin, M., 2019, *Questões de estilística no ensino de língua* (tradução, posfácio e notas). Trad. S. V. C. Grillo e E. V. Américo. 2. ed. São Paulo : Editora 34. 120 p. Volóchinov, V. (Círculo de Bakhtin), 2019, *A palavra na vida e a palavra na poesia* : ensaios, artigos, resenhas, e poemas. (Organização, tradução, ensaio introdutório e notas). Trad. Grillo, S.V.C. et Américo, E. V., São Paulo, Editora 34, 399 p. Ces traductions sont précédées par des longs essais, dans lesquels les œuvres traduites sont contextualisées dans la tradition scientifique en Union Soviétique et en Russie. Une cinquième traduction aura lieu en 2021 : Bakhtin, M. M., 2021 [1929], *Problemas da criação de Dostoiévski*. (Organização, tradução, ensaio introdutório e notas). Trad. Grillo, S.V.C. et Américo, E. V., São Paulo, Editora 34.

Le genre document officiel de l'éducation est le *tertium comparationis* de la recherche, c'est-à-dire la base commune qui permet de rapprocher les cultures discursives. Donc, l'objectif de cet article est double : d'une part, préciser le concept de culture auquel on fera appel, et, d'autre part, comparer la culture éducative brésilienne et russe à travers les documents officiels.

Culture et discours

Professeure issue du Cediscor, P. von Münchow (2013 : 191) propose le concept de culture discursive, entendue comme « les manifestations discursives des représentations sociales circulant dans une communauté donnée sur les objets au sens large, d'une part, et sur les discours à tenir sur ces objets, d'autre part ». La culture discursive se situe dans les genres discursifs tout autant dans sa perspective étique (Pike 1967) qui signale l'appartenance d'un document à un genre en accord avec le métalangage naturel, par exemple, que dans une perspective émique qui re-classifie le document après la description et l'analyse de ses éléments linguistiques et/ou discursifs. Selon P. von Münchow (2013), la caractérisation de cultures discursives peut partir de l'étude de questions culturelles – l'interaction, par exemple – pour éclairer des réalités linguistiques ou partir de questions linguistiques et discursives pour expliquer des réalités culturelles.

La contextualisation des corpus analysés est une étape essentielle de l'approche contrastive. Mais comment définir le contexte et sa relation avec le discours ? Sur base de la théorie de T. van Dijk, P. von Münchow (2013) propose une approche sociocognitive du contexte, celui-ci étant composé de ce que les participants considèrent comme pertinent pour la situation, prenant ainsi en compte la « variation et l'unicité individuelles » (van Dijk 2012 : 302). Dans les termes de T. van Dijk lui-même « ce n'est pas la situation sociale qui influence le discours (ou en est influencée), mais la manière dont les participants définissent cette situation. » (van Dijk 2012 : 11). En d'autres termes, la situation et la société ont un rapport indirect avec le discours, médiatisé par des modèles sociocognitifs. Cette définition subjective est présente dans les représentations mentales qui établissent le lien entre, d'un côté, une société et une situation et, de l'autre, la production et la compréhension du discours.

Sachant que dans l'approche sociocognitive de T. van Dijk, les contextes sont des modèles mentaux, il nous faut donc préciser ce que sont ces modèles et quelles sont les spécificités des modèles de contexte. Les « modèles mentaux » sont « les représentations cognitives de nos expériences » (van Dijk 2012 : 94) et les contextes sont un type particulier de modèle mental stocké dans la mémoire épisodique sur les propriétés pertinentes pour la situation (le genre, l'âge, l'ethnie, la classe sociale, le pouvoir, les pratiques sociales en cours, les objectifs, les connaissances, les idéologies, etc.) pour les protagonistes du discours, la catégorie du « moi-même » étant le noyau de l'orientation des modèles de contexte. Les modèles de contextes sont culturellement variables, car fournis par notre milieu social, et permettent de comprendre à la fois les traits généraux qui différencient les cultures ainsi que les aspects individuels du discours présents dans la compréhension individuelle des contextes. La relation entre contexte et discours est bilatérale : d'un côté, les modèles de contexte contrôlent la production du discours et, de l'autre, le discours peut modifier les modèles de contexte subséquents des récepteurs.

Le concept de culture discursive articulé à l'acception sociocognitive du contexte constitue un support théorico-méthodologique productif pour l'analyse comparative de discours. Cette approche sera conjuguée, dans cette étude, avec les synthèses qu'opèrent Bakhtine, Medviédev et Volóchinov[5] dans l'élaboration de la méthode sociologique des années 1920 et de la métalinguistique des années 1950-1960.

Dans la méthode sociologique des années 1920, le concept de culture n'est pas explicitement travaillé, mais on peut l'entrevoir dans la synthèse[6] entre matérialisme et idéalisme, entre psychique et idéologique, formulée dans les concepts de signe idéologique et d'énoncé, dans

---

[5] En ce qui concerne Volóchinov et Medviédev, on va garder l'orthographe des noms utilisée dans notre traduction en portugais.

[6] Sur la synthèse opérée par Volóchinov, voir Grillo, S.V.C. Marxismo e filosofia da linguagem : uma resposta à ciência da linguagem do século XIX e início do XX. In : Volóchinov, V. *Marxismo e filosofia da linguagem*. Problemas fundamentais do método sociológico na ciência da linguagem. Trad. Grillo, S.V.C. et Américo, E. V., São Paulo, Editora 34, 2017. p. 7-79. En ce qui concerne la polémique autour de l'auteur de ce livre et d'autres, nous renvoyons le lecteur à notre article écrit suite à un travail dans les archives de Volóchinov et d'Iliazv à Saint-Petersbourg et à Moscou : Grillo, S. V. C ; Américo, E. V., 2017, Valentin Nikolaievitch Voloshinov : documented details of his life and works, *Alfa*, São Paulo, v.61, n.2, p. 339-366, <https://periodicos.fclar.unesp.br/alfa/article/view/8962/6736>.

Fondements théorico-méthodologiques pour les analyses   59

lesquels valeurs, croyances et significations gagnent une certaine stabilité dans les genres, produits, d'une part sous l'influence, les limites et les pressions[7] des conditions socio-historiques[8] médiatisées par les emphases évaluatives ou les évaluations sociales des participants à l'interaction discursive, et, de l'autre, des producteurs et participants de cette même réalité socio-historique.

Cette acception peut être complétée à partir de la lecture du travail de Bakhtine (1999) sur l'œuvre de François Rabelais, dans lequel le concept de culture est un champ de création qui se constitue en opposition à d'autres champs de création (par exemple, culture populaire comique *versus* culture officielle de l'Église et du féodalisme médiéval) qui se manifeste ou s'exprime en rituels, œuvres et genres. La culture comprend à la fois une perception du monde et un mode de vie situés sur les frontières qui ne prennent forme et existence que dans la relation aux « conditions » d'existence dans un ordre socio-économique donné (Bakhtine 2010 : 17). L'idéologie est un aspect qui transforme un événement de la vie en une manifestation culturelle, au moyen de valeurs, croyances et significations, ainsi que nous l'avons déjà signalé.

Trois aspects de ces formulations méritent quelques éclaircissements. Tout d'abord, la synthèse formulée par Bakhtine (1999, 2013), Medviédev et Volóchinov dans les années 1920 (Costa, 2017, Grillo et Américo, 2017, Grillo et Higashi, 2017)), entre une position idéaliste et une position matérialiste, semble être la plus adéquate pour expliquer la complexité des relations entre les conditions de l'interaction discursive et ses produits culturels sous la forme d'énoncés et de signes verbaux et

---

[7] Sur les rapports entre les conditions matérielles d'existence et les productions idéologiques, les considérations de Williams (2007, 2011) ont contribué à notre réflexion sur le rapport entre les énoncés et les signes avec son environnement social : « Le langage de la détermination et, encore plus, du déterminisme est hérité des explications idéalistes et notamment théologiques du monde et de l'homme. (…) Il y a, d'un côté, à partir de l'héritage théologique, la notion d'une cause extérieure qui prédit et préfigure complètement et qui en fait contrôle tout à fait une activité ultérieure. Mais il y a également, à partir de l'expérience de la pratique sociale, la notion de détermination comme celle de fixer des limites et d'exercer des pressions » (2011 : 44)

[8] Dans son plan d'étude pour la rédaction de *Marxisme et philosophie du langage*, Volóchinov affirme que : « L'étude discursive de l'histoire de la culture n'est possible que dans le cadre de l'histoire concrète de la communication discursive idéologique, déterminée de manière directe par l'ordre social et par les rapports de production ». (Volóchinov, 2017 : 335)

non-verbaux. Dans les années 1980, cette proposition sera reprise, entre autres, par Raymond Williams (1992 [1983]) qui constate une convergence entre, d'un côté, une approche matérialiste avec son insistance sur la participation des pratiques sociales et de la production culturelle à un ordre social, et d'un autre, une approche idéaliste qui souligne le caractère constitutif de ces pratiques et produits. Cette convergence aboutit au concept de culture « comme le système de signification moyennant lequel nécessairement (bien que par d'autres moyens) un ordre social déterminé est communiqué, reproduit, vécu et étudié » (1992 [1983] : 13).

En second lieu, le « voisinage » avec le concept d'idéologie et de sphère idéologique est bienvenu car, comme le souligne très justement Raymond Williams, il permet de « démolir ce qui est souvent la fausse généralisation d'un 'mode de vie planétaire' dans la mesure où il permet de distinguer des attributions à des classes spécifiques et à d'autres groupes » (1992 [1983] : 29). En d'autres termes, dans les énoncés et signes idéologiques, en tant qu'éléments constitutifs de la culture, se matérialisent les représentations qui sont guidées par les intérêts, les conflits, les luttes entre les différentes classes et groupes sociaux.

Troisième point : la synthèse entre le psychologique et l'idéologique sur la base des signes idéologiques et des énoncés concrets éclaire la relation de l'individu et du collectif, l'intérieur et l'extérieur. Selon Volóchinov (2017 [1929]), les signes idéologiques produits dans le processus d'interaction discursive n'existent qu'à travers leur réalisation psychique qui à son tour ne vit qu'à travers le contenu idéologique des signes et des énoncés. En d'autres termes, les signes idéologiques et les énoncés sont, tout à la fois, part de l'activité humaine consciente dans la création idéologique, et matérialisent les produits de cette activité individuelle consciente.

Un aspect de la synthèse entre l'individuel et le collectif concerne la participation active des sujets parlants dans la médiation de la situation sociale la plus proche et de l'environnement social plus ample avec les signes verbaux et non-verbaux. Volóchinov, dans « Construction de l'énoncé » (1930), inclut entre les éléments extra-verbaux de l'énoncé « le rapport des locuteurs avec ce qui se passe (« évaluation ») » (1930 : 76).[9]; et Medviédev dans "La Méthode formelle dans les études

---

[9] La citation originale en russe : « отношение говорящих к происходящему (« оценку ») ».

littéraires" (2012 [1928]) postule que "l'évaluation sociale organise non seulement la vision même et la compréhension de l'événement transmis, mais également les formes de sa transmission : la disposition du matériel, les digressions, les retours au passé, les répétitions, etc." (p. 191). Ainsi, les locuteurs, à travers l'évaluation sociale qui s'exprime principalement dans l'intonation, construisent leurs énoncés au moyen de la sélection, de l'interprétation et de l'évaluation des conditions socio-historiques de leur réalisation.[10]

Recherchant donc à réaliser une synthèse entre le concept de culture discursive de P. von Münchow – important pour notre travail, parce qu'il a été formulé spécialement pour une analyse comparative/contrastive de discours non littéraires – et celui de culture dans le Cercle de Bakhtine – où le concept a été davantage élaboré avec les notions de discours, d'énoncé et de comparaison, ce qui joue un rôle essentiel, comme nous l'avons montré ci-dessus –, nous en venons à proposer le concept-hypothèse suivant : les manifestations discursives ou les matérialisations en énoncés et signes idéologiques des représentations sociales, entendues comme valeurs, croyances et significations acquièrent une relative stabilité dans les genres. Les genres sont produits sous l'influence, les limites et les pressions des conditions socio-historiques, médiatisées par les évaluations sociales des participants de l'interaction discursive, tout en étant constitutifs et partie intégrante de ces mêmes conditions.

Les documents officiels sur la langue au Brésil et en Russie[11]

La synthèse que nous avons réalisée entre le concept de culture discursive (von Münchow 2013) et de culture dans les textes de Bakhtine, Medviédev et Volóchinov orienteront notre analyse comparative des documents officiels sur la langue, au Brésil et en Russie.

---

[10] Une idée proche de celle-ci se trouve chez Raymond Williams (2011) : « la manière dont les conditions fondamentales de vie – les conditions d'existence physique et de survie – sont effectivement perçues, sélectionnées et interprétées. » (p. 147)

[11] Je remercie Ana Lúcia Guedes, Dária Schúkina, Ekaterina Vólkova Américo, Émerson de Pietri, Hélio de Seixas Guimarães, Maria Glushkova et Maria Inês Batista Campos pour les informations historiques et les indications bibliographiques sur les documents d'éducation au Brésil et en Russie.

La « Base Nationale Commune Curriculaire » (BNCC) (2017) et « Sur l'approbation des standards éducatifs du gouvernement fédéral à l'Éducation Fondamentale Générale » (Ruski Standart) seront conçus comme des énoncés concrets produits à l'intersection des sphères politique (par le biais du Ministère de l'Éducation), éducatives (en raison de la participation de professeurs et de représentants des écoles) et scientifique-académique (en raison de la participation de professeurs universitaires des Licence de Lettres et d'Éducation) [12], visant à fixer des droits, des objectifs et des exigences pour l'élaboration des contenus et de programmes de l'Enseignement De Base (dans le cadre de cet article, nous nous limiterons à l'enseignement de premier degré – huit ans). Ces documents expriment les forces centripètes (Bakhtine 2015 [193–]) de la vie idéologique, car ils visent à la centralisation et l'unification des curriculums scolaires malgré la diversité culturelle, géographique et sociale de pays aux dimensions continentales, comme le Brésil et la Russie.

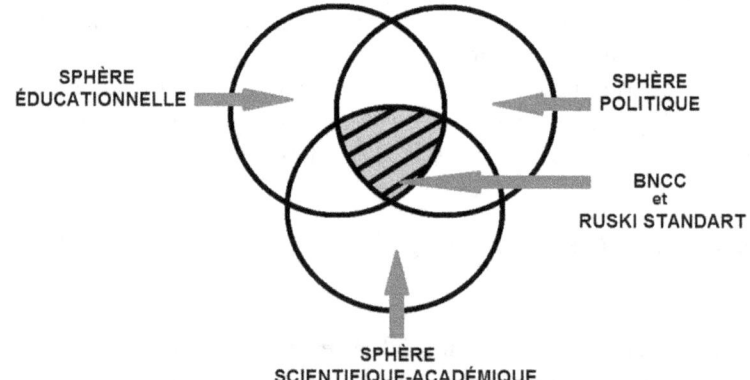

Produits à la confluence des sphères éducationnelle et scientifique-académique, ces documents officiels sont des produits idéologiques élaborés sous l'influence, les limites et les pressions des conditions socio-historiques, à savoir, des conditions d'existence d'un ordre socio-économique donné. Et c'est pour cette raison même que nous avons

---

[12] Dans son Master 2, Inti Queiroz (2014) a également observé que les documents officiels du domaine de la culture sont formulés au carrefour de différentes sphères.

commencé notre analyse par la caractérisation des conditions sociohistoriques de l'émergence de ces énoncés.

La Base Nationale Commune Curriculaire (désormais BNCC) est l'aboutissement d'un processus historique qui débute dans la Constitution Brésilienne de 1988, trouve son point culminant dans les Directives Curriculaires Nationales Générales pour l'Education de Base et dans le Plan National d'Education (PNE) (BRASIL, 2010) et s'appuie sur la loi No. 12.796 du 4 avril 2013 (Brasil, 2012, 2013), qui dans son article 26, dit que :

> Les cursus de l'éducation des enfants, de l'enseignement fondamental et de l'enseignement moyen doivent avoir une base nationale commune, qui devra être complétée, dans chaque système d'enseignement et dans chaque établissement scolaire, par une partie diversifiée, selon les caractéristiques régionales et locales de la société, de la culture, de l'économie et des éducateurs.

L'élaboration de ce document, qui en est actuellement à sa troisième version, est objet d'un intense débat dans la communauté scientifique brésilienne. En termes d'institution, cette dernière version est due à l'Université Fédérale de Minas Gerais (UFMG), sous la coordination d'un « noyau d'études qui se consacre, depuis de nombreuses années, à des activités de recherche et de formation en ressources humaines pour l'enseignement » (Macedo 2015 : 899), tandis que la seconde version a été l'œuvre de chercheurs de l'Université Fédérale de Brasilia (UNB) et de l'Université Catholique de Rio de Janeiro (PUC-RJ) (BRASIL 2017 : 5). Selon Geraldi (2015) et Macedo (2016), la BNCC apparaît dans un contexte mondial d'application de tests visant à l'évaluation, à la mesure des performances des étudiants, et à la production de classifications des pays, en somme « une équation qui rend la qualité dépendante du contrôle. » (Macedo 2016 : 46). Même si les évaluations se justifient par la recherche de qualité au moyen de la mesure des résultats des étudiants, les spécialistes en éducation estiment par ailleurs que l'on n'observe pas de croissance des investissements économiques en vue de l'amélioration des conditions matérielles du travail des enseignants ou des ressources matérielles scolaires. Une autre analyse, assez fréquente, faite par des professeurs universitaires spécialistes en éducation, est que ces documents visent avant tout au contrôle idéologique du système éducatif et des discours pédagogiques dans un monde qui se présente de plus en plus comme multiculturel. Ainsi, ces propositions seraient élaborées en contrepoint du caractère singulier, intersubjectif et imprévisible du processus pédagogique, dans la visée d'une exclusion de la différence.

En ce qui concerne la BNCC de langue portugaise, Geraldi (2015) propose une analyse intéressante sur ces conditions d'émergence ; nous la synthétisons ici :

1) Maintien des conceptions de langage – « une forme d'action et d'interaction dans le monde » (Geraldi 2015 : 384) – et de subjectivité – « conscience humaine formée par des signes internalisés dans les interactions verbales » (Geraldi 2015 : 385) – et de subjectivité assurées antérieurement dans les années 1990 par les Paramètres Curriculaires Nationaux[13] ;

2) Implantation de nouvelles perspectives pour les pratiques scolaires, sans la prise en considération « des possibilités réelles dont disposent les écoles et les professeurs pour mettre en place de tels changements. » (p. 382) ;

3) Substitution à la participation des professeurs de l'école de base dans l'élaboration des documents officiels de l'implantation verticalisée de modes de gestion, d'objectifs et de méthodologies d'enseignement ;

4) Mise en place d'évaluations périodiques des écoles, impliquant la nécessité de paramètres nationaux pour l'élaboration des examens ;

5) Dissimulation des inégalités scolaires et régionales sous l'uniformisation de l'enseignement ;

6) Implantation d'un projet néolibéral guidé par la productivité et par l'optimisation des ressources investies en Éducation.

Analysant des documents curriculaires des dernières années de l'enseignement fondamental dans les États brésiliens entre 2009 et 2014, Batista, Barreto, Gusmão et Ribeiro (2015) concluent que ces documents contiennent une « présentation plus explicite et détaillée de contenus »

---

[13] Selon Batista *et alii* (2015, p. 145–146), « Les dites 'propositions curriculaires' ont originalement été élaborées dans les états par détermination du Conseil Fédéral d'Éducation, lors de la promulgation de la Loi n° 5.692/1971, qui a suivi la jonction de l'ancien enseignement primaire au premier cycle de l'enseignement moyen pour constituer l'enseignement de premier degré de huit ans, en vue d'assurer la continuité horizontale et verticale du curriculum de cette étape de la scolarité. »

(p.158). Ils représentent, disent les auteur.e.s, « un effort récent des réseaux d'états et de districts de *centralisation* et de *standardisation* des processus curriculaires, visant à atteindre des modèles de qualités » (p.159). Ils notent cependant que le standard de qualité est généralement mesuré par les résultats des élèves dans des évaluations externes, ayant ainsi pour effet d'instaurer un alignement étroit entre politique curriculaire et politique d'évaluation. Enfin ces documents, disent-ils, réalisent une description plus détaillée des processus d'enseignement-apprentissage visant à fournir une structure curriculaire plus explicite que l'enseignant devra mettre en place.

Les travaux de Geraldi (2015) qui analyse la BNCC de langue portugaise et de Batista, Barreto, Gusmão et Ribeiro (2015) qui évaluent des documents curriculaires des états brésiliens, ont en commun de porter sur des documents visant à orienter, à uniformiser et à prescrire des procédés d'enseignement-apprentissage de l'éducation de base au Brésil. Les deux études parviennent à la conclusion que les documents officiels s'alignent sur une politique d'évaluation centralisatrice et externe au contexte scolaire, mais alors que Geraldi (2015) soutient que l'évaluation a entraîné la nécessité de la Base Curriculaire, et en fait la critique explicite, Batista, Barreto, Gusmão et Ribeiro (2015) s'en tiennent à l'affirmation moins critique (par rapport à Geraldi) qu'il existe une relation étroite entre le document et l'évaluation externe.

Lorsqu'on lit des documents officiels sur l'enseignement de la langue russe (malgré le fait que ces documents portent sur toutes les matières, on ne va se fixer que sur la langue) en Russie (Shamaev, 2017), on peut observer également l'existence d'examen d'évaluation qui oriente les conceptions de l'enseignement des langues. Les examens ОГЭ (Osnovnói gossudárstvennii ekzámen – Examen Fondamental d'Etat) et ЕГЭ[14] (Edínyi gossudárstvennii ekzámen – Examen Unique d'État) sont les examens de conclusion de l'enseignement fondamental et moyen, pour évaluer les apprentissages et permettre l'accès à l'université. Drozdova (2007) signale que l'étude de la langue russe est perçue par un grand nombre d'étudiants comme un moyen de réussite à l'ЕГЭ, en vue de l'entrée dans l'enseignement supérieur. En d'autres termes, les évaluations semblent, en Russie également, commander la configuration de l'enseignement des langues. Si au Brésil la conception de

---

[14] Site officiel : <http://www.ege.edu.ru/ru/>

langage des documents officiels est plutôt interactive (comme nous l'avons signalé ci-dessus), dans le document russe, c'est la conception de la langue comme moyen de compréhension de la vision du monde étroitement liée à la culture qui est prioritaire :

> Un des objectifs de l'enseignement de la langue russe est la formation de la vision de monde linguistique qui présuppose la relation évaluative avec la langue et sa perception personnelle. C'est pourquoi il était nécessaire que se forme chez les étudiants une représentation du rôle de la langue dans la vie de l'individu et de la société comme un tout, de la place de la langue maternelle parmi les langues des peuples du monde, sur le lien indissoluble entre un peuple et sa culture.[15] (Drozdova 2007 : 23)

Cette conception découle, à nos yeux, de l'influence de la pensée de Humboldt sur la linguistique russe et sur la culture en général[16] :

> Toutes les diverses individualités du peuple se fondent en une *forme nationale* générale, la particularité intellectuelle d'un peuple se distinguant de la particularité de tout autre. (…) Chaque langue reçoit une particularité déterminée de la particularité de chaque peuple et, à son tour, agit sur ce peuple par le biais de son caractère déterminé. (Humboldt 2013 [1859] : 189)[17]

Un autre défi de l'enseignement de la langue russe en Russie est la co-présence de multiples nationalités, langues et cultures sur son territoire. Cette réalité fait en sorte que l'enseignement de la langue russe dans

---

[15] La citation originale en russe : « Одна из целей обучения русскому языку – формирование лингвистического мировоззрения, подразумевающего ценностное отношение к языку, его личностное восприятие. Для этого необходимо, чтобы у школьников сложилось представление о роли языка в жизни отдельного человека и общества в целом, о месте родного языка среди языков народов мира, о неразрывной связи языка народа и его культуры ».

[16] Selon Gogotisvili (2016 : 106), « les thématiques humboldto-potebniennes ont grandement contribué à former le champ de discussions des sciences humaines en Russie au début du XXe siècle ».

[17] La citation originale en russe : « все разнообразие умственных личностей в народе сливается в одну общую, *национальную форму*, которую умственная особенность одного народа отличается от подобной особенности всякого другого. (…) Каждый язык получает определенную особенность от особенности самого народа и в свою очередь на неё действует своим определённым хараксером ». Comme nous étudions la langue/culture russe, nous pensons qu'utiliser la traduction de Humboldt pour le russe convient mieux pour notre analyse.

l'école joue le rôle de langue étrangère dans de nombreuses républiques et doit en même temps partager l'espace avec les diverses cultures et langues, servant de moyen d'intégration de ces peuples dans la Fédération Russe dont le russe est la langue officielle.

Enfin, dans les articles sur l'enseignement de la langue russe que nous avons pu lire, nous avons identifié la place contradictoire de la littérature qui, d'un côté, occupe une place proéminente dans les programmes en raison du prestige national et international d'auteurs comme A. S. Pouchike, N.V. Gógol, I.S Turguéniev, I. A. Gontcharóv, L. N. Tolstói, F. M. Dostoiévski, A. P. Tchékhov, pour ne citer que les plus connus, et, de l'autre, doit s'adapter aux changements culturels tels que la baisse de la motivation chez les jeunes pour la lecture d'œuvres littéraires classiques, la perte de prestige de la formation littéraire, et la diminution du nombre de librairies dans les villes moyennes et les petites villes.

L'analyse portera sur les sections « langages et langue portugaise » du document brésilien et « langue russe et littérature » du document russe. Le choix d'extraits se fera en fonction des thématiques développées dans les documents sur l'étude de la langue et de la littérature.

(1)
Présentation matérielle des documents

	Sur l'approbation du standard éducatif du gouvernement fédéral à l'Éducation Fondamentale Générale. l. (PEGFEFG)(Об утверждении Федерального государственного образовательного стандарта Основного общего образования).	La Base Nationale Commune Curriculaire / Brasil, 2017, Ministério da Educação. *Base nacional comum curricular*, 3. ed. rev,
Nombre de pages	41	393
Mode de circulation	Sur le site du Ministère de l'Éducation de la Fédération Russe	Sur le site du Ministère de l'Éducation du Brésil

Structure	Divisé par des paragraphes numérotés	Divisé par des chapitres et sections
Divisions de disciplines	1. Philologie/Филология 1.1 Langue russe. Langue maternelle/Русский язык. Родной язык 1.2 La littérature. La littérature maternelle. Литература. Родная литература 1.3 Langue Étrangère. Seconde Langue Étrangère/Иностранный язык. Второй иностранный язык 2. Les sciences humaines/ Общественно-научные предметы 2.1 L'histoire de la Russie. L'histoire générale/История России. Всеобщая история 2.2 Géographie/ География 3. Mathématique. Informatique/ Математика и информатика 4. Les contenus des sciences de la nature/Естественнонаучные предметы 4. 1 Physique/ Физика 4.2 Biologie/ Биология 4.3 Chimie/ Химия 5. L'art/ Искусство 6. Technologie/Технология 7. L'Éducation physique et les fondements de la sécurité de la vie/Физическая культура и основы безопасности жизнедеятельности	1. Langage 1.1 Langue Portugaise 1.2 L'Art 1.3 L'éducation physique 4. La langue anglaise 5. Mathématiques 6. Sciences de la nature 7. Sciences Humaines 7.1 La géographie 7.2 L'histoire

La première différence qu'il faut souligner entre les documents brésiliens et russes de l'enseignement fondamental, mais également de l'enseignement moyen, est le composant curriculaire, car au Brésil on constate qu'il n'y a qu'un seul composant dénommé « Langue portugaise », regroupant langue et littérature, alors qu'en Russie on sépare deux composants curriculaires, la langue russe et la littérature.

(2)

	Brésil	Russie
Nom du domaine	Linguagens/ Langages	Филология/Philologie
Composant	Língua Portuguesa Langue portugaise	Русский язык и литература Langue russe et littérature

Malgré un contexte historique et culturel contemporain défavorable à la formation littéraire, le curriculum russe ouvre un espace spécifique pour l'enseignement de la littérature russe et de la littérature mondiale, ainsi que pour l'analyse littéraire :

(3)

PEGFEFG
Littérature
1) осознание значимости чтения и изучения литературы для своего дальнейшего развития; формирование потребности в систематическом чтении как средстве познания мира и себя в этом мире, гармонизации отношений человека и общества, многоаспектного диалога; [conscience de l'importance de la lecture et de l'étude de la littérature pour son développement ultérieur ; formation de la nécessité de lecture systématique comme moyen de connaissance du monde et de soi dans le monde, harmonisation des relations entre l'homme et la société, ainsi que du dialogue multi-aspectuel] ; 2) понимание литературы как одной из основных национально-культурных ценностей народа, как особого способа познания жизни ; [compréhension de la littérature comme une des valeurs nationales et culturelles fondamentales du peuple. Comme une capacité spéciale de connaissance de la vie] 3) обеспечение культурной самоидентификации, осознание коммуникативно-эстетических возможностей родного языка на основе изучения выдающихся произведений российской культуры, культуры своего народа, мировой культуры ; [garantie d'auto-identification culturelle, prise de conscience des possibilités communicatives et esthétiques de la langue maternelle basée sur l'étude d'œuvres

> **PEGFEFG**
>
> éminentes de la culture russe, de la culture de son peuple, et de la culture mondiale] ; 4) воспитание квалифицированного читателя со сформированным эстетическим вкусом, способного аргументировать свое мнение и оформлять его словесно в устных и письменных высказываниях разных жанров, создавать развернутые высказывания аналитического и интерпретирующего характера, участвовать в обсуждении прочитанного, сознательно планировать свое досуговое чтение ; [création d'un lecteur qualifié selon le goût esthétique formé, de la capacité d'argumenter son opinion et de la formuler verbalement en énoncés oraux et écrits de différents genres, de créer des énoncés complets de caractère analytique et interprétatif ; de planifier de mode conscient sa lecture de loisir] ; 5) развитие способности понимать литературные художественные произведения, отражающие разные этнокультурные традиции ; [développement de la capacité de comprendre des œuvres littéraires artistiques qui reflètent des traditions ethnoculturelles différentes] ; 6) овладение процедурами смыслового и эстетического анализа текста на основе понимания принципиальных отличий литературного художественного текста от научного, делового, публицистического и т.п., формирование умений воспринимать, анализировать, критически оценивать и интерпретировать прочитанное, осознавать художественную картину жизни, отраженную в литературном произведении, на уровне не только эмоционального восприятия, но и интеллектуального осмысления. [Maîtrise des procédés d'analyse sémantique et esthétique du texte sur la base de la compréhension des distinctions fondamentales entre texte littéraire artistique et textes scientifiques, textes commerciaux, publicitaires etc. ; formation de la compétence de percevoir, analyser évaluer et interpréter en mode critique ce qui a été lu ; prendre conscience de la vision artistique du monde représenté dans les œuvres littéraires non seulement au niveau de la perception émotionnelle, mais également de la compréhension intellectuelle] (p. 8)

BNCC
Axe de l'Éducation littéraire
Educação literária tem estreita relação com o eixo Leitura, mas se diferencia deste por seus objetivos : se, no eixo Leitura, predominam o desenvolvimento e a aprendizagem de habilidades de compreensão e interpretação de textos, no eixo Educação literária predomina a formação para conhecer e apreciar textos literários orais e escritos, de autores de língua portuguesa e de traduções de autores de clássicos da literatura internacional. Não se trata, pois, no eixo Educação literária, de ensinar literatura, mas de promover o contato com a literatura para a formação do leitor literário, capaz de apreender e apreciar o que há de singular em um texto cuja intencionalidade não é imediatamente prática, mas artística. O leitor descobre, assim, a literatura como possibilidade de fruição estética, alternativa de leitura prazerosa. Além disso, se a leitura literária possibilita a vivência de mundos ficcionais, possibilita também ampliação da visão de mundo, pela experiência vicária com outras épocas, outros espaços, outras culturas, outros modos de vida, outros seres humanos. (2017, p. 65)
L'Éducation littéraire [18] entretient d'étroits rapports avec l'axe Lecture, mais elle s'en différencie par ses objectifs : si, dans l'axe Lecture, prédominent le développement et l'apprentissage de compétences de compréhension et d'interprétation de textes, dans l'axe Éducation littéraire prédomine la formation pour connaître et apprécier des textes littéraires oraux et écrits, d'auteurs de langue portugaise et de traductions d'auteurs classiques de la littérature internationale. Il ne s'agit donc pas, dans l'axe Éducation littéraire, d'enseigner la littérature, mais de promouvoir le contact avec la littérature pour la formation du lecteur littéraire, capable de saisir et d'apprécier ce qu'il y a de singulier dans un texte dont l'intentionnalité n'est pas immédiatement pratique, mais artistique. Le lecteur découvre ainsi la littérature comme possibilité de jouissance esthétique, comme activité dans la dimension du plaisir. De plus, la lecture permet de vivre des mondes fictionnels, permet également d'élargir une vision du monde, par l'expérience en suppléance d'autres époques, d'autres espaces, d'autres cultures, d'autres modes de vie, d'autres êtres humains.

---

[18] Dans la deuxième édition du document, sont utilisées les expressions « formation littéraire » et « littératie ».

Tout autant dans le document brésilien que dans le document russe, on peut observer que la littérature est perçue comme « manifestation universelle de tous les hommes, en tous les temps » (Cândido 2010 [1988,] : 176), productrice d'un type de savoir spécifique et d'expression de visions du monde qui reconstruisent et donnent cohérence à la réalité. Les deux documents se rapprochent encore dans la stimulation de l'accès des étudiants aux œuvres de la littérature érudite (Brésil : « apprécier des textes littéraires oraux et écrits, d'auteurs de langue portugaise et de traductions d'auteurs classiques de la littérature internationale » ; Russie « prise de conscience des possibilités communicatives et esthétiques de la langue maternelle basée sur l'étude d'œuvres éminentes de la culture russe, de la culture de son peuple, et de la culture mondiale »).

Cependant, nous avons identifié des différences significatives dans les emphases évaluatives[19] matérialisées dans les deux documents. Au Brésil, ce qui est souligné est particulièrement la stimulation à la jouissance de l'œuvre littéraire et à l'élargissement de l'horizon culturel des étudiants, par le biais du vécu d'autres époques, d'autres cultures auxquelles la littérature donne accès. En Russie, au-delà de ces objectifs, on insiste sur la littérature en tant que valeur et identité nationale, on insiste sur la compréhension de l'identité culturelle de différents peuples à travers la littérature, le développement de la capacité de différencier le texte littéraire des textes d'autres sphères de l'activité humaine, sur la formation de compétences émotionnelles et intellectuelles d'analyse d'œuvres littéraires et l'expression de cette analyse en énoncés argumentatifs de genres divers.

Il y a donc, dans le document russe, une emphase évaluative plus grande sur deux aspects de la littérature 1) comme facteur d'identité et de renforcement de la culture nationale (« compréhension de la littérature comme une des valeurs nationales et culturelles fondamentales du peuple. », « garantie d'auto-identification culturelle, prise de conscience des possibilités communicatives et esthétiques de la langue maternelle basée sur l'étude d'œuvres éminentes de la culture russe, de la culture de son peuple ») ; et 2) comme construction formelle et sémantique (« prendre conscience de la vision artistique du monde représenté dans les œuvres littéraires non seulement au niveau de la perception émotionnelles, mais également de la compréhension intellectuelle ») capable

---

[19] Dans la méthode sociologique de Volóchinov, l'emphase évaluative (tsénnostni aktsént) « est une attention sociale donnée à un ensemble particulier et limité d'objets qui obtiendra une forme liée au signe » (Volóchinov 2017 [1929] : 357)

Fondements théorico-méthodologiques pour les analyses 73

d'ordonner et de configurer les vécus psychiques de nous-mêmes et de la réalité, qui gagnent ainsi stabilité et généralité, ce que Cândido appelle « le caractère de chose organisé de l'œuvre littéraire qui devient un facteur qui nous permet d'améliorer nos capacités d'organiser notre propre esprit et nos sentiments et, en conséquence d'améliorer nos capacités d'organiser la vision que nous avons du monde » (Cândido 2010 [1988] : 179) ou que Bakhtine appelle « Procès de transformation systématique d'un ensemble verbal, compris linguistiquement et compositionnellement, dans le tout architectonique d'un événement esthétiquement achevé » (Bakhtine,1993 [1924] : 51).

Un troisième aspect qu'il faut souligner est la présence des conditions socio-historiques de formation ethnographiques et politiques des deux pays dans les documents analysés, ainsi que nous les avons identifiées dans les extraits ci-dessous :

(4)

BNCC-Brésil	PEGFEFG-Russie
Em um país como o Brasil, com autonomia dos entes federados, acentuada diversidade cultural e profundas desigualdades sociais, a busca por **equidade na educação** demanda currículos diferenciados e adequados a cada sistema, rede e instituição escolar. (p. 10) Dans un pays comme le Brésil, dont les sujets fédérés sont dotés d'autonomie, avec une forte diversité culturelle et de profondes inégalités sociales, la recherche pour **une équité en matière d'éducation** demande des curriculums différenciés et adaptés à chaque système, à chaque réseau, à chaque institution scolaire. (p. 10) Dessa maneira, a equidade reafirma seu compromisso de reverter a situação de exclusão histórica	3. Стандарт разработан с учетом региональных, национальных и этнокультурных особенностей народов Российской Федерации. [Le standard a été élaboré en prenant en considération les particularités régionales, nationales et ethnoculturelles des peuples de la Fédération Russe]. 4. Стандарт направлен на обеспечение : формирования российской гражданской идентичности обучающихся ; единства образовательного пространства Российской Федерации ; сохранения и развития культурного

BNCC-Brésil	PEGFEFG-Russie
que marginaliza muitos grupos minoritários – como os indígenas e os quilombolas – e as pessoas que não puderam estudar ou completar sua escolaridade na idade própria. Igualmente, reafirma seu compromisso com os alunos com deficiên-cia, ao reconhecer a necessidade de práticas pedagógicas inclusivas e de diferenciação curricular, conforme estabelecido na Lei Brasileira de Inclusão da Pessoa com Deficiência (Lei no 13.146/2015). (p. 11) Parler d'équité c'est réaffirmer l'engagement de corriger la situation historique d'exclusion qui marginalise de nombreux groupes minoritaires – comme les Indiens ou les communautés quilombolas – ainsi que les personnes qui n'ont pas pu fréquenter l'école ou n'ont pu terminer leur scolarité en temps voulu. C'est également réaffirmer l'engagement envers les élèves porteurs de déficience, en reconnaissant le besoin de pratiques pédagogiques inclusives et de différenciation curriculaire, conformément à la Loi Brésilienne d'Inclusion de la Personne Handicapé (Loi n° 13.146/2015).	разнообразия и языкового наследия многонационального народа Российской Федерации, реализации права на изучение родного языка, возможности получения основного общего образования на родном языке, овладения духовными ценностями и культурой многонационального народа России ; [Le standard vise à garantir la formation de l'identité de la citoyenneté russe des étudiants ; l'unité de l'extension éducative de la Fédération Russe ; le maintien et le développement de la diversité culturelle et de l'héritage linguistique des peuples de nationalité multiple de la Fédération Russe ; la réalisation du droit à l'étude de la langue maternelle ; la possibilité d'obtenir une éducation fondamentale générale dans la langue maternelle ; la maîtrise des valeurs spirituelles et de la nationalité multiple des peuples de Russie.] (p. 3)

Soumis aux limitations des conditions matérielles et politiques, les documents brésilien et russe présentent des différences significatives. Dans le document brésilien, les inégalités socio-économiques sont présentes, car elles ont pour conséquence immédiate le retard du processus de scolarisation d'un grand nombre de Brésiliens. Il faut également signaler le traitement donné à la constitution multi-ethnique indigène[20] du Brésil. Bien qu'il ait une législation et des directives curriculaires spécifiques pour l'éducation indigène au Brésil (Bergamashi, Sousa, Ago, 2015), on peut remarquer que dans ce document, il apparaît que les peuples et ethnies indigènes sont traités comme « groupes minoritaires », à l'instar d'autres groupes sociaux marginalisés. Les peuples indiens ne sont pas reconnus ici comme ethnies dotées de leur propre territoire, de leur propre langue et culture, mais comme « exclus » à inclure par le biais du processus éducatif. Cette représentation des peuples indigènes n'apparaissait pas dans les deux premières versions de la BNCC.

Dans le document russe (Russie 1993, 2017), la multiplicité ethnique, linguistique, culturelle et administrative du pays est matérialisée. Selon sa Constitution, la Fédération Russe est composée de 85 unités administratives, parmi lesquelles 22 sont des républiques formées par des ethnies possédant leurs propres langues. La formation de ces républiques de la Fédération Russe a commencé au lendemain de la fin de l'Union Soviétique, dès 1991, lorsque le processus d'indépendance des pays et des républiques qui composaient le bloc soviétique a donné naissance à des mouvements qui ont lutté pour la reconnaissance des diverses ethnies, langues et cultures, débouchant sur la création des 22 républiques actuelles de la Fédération Russe. C'est pourquoi le document russe prévoit la composante curriculaire « langue russe », mais aussi la composante « langue maternelle » (« rodnói iazyk »), qui consiste dans l'enseignement de la langue officielle de l'ethnie qui forme la république.

Enfin, les conceptions de langue/langage[21] sont des points de comparaison importants pour la compréhension des différences des cultures discursives au Brésil et en Russie, comme nous le soulignons dans les extraits suivants :

---

[20] Selon le recensement de 2010, la population indienne brésilienne est de 896 900 personnes.

[21] <https://censo2010.ibge.gov.br/noticias-censo?busca=1&id=3&idnoticia=2194&t=censo-2010-poblacao-indigena-896-9-mil-tem-305-etnias-fala-274&view=noticia>

Nous rappelons que les mots langue et langage possèdent un seul terme en russe, « iazyk ». En portugais, nous avons deux termes : « língua » (langue) et « linguagem » (langage), avec le même fonctionnement que celui de la langue française.

(5)

BNCC-Brésil Langages/Langue Portugaise	PEGFEFG-Russie Philologie
Se a <u>linguagem é comunicação, pressupõe interação entre as pessoas que participam do ato comunicativo com e pela linguagem</u>. Cada ato de linguagem não é uma criação em si, mas está inscrito em um sistema semiótico de sentidos múltiplos e, ao mesmo tempo, em um processo discursivo. (p. 59) <u>Si le langage est communication, il présuppose l'interaction entre les personnes qui participent de l'acte communicatif avec et par le langage.</u> Chaque acte de langage n'est pas une création en lui-même, mais il est inscrit à la fois dans un système sémiotique de sens multiples, et dans un processus discursif. (p. 59) Ao se abordar <u>a linguagem no sistema semiótico</u>, que estuda a significação dos textos que se manifestam em qualquer forma de expressão, pode-se falar de formas de linguagem : verbal (fala e escrita), não verbal (visual, gestual,	Изучение предметной области « Филология » – языка как знаковой системы, лежащей в основе человеческого общения, формирования гражданской, этнической и социальной идентичности, позволяющей понимать, быть понятым, выражать внутренний мир человека, [étude du champ de discipline "Philologie" – la langue comme système de signes sert de base à la communication humaine, à la formation de la citoyenneté, de l'identité ethnique et sociale, et permet de comprendre, d'être compris, d'exprimer son monde intérieur] <u>овладение основными стилистическими ресурсами лексики и фразеологии языка, основными нормами литературного языка</u>[22] (орфоэпическими, лексическими, грамматическими, орфографическими,

---

[22] « Langue littéraire (langue standard) *ingl*. Literary language *esp*. Lengua literária. Langue modèle et normalisée, dont les normes sont considérées comme « justes » et obligatoires à tous et qui s'oppose aux dialectes et au langage populaire » [« Язык литературный (язык стандртный) *англ*. Literary language, *исп*. Lengua literaria. Образцовый, нормализованный язык, нормы которого воспринимаются как « правильные » и общеобязательные и который противопоставляется диалектам т просторечию. »] (Akhmánova 2010 : 531–532).

Fondements théorico-méthodologiques pour les analyses 77

| BNCC-Brésil | PEGFEFG-Russie |
Langages/Langue Portugaise	Philologie
corporal, musical) e multimodal (integração de formas verbais e não verbais). (p. 59) Lorsqu'on envisage le langage dans le cadre du système sémiotique, qui étudie la signification des textes qui se manifestent dans toutes les formes d'expression, on peut parler de formes de langage : verbal (l'oral et l'écrit), non verbal (visuel, gestuel, corporel, musical) et multimodal (intégration de formes verbales et non verbales). (p. 59) (EF09LP27) Reconhecer as variedades da língua falada, o conceito de norma-padrão e o de preconceito linguístico. (EF09LP27) Reconnaître les variétés de la langue parlée, le concept de norme-standard et le préjugé linguistique. (EF09LP28) Fazer uso consciente e reflexivo de regras e normas da norma-padrão em situações de fala e escrita nas quais ela deve ser usada. (9o. ano, p. 147) (EF09LP28) Faire un usage conscient et réfléchi des règles et des normes de la norme-standard dans les situations orales et écrites dans lesquelles elle doit être utilisée. (9ᵉ. année, p. 147)	(c'est nous qui soulignons) (p. 7–8) пунктуационными), нормами речевого этикета ; приобретение опыта их использования в речевой практике при создании устных и письменных высказываний ; [domaine des ressources stylistiques du lexique et de la phraséologie de la langue, des normes fondamentales de la langue standard (orthoépie, lexique, grammaire, orthographe, ponctuation) et des normes de politesse discursive ; acquisition de l'expérience d'utilisation de ces normes dans la pratique discursive au cours de la production d'énoncés

Soulignons tout d'abord que le document russe et le document brésilien assument une conception du langage comme communication mais, par la suite, articulent cette conception à des théories linguistiques distinctes, en raison des différentes traditions académiques. Ainsi, dans le document brésilien, le concept de communication est associé à des théories socio-interactionnistes (en accord avec Geraldi, 2015) et à une approche sémiotique du texte qui privilégie sa constitution multisémiotique (verbale, visuelle, musicale, etc.). Dans le document russe, la communication relève du concept de langue en tant que "système de signes", laissant apparaître à nouveau la question de la diversité ethnique, mais également celle de la formation de citoyenneté. L'alliance entre grammaire et stylistique, omniprésente dans les travaux de Bakhtine, Medviédev et Volóchinov, y est également présente démontrant une fois de plus l'importance de la stylistique dans la tradition de la linguistique russe.

Dans les deux documents, l'étude de la norme standard est un des objectifs de l'enseignement de la langue maternelle. Dans le document russe toutefois, ce contenu apparaît d'emblée dans les objectifs, tandis que dans le document brésilien, il n'apparaît qu'en tant que point de l'inventaire des compétences de l'axe des savoirs linguistiques et grammaticaux de la 9e année de l'enseignement fondamental et toujours associé au respect de la variation et à la lutte contre le préjugé linguistique.

Les conceptions de langue et de langage des documents nous semblent révélatrices des théories linguistiques dominantes dans les sphères académiques et éducatives des deux pays. Au Brésil, les théories socio-interactionnistes du langage alliées aux théories multimodales et sémiotiques des textes de diverses tendances (anglaises et françaises, particulièrement) constituent la base d'élaboration des directives de l'enseignement des langages et de la langue portugaise. En Russie, on perçoit la présence de la conception de la langue « en tant que système de signes » / « языка как знаковой системы », peut-être sous l'influence de la pensée de Saussure[23], ainsi qu'une alliance entre grammaire et stylistique dans les objectifs de l'enseignement de la langue russe.

---

[23] Ageeva (2009 : 81) soutient que, d'une part, « la pensée de Saussure est reçu de façon favorable principalement par les linguistes de Moscou » qui « étudient la langue comme « forme logique » », et, d'autre part, les linguistes de Leningrad rejettent la théorie de Saussure, en voient la langue en tant qu'activité langagière, « produit et instrument du processus socio-historique, ainsi que moyen de communication étroitement lié et reflétant les structures sociales ». Sériot (2010 : 66) affirme que, dans la théorie de signes chez Volóchinov (2010 [1929]), le signifiant ne « peut donc posséder aucune autonomie ». Comme le document russe n'explicite pas ses sources théoriques, nous ne pouvons que faires des hypothèses, en tenant compte des positions de chercheurs comme Ageeva et Sériot.

Conclusions

Le concept de culture discursive formulé au moyen de la synthèse entre les conceptions de P. von Münchow et de Bakhtine/Medviédev/Volóchinov nous a été nécessaire pour établir une base théorique capable d'expliquer les similitudes et les différences entre les énoncés comparés. La conception que nous assumons se caractérise essentiellement par la prise en compte des aspects suivants : 1) la relation réciproque entre les énoncés et leurs conditions socio-historiques de production au moyen de la synthèse entre matérialisme et idéalisme (Bakhtine (1999, 2010), Volóchinov (2017[1929], 2019), Williams (1992[1983], 2007, 2011)) ; 2) le rôle des sujets auteurs et lecteurs dans la médiation entre contexte et énoncé au moyen de l'évaluation sociale ; 3) les genres comme lieu de la matérialisation d'une relative stabilité des représentations sociales ; 4) l'hétérogénéité du concept de culture mise en évidence par le voisinage avec le concept d'idéologie qui comprend la lutte de points de vue dans les mêmes énoncés et les mêmes signes idéologiques.

Bien que la discussion sur le *tertium comparationis* n'ait pas été explicitement abordée dans ce travail, elle est un processus méthodologique central et sa présence est prégnante dans toute recherche qui vise une comparaison, car elle permet la comparaison d'éléments rapprochés. Dans cette recherche, nous avons décidé que le genre document officiel d'éducation fonctionne comme *tertium comparationis*.

L'analyse de la « Base Nationale Commune Curriculaire » (2017) brésilienne et du document russe « Sur l'affirmation du standard éducationnel du gouvernement fédéral à l'Éducation Fondamentale Générale » (2010) révèlent les tensions entre les sphères politique, éducationnelle et scientifique, toutes trois sous l'influence des conditions socio-économiques.

L'organisation politique de la Fédération Russe explique la préoccupation constante du document de réaffirmer la constitution multiethnique de la société russe et l'inclusion de l'enseignement de la langue maternelle ("rodnói iazyk") aux côtés de la langue officielle russe. Les inégalités sociales, fruit de l'histoire et des conditions du capitalisme brésilien, sont présentes dans le document brésilien, car elles ont des conséquences directes sur le retard de la scolarisation de grands secteurs de la population. Le manque de reconnaissance explicite de la constitution multiethnique de la population brésilienne en ce qui concerne les peuples indigènes – bien que des efforts politiques soient actuellement entrepris, en particulier par l'élaboration de politiques éducatives spécifiques – est également conditionné par les processus historiques de formation de la nation brésilienne.

La structure curriculaire révèle les valeurs culturelles des deux sociétés : la force de la littérature russe et son prestige social, malgré les changements contemporains qui semblent l'avoir affaiblie, garantissent la présence d'une division entre langue et littérature dès la seconde étape de l'enseignement fondamental. Tandis qu'au Brésil, la force encore timide de la littérature – comme le constatait Antônio Cândido : « Comparée aux grandes, notre littérature est pauvre et faible. Mais c'est elle, et nulle autre, qui nous exprime » (Cândido 1981 [1957] : 10) – peut expliquer sa place encore modeste dans la grille curriculaire de l'Enseignement Fondamental.

La sphère scientifique des théories linguistiques et littéraires explique aussi les choix faits dans les documents officiels : au Brésil, la présence marquante et déjà durable des théories socio-interactionnistes et la récente introduction de théories multimodales des textes, dans les programmes de 3e cycle universitaire, peut expliquer les choix théorico-méthodologiques du document officiel. En Russie, une vision de langue « en tant que système de signes » / « языка как знаковой системы » alliée à la traditionnelle complémentarité entre stylistique et grammaire sont responsables des grandes lignes de l'orientation de l'enseignement de la langue russe.

Les documents officiels révèlent donc des modes particuliers de perception du processus éducatif en harmonie avec les perceptions de la réalité constituées par les valeurs, croyances et significations des deux cultures discursives qui se reflètent dans les documents sous la médiation des sélections, évaluations et conditionnements des sujets qui participent à l'élaboration des propositions curriculaires.

Références bibliographiques

Ageeva, I., 2009, « La critique de F. de Saussure dans *Marxisme et philosophie du langage* de V. N. Volosinov et le contexte de la réception des idées saussuriennes dans les années 1920–1930 en Russie », *Cahiers de l'ILSL*, 26 : 73–84.

Akhmánova, O. S., 2010, *Slovar lingvistítcheskikh* [Dictionnaire des termes linguistiques], Moscou, Librokom.

Bakhtine, M. M., 1999, *A cultura popular na Idade Média e no Renascimento*. O contexto de François Rabelais, Trad. Frateschi, Y., 4. ed. São Paulo-Brasília, Hucitec-Edunb.

Bakhtine, M. M., 1993 [1924], O problema do conteúdo, do material e da forma na criação literária. *Questões de literatura e de estética*. A teoria do romance, Trad. Bernadini A. F. *et alii* 3ª. ed. São Paulo : 3–70.

Bakhtine, M. M., 2010, *Sobránie sotchiniénii*, [Obras reunidas], T 4(2), Moscou: Iazyk Slaviánskikh Kultur.

Bakhtine, M. M., 2003 [1970–71], Os estudos literários hoje. *Estética da criação verbal*, 4e. ed. Trad. Paulo Bezerra, São Paulo, Martins Fontes : 359–366.

Bakhtine, M., 2015 [193–], *Teoria do romance I*. A estilística. Trad. P. Bezerra, São Paulo, Editora 34.

Bakhtine, M. M., 2013, *Questões de estilística no ensino de língua*, Trad. Grillo S. V. C. et Américo E. V., São Paulo, Editora 34.

Batista, A. A. G., Barreto, E. S. S., Gusmão, J. B. de et Ribeiro, V. M., , 2015, Renovação dos documentos curriculares dos anos finais do ensino fundamental nos estados brasileiros : (2009–2014). *Cadernos Cenpec*, v. 5 : 138–165.

Bergamaschi, M. A., Sousa, F. B., Ago 2015, Territórios etnoeducacionais : ressituando a educação escolar indígena no Brasil. *Pro-Posições*, vol. 26, no. 2 : 143–161.

Brasil. Lei No. 12.796 de 4 de abril de 2013. Altera a Lei no. 9.394, de 20 de dezembro de 1996, que estabelece as diretrizes e bases da educação nacional, para dispor sobre a formação dos profissionais da educação e dar outras providências., <http://www.planalto.gov.br/ccivil_03/_ato2011-2014/2013/lei/l12796.htm>

Brasil, 2010, Resolução MEC/CNE 04/2010, de 13 de julho de 2010. Define Diretrizes Curriculares Nacionais Gerais para a Educação Básica. Brasília, Diário Oficial da União, Brasília, DF, 14 jul.

Brasil, 2012, *Diretrizes curriculares nacionais para a educação indígena na Educação Básica*. Resolução CNE/CEB.

Brasil, 2017, Ministério da Educação. *Base nacional comum curricular*, 3. ed. rev, Brasília.

Cândido, A., 1981 [1957], Préface à la 1ᵉ édition. *Formação da literatura brasileira vol. 1*. 6. ed. Belo Horizonte, Itatiaia : 9–14.

Cândido, A., 2010 [1988], A literatura como direito. *Vários escritos*. 5. ed. Rio de Janeiro : Ouro sobre azul : 171–193.

Claudel, Ch., 2017, *Comparer des genres de discours en français et en japonais* : questionnements théoriques et méthodologiques. Communication au I Colloque Brésilien-Franco-Russe en Analyse de Discours. Análise de discurso e comparação: questões teóricas, metodológicas e empíricas. Universidade de São Paulo, nov.

Costa, L. R., 2017, *A questão da ideologia no Círculo de Bakhtin*. São Paulo, Ateliê/Fapesp.

van Dijk, T.A., 2012, *Discurso e contexto* : uma abordagem sociocognitiva. Trad. Ilari, R., São Paulo, Contexto.

Drozdova, O. E., 2007 Preodolénie chkólnikh mífov o rússkom iazikié (roli obschelingvistítcheskogo komponiénta obutchéniiia russkomu iazikú v sriédnei chkóle) [Dépassement des mythes scolaires sur la langue russe (rôle du composant de linguistique générale pour l'enseignement de la langue russe dans l'Enseignement Moyen)], *Mir rússkogo slóva*, No. 1–2, p. 23–25, 2007, <https://cyberleninka.ru/article/n/preodolenie-shkolnyh-mifov-o-yazyke-rol-obschelingvisticheskogo-komponenta-obucheniya-russkomu-yazyku-v-sredney-shkole/viewer>

Freitas, L. C. de., 2012, Os reformadores empresariais da educação : da desmoralização do magistério à destruição do sistema público de educação. *Educação & Sociedade* (Impresso), v. 33 : 379–404.

Geraldi, J. W., 2015, O ensino de língua portuguesa e a Base Nacional Comum Curricular, *Retratos da Escola*, Brasília, v. 9, n. 17 : 381–396, jul./dez.

Gogotisvili, L, 2016, La forme interne immanente dialogique chez Bakhtine comme alternative à Humboldt et Potebnja, *Cahiers de l'ILSL* 46, 105–111.

Grillo, S. V. C., 2017, Marxismo e filosofia da linguagem : uma resposta à ciência da linguagem do século XIX e início do XX, *in* : Volóchinov, V. *Marxismo e filosofia da linguagem*. Problemas fundamentais do método sociológico na ciência da linguagem. Trad. Grillo, S. V. C. et Américo, E. V., São Paulo, Editora 34 : 7–79.

Grillo, S. V. C. et Higashi, A. M. F., 2017, Enunciados verbo-visuais na divulgação científica no Brasil e na Rússia : as revistas *Scientific American Brasil* e *V míre naúki* ("No mundo da ciência"), São Paulo, Pontes.

Grillo, S. V. C. et Américo, E. V., 2017, Valentin Nikolaievitch Voloshinov : documented details of his life and works, Alfa, São Paulo, v. 61, n.2 : 339–366, <https://periodicos.fclar.unesp.br/alfa/article/view/8962/6736>

Humboldt, V. F., 2013 [1859], *O razlíchtii organizmov tcheloviéchskogo iazyka e o vliiánii etogo razlíchiia na umstvénnoe razvítie chtelovietchéskogo roda. Vvedénie vo vceobchee iazykoznanie. (Sur la distinction des organismes du langage humain et sur l'influence de cette distinction sur le développement intellectuel du genre humain. Introduction à la linguistique générale)* Trad. P.S. Biliarskogo, 2. ed. Moscou, Librokom.

Macedo, E., 2015, Base Nacional Comum para Currículos : direitos de aprendizagem e desenvolvimento para quem? *Educação e sociedade*, v. 36 : 891–908.

Macedo, E., 2016, Base nacional curricular comum : a falsa oposição entre conhecimento para fazer algo e conhecimento em si. *Educação em Revista* (UFMG), v. 32 : 45–68.

Medviédev, P. N., 2012 [1928], *O método formal nos estudos literários.* Introdução crítica a uma poética sociológica. Trad. Américo, E. V. et Grillo, S V. C., São Paulo, Contexto.

Moirand, S., 1992, « Des choix méthodologiques pour une linguistique de discours comparative », *Langages* 105 : 28–41, Paris, <http://www.persee.fr/doc/lgge_0458-726x_1992_num_26_105_1622>

von Münchow, P., 2005, *Les journaux télévisés en France et en Allemagne.* Plaisir de voir ou devoir de s'informer, Paris, Presses Sorbonne Nouvelle.

von Münchow, P., 2011, *Lorsque l'enfant paraît...* Le discours des guides parentaux en France et en Allemagne. Toulouse, PUM.

von Münchow, P., 2013, Cultures, discours, langues aspects récurrents, idées émergentes. Contextes, représentations et modèles mentaux, *in* Claudel, Ch., von Münchow, P., Pordeus Ribeiro, M., Pugnière-Saavedra, F. et Tréguer-Felten. G. *Cultures, discours, langues.* Nouveaux abordages, Limoges, Lambert-Lucas : 187–207.

von Münchow, P., 2017, L'analyse du discours contrastive, un voyage au cœur du discours. Communication no Communication au I Colloque Brésilien-Franco-Russe en Analyse de Discours. Análise de discurso e comparação : questões teóricas, metodológicas e empíricas. Universidade de São Paulo, nov.

Pike, K. L., 1967, *Language in relation to a unified theory of the structure of human behavior*, La Haye, Mouton.

Queiroz, I. A., 2014, *Projeto cultural :* as especificidades de um novo gênero do discurso. 282 f. Dissertação (Mémoire de maîtrise en Philologie et Langue Portugaise), Faculdade de Filosofia, Letras e Ciências Humanas, universidade de São Paulo, São Paulo.

Rússia., 1993, Constituição da Federação Russa.

Rússia., 2017, Sur l'approbation du standard éducationnel du gouvernement fédéral à l'Éducation Fondamentale Générale. l. (PEGFEFG)(О6 утверждении Федерального государственного образовательного стандарта Основного общего образования). Moscou, 2010, <http://xn--80abucjiibhv9a.xn--p1ai/>, consulté le 08/10/2017.

Rússia., 2017, Standard éducationnel du gouvernement fédéral pour l'enseignement moyen (PEGFEM) (Федеральный государственный образовательный стандарт среднего общего образования). Moscou, 2012, <file:///Users/sheilagrillo/Downloads/fgos_ru_osnov.pdf.pdf>, consulté le 26/07/2019.

Sériot, P., 2010, Volosinov, la philosophie de l'enthymème et la double nature du signe, *in* Volóchinov, V. N., 2010 [1929], *Marxisme et philosophie du langage. Les problèmes fondamentaux de la méthode sociologique dans la science du langage*, Trad. P. Sériot et I. Tylkowski-Ageeva, Limoges, Lambert-Lucas : 13–111.

Shamaev, I., 2017, Конséptsiia prepodavániia rússkobo iazyká i literatury v obcheobrazovátelnykh organizátsiiakh Rossískoi Federátsii [Concepção de ensino da língua russa e da literatura nas organizações de educação geral da Federação Russa], <http://www.dnevniki.ykt.ru/ivanshamaev/827107>, consulté le 8/10/2017.

Silva, R. H. D. ; Bergamaschi, M. A., 2007, Educação Escolar Indígena no Brasil: da escola para índios às escolas indígenas. Ágora (UNISC), v. 11 : 124–150.

Volóchinov, V. N., 1930, Stilístika khudójestvennoi rietchi. Statiiá vtoráia, Konstrúktsia vyskázyvania, *Literatúrnaia utchióba. Jurnál dliá samoobrazovániia* [Etudes de la littérature. Revue d'auto-formation], n. 3 : 65–87, Moscou-Leningrado.

Vološinov, V. N., 2010 [1929], *Marxisme et philosophie du langage. Les problèmes fondamentaux de la méthode sociologique dans la science du langage.* Trad. P. Sériot et I. Tylkowski-Ageeva. Limoges, Lambert-Lucas.

Volóchinov, V., 2017 [1929], *Marxismo e filosofia da linguagem*. Problemas fundamentais do método sociológico na ciência da linguagem. Trad. Grillo S. V. C. et Américo, E. V., São Paulo, Editora 34.

Volóchinov, V. N., 2019, *A palavra na vida e a palavra na poesia*. Ensaios, artigos, resenhas e poemas. Trad. Grillo, S. V. C. et Américo, E. V., São Paulo, Editora 34.

Williams, R., 2007, Cultura. *Palavras-chave* : um vocabulário de cultura e sociedade. Trad. Vasconcelos S. G., São Paulo, Boitempo : 116–124.

Williams, R.., 2011, *Cultura e materialismo*, Trad. Glaser, A., São Paulo, Editora UNESP.

Williams, R.., 1992 [1983], *Cultura*, Trad. Oliveira, L.L. de, São Paulo, Paz e Terra.

Comparer des genres de discours en français et en japonais : questionnements théoriques et méthodologiques

CHANTAL CLAUDEL

Appréhender un genre de discours dans des perspectives comparées nécessite de conduire, préalablement à l'analyse, une réflexion sur la nature des outils théoriques et méthodologiques à adopter/adapter pour mener à bien ses objectifs de recherche. Cette réflexion sur les choix à opérer pour le traitement des données est une étape indispensable et ce, quelles que soient les langues et les cultures engagées dans la comparaison. Toutefois, la démarche s'avère plus cruciale encore lorsque les genres mis en comparaison sont le fruit de communautés linguistiques éloignées. Bien que présentes dans l'une des langues, certaines composantes morpho-syntaxiques (pronoms, temps verbaux, déterminants du nom, etc.), linguistico-discursives (déictiques, particules expressives, etc.), ou encore, pragmatiques (actes de langage), ne le sont pas nécessairement dans l'autre langue. C'est pourquoi l'un des objectifs de comparaison consiste en la recherche d'outils d'analyse appropriés aux dispositifs linguistiques mis en présence. Ainsi, le travail implique-t-il la mise en place d'une démarche spécifique dont la première étape repose sur l'appariement des données.

Face à des communautés dont le degré d'hétérogénéité est élevé, comme c'est le cas des communautés française et japonaise, la notion de genre de discours constitue une passerelle entre les corpus. Elle est un moyen de fédérer des unités composites. Cependant, quelle place lui accorder exactement ? Et à un niveau d'observation plus précis, quelles entrées d'analyse retenir pour traiter, en des termes identiques, des genres produits en français et en japonais ?

Pour apporter des éléments de réponses, certaines des orientations retenues pour comparer le fonctionnement de l'interview de presse écrite et du courrier électronique à caractère personnel tels qu'ils se réalisent en français et en japonais seront présentées. La démarche donnera lieu à l'examen de la façon dont s'est élaborée la notion métacognitive de "figure" pour traiter de l'interview de presse, puis à la présentation de la réflexion menée sur la politesse linguistique pour traiter certains actes de langage caractéristiques du courrier électronique.

1. La notion de genre discursif en comparaison

En comparaison, le genre prend un tour particulier. Il constitue le troisième élément ou *tertium comparationis*. En tant qu'invariant de la comparaison, il permet de dresser un pont entre les corpus. Il est aussi considéré lors du traitement des données. À ce stade en effet, il est un moyen d'interroger les productions discursives qui en relèvent en tant que tel.

Un autre aspect relatif à la prise en considération des genres a trait à l'ultime étape du travail comparatif qui, à l'issue des analyses, permet de déterminer si les pratiques discursives à l'œuvre dans les genres étudiés sont ou non caractéristiques du genre et/ou d'une culture, sur la base des régularités extraites des données, aux niveaux interculturel, intra-culturel et micro-culturel[1] (Claudel 2014 : 33).

Préalablement à l'introduction de ces différents points, la place centrale occupée par la notion de genre discursif dans les recherches comparatives invite à préciser la façon dont cette entrée est conçue dans nos travaux.

1.1. Quelques éléments de caractérisation

Les genres reposent sur certains traits définitoires qui procèdent de différents points de vue (cf. Beacco 2013 : 190). Les critères retenus pour les délimiter peuvent s'appuyer sur des paramètres internes : composition, forme et/ou encore contenu (Charaudeau et Maingueneau (éds) 2002 : 278, Moirand 2003 : 1). Ils peuvent aussi relever de paramètres situationnels : lieu et conditions d'emploi. Cependant,

---

[1] C'est le terme employé par Béal (2000 : 20) pour qualifier un corpus organisé sur des critères socio-relationnels comme l'âge, le sexe, le niveau de relation entre interactants, etc. De son côté, Traverso parle à ce propos de "sous-culture" (2000 : 34). Cet aspect relatif à mon corpus de messages électroniques est introduit *infra* (cf. 4.4.).

comme le souligne Bronckart, « [...] les genres ne peuvent jamais faire l'objet d'un classement rationnel, stable et définitif » (1997 : 138). Adam attribue cette inconstance « des genres à la contradiction dans laquelle ils se trouvent vis-à-vis du prototype générique qui permet de les définir » (Claudel 2009 : 234–235). De son point de vue, les genres procèdent de "conventions prises entre deux principes plus complémentaires que contradictoires :

- un principe centripète d'identité, tourné vers le passé, vers la répétition, vers la reproduction et gouverné par des règles (noyau normatif) ;
- un principe centrifuge de différence, tourné, lui, vers le futur et vers l'innovation et déplaçant les règles (variation)." (1999 : 90–91)

Ces principes laissent entrevoir une certaine tension « entre des formes régulières, codifiées, donc reconnaissables par le plus grand nombre et des formes plus mouvantes à l'origine du dynamisme des genres. En ce sens, bien qu'obéissant à certaines règles, le genre n'est pas une catégorie homogène » (Claudel 2009 : 235). Ce point de vue rend compte de l'instabilité des bases sur lesquelles repose la notion.

Il n'en demeure pas moins que le genre renvoie à un ensemble d'activités langagières propres à une communauté de communication. Ces manifestations linguistiques sont plus ou moins contraintes par des facteurs internes et externes aux documents – écrits ou oraux – qui le constituent. Qui plus est, le genre est en prise avec la réalité sociale, professionnelle, institutionnelle, etc. et comporte un degré de prévisibilité suffisamment élevé pour pouvoir être reconnu et reproduit. Le courrier électronique par exemple implique le maintien du respect de comportements linguistiques et sociaux eu égard aux attentes de la communauté dans laquelle il circule ; cet aspect suppose de la part des cyber-scripteurs l'intériorisation et la reconnaissance de ses différents constituants.

1.2. La notion de genre chez Bakhtine (Volochinov)

Par ailleurs, se référer aux travaux de Bakhtine (Volochinov)[2] invite à poser la distinction opérée par ce dernier entre genres du discours *premier* (simple) et genres du discours *second* (complexe) (1984 : 267). Dans cette perspective, les genres premiers se réfèrent aux échanges spontanés

---

[2] Sans entrer dans le débat – déjà ancien – sur la paternité de ces travaux qui auraient été faussement attribués à Bakhtine, on se contentera de se référer à ce dernier en

de la vie quotidienne (dialogue oral, lettres, etc.), tandis que les genres seconds (littéraires, scientifiques, idéologiques) se nourrissent d'énoncés issus des genres premiers.

Dès lors que des composants appartenant à des genres premiers – qui « se sont constitués dans les circonstances d'un échange verbal spontané » (*ibid.*) – se manifestent dans des genres seconds, le processus de métabolisation qui s'opère contribue à la perte de leurs spécificités d'origine. Ces derniers acquièrent alors leur propre mode de fonctionnement et constituent un genre nouveau.

En outre, le style a un impact sur le dispositif d'ensemble d'un genre. Il peut en effet apporter une note d'individualité aux compositions s'en réclamant. Toutefois, « [...] tous les genres ne sont pas également aptes à refléter une individualité dans la langue de l'énoncé, autrement dit, propices au style individuel » (*ibid.* : 268) comme l'est la littérature. Aussi, l'arrière-plan bakhtinien conçoit

> [...] les genres non littéraires en les associant à des activités contextualisées et routinisées, lesquelles donnent lieu à des formes d'énoncés typiques que l'analyse de discours peut saisir en termes de régularités (linguistiques, textuelles et discursives). (Mourlhon-Dallies 2007 : 11)

Le champ de l'analyse du discours entre en résonance avec ce projet. Sa démarche cherche à établir un lien entre les données observées et les conditions de production et met en exergue l'intérêt accordé à des données ancrées socialement.

Cette mise en relation des formes discursives et des conditions qui ont présidé à leur émergence explique le travail d'enquête effectué auprès d'une quarantaine de journalistes français et japonais pour l'étude du genre "interview de presse". Il s'agissait d'accéder aux conditions de production à travers le recueil d'informations sur leurs pratiques professionnelles lors de l'élaboration de ce genre de discours (Claudel 2009 : 231–234). Dans cette même optique, un état des lieux du fonctionnement des systèmes journalistiques des deux pays a été entrepris (Claudel 2010a : 14–27).

Poursuivant ce principe au cours du recueil des corpus de messages électroniques, on a interrogé nos auxiliaires de collecte sur le profil

---

ajoutant entre parenthèses le nom de leur réel auteur : Volochinov. (Cf. notamment à ce propos à J.-P. Bronckart et C. Bota (2011)).

des scripteurs (Claudel 2010b : 35–37 ; 2014 : 171). De telles données sont précieuses lorsque l'on souhaite interroger l'impact éventuel de paramètres comme l'âge, le sexe, le niveau relationnel entretenu entre les cyber-correspondants (amis, camarades, collègues, membres de la famille, enseignants/étudiants) sur les pratiques à l'œuvre et donc, que l'on envisage la mise au jour de l'influence de ces variables sur les comportements discursifs privilégiés par les uns et les autres (Claudel 2010b : 44).

Le support de communication est également un paramètre à considérer, l'émergence de nouvelles configurations pouvant lui être imputable. C'est le cas de genres apparus depuis l'avènement de l'informatique comme le *spam* (Orasan et Krishnamurthy 2002, cités par Labbe et Marcoccia 2005). Toutefois, l'outil peut n'avoir qu'un impact limité (Mourlhon-Dallies 2007). Certains genres peuvent en effet être perçus comme nouveaux alors que ce ne sont, en définitive, que des recompositions qui renvoient « à des 'manières de dire et de faire' susceptibles de se retrouver en d'autres lieux et à d'autres époques » (*ibid.* : 19). Dans ce contexte, le dispositif électronique n'est pas nécessairement le vecteur de genres inédits, mais simplement le lieu où circulent des « genres anciens 'recomposés' » (Moirand 2003). Il n'en demeure pas moins que le passage d'un environnement à un autre (papier *vs* électronique ; oral *vs* écrit) implique des aménagements sur la base desquels s'élaborent des genres nouveaux, comme le suggère Bakhtine (Volochinov) lui-même :

> Quand on fait passer le style d'un genre à un autre on ne se borne pas à modifier la résonance de ce style à la faveur de son insertion dans un autre genre qui ne lui est pas propre, on fait éclater et on renouvelle le genre donné. (1984 : 271)

Mais pour saisir de tels procédés de recomposition générant des genres nouveaux à partir de genres moins récents, encore faut-il pouvoir se figurer la façon dont se présentent ces genres anciens. C'est pour accéder à ce niveau de représentation que l'on s'est référée à des matrices discursives spécifiques de genres susceptibles de partager certains traits avec le courrier électronique à caractère personnel comme celles de la lettre ou de la conversation téléphonique (cf. Claudel 2010b : 33–34 ; 2012a : 89–90). Ayant posé le cadre de référence à partir duquel le genre est abordé, l'examen va porter sur la façon dont celui-ci intervient dans la constitution des corpus.

1.3. Le genre comme tertium comparationis

En comparaison, l'analyse des données ne peut être envisagée qu'à condition qu'un certain degré de proximité entre celles-ci puisse être dégagé. Cette exigence d'homogénéité n'est pas spécifique aux approches contrastives. Cependant, dans ce champ, le principal obstacle à éviter est de poser « les conceptions de l'une des parties » comme « référence universelle » (Dogan et Pélassy 1982 : 63). En conséquence, « [p]our ordonner de façon pertinente, identifier les césures significatives, le comparatiste est obligé d'avoir recours à une jauge qui ait une signification homogène pour tous les pays qu'il étudie » (*ibid.* : 153). C'est pour satisfaire à cette contrainte, et inscrire notre travail dans des perspectives comparables que l'on a convoqué la notion de genre. Son haut niveau de représentativité lui confère le rôle de *tertium comparationis* sur lequel peut s'ancrer la comparaison. Le regroupement des données françaises et japonaises s'est donc effectué à partir de traits spécifiques aux genres de l'interview de presse et du courrier électronique. La présence de ces éléments de caractérisation dans les documents a permis de poser leur appartenance aux genres des deux communautés à l'étude.

L'examen du "faisceau de critères" (Pincemin et Rastier 1999 : 96) qui caractérisent les documents considérés implique le relevé de paramètres variés (Claudel et Tréguer-Felten 2006 : 26).

Ainsi, la mise au jour de la structure de base de l'interview de presse s'est effectuée à partir d'indices de surface de type organisationnel comme la mise en page, la ponctuation (guillemets en français, crochets citationnels en japonais), la typographie (italiques, changement de graisse de caractère, etc.) ; tous ces indices participent à la définition du genre *interview*, que l'on peut caractériser comme *une interaction représentée entre un interviewé et un intervieweur* (cf. Claudel 2004a : 33). La démarche a en outre conduit à la prise en considération de régularités discursives de surface, comme la présence de deux protagonistes au moins dans le fil du texte.

À ce stade de la recherche, seuls les indices saisissables sur l'aire scripturale (Peytard et Moirand 1992 : 155) des supports sont considérés. Ces éléments permettent d'effectuer de premiers regroupements entre documents, considérés, en première analyse, comme relevant du genre à l'étude.

Une démarche identique a été adoptée pour le traitement du courrier électronique. Les traits distinctifs de ce genre mettent en évidence la diversité des facteurs d'identification des documents s'y rapportant. Ceux-ci vont du dispositif matériel nécessaire à leur réalisation, au contexte, en passant par leur temporalité (différée), le format des échanges, ou encore le nombre de personnes impliquées. Les paramètres qui ont, en première instance, guidé la sélection des corpus français et japonais ont été, pour l'un d'ordre technologique : seuls les messages rédigés *via* un ordinateur – et non *via* un téléphone portable – ont été retenus ; et pour l'autre, d'ordre interlocutoire : les courriels ont été échangés entre des personnes qui se connaissaient, à la différence de ce qui se passe dans des genres comme les tchats ou les forums où des inconnus s'adressent à une multitude d'autres inconnus. Le choix de ne retenir que des messages provenant d'ordinateurs est à rapporter à l'hypothèse d'agissements spécifiques au contexte d'utilisation et aux potentialités de l'outil. L'ordinateur ouvre généralement la possibilité d'une composition plus élaborée que ne le permet le téléphone portable, qui favorise une dynamique d'échanges plus soutenue (cf. Tanaka 2001 : 35, 2005 : 130) et suppose une relation de proximité entre destinataires (*ibid.* 2001 : 37).

Qu'elles se rapportent à l'interview de presse ou au courrier électronique, les caractéristiques relevées en amont des analyses pour sélectionner les documents appelés à constituer les corpus imposent « aux matériaux une série successive de contraintes qui les homogénéisent » (Courtine 1981 : 24). Constitutifs des conditions de production, ces éléments de caractérisation permettent d'établir une assise solide pour la détermination de la trame du genre. Ils sont à la base de l'identification des points de rencontre entre les corpus des communautés contrastées.

Ce souci de garantir l'homogénéité de l'objet d'étude permet de sélectionner les données et de les rassembler autour d'une même entrée « de nature pré-linguistique » (Beacco 2004 : 109). C'est ainsi que, tout en constituant l'invariant sur la base duquel s'effectue l'appariement des données à contraster (Claudel 2004a : 32 ; von Münchow 2004 : 47–49), le genre contribue à la stabilisation de l'objet d'étude.

Finalement, cette démarche illustre comment, bien qu'« inséparables des sociétés dans lesquelles [elles] émergent » (Maingueneau 1991 : 178), des productions issues de sphères éloignées peuvent être mises en lien sur la base du genre qui les unit.

1.4. La prise en compte de genres apparentés au courriel

Comme on vient de l'évoquer, il est rare que les genres nouveaux le soient sur la base de procédés inédits. C'est le cas du courrier électronique dont les configurations discursives qui entrent dans sa composition, renvoient à des genres qui lui sont apparentés. La lettre et la conversation téléphonique sont des formats grâce auxquels on a pu établir d'une part, des points de repère avec les comportements à l'œuvre dans les messages électroniques et préciser d'autre part, les formes de réalisation de l'entrée en contact et de la prise de congé à la base de notre recherche (Claudel 2010 15 : 33–34 ; 2012b : 89–90 ; 2014 : 172 et 174). Cet examen a également permis de souligner la constance de certains comportements discursifs dans les trois genres et de mesurer l'écart entre certaines pratiques. Associée à ces considérations génériques, la prise en compte du profil des scripteurs – sa tranche d'âge, son niveau relationnel et son milieu professionnel – a montré le rôle essentiel de ces critères dans l'établissement de points de rencontre et de différences entre les comportements à l'œuvre (Claudel *ibid.*).

À titre d'illustration, l'étude de la requête sur la santé dans les messages électroniques a révélé des points de convergence interculturelle imputables à des paramètres générationnels (Claudel 2021 : 130). En français comme en japonais, une partition très nette s'observe entre les comportements discursifs des plus jeunes et ceux de leurs aînés. Alors que les premiers ont tendance à recourir à des tournures relâchées, les seconds semblent plus spontanément s'inspirer de modèles scripturaux caractéristiques de la correspondance épistolaire.

Cette présentation des recherches contrastives effectuées sur l'interview et le courriel témoigne d'un arrière-plan théorique s'appuyant sur une notion – le genre – pensée et problématisée dans la sphère occidentale. Cependant, cette notion est, on l'a vu, suffisamment surplombante pour que soit définitivement mise à l'écart l'idée qu'elle puisse se rattacher à une conception culturaliste. Compte tenu de la façon dont elle se présente, aucune prééminence d'une des cultures comparées sur l'autre n'est susceptible de venir invalider sa pertinence. Le genre constitue par conséquent un élément du cadre conceptuel tout à fait approprié dans la perspective d'un traitement opératoire des données à contraster.

Les corpus ayant été constitués, l'identification des outils d'analyse les mieux à même de les traiter reste encore à établir. À cette étape du travail, si pour aborder l'interview de presse, la notion de personne a été considérée, ce sont les actes de langage dédiés à la politesse qui l'ont été pour étudier le courrier électronique. Les raisons à l'origine de ces choix vont maintenant être explicitées.

2. Le traitement de l'interview *via* une catégorie métadiscursive

La recherche entreprise sur l'interview de presse en français et en japonais a porté sur l'examen des spécificités du genre en vue de dégager sa portée transculturelle ou non. La nature des configurations discursives présentes dans les textes a orienté l'étude vers l'identification du mode de mise en scène des intervenants à travers la saisie des rôles discursifs donnés à voir de l'interviewé et de l'intervieweur. Les marqueurs – soit les déictiques de la personne – permettant d'incarner ceux-ci dans le fil des textes relèvent de la subjectivité. Une réflexion a donc été menée sur son mode de fonctionnement. Mais, confrontée à l'absence d'équivalence entre les unités du français et du japonais, c'est sous un angle différent de celui qu'offrent les grammaires que l'on a dû entreprendre le travail. Tout en retenant une démarche d'analyse fondée sur des traditions francophones – la linguistique de l'énonciation –, on a entrepris l'examen des propriétés de la catégorie de la personne en français et en japonais.

2.1. Un éclairage sociologique et socio-psychologique

L'étude menée l'a été sous les angles sociologique et socio-psychologique, avant que ne soit réalisée l'identification des caractéristiques générales des rapports interpersonnels en France et au Japon (Claudel 2004a : 34–38).

2.1.1. La perspective sociologique

Saisir la personne sous l'angle sociologique est un moyen de dégager la conception que chaque communauté s'en fait. L'examen de l'acception donnée aux notions de statut (*mibun*), de rôle et de place en français et en japonais a permis de mettre en exergue la fonction essentielle, en japonais, du statut (*mibun*) dans la prise de parole. Le mode d'interpellation retenu doit en effet s'accorder à la position de l'interlocuteur. La caractérisation de la notion de statut a donc permis d'expliquer la présence de certaines informations (comme par exemple l'âge, l'université de formation, la profession, etc. de l'interviewé), souvent affichées dans des encarts placés à côté des interviews du corpus japonais. Le contenu de ces ajouts est un moyen, pour le lecteur, de reconstruire la nature de la relation entre interviewé et intervieweur, dans la mesure où les formes linguistiques permettant de la déterminer peuvent être gommées. En effet, les médias papiers contraignent généralement les journalistes à effacer les formules de politesse. Supprimer les suffixes verbaux *masu/desu* permet un gain de place de quelques syllabes par phrase.

Outre la notion de rôle, celle de place – qui comprend des unités du système social comme le statut occasionnel ou le statut de prestige et accorde une importance significative au rapport interlocutif – a été considérée. La dynamique qu'instaure le rapport de places est centrale en japonais, ce qui explique l'intérêt qu'on lui a porté.

2.1.2. L'ancrage socio-psychologique

Pour compléter l'examen des aspects sociologiques, les concepts sociopsychologiques de *je*, de *moi* et de *soi* ont été étudiés dans leur rapport avec la notion japonaise de *jibun*.

La démarche a donné lieu à une réflexion sur le mode de positionnement interpersonnel privilégié par chaque communauté, ce qui a conduit à l'explicitation d'une vision différenciée de la relation interpersonnelle laissant entrevoir un penchant en faveur d'un mode de relation égocentré en France alors qu'il serait plutôt hétérocentré au Japon. Mais ce constat ne signifie pas que le format relationnel prédominant d'une communauté est absent de l'autre. La démarche a simplement permis de déterminer de grandes tendances parmi les plus représentatives des rapports interpersonnels spécifiques des cultures française et japonaise.

2.2. Des marqueurs linguistiques de la personne aux figures représentées dans les données

Cette mise en lumière du mode de perception des relations interpersonnelles révèle des conceptions qu'expriment, à leur façon, les dispositifs linguistiques (cf. Claudel 2004a : 39–42).

2.2.1. La référence à la personne en français

Référer à la personne en français s'effectue essentiellement par le biais des pronoms de première et de seconde personne. La particularité de ces unités grammaticales repose sur leur interchangeabilité et sur leur valeur : elles n'impliquent, *a priori*, aucune « forme de hiérarchisation sociale ou familiale » (Maillard 1994 : 57). Toutefois, dans certains contextes, les pronoms peuvent avoir une dimension hiérarchique (Joly 1987). C'est le cas lorsque la 3ᵉ personne est utilisée en lieu et place de la 2ᵉ personne d'interlocution pour signifier de la déférence ou du mépris.

Par ailleurs, aux côtés des formes grammaticales (*tous, aucun, certains,* etc.), le français renferme des moyens lexicaux destinés à nommer ou à caractériser une personne comme les noms propres et les noms communs (appellatifs (*Madame, Docteur,* etc.), hypocorismes, etc.).

Ce bref aperçu des marqueurs du français peut être mis en parallèle avec le système japonais qui offre des possibilités de réalisation de la subjectivité différentes.

2.2.2. Rôles interlocutifs et instances énonciatives du japonais

En japonais, deux sortes de marqueurs permettent de se référer à la personne. Les uns signifient le rapport entre les interlocuteurs et les autres renvoient aux personnes de la situation d'énonciation.

Les marqueurs d'interlocution informent sur la réalité socio-affective. Ils introduisent les interlocuteurs par référence à leur statut (*shachô* (patron)) ; leur profession (*sensei* (professeur)) ; leur position dans la structure familiale (*haha* (ma mère), *okâ-san* (votre mère)) ou se réalisent dans des formes de déférence ou des formes apparentées aux pronoms personnels des langues occidentales (*watashi* (je), *boku* ("tu" pour les hommes uniquement), *anata* (vous), etc.) (Claudel 2004b : 129).

Le japonais renferme également un dispositif permettant un double système d'ancrage. Le locuteur peut constituer le fondement de l'énoncé et faire appel à des formes comme les verbes de pensée, de sentiment, les prédicats subjectifs (*samui* (j'ai froid), *itai* (j'ai mal), etc.), des suffixes verbaux (*-tai* (vouloir, désirer), etc.), l'assertion, etc. À moins qu'il n'assigne l'allocutaire à cette place par l'entremise de particules énonciatives (*ne*³,

---

³ La particule *ne* se rencontre fréquemment dans des demandes de confirmation. Elle est utilisée par le locuteur pour partager avec l'interlocuteur une information dont ils ont tous deux connaissance. (ex. *ii tenki desu ne*. [« Il fait beau, n'est-ce pas ? »])

yo^4, etc.), de questions, etc. C'est ainsi qu'aux côtés des rôles interlocutifs, cette seconde sorte de marqueurs met en évidence la présence de l'énonciateur.

2.2.3. Une catégorie métacognitive transculturelle : la figure

L'observation des propriétés des unités du français et du japonais témoigne de l'hétérogénéité des formes de subjectivité des deux systèmes. Ces différences dans les modes de réalisation de la personne expliquent l'attention portée à la catégorie métacognitive de figure (Claudel 2004a : 41–43). On a ainsi pu poser un regard en surplomb sur les marqueurs linguistiques.

La spécificité d'une interview de presse repose sur les instances mises en scène dans ce genre qui se compose, en français comme en japonais, d'un interviewé (au moins), d'un intervieweur, d'un journaliste/scripteur et de lecteurs. L'intérêt de la notion métacognitive de figure repose sur sa capacité à transcender la valeur des marqueurs linguistiques.

Dans les extraits en japonais *infra*, l'interviewé apparaît à travers le prédicat subjectif *ureshii* (*être content*) (ex.1), l'appellatif *Yamada san*, le nom de reprise honorifique *go-jishin* (*vous-même*), le verbe de respect *o-tsuki ni naru* (*collaborer*), la forme de politesse *desu* et la particule interrogative *ka* (ex. 2) :

(1) Ureshi katta.
    happy   (pass.)

« *J'étais heureuse.* »

[Togawa Kyôko, *Kurowasan*, mars 1996]

(2) Yamada san ga   ichiban omoide ni nokotteru,   go jishin   ga
    Yamada Monsieur (suj.) le plus souvenir   rester   vous-même   (suj.)

o-tsuki-ni natta   Kinoshita sakuhin wa   nan   desu   ka.
collaborer (respect.) Kinoshita œuvre   (th.) quelle être (poli)   (part. interro.)

---

4 La particule *yo* est employée par le locuteur lorsqu'il possède une information que l'interlocuteur ignore. (ex. *kodzutsumi todoita yo*. [« J'ai bien reçu le colis. »]) (cf. Masuoka et Takubo 1992 : 52–53 cités par Bazantay 2013 : 318).

« *Quelle est l'œuvre de Kinoshita pour laquelle vous avez travaillé, qui vous est la plus chère, Monsieur Yamada ?* »
[Yamada Taichi, Yoshida Gô et Watanabe Hiroshi, *Kinema junpô*, mars 1996]

Dans les exemples *infra*, l'une et/ou l'autre des figures de l'interviewé et de l'intervieweur se manifestent dans des pronoms : *tu* (ex. 3) ou *vous* (ex. 4) en français, alors qu'en japonais, l'interviewé apparaît dans l'utilisation de l'appellatif *Sokûrofu san* et du verbe de respect *atsukatte irassharu* (*traiter*) et l'intervieweur dans celle du verbe de pensée *to omou* (*penser*) (ex. 5) :

(3) – Les filles, justement… **Tu** ne te montres jamais avec l'une d'entre elles…
– Sans vouloir me comparer, **tu** entends quelques fois De Niro parler de sa vie privée ? Jamais.

[Jamel Debouze, *Première*, n° 334, décembre 2004]

(4) – **Vous** avez fait une dépression nerveuse. Ça **vous** aide pour écrire ?
– J'ai dit que j'avais fait une dépression nerveuse ? **Vous** m'étonnez. […]

[Jonathan Franzen, *Le Nouvel Observateur*, n° 2083, 7–13 octobre 2004]

(5) Sokûrofu san ga atsukatte irassharu mikuro no sonzai ga, kanarazu satte ikanakereba naranai, higekiteki na sonzai na no da to omou no desu.

« *J'ai le sentiment que la réalité microscopique que vous traitez Monsieur Sokourov, est une existence tragique condamnée à disparaître.* »

[Alexandre Sakourov, *Kinema Junpô*, mars 1996]

En français, le pronom inclusif *nous* qui se réfère à *je* + *tu* + *tu* + *il/elle* + etc. et le pronom *vous*, dans son sens de *tu* + *tu* + *tu* + etc., permettent d'identifier le lectorat (ex. 6). La présence de ce dernier peut aussi être déduite du mode d'interpellation d'une catégorie de personnes (*parents*) et de l'impératif (ex. 7). En japonais, des procédures de type méta-situationnel (ex. 8) comme les formes d'anticipation sur l'incompréhension éventuelle d'un terme constituent des moyens de cerner la figure du lecteur (ex. 9). Ces stratégies, employées également en français, donnent également à voir le journaliste-scripteur :

(6) – Sommes-**nous** plus sensibles aux couleurs qu'autrefois ?

– Nous le sommes moins. […] Et puis on fait dire n'importe quoi aux couleurs. Lis**ez** les textes qui leur sont consacrés dans les manuels pour graphistes et publicitaires : on mélange tout, les époques, les continents, les sociétés... Pis encore : on les utilise dans les textes qui prétendent dresser notre profil psychologique – si **vous** choisissez le rouge, **vous** voilà catalogué excité ! C'est d'une naïveté affligeante.

[Michel Pastoureau, *L'Express* n° 2772, 16–22 août 2004]

(7) – Libération ou mission impossible ? Les parents actuels veulent souvent plaire à leurs enfants.

– [...] Les parents doivent se mettre dans l'idée qu'ils seront abandonnés. Je veux leur dire : Parents, lâch**ez** vos ados ! Laiss**ez**-les partir à la découverte de leur monde et de leur futur. Sach**ez** être vieux. Repens**ez** aux difficultés que **vous** avez eues, vous-mêmes, à travers ces années-là. [...]

[Marcel Rufo, *L'Express*, n° 2786, 22–28 novembre 2004]

(8) yaritakunai (warau)
« J'aimerais ne pas le faire (rires) »

[Kin Birei, *Kurowasan*, mars 1996]

(9) [...] sono hoka, MRI (kaku jiki kyômei gazôhô) to iu zenzen betsu no gazô shindan no gijutsu mo kaihatsu saretekite imasu. [...]Sarani, aratana QOL (seimei.seikatsu no shitsu) no kôjô ni kan suru kenkyû ni tsuite wa [...]

« [...] *par ailleurs, une technique d'imagerie médicale radicalement différente, appelée RMI (image obtenue par résonance nucléo-magnétique), a également été développée.* [...] *D'autre part, en ce qui concerne les nouvelles recherches sur l'amélioration de la qualité de la vie et du quotidien (Quality Of Life)* [...] »

[Abe Kaoru, *Shûkan shinchô*, mars 1996]

Finalement, la figure du journaliste-scripteur peut apparaître dans des commentaires entre parenthèses (ex. 10) ou en note (ex. 11). Elle est plus visible encore dans la signature située en fin d'article (ex. 12 et 13) :

(10) [Réponse] Après des débuts splendides entre le VIIe et XIe siècles, la langue a été détruite par la conquête normande (Alasdair Gray est coutumier de longues digressions qui débordent un peu le cadre des interviews. Ici, il résume plusieurs siècles de lutte des classes et de littérature anglaises).

[Alasdair Gray, *Libération*, 28-09-2000]

(11) Anata no nyûsha to, don.burûsu ippa no taisha, onaji goro to kiite masu ga.......

Chû 1 Kinema Junpô shakan "gaikoku eiga kantoku.sutaffu zenshû" sanshô

« J'ai entendu dire que votre entrée à votre nouveau poste coïncidait avec votre démission de l'école Don Bruce (Note 1).......
Note 1 Voir : "Réalisateurs de films étrangers. Œuvres complètes de l'équipe" Kinema Junpô shakan »

[John Lasseter, *Kinema Junpô*, mars 1996]

(12) Propos recueillis par Pierre Moulinier

[Chou Wen-Chung, *Le Monde*, mars 1996]

(13) Shuzai. Kôsei Kanazawa Makoto
« Récolte d'information. Composition Kanazawa Makoto »

[John Woo, *Kinema Junpô*, mars 1996]

C'est ainsi que face au foisonnement et à l'hétérogénéité des marqueurs, accrus par le double corpus et l'éloignement des systèmes linguistiques des langues et cultures françaises et japonaises, on a été amenée à s'écarter de la matérialité des données pour appréhender notre objet d'étude à travers une catégorie transculturelle en congruence avec le genre interview de presse : la figure.

3. L'approche de la politesse dans le courrier électronique

Le traitement du courrier électronique en français et en japonais a donné lieu à une démarche de recherche différente. L'étude des comportements linguistiques privilégiés pour entrer en contact et prendre congé a été guidée par la nature des données. Plus précisément, le travail engagé interroge le fonctionnement des formules et des rituels dans leur relation avec les actes de langage qui conduisent à la réalisation de la politesse.

Pour illustrer la démarche, suite à une brève introduction des théories de la politesse, on opérera un resserrement sur l'approche à l'origine du modèle mis en place pour le traitement des corpus, avant de préciser les entrées d'analyse.

3.1. Les théories de la politesse

L'examen des théories de la politesse et des études s'y rapportant montre que les approches les plus mobilisées sont issues des mondes anglo-saxons. Se référer aux travaux de Lakoff (1973, 1977), de Leech (1983), ou encore à ceux de Brown et Levinson (1987) dont le modèle est de loin le plus répandu, semble incontournable. Toutefois, des conceptions moins "couvrantes" ont vu le jour sur la base d'approches et/ou d'outils variés, comme le principe de coopération de Grice (Lakoff, Leech), la notion de face (Brown et Levinson, Mao, Leech), l'universalisme des relations humaines (Brown et Levinson), etc.

Parallèlement, bien qu'ayant connu un moindre succès, des théories élaborées dans d'autres sphères ont vu le jour. C'est le cas des propositions japonaises d'Ide Sachiko (1989, 1992) et de Kamio Akio (1990, 1997) (Claudel 2015 : 129). Ces recherches se sont centrées sur le degré de connaissance que le locuteur possède des différents paramètres de la situation de communication (cf. Ide), ou sur certaines caractéristiques du territoire de l'information de l'allocutaire. Développée par Kamio, cette dernière théorie cherche « à établir la relation existant entre l'information véhiculée, l'état cognitif des locuteur/allocutaire au regard des connaissances qu'ils ont de l'information et la forme des énoncés. »[5] (1994 : 68)

3.1.1. Des modèles en circulation dans le monde anglo-saxon, en France et en Asie

Ces orientations théoriques sont à l'origine d'un renouvellement des positions. Ces dernières années un réexamen du mode de traitement de l'im/politesse a donné lieu à la mise en cause de certaines des composantes du modèle de Brown et Levinson (cf. notamment Eelen 2001, Geyer 2008, Mills 2011, Watts 2003).

La mise en discussion des principes de la théorie de la politesse se voulant universelle de Brown et Levinson n'est pas récente. Les études de chercheurs asiatiques comme Matsumoto (1988, 1989) invitent au réexamen de la notion de face à la lumière des conceptions japonaises, celles d'Ide (1989) et d'Ide et Yoshida (1999) signalent la nécessaire observation de règles sociales à l'origine de l'adoption de comportements linguistiques appropriés au statut, au degré de pouvoir et/ou à l'âge des interactants (le *wakimae* ou discernement), ou encore le positionnement de Mao (1994) pointe la dimension stratégique de la politesse dans sa relation avec la préservation des faces.

L'examen de ces différents cadres théoriques a permis de circonscrire les aspects les plus congruents au regard de nos orientations contrastives

---

[5] "to establish the relationship between information, the speakers/hearer's cognitive state of knowledge of information, and the forms of utterances."

(Claudel 2015 : 128–129). Nous inspirant des derniers développements, on a ainsi pu élaborer un cadre d'analyse ancré dans une perspective située.

Mais avant de rendre compte précisément des mécanismes à l'œuvre, quelques éléments de cadrage destinés à présenter notre modèle vont être introduits.

3.1.2. Comportements socialement orientés vs pratiques individuelles

Selon Ide (1989 : 223), la politesse du discernement oppose un marquage social, qui serait spécifique de la société japonaise, à une dimension volitionnelle et procédurale qui serait plus caractéristique des communautés occidentales. En d'autres termes, l'existence, en japonais, de formes honorifiques dicterait une conception de la relation interpersonnelle à l'origine de comportements linguistiques régis par des règles sociales. La réalisation de la politesse serait liée au discernement (*wakimae*), soit à la capacité de distinguer la place de chacun dans la sphère sociale. Cette façon d'envisager la relation à l'autre s'écarte de la conception de type individuel revendiquée par Brown et Levinson à travers leur notion de personne idéale (*Model Person*)[6] libre de ses agissements (1987 : 58–59).

Ces deux visions mettent en avant des conceptions différentes. D'un côté, les rapports interpersonnels dépendraient de choix individuels, de l'autre, ils seraient à accorder aux attentes du groupe. Vue sous cet angle, la politesse du discernement implique des *a priori* forts soulignés en ces termes par Cook :

> (i) dans certaines sociétés, les formes d'actions humaines prépondérantes s'appuient sur une initiative active de l'agent, tandis que dans d'autres, elles se réalisent dans l'observation passive des règles sociales ; (ii) les identités sociales sont données *a priori* dans la société japonaise ; (iii) il y a une correspondance biunivoque des formes honorifiques et du rang/statut social. (2006 : 271)

---

[6] "All our Model Person (MP) consists in a wilful fluent speaker of a natural language, further endowed with two special properties – rationality and face." (Brown et Levinson 1987 : 58) « Notre Personne Idéale renvoie au locuteur d'une langue naturelle s'exprimant avec fluidité et qui est, de plus, dotée de deux qualités particulières : la rationalité et la face. » (c'est nous qui traduisons)

Poursuivant son propos, Cook montre les limites de ces hypothèses à la lumière d'un positionnement socio-constructiviste. Pour cette auteure, toute rencontre est posée comme étant attachée à la fluidité, à un niveau universel, des identités sociales lesquelles se dégagent des interactions en cours. Le contexte social de production des échanges au même titre que l'interaction, constituent des paramètres fondamentaux. Ces données sont à l'origine de la réalisation de tournures linguistiques moins dépendantes de la place occupée par les interactants – comme le soutiennent les tenants du discernement – que de formulations en accord avec le déroulement de la rencontre. Elles sont le lieu où s'élaborent – à la faveur de la construction conjointe de la relation (*ibid.* : 270) – des identités perceptibles dans les choix linguistiques et dans l'organisation séquentielle des échanges. La démarche éclaire sur l'importance à attribuer aux aspects situationnels et sur la subordination des formules langagières au contexte.

Il en résulte la mise en cause du point de vue soutenu par les partisans de la politesse du discernement selon lequel les honorifiques seraient utilisés uniquement en fonction du statut social des intervenants. Ces recherches réaffirment par conséquent l'étroite dépendance entre le choix des formes linguistiques et le déroulement de l'interaction.

3.1.3. Un cadre d'analyse à plusieurs niveaux

Prolongeant cette réflexion, on propose une approche à plusieurs niveaux du fonctionnement de la politesse dans des courriels personnels en français et en japonais qui prend appui sur les principes de ce positionnement et sur des catégories d'analyse issues de la linguistique de discours et de la pragmatique (cf. Claudel 2021 : 80–82). Le modèle peut graphiquement être représenté de cette façon :

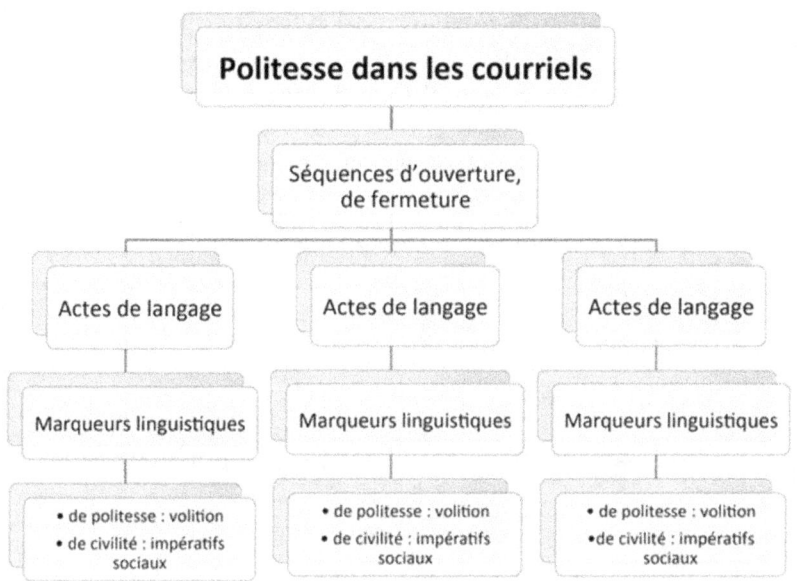

Ce modèle se décline ainsi. Le premier niveau – macrostructural (1) – renvoie à la façon dont les cultures française et japonaise envisagent la politesse d'une part, dans son sens commun, la politesse de premier ordre, et de l'autre, d'un point de vue plus technique, la politesse de second ordre (cf. Watts, Ide et Ehlich 1992). Il s'agit de mesurer la vision que chaque communauté possède de la politesse dans son sens courant et du point de vue scientifique, de même que de circonscrire la portée transculturelle de la politesse et les lieux de divergence susceptibles d'exister entre les communautés à l'étude.

Le deuxième niveau – mésostructural (2) – a pour objectif de cerner les formes d'emploi des séquences rituelles présentes dans des genres discursifs apparentés, dans une certaine mesure, au courriel : la lettre ou la conversation téléphonique. La recension de ces modèles issus de genres ayant précédé l'avènement des échanges électroniques, a pour finalité de déterminer leur degré d'adaptation face aux nouvelles formes d'écriture.

Le troisième niveau – microstructural (3) – réfère à la dimension pragmatique et plus précisément, aux actes de langage les plus largement mobilisés en français et en japonais pour établir l'entrée en relation et la prise de congé en situation électronique comme le permettent le remerciement, l'excuse, la requête sur la santé, les encouragements, etc. À ce stade, une observation fine des actes à l'étude vise l'identification de l'existence ou non de points communs entre les actes des deux cultures.

La démarche retenue pour l'étude du remerciement par exemple (Claudel 2021 : 192-194)[7], a consisté en une mise en parallèle des définitions de cet acte en français et japonais et des formules correspondantes.

Acte de langage	Formules linguistiques
remercier	– *merci* – *je te/vous remercie*
kansha suru 感謝する o-rei wo iu お礼をいう	– *arigatô* ありがとう／有り難う – *kansha* 感謝 – *kansha kansha* 感謝感謝 – *o-rei môshi agemasu* お礼申しあげます

Cet examen a permis d'attester l'existence d'une conception partagée de ce comportement dans les deux communautés. Mais ce rapport de proximité ne garantit pas nécessairement des pratiques similaires. Comme l'ont montré Ide (1998), Kumatoridani (1999) ou Miyake (2002) l'excuse en japonais peut se substituer aux remerciements. Ce comportement se rencontre également en français dans l'emploi d'expressions comme *Il ne fallait pas* ou *Vous n'auriez pas dû* pouvant se traduire en japonais par : *môshiwake arimasen ; kyô shaku desu* (masculin) ou encore, *osore-irimasu* (féminin). Ces formules sont certes utilisées par le locuteur pour transmettre sa reconnaissance, mais elles sont, avant tout, la manifestation d'une forme d'embarras et ce faisant, une excuse vis-à-vis de l'allocutaire pour l'effort qu'il a fait au profit du locuteur. Bien que présent dans les deux communautés, cet emploi semble plus manifeste en japonais qu'en français.

Cette brève présentation rend compte d'une des étapes incontournables du travail du comparatiste qui consiste en une mise à plat de la signification des catégories pressenties pour son étude.

---

[7] L'étude est actuellement en cours.

Le quatrième niveau – microstructural (4) – concerne les opérations linguistico-discursives mobilisées par les cyber-scripteurs pour exprimer la bienveillance dans des formes émanant de choix personnels attribuables à la *politesse* (en minuscule dans le schéma ci-dessous) ou sur la base d'obligations sociales assignables à la *civilité*. Vue sous cet angle, la politesse – dans son sens large (en majuscule) – peut être ainsi représentée :

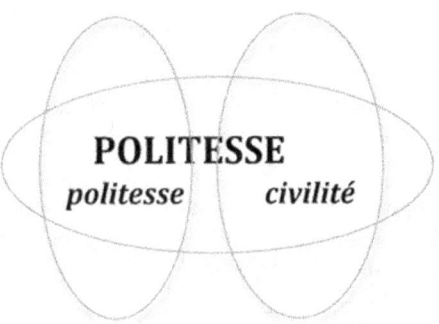

Cette répartition rend possible l'identification de deux pratiques distinctes, introduites *supra* (cf. 3.1.2), l'une relevant de la volonté personnelle et l'autre s'effectuant sur la base d'obligations fortement contraintes par le rang, le statut, l'environnement, etc., des personnes en présence.

Dans le cas de la *politesse*, la note d'individualité peut se déceler en français dans le choix fait de recourir, en situation quotidienne, à un lexique soutenu (convier *vs* inviter ; daigner *vs* vouloir ; etc.), à certains tiroirs verbaux (conditionnel en lieu et place de l'indicatif), à une syntaxe spécifique (inversion du sujet ou non dans des interrogatives), etc. En japonais, elle peut notamment se dégager de l'adoption d'une forme de politesse (*ôkii desu* (*c'est grand*)) là où une forme neutre pourrait convenir (*ôkii* (*c'est grand*)).

Dans le cas de la *civilité*, il s'agit de se conformer aux conventions sociales. C'est ainsi que le scripteur est tenu par exemple, pour clore une lettre en français, d'utiliser une formule appropriée au rang du destinataire (*Veuillez agréer Monsieur le Directeur, l'assurance de ma haute considération*) et que son homologue japonais doit recourir à des formes réglées sur le statut des participants à l'échange (formes honorifiques, d'humilité…).

La partition opérée entre marqueurs relevant de la volition ou d'impératifs sociaux permet d'affiner l'approche de la politesse et d'ancrer les analyses sur des aspects situés et non de les établir sur un certain déterminisme culturel. Ainsi, sans qu'il soit possible d'associer de façon privilégiée l'une des démarches à une communauté plutôt qu'à une autre, *politesse* et *civilité* tiennent compte, non pour les opposer mais pour les concilier, des visions occidentales et asiatiques de la POLITESSE.

En guise de conclusion

A un niveau méthodologique global, la démarche de comparaison élaborée comprend trois étapes. La première concerne le mode de construction des corpus dont la caractérisation est facilitée par le recours à la notion de genre de discours. La deuxième étape renvoie au traitement de ces corpus. Elle succède à la mise au jour de catégories d'analyse congruentes au regard des données, mais aussi, des communautés engagées dans la comparaison. La dernière étape se réfère à l'interprétation des résultats des analyses. Elle porte sur l'examen de différences et de ressemblances entre les pratiques des communautés suite à l'articulation des comportements discursifs mis au jour avec le genre concerné.

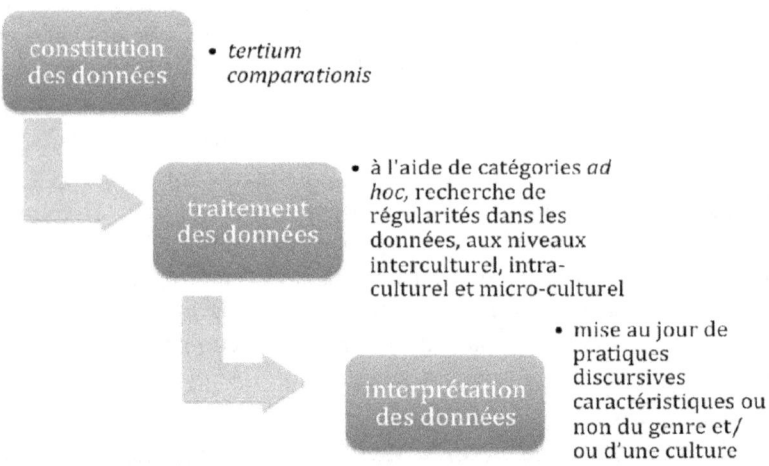

Ainsi, qu'il concerne l'approche de l'interview de presse, celle du courrier électronique ou un tout autre corpus, le cheminement présenté dans cet article rend compte de la nécessité qu'il y a de penser un accès comparable à ces données dans l'optique d'un traitement identique des unités linguistiques, discursives, pragmatiques, etc. qui les composent. Cette prise en compte implique un détour par la façon dont chaque communauté engagée dans la comparaison conçoit la/les composante/s ou les notions en question, afin de déterminer dans quelle mesure les catégories mobilisées pour l'analyse traduisent des conceptions universelles et, parallèlement, afin de s'assurer que ces entrées s'accordent bien à la nature des corpus à l'étude.

Cette double contrainte, au cœur de l'analyse du discours comparée, a guidé le choix des entrées que l'on a retenues pour le traitement de l'interview de presse et du courrier électronique en français et en japonais.

Références bibliographiques

Bakhtine, M., 1984, *Esthétique de la création verbale*, Paris, Gallimard, NRF.

Bazantay, J., 2013, *La chose pour le dire, mono en japonais contemporain, approche sémantique, syntaxique et énonciative*, Thèse de doctorat, Université Montaigne-Bordeaux 3.

Beacco, J.-C., 2004, « Trois perspectives linguistiques sur la notion de genre discursif », *Langages* 153 (38) : 109–119.

Beacco, J.-C., 2013, « L'approche par genres discursifs dans l'enseignement du français langue étrangère et langue de scolarisation », *Pratiques, Théories et pratiques des genres* 157–158 : 189–199.

Bronckart, J.-P., 1997, *Activité langagière, textes et discours*, Lausanne, Delachaux et Niestlé.

Bronckart, J.-P., Bota, C., 2011, *Bakhtine démasqué : Histoire d'un menteur, d'une escroquerie et d'un délire collectif*, Genève, Droz.

Brown, P. et Levinson, S.C., 1987, *Politeness, Some universals in language usage*, Cambridge, CUP (1978).

Charaudeau, P. et Maingueneau, D. (éds), 2002, *Dictionnaire d'analyse du discours*, Paris, Seuil.

Claudel, Ch., 2004a, « La notion de figure : propositions méthodologiques pour une approche comparée du genre interview de presse en français et en japonais », *Tranel* 40 : 27–45.

Claudel, Ch., 2004b, « Transposition de la valeur des pronoms personnels des langues occidentales sur les instances interlocutives du japonais », *Les Cahiers du Français Contemporain* 9 : 127–139.

Claudel, Ch., 2009, L'interview écrite dans les médias français et japonais : un même genre ?, *in* Ringoot, R. et Utard, J.-M., dir., *Les genres journalistiques. Savoirs et savoir faire*, Paris, L'Harmattan, Coll. « Communication et civilisation » : 203–221.

Claudel, Ch., 2010a, « Les pratiques journalistiques en France et au Japon : points de rencontre et divergences », *Communication & Langages* 164 : 13–31.

Claudel, Ch., 2010b, « La formule d'appel dans les courriels à caractère personnel en français et en japonais », *Journal of French Language Studies* 1 (20), « Special Issue on: Cross-Cultural Pragmatics, Pragmatique contrastive à la croisée des chemins : cadres du discours et perceptions culturelles », Cambridge, Cambridge University Press: 31–46.

Claudel, Ch., 2012a, Les formules d'ouverture dans les courriels personnels en français et en japonais : l'exemple de 'comment ça va ?' et 'genki ?', *in* Auger N., Béal C., Demougin F. (éds), *Interactions et interculturalité : variété des corpus et des approches*, Berne, Peter Lang : 81–100.

Claudel, Ch., 2012b, Projet, salutations, demande de bienveillance : quelques actes rituels de clôture en français et en japonais, *in* Rentel, N. et Venohr, E., dir., *Text-Brücken zwischen den Kulturen. Festschrift zum 70. Geburtstag von Bernd Spillner*, Frankurt am Main, Peter Lang : 183–201.

Claudel, Ch., 2014, *L'apport de l'analyse de discours à la didactique des langues. Les genres en français et en japonais dans des perspectives unilingue et contrastive*, Habilitation à diriger des recherches en Sciences du langage, Université Lyon 2.

Claudel, Ch., 2015, "Apologies and thanks in french and japanese personal emails: a comparison of politeness practices", *Russia Journal of Linguistics* 23–4 : 127–145. <http ://cyberleninka.ru/article/n/apologies-and-thanks-in-french-and-japanese-personal-emails-a-comparison-of-politeness>

Claudel, Ch., 2021, *L'e-politesse dans les courriels en français et en japonais*, Paris, Presses Sorbonne Nouvelle.

Claudel, Ch., Tréguer-Felten, G., 2006, « Rendre compte d'analyses comparatives sur des corpus issus de langues/cultures éloignées », *Les Carnets du Cediscor* 9, Paris, Presses de la Sorbonne Nouvelle : 23–37.

Cook, H. M., 2006, "Japanese politeness as an interactional achievement: académique consultation sessions in Japanese universities, *Multilingua Journal of Cross-Cultural and Interlanguage Communication*", Vol. 25–3: 269–291.

Courtine, J.-J., 1981, « La notion de condition de production du discours », *Langages* 62 (15) : 19–32.

Dogan, M., Pélassy, D., 1982, *Sociologie politique comparative, Problèmes et perspectives*, Paris, Economica.

Eelen, G. 2001, *Critique of Politeness Theories*, Manchester, St Jerome Press.

Geyer, N., 2008, *Discourse and Politeness: Ambivalent Face in Japanese*, London, New-York, Continuum.

Ide, R., 1998, " 'Sorry for your kindness': Japanese interactional ritual in public discourse", *Journal of Pragmatics* 29: 509–529.

Ide, S., 1989, "Formal forms and discernment: two neglected aspects of universals of linguistic politeness", *Multilingua* 8: 223–248.

Ide, S., 1992, "On the Notion of Wakimae: Toward an Integrated Framework of Linguistic Politeness", *Mejiro Linguistic Society*: 298–305.

Ide, S., Yoshida, M., 1999, Sociolinguistics: Honorifics and gender differences, *in* Tsujimura, N., ed., *The Handbook of Japanese Linguistics*, Malden, Blackwell: 444–480.

Joly, A., 1987, *Essais de sémantique énonciative*, Lille, PUL.

Kamio, A., 1990, *Jôhô no nawabari riron: gengo no kinôteki bunseki* [*Théorie du territoire de l'information : analyse fonctionnelle de la langue*], Tôkyô, Taishûkan Shoten.

Kamio, A., 1994, "The theory of territory of information: The case of Japanese", *Journal of Pragmatics* 21: 67–100.

Kamio, A., 1997, *Territory of information*, Amsterdam, John Benjamins.

Kumatoridani, T., 1999, "Alternation and co-occurrence in Japanese thanks", *Journal of Pragmatics* 31: 623–642.

Labbe, H., Marcoccia, M., 2005, « Communication numérique et continuité des genres : l'exemple du courrier électronique », *Texto!*, vol. X (3), <http://www.revue-texto.net/Inedits/Labbe-Marcoccia.html>

Lakoff, R., 1973, The logic of politeness; Or, minding your p's and q's, *Papers from the Ninth Regional Meeting of the Chicago Linguistic Society*, Chicago, Chicago Linguistic Society: 292–305.

Lakoff, R., 1977, What you can do with words: Politeness, pragmatics and performatives, *in* Rogers, A., Wall, B., Murphy, J.P, eds, *Proceedings of the Texas Conference on Performatives, Presuppositions and Implicatures*, Washington DC, Center for Applied Linguistics: 79–105.

Leech, G., 1983, *Principles of Pragmatics*, London, Longman.

Maillard, M., 1994, « La catégorie de la personne fait-elle partie des universaux du langage », *Faits de Langues* 3 : 55–62.

Maingueneau, D., 1991, *L'analyse du discours, introduction aux lectures d'archive*, Paris, Hachette Supérieur.

Mao, LM-R., 1994, "Beyond politeness theory: 'face' revisited and reviewed", *Journal of Pragmatics* 21 (5): 451–486.

Masuoka, T., Takubo, Y., 1992, *Kiso nihongo bunpô, kaitei ban [Grammaire du japonais fondamental]*, Tokyo, Kuroshio Shuppan.

Matsumoto, Y., 1988, "Reexaminations of the universality of face", *Journal of Pragmatics* 12 (4): 403–426.

Matsumoto, Y., 1989, "Politeness and conversational universals, Observations from Japanese", *Multilingua* 8 (2/3): 207–221.

Mills, S., 2011, Discursive approaches to politeness and impoliteness, *Discursive approaches to politeness*, *in* Linguistic Politeness Research Group, ed., Berlin, De Gruyter Mouton: 19–56.

Miyake, K., 2002, Kotoba no arawareru nihonbunka no shikô-sei, [L'intentionnalité de la culture japonaise dans les mots], *Nihon bungaku bunka* 2: 8–14.

Moirand, S., 2003, Quelles catégories descriptives pour la mise au jour des genres du discours ?, Contributions à la journée organisée par Catherine Kerbrat-Orecchioni et Véronique Traverso, *Les genres de l'oral*, le 18 avril 2003, Université Lumière Lyon, <http://icar.univ-lyon2.fr/Equipe1/actes/journees_genre.htm>

Mourlhon-Dallies, F., 2007, « Communication électronique et genre du discours », *Glottopol* 10 : 11–23.

von Münchow, P., 2004, *Le journal télévisé en France et en Allemagne. Plaisir de voir ou devoir de s'informer*, Paris, Presses Sorbonne Nouvelle.

Orasan, C., Krishnamurthy, R., 2002, A corpus-based investigation of junk emails, *Proceedings of LREC-2002*, Las Palmas, Spain, <http://www.clg.wlv.ac.uk/papers/orasan-02b.pdf>

Peytard, J. et Moirand, S., 1992, *Discours et enseignement du français, Les lieux d'une rencontre*, Paris, Hachette.

Pincemin, B. et Rastier, F., 1999, « Des genres à l'intertexte », *Cahiers de praxématique* 33 : 81–111.

Tanaka, Y., 2001, "Daigakusei no keitai mêru komyunikêshon" [Communication par messagerie textuelle d'étudiants], *Nihongogaku* 20 (10): 32–43.

Tanaka, Y., 2005, "Keitai mêru ni okeru 'kibun hyôgen'" ["Expression de l'humeur" dans des messages via un téléphone portable], *Gobun* 21: 119–131.

Traverso, V., 2000, Autour de la mise en œuvre d'une comparaison interculturelle. L'exemple des comportements confirmatifs dans des émissions radiophoniques françaises et syriennes, *in* Traverso, V., dir., *Perspectives interculturelles sur l'interaction*, Lyon, PUL : 33–51.

Watts, R. J., 2003, *Politeness*, Cambridge, Cambridge University Press.

Watts, R. J., Ide, S., Ehlich, K. (ed), 1992, *Politeness in Language: Studies in its History, Theory and Practice*, New-York, Berlin, De Gruyter.

2.

L'ARTICULATION LANGUE ET CULTURE

L'analyse du discours contrastive et les discours professionnels

GENEVIÈVE TRÉGUER-FELTEN

L'entreprise du 21ᵉ siècle évolue dans un monde de plus en plus technologique et international : deux caractéristiques qui favorisent des rencontres (souvent à distance) entre interlocuteurs peinant à communiquer dans l'une ou l'autre de leurs langues maternelles respectives et contribuent à la généralisation de l'anglais en tant que « langue du *business* » (Neeley 2012). Fortes de cette conviction, les entreprises recourent à l'anglais (ou plutôt à sa version véhiculaire, l'anglais *lingua franca*, couramment désignée par le sigle ELF) pour diffuser des documents (codes éthiques ou énoncés de leurs missions) visant à convaincre leurs publics internes ou externes du bien-fondé de leurs actions. Dans la majorité des cas, l'entreprise émettrice n'appartient pas à un pays anglophone et propose ces documents sous deux formes que seule la langue distingue. C'est à un tel cas qu'est consacrée cette contribution.

Nous verrons comment, associée à une approche interprétative de la culture (d'Iribarne 1989, 2008 ; Chevrier 2003), l'analyse du discours contrastive (ADC), née et développée au sein du Cediscor (Moirand 1992, von Münchow 2004, 2014, 2017), permet non seulement des comparaisons translangagières ou unilangagières (Claudel *et alii* 2013) mais le rapprochement de bi-textes (Tréguer-Felten 2018), c'est-à-dire des couples de textes dont l'un résulte de la traduction de l'autre. Cet article se décompose en trois parties. Après avoir rappelé son arrière-plan théorico-méthodologique, nous présenterons, dans une deuxième section, le corpus de travail et exposerons en quoi sa nature a influé sur le *modus operandi*. La troisième partie sera consacrée à la présentation des résultats et à la manière dont leur interprétation a été validée. Nous pourrons alors conclure à l'intérêt que présente l'ADC pour éclairer la transposition culturelle qui s'impose quand la démarche traductive vise à reproduire sur le nouveau public l'effet voulu pour le texte source[1] (celle que Ladmiral (1994) qualifie de *cibliste*).

1. Arrière-plan théorico-méthodologique

Le recours par les personnels d'une multinationale à une langue de communication commune leur fait souvent oublier que la langue n'est pas transparente, qu'elle est aussi régie par des normes sociales qui diffèrent suivant les cultures, et que ces normes sont, le plus souvent, transférées vers la langue qu'on emploie. C'est ce qu'une approche transdisciplinaire permet de montrer.

1.1 Une analyse du discours contrastive à visée ethnographique

À la recherche systématique des traces de représentations discursives (les images que l'auteur, individuel ou collectif donne à voir dans le discours) qui caractérise l'ADC – recherche facilitée par l'emploi d'un logiciel de lexicométrie (Lexico 3, Paris 3, Sorbonne nouvelle) –, se rajoutent ici quelques particularités méthodologiques. Nos analyses relèvent en effet d'une démarche abductive. L'abduction se définit comme « l'adoption provisoire d'une inférence explicative devant être soumise à vérification expérimentale, et qui vise à trouver également, en même temps que le cas, la règle » (Eco 1992 : 248). C'est-à-dire que l'étude ne part pas des catégories discursives ou linguistiques ; elle est dictée par les discours eux-mêmes ou plutôt par les formulations ou les signes qui intriguent, lors du survol comparatif des corpus, parce qu'ils ne correspondent pas à ce qu'on attend – des divergences que nous dénommons *anomalies*.

Cette étude sert par ailleurs un objectif ethnographique : mettre au jour les caractéristiques qui contribuent à définir les cultures étudiées (cf. Agar 2009) ou, plus spécifiquement ici, les univers de travail représentés. La méthode consiste donc, en partant d'une anomalie, à formuler une hypothèse sur ce qui, dans la langue/culture du locuteur, pourrait l'expliquer, à plonger dans le discours en quête « de nouvelles données

---

[1] On désigne la langue du texte d'origine par l'expression *langue source* et celle dans laquelle il est traduit par *langue cible*.

[susceptibles de la conforter] qui entraînent [à leur tour] de nouvelles analyses [et la vérification de nouvelles hypothèses] et ainsi de suite, tout au long de la recherche » (traduction de l'auteur)[2]. Cette démarche ne s'arrête que quand on est en mesure de formuler la « règle » qui explique, non pas une, mais toutes les anomalies et met en lumière le sens que leur confère le locuteur.

À cette fin, aucune catégorie descriptive n'est écartée (qu'elle relève du cadre énonciatif, de la sémantique ou de la syntaxe) si elle permet, au gré des inférences successives, d'accéder à l'univers de sens dans lequel s'inscrit le discours. Toutefois, ne seront finalement retenues que les analyses dont les résultats, entrant en résonance les uns avec les autres, donnent lieu à une interprétation cohérente. Les deux sous-corpus peuvent alors être mis en regard et la comparaison des portraits discursifs qui se dessinent commencer. On recherche, en puisant dans des disciplines aussi variées que l'ethnologie, l'anthropologie, la philosophie, la psychologie, ou, dans ce cas-ci, les sciences managériales, ce qui pourrait expliquer les divergences constatées.

L'approche interprétative de la culture s'appuie, elle aussi, sur le contraste (Chevrier 2012). S'intéressant aux métaphores, aux récurrences qui intriguent dans les propos des acteurs, elle en fait émerger les catégories auxquelles les locuteurs issus d'une culture donnée se réfèrent pour conférer du sens aux situations vécues ou aux énoncés rencontrés. À titre d'exemple, l'une des catégories auxquelles se réfèrent instinctivement les États-Uniens pour juger d'une situation est son équité. Ils vont donc se demander si telle ou telle situation est juste ou non (ce qui ne veut pas dire qu'ils seront tous d'accord : certains la considèreront juste, d'autre pas). De même, les Français, pour qui se préoccuper de son seul intérêt est indigne (d'Iribarne 2008), se diront tous défenseurs de l'intérêt général, sans pour autant s'accorder sur les actions qui en relèvent. Se font ainsi jour des univers de sens distincts qui caractérisent les cultures nationales en présence. Ainsi conçue, la culture doit être distinguée de

> la reconnaissance implicite de croyances communes ou a fortiori de comportements communs à l'ensemble d'une population, [elle suppose] simplement le partage d'une même relation signifiant signifié [...]. (Badie, 1993 : 15)

---

[2] « [...] *more data is collected, which leads to more analysis and so on throughout the research process* » (Agar 2009 : 115).

Cette approche transdisciplinaire a guidé nos pas dans l'analyse d'un corpus un peu complexe.

1.2 Un corpus professionnel complexe

Avec la volonté clairement exprimée de diffuser son code éthique sous deux formes identiques[3] – *Principles of Action* (dorénavant PoA) et *Nos Principes d'Action* (dorénavant NPA) – dont seule la langue d'expression (l'anglo-américain et le français) varierait, le groupe Lafarge a diffusé auprès de son personnel disséminé de par le monde, et affiché sur son site internet, des documents se présentant sous une même forme scriptovisuelle. Sachant que tout discours « prend ancrage et dans un *préconstruit culturel* et dans un *préconstruit situationnel* » (Grize 1978 : 47), nous avons entrepris de procéder à une analyse comparative des deux versions pour voir si les discours divergeaient et en quoi, et comprendre jusqu'à quel point ces dissemblances découlaient des conceptions du *vivre ensemble* propre à chacune des cultures en présence. D'Iribarne (1989) n'a-t-il pas montré le rôle non négligeable que jouent ces conceptions dans le fonctionnement d'usines américaine, française et néerlandaise exerçant pourtant la même activité au sein d'un même groupe multinational français ?

Tout en appartenant au « micro-genre » professionnel des chartes éthiques, les Principes d'Action du Groupe Lafarge s'inscrivent dans un programme plus ample intitulé *Leader for Tomorrow* qui vise à mobiliser le personnel disséminé dans le monde entier. Leur spécificité ne s'arrête toutefois pas là. Le texte anglais résulte d'une écriture en ELF par une équipe managériale que nous qualifierons de française (deux managers français accompagnés d'un collègue néerlandais travaillant depuis de nombreuses années en France). Le texte produit a été soumis pour validation à un comité de lecture anglo-américain (trois managers nord-américains et un anglais ; les six autres, de nationalités diverses mais choisis pour leur expérience du management aux États-Unis). Ce n'est qu'en fin de parcours que le texte anglo-américain final a été traduit en français, puis retravaillé dans sa formulation par le service Communication du siège parisien. Le corpus complet consistait donc en deux versions de ce qui se voulait le même message, l'une issue d'une écriture

---

[3] « Nous voulions un texte unique, qui fût à la fois prise de parole et ferment de la construction du Groupe de demain [...] » écrivait D. Hoestland, directeur du développement social du Groupe en 1995 (1995 : 54).

collective française en ELF mais retravaillée dans un esprit états-unien, l'autre, traduction de la première, remaniée par des Français. À ces deux textes s'ajoutent les documents de travail : une vingtaine de versions en anglais portant la trace des modifications du comité de lecture, et les cinq versions françaises, depuis la traduction par un traducteur professionnel jusqu'au texte définitif. Un tel corpus, bilingue et biculturel, diachronique et synchronique, mais « uni-situationnel » est apparu comme idéal pour procéder à une ADC et en faire émerger les cultures sous-jacentes.

1.3 Une méthodologie qu'il a fallu adapter

Nous avons commencé par scinder le corpus en deux parties distinctes ; les versions officielles, qu'on dénommera dorénavant les *versions finales* et les « brouillons » successifs regroupés sous la désignation *documents de travail*. Recourant aux techniques de l'analyse du discours, nous avons, dans un premier temps, considéré les traces que laisse l'énonciateur à la surface de chacun des textes : comment il désigne les « objets » du discours, s'il s'implique ou non en tant que sujet dans son discours, comment il se positionne par rapport à ce qu'il dit. Ces *observables* constituent les indices qui permettent de reconstruire la situation et le contexte dans lesquels chacun des discours a été produit (Moirand 1992 : 30). Au fur et à mesure des mises au jour de différences, nous en avons recherché la trace dans les documents de travail successifs. Ces va-et-vient entre documents et versions finales ont permis de repérer les apparitions, disparitions ou transformations de termes suggérées par le comité de lecture – en raison, peut-on supposer, de leur inadéquation au contexte états-unien – nous fournissant ainsi des indications précieuses sur les approches culturelles différentes des deux mondes en présence. Certains des termes en ELF, écartés lors de cette phase de reformulation, sont par exemple réapparus sous leur forme française lors de la finalisation du texte français, tendant à confirmer leur rôle d'indicateurs de « valeurs culturelles ». C'est ainsi que la haute fréquence du verbe *accept* dans les premiers documents de travail en ELF, sa disparition progressive de ces derniers, et sa réapparition au fil des reformulations de NPA, la version française finale, sont apparues représentatives d'une tendance française à « feutrer » le discours de l'autorité pour le rendre acceptable, nous incitant à en chercher d'autres illustrations à la surface des textes.

Par ailleurs, la nature particulière des versions finales, bi-textes se présentant sous une forme scriptovisuelle quasiment identique, a incité à prendre quelques précautions avant de procéder à une interprétation quelconque. Certaines des dissemblances relevées au cours de la démarche comparative ont en effet pu être reliées à des contraintes spécifiques liées au respect de la forme scriptovisuelle ou à la nature des langues en présence. Traduire des discours de façon à ce que le texte obtenu s'insère dans un espace de taille comparable à celui qu'occupe le discours source peut induire des formulations dont la portée dans la langue cible s'écarte de celle de la langue source, sans pour autant avoir des conséquences significatives pour les portraits discursifs en cours d'élaboration.

Il en allait ainsi pour certains titres de chapitres ; de manière générale, tous usaient de formes verbales (en *-ing* pour PoA, infinitives pour NPA) :

[1] Generating value for our customers
[1bis] Générer de la valeur pour nos clients

Certains d'entre eux ont retenu notre attention : par exemple, celui qui accordait aux énonciateurs (voix de la Direction) des positionnements différents. Dans PoA, ce dernier énonçait clairement ses attentes à l'égard du destinataire du discours, alors que la consigne de portée très générale exprimée dans NPA s'appliquait à tous, énonciateur compris.

[2] Expecting people to give their best
[2bis] Donner le meilleur de soi-même

Cette dissemblance, à première vue importante pour les portraits respectifs des énonciateurs, était cependant infirmée par la phrase suivante dans laquelle les énonciateurs se retrouvaient dans des positionnements identiques.

[3] All of our employees are expected to perform at their full potential
[3bis] Nous attendons de nos collaborateurs qu'ils donnent le meilleur d'eux-mêmes

On en a conclu que les contraintes linguistiques liées à l'infinitif français justifiaient ce pronom réfléchi indéfini, tandis qu'une formule plus longue mais plus exacte était écartée en raison des contraintes sémiotiques :

[Attendre des collaborateurs qu'ils donnent le meilleur d'eux-mêmes][4]

Si ces deux titres recelaient encore des différences significatives, ce n'était donc pas au niveau des positionnements énonciatifs mais à celui des registres lexicaux auxquels renvoient « *perform at their full potential* » et « donner le meilleur de soi-même ».

Il en est allé de même pour des traductions que la langue ne permettait pas, comme dans le cas de *customer-driven*, traduit par *Orienté vers le client*. Dans la mesure où une telle construction n'a pas d'équivalent en français – seules des formules négatives, telles *poussé par la colère* ou *par l'appât du gain*, expriment cette idée d'un patient contraint à agir sous la force de X –, ce transfert de position agentive n'a pas *a priori* semblé importante. Toutefois, la présence au sein des discours de plusieurs autres occurrences d'un tel basculement patient/agent au profit de l'organisation française a incité à reconsidérer cette anomalie et à en faire l'un des points de départ des hypothèses sur les différences entre les mondes du travail représentés.

En un mot, les différences clairement liées aux contraintes sémiotiques ou à une impossibilité d'équivalence d'ordre linguistique ont été écartées sauf quand d'autres éléments du discours infirmaient cette décision.

À l'inverse, des anomalies dans la présentation scriptovisuelle de NPA ont parfois servi d'indicateurs de divergences sémantiques significatives, tandis que la langue d'exposition ou les usages discursifs contribuaient, pour leur part, à relativiser certains des effets de sens différents rencontrés. Ce n'est qu'au terme de telles analyses que les documents de travail successifs en anglais, puis en français, ont été explorés afin de déterminer le moment où ces divergences apparaissaient. On a pu conclure de ces va-et-vient que les discours donnaient à voir deux univers professionnels différents et que les langues utilisées, vecteurs des cultures des scripteurs, étaient à l'origine de ces dissemblances.

2. Des univers professionnels distincts

Dès les premières analyses comparatives des versions finales, force a été de constater que se profilaient des mondes différents et que, selon

---

[4] Formulation absente du corpus mais qui aurait pu s'y trouver.

que l'énonciateur (la voix de la Direction) s'exprimait en anglais ou en français, il ne projetait pas la même image de l'univers professionnel dans lequel évoluaient les acteurs et que ces différences puisaient leurs racines dans la culture professionnelle des scripteurs ou relecteurs. Ni les relations avec le personnel, ni les attentes formulées à son égard, ni les méthodes pour les satisfaire n'étaient rigoureusement identiques.

2.1 Des positionnements hiérarchiques que le discours voile ou clarifie

Dès la première page, les principes d'action positionnent la direction différemment : par les termes dont l'énonciateur désigne le personnel, il se place dans une position supérieure ou sur un plan de quasi-égalité avec lui ; de même, il s'adresse tantôt à l'*individu-employé*, tantôt à la collectivité quand il mentionne les tâches assignées.

Les désignations

Quand PoA désigne le personnel par les termes *our/their people* et *our/their employees*, NPA se réfère à des *collaborateurs*. Les définitions lexicographiques pour ces vocables font apparaître des différences sémantiques significatives : *collaborateur*[5] évoque essentiellement le travail en commun, alors que, sans pour autant être équivalents, *our people*[6] et *employee*[7] partagent le sème de la sujétion à une autorité. L'un et l'autre relèvent de deux conceptions différentes du *vivre ensemble* propre à la société nord-américaine. *Our people* évoque la communauté morale (religieuse même) si importante à l'époque de l'arrivée des *Pilgrim Fathers* sur le sol américain ; *employees*, pour sa part, renvoie à la relation contractuelle développée très tôt dans l'histoire de la démocratie des États-Unis entre

---

[5] « C'est par ce terme qu'on désigne celui qui participe à une œuvre commune », 1ᵉ acception proposée par *Le Nouveau Petit Robert* (2004 : 1001).

[6] « Les membres d'un groupe régis, influencés ou contrôlés par un organisme donné, par exemple les membres d'un groupe de serviteurs, les sujets d'un roi, etc. » (traduction de l'auteur de : "*The members of a group under the leadership, influence, or control of a particular body, as members of a group of servants, royal subjects, etc.*" (*Webster's* 1988 : 1001)).

[7] « Une personne recrutée par une autre ou par une entreprise, etc. pour travailler pour des émoluments ou un salaire » (traduction de l'auteur de : "*A person hired by another or by a business firm, etc. to work for wages or salary*" (*Webster* 1988 : 445)).

le maître et l'employé, relation qui permet de circonscrire à une durée déterminée la subordination à une tâche donnée (Foner 1998 : 120). La notion d'ouvrage en commun est entretenue au fil du texte français par l'emploi récurrent du verbe *contribuer* : si l'un des objectifs du Groupe est de *contribuer* au succès de ses collaborateurs, ceux-ci, à leur tour, *contribuent* au succès du Groupe. Cette relation égalitaire (ou qui se déclare comme telle) – présente dans *collaborateur*, mais que le recours aux déterminants *nos, leurs,* qui lui sont le plus souvent associés[8], dément quelque peu – peut n'être qu'un artifice de langage. Elle permet toutefois de donner à l'individu l'impression d'un choix. Il peut – en apparence – disposer de son libre arbitre, marge d'action que ne laissent ni *our people* ni *(our) employees*, lesquels positionnent clairement la Direction à un niveau supérieur. C'est ce qui lui octroie le pouvoir d'exprimer l'objectif de succès énoncé en première page du document sous la forme : « *making our people successful* » quand dans NPA, elle dit : « contribuer au succès de nos collaborateurs ». Cette opposition entre une expression masquée de l'autorité dans NPA et une expression claire dans PoA se retrouve dans l'assignation des tâches aux collaborateurs.

Des destinataires collectifs ou individuels

Si les obligations elles-mêmes sont sensiblement les mêmes, les acteurs auxquels elles sont assignées diffèrent bien souvent. NPA tend à leur associer des expressions référant à la collectivité : *tous nos collaborateurs, l'ensemble des collaborateurs*, tandis que le texte anglais les accole à des formules distributives[9] comme *every employee, each of our employees*, etc. On va ainsi trouver :

[4] *Making quality the commitment of every employee*
[4bis] Faire de la qualité un engagement de *tous* nos collaborateurs

À l'inverse, le soutien ou l'aide que le Groupe s'engage à apporter au personnel apparaît généralement auprès d'une expression singularisante en français, et collectivisante en anglais.

---

[8] Et qui, dans l'usage courant, font comprendre que le locuteur est, malgré tout, le supérieur des *collaborateurs*.
[9] Voir Aldridge (1982), Lancri (1983), Junker (1995), Flaux (1997), pour une approche contrastive des expressions de la singularité et de la totalité en anglais et en français.

[5] Giving our people *exciting and challenging responsibilities and the support they need to be successful*

[5bis] Donner à *chacun* de nos collaborateurs des responsabilités et des défis motivants et les assurer du soutien de l'ensemble de notre organisation

L'« individu-employé » américain est clairement informé de ce qu'on attend de lui – ce qui s'intègre bien à un système de management dans lequel l'individu est jugé sur des objectifs définis par ses chefs ; il trouve en revanche du soutien auprès de la communauté à laquelle il est intégré : le Groupe. L'univers représenté par le texte français est tout autre : les encouragements vont à l'individu, les sollicitations/obligations à la collectivité – ce qui est en parfaite cohérence avec l'atmosphère de collaboration induite par les désignations. Ainsi, le Groupe *compte sur tous* et sollicite l'adhésion de ses collaborateurs en des termes qui tranchent avec le registre de l'action du texte américain :

[6] All of our employees are expected to perform at their full potential

[6bis] Nous attendons de nos collaborateurs qu'ils *donnent le meilleur d'eux-mêmes*

L'exploration des documents de travail en anglais a permis de montrer que cette propension à *masquer* la subordination se manifestait dans les premières écritures : les verbes exprimant la contrainte[10] sont majoritairement auprès de quantifieurs collectifs.

[7] Involving all our employees *[...] is the best way to capture their commitment and [...] initiative*

[8] Building a participative [...] environment requires everyone's *contribution*

Ces expressions « collectivisantes » se voient cependant peu à peu remplacées dans les versions intermédiaires par des partitifs singuliers, tel *each individual*, et dans la version finale (en [9]), c'est le quantifieur partitif pluriel *all of our people* qui apparaît, comme si cette forme que ne possède pas le français pour allier collectif et partitif, avait réuni les antagonistes.

---

[10] On regroupe sous ce terme des verbes tels que : *involve, require, expect, want*, etc. qui, sans témoigner d'une réelle contrainte, expriment la volonté (voire la force illocutoire) de la Direction.

[9] We want to involve all of our people in our ambition and strategies so they can better contribute their initiatives, talents and support the accelerating need for changes that our businesses require

L'analyse des écritures successives de ce passage en français révèle une même tendance à associer un verbe de contrainte à un référent collectif plutôt qu'individuel ; tantôt, ce dernier est conservé, comme dans :

[10] Nous voulons impliquer l'ensemble de nos collaborateurs dans nos ambitions et nos stratégies

tantôt, le passage à un quantifieur partitif est en quelque sorte *compensé* par un autre moyen : une modalité, par exemple, comme en [11]. La version finale, [12], en conserve d'ailleurs une.

[11] Nous souhaitons que chacun joue un rôle essentiel dans la définition de ses propres objectifs

[12] Nous attendons de nos collaborateurs qu'ils sachent partager leurs expériences et s'enrichir de celles des autres

Cette opposition entre une claire définition des obligations incombant à l'employé américain et une formulation française que la référence à la collectivité vient tempérer témoigne de relations de travail différentes. La fréquente mise à distance de l'action de NPA semble indiquer que la Direction n'a pas non plus les mêmes attentes.

2.2 Des attentes qui diffèrent

Les descriptions du cadre de travail participent à la création de deux mondes professionnels qui s'opposent et que l'on voit se former peu à peu au fil des versions successives. Le texte de PoA recourt à une succession de verbes d'action au présent : *act, perform, outperform themselves, leverage their skills*, qui donnent à voir une scène dynamique dans laquelle les employés du groupe s'activent, agissent.

[13] Offering a uniquely participative and supportive environment where people act out of convictions...

Dans NPA, en revanche, l'action est mise à distance au moyen de modalités ou en recourant à des tournures qui semblent l'intellectualiser. Ainsi, le personnel doit « *chercher à mettre en œuvre* nos meilleures pratiques », là où l'employé américain est requis de « *use best practices* » ; de même l'objectif assigné, lointain en français : « pour atteindre de meilleurs résultats », est dynamique et immédiat en anglais : « *achieving greater results* ». Si on met en regard les deux textes finaux, on voit que la succession de verbes d'action anglais est traduite en français par des formes complexes référant davantage à une capacité ou une aptitude qu'à l'action proprement dite :

> [14] *Offering a uniquely participative and supportive environment where* people act *out of convictions*
>
> [14bis] Créer un cadre de travail participatif et stimulant, où *l'initiative personnelle est encouragée*

L'exploration des documents de travail a révélé des tendances similaires. Certaines premières écritures en anglais se rapprochent davantage de la version finale française que de la version finale anglaise dont elle est issue. C'est le cas de la phrase présentée en [15], [16] et [16bis]. La notion d'acceptation présente en [15] a disparu de [16], alors qu'elle figure en [16bis] aux côtés d'un *pourra* qui semble faire écho à l'encouragement également présent en [15], donnant ainsi au monde d'action « à venir » de PoA une coloration bien différente.

> [15] *We want to promote an environment where everyone:*
> accepts *and actively seeks to constructively challenge and be challenged*
> works at *addressing problems [...] before moving on*
> is encouraged *to challenge entrenched thinking and practices*
>
> [16] *We want to promote an environment where individuals and teams*
> seek to *constructively challenge and be challenged*
> address existing problems *[...] in a systematic way before moving on [...]*
> use *their creativity*
>
> [16bis] Nous voulons promouvoir un environnement au sein duquel chaque personne et chaque équipe *pourra :*
> remettre en cause et *accepter* d'être remis en cause dans un esprit constructif
> *résoudre systématiquement* les problèmes avant d'essayer d'aller plus loin.
> *faire preuve* de créativité [...]

Bien qu'on puisse en partie attribuer ces différences à la concision chère à l'anglais – notamment l'anglais états-unien –, l'emploi de verbes d'action au présent simple donne à la Direction de PoA le rôle d'un metteur en scène[11] directif : il plante le décor, les employés entrent en scène et agissent. Le discours français ne leur octroie pas autant de pouvoir[12]. Si, lui aussi, plante le décor, il laisse davantage de place à leur libre arbitre : il leur donne la faculté de faire (*pourra, est encouragé à*), définit les capacités que chacun doit posséder et démontrer pour assumer son rôle (*doivent savoir déléguer, avoir de l'initiative, faire preuve de créativité*), aptitudes dont il se méfie même un peu (*avant d'essayer d'aller plus loin*). Par ailleurs, la récurrence du verbe *accepter*, dans les premières écritures en anglais comme dans les documents de travail et la version définitive français, donne à penser que la Direction, à travers son équipe managériale française, cherche à convaincre plus qu'à contraindre.

2.3 Des méthodes oscillant entre *contraindre* et *chercher à convaincre*

Afin de vérifier si la Direction, quand elle s'exprimait en français, cherchait effectivement à convaincre plutôt qu'à exiger, nous avons procédé à une recherche systématique des occurrences du verbe *accept*. De huit dans les versions de travail de PoA, elles décroissent jusqu'à n'être plus que trois, au stade où le texte a été soumis à la traduction vers le français et disparaître totalement de la version définitive en anglais. En revanche, la version définitive de NPA fait à deux reprises mention d'acceptation. Ainsi, outre la phrase présentée ci-dessus sur le comportement individuel attendu des membres du personnel, la phrase de conclusion de NPA insiste sur la nécessité de faire accepter les règles qui régissent le Groupe ; elle ne s'adresse ni à la collectivité ni à l'individu mais emprunte une forme impersonnelle qui ne donne que plus de force à l'obligation énoncée quand la version anglaise n'exprime que l'obligation pour tous de connaître et d'appliquer les règles :

> [18] *These rules should be* known *by everyone in our organization and* implemented *consistently throughout the Group*...
>
> [18bis] Ces règles doivent être connues, *acceptées* et appliquées de façon cohérente au sein du Groupe...

---

[11] Un « *Stage director* » dont les actes semblent en conformité avec la promesse incluse dans la dénomination même de son activité.
[12] Conformément là aussi avec la dénomination « Metteur en scène ».

Dans les documents de travail français comme dans la version finale NPA, la Direction s'adresse donc à des (presque) égaux et leur donne l'impression qu'ils peuvent exercer leur libre arbitre : peu d'injonctions sont claires et nettes. C'est avec « élégance » qu'on indique au collaborateur ce qu'on attend de lui : il *est invité à* démontrer son engagement ; on lui donne les moyens de faire ce qui lui est demandé (*qu'il soit à même de*). Seuls les devoirs édictés à l'intention des collaborateurs pris collectivement recourent à des formes d'intimation claires : ils *doivent incarner les valeurs* du Groupe, *définir les bons objectifs, donner le meilleur d'eux-mêmes*. On croit assister à la mise en place d'un cadre contraignant par la direction et la collectivité réunis, tandis que l'« individu-collaborateur » évolue sur la scène ainsi définie. On l'encourage, on l'assure du soutien du Groupe, on le guide, on lui fournit les moyens de se développer. Ainsi, tout en le considérant comme un adulte libre de ses choix, on semble le « ménager » un peu.

Le contraste est grand avec la version anglo-américaine POA, dans laquelle les obligations de l'« individu-employé » sont clairement énoncées, *Every employee is expected..., Making quality the commitment of every employee,* etc., tandis que le soutien, les encouragements et la description d'un univers de travail propice à l'épanouissement s'adressent à tous, et non plus à l'individu seul. L'image qui vient à l'esprit n'est plus celle de celui qu'on protège dans un univers défini pour lui, mais celle d'hommes qui agissent au sein d'une communauté. La direction veut fournir *a uniquely participative and supportive environment where people act out of convictions* (la connotation morale, et même religieuse, de ce dernier terme participe à cette impression d'univers communautaire dans lequel évoluent des hommes d'action). On ne peut s'empêcher de penser au « *Just do it* » si fréquemment entendu aux États-Unis et à l'image de *doers* dont les Américains aiment à se doter.

L'analyse des versions française et anglaise de ces documents professionnels – et de leurs étapes préalables – a clairement montré que les scripteurs (et nous incluons sous cette dénomination aussi bien les membres du comité de lecture que le traducteur ou les personnels du département de la communication du siège parisien), qu'ils s'expriment dans leur langue maternelle ou en ELF, ont projeté dans leurs discours des modes d'expression propres aux univers professionnels – et sociaux – qui sont les leurs. Il convenait cependant de valider cette interprétation.

3. La validation des résultats

Afin de vérifier si les univers donnés à voir (cf. tableau 1) sont représentatifs du monde professionnel de ces deux pays, nous avons d'une part exploré des discours appartenant au même genre discursif : chartes éthiques en anglais et français, en tant que langues maternelles (ce qui permettait de tester les résultats linguistiques obtenus), d'autre part recherché, dans la littérature sur les pays concernés, des descriptions du mode de management. Ne pouvant explorer tous les documents traitant le sujet et considérant que les aspects culturels ne sont souvent perçus consciemment que par les individus extérieurs à la culture en question, nous avons fait le choix de considérer des « regards croisés » : des États-Uniens réagissant au contexte managérial français et réciproquement.

Tableau 1. Des univers de travail qui diffèrent

Aux États-Unis, une communauté morale	En France, un environnement de type professionnel
Une hiérarchie assumée *Employees, our people* *Making our people successful*	Une horizontalité (apparente) *Nos collaborateurs* *Nous voulons contribuer au succès de nos collaborateurs* susceptible d'expliquer le recours à des obligations collectives
Un univers contractuel qui exige de clarifier les exigences à l'égard de l'individu	Une référence implicite au libre arbitre de chacun, et un nombre restreint d'ordres individuels directs, perçus comme agressifs

3.1 L'univers professionnel états-unien

Les recherches statistiques menées sur un certain nombre de chartes d'entreprises états-uniennes montrent qu'elles s'adressent le plus souvent à « l'individu-employé » et que les obligations qui lui incombent lui sont clairement édictées – *Every employee is expected to [...]* ou *You must [...]* sont récurrents. Dans la charte d'IBM, par exemple, qui recourt à la 2e personne, un tiers des 275 occurrences du pronom *You* introduit ou suit l'expression d'une obligation. De même dans le corpus de référence rassemblé[13], 86 % des occurrences de *each/every employee* sont suivies d'une modalité déontique alors que les désignations collectives du personnel ne le sont que dans 22 % des cas. Définir clairement à l'« individu-employé » ce qu'il peut ou doit faire apparaît comme une pratique courante aux États-Unis. On peut y voir une influence du contexte juridique ; un énoncé clair des obligations et des interdictions faites aux employés assure la protection de l'entreprise : seule la responsabilité de ces derniers sera engagée en cas de problème ultérieur. Il n'en demeure pas moins que l'expression sans fard des obligations qui incombent à l'individu apparaît comme un discours normal.

On ne peut parler de « management états-unien » sans mentionner son influence internationale. Les études empiriques menées par Ph. d'Iribarne[14] (1989) montrent toutefois qu'on ne peut dissocier ce type de gestion du contexte social dans lequel il s'est développé. Les relations contractuelles sont omniprésentes aux États-Unis, ce que reflète la précision des documents circulant dans les entreprises sur les droits et les devoirs des employés. Tocqueville[15] en son temps, voyait dans le contrat l'origine de la certitude qu'avait le citoyen américain d'être l'égal de n'importe quel dignitaire alors même qu'il était en position de subordination dans le monde professionnel. Le dicton australien « Jack vaut bien son maître » (traduction de l'auteur[16]) pourrait être une illustration plus proche de nous, quoique sous d'autres cieux, de cet état d'esprit. On peut dès lors comprendre qu'un énoncé clair des obligations qui incombent à l'individu ne saurait le perturber. Par ailleurs, l'employé devant, au terme du contrat, être jugé sur l'accomplissement des tâches qui lui ont été assignées, il est nécessaire de les lui communiquer clairement (Iribarne 1990 : 46).

3.2 L'univers professionnel français

Le tableau qu'offrent les documents français[17] consultés est plus contrasté : les obligations énoncées à l'égard des collaborateurs en tant

---

[13] Dell, Ascom, Global Source, IBM, consultés sur l'internet le 10/09/06.
[14] *La logique de l'honneur* relate les enquêtes menées dans les usines américaine, française et néerlandaise d'un même groupe industriel français.
[15] « Le maître juge que dans le contrat est la seule origine du pouvoir, et le serviteur y découvre la seule cause de son obéissance » (Tocqueville 1981 : II, 226).
[16] *"Jack is as good as his master"* (Béal 1993 : 105).
[17] PSA, France Telecom, Alstom, Valeo, consultés sur l'internet le 10/09/06.

que collectivité sont effectivement plus fréquentes (26 %) que celles qui s'adressent à l'individu (14 %), mais l'écart est moindre. La tendance à « feutrer » le discours de l'autorité se manifeste ici sous une forme un peu différente : le collaborateur est à la fois responsable de l'obligation énoncée et de sa mise en œuvre : *Il s'interdit de, fait preuve de, s'abstient de, prend les mesures nécessaires.* On peut voir dans ces « auto-obligations » une autre manière de traiter le personnel comme un égal (quelqu'un qui assume ses responsabilités) et une illustration différente de la tendance à « voiler » l'autorité relevée dans NPA. Les principes d'action étant généralement réservés à l'intranet des entreprises, nous n'avons pas été en mesure de vérifier si la propension à mettre l'action à distance était générale.

On en a cependant trouvé des échos dans les propos de cadres américains recueillis par P. Platt, États-Unienne ayant entrepris d'aider ses compatriotes – et d'autres anglophones – à s'acclimater au contexte professionnel français. En effet, si ces étrangers disaient souffrir d'un certain manque de précision dans l'information communiquée (1993 : 202), ou de la manière indirecte dont il fallait s'adresser à son subordonné (*ibid.* : 222), ils évoquaient aussi le goût français pour l'abstraction au détriment de l'action (*ibid.* : 230–231), et le besoin de marge de manœuvre (*ibid.* : 216) que manifestaient les Français au travail. L'ouvrage revient par ailleurs, à plusieurs reprises, sur ce que l'auteure appelle « la séduction » dont elle voit des manifestations à tous les niveaux de la société française. Après l'avoir clairement distinguée du terme anglais correspondant, elle insiste sur sa place importante dans la langue : « *Séduction* est peut-être son mot le plus important » (traduction de l'auteur[18]), écrit-elle. De l'exemple du professeur qui cherche à se faire aimer de ses élèves pour qu'ils tirent le meilleur parti de ses enseignements (*ibid.* : 138), l'auteure passe à la nécessité pour un supérieur de convaincre son subordonné : « Surtout, convainquez-le du bien-fondé de votre projet » (traduction de l'auteur[19]), recommande-t-elle au manager américain qui déplore de ne jamais obtenir exactement ce qu'il a demandé (*ibid.* : 221). Il ressort de ses enquêtes que « La manière française d'approcher le business et la vie en général est souvent moins focalisée sur le résultat, qu'obsédée par la façon dont il est

---

[18] "Séduction *may be its most significant word*" (Platt 1994 : 169).
[19] "*Above all, convince him that your project makes sense*".

atteint [...] » (traduction de l'auteur[20]) (*ibid.* : 233), ce que l'analyse des formes verbales des documents a montré. L'univers professionnel français perçu par ces Américains semble en cohérence avec celui que *NPA* donne à voir.

À la fin d'un parcours complexe ayant mêlé l'approche contrastive de deux versions voulues par la direction de l'entreprise comme des documents de référence identiques, et des allers-retours entre elles et les documents de travail les ayant précédées, nous pouvons conclure à l'impossibilité de s'abstraire du contexte linguistique et culturel dans lequel les documents sont produits. Cela atteste de l'importance de « la dimension sociale » dans le « fonctionnement linguistique » mise en lumière par Nyckees (1998 : 16) et déjà présente dans les travaux de l'école de Bakhtine. Ces deux exemples montrent en effet qu'en dépit d'une volonté de produire des documents « identiques » servant les mêmes objectifs managériaux, les contraintes exercées sur les locuteurs par leurs contextes linguistiques et culturels d'origine, influent sur leurs discours, laissant des traces que l'ADC, ancrée comme elle l'est dans les sciences du langage, permet de mettre au jour et d'objectiver.

Nous voudrions insister en conclusion sur la richesse et la diversité des recherches que l'on peut faire, et qui restent à faire, dans le domaine des langages professionnels. Procéder à des études contrastives de bi-textes ou de discours produits dans des situations identiques permet de mettre au jour des spécificités que ni les analyses du discours menées dans un contexte unilingue, ni la terminologie, fût-elle exercée dans des contextes plurilingues (comme le font actuellement certains courants), ne sont à même de faire émerger. Ces discours rassemblent en effet des formulations représentatives d'une vision du monde dont les locuteurs natifs n'ont pas nécessairement conscience. Et, contrairement aux représentations des discours professionnels, scientifiques ou techniques qui circulent encore trop souvent, plus encore que les discours produits en d'autres lieux de langage, ceux que donnent à voir les diverses situations de travail cristallisent les relations entre langues, cultures et sociétés. Pour que la mondialisation des échanges actuellement en cours soit bénéfique, il est indispensable de mettre en lumière le rôle que jouent les langues et

---

[20] "[T]he French approach to business and life in general is often less focused on the result than obsessed with how it is attained".

les cultures sur le fonctionnement de ces échanges et l'ADC est l'un des moyens dont on dispose pour y parvenir.

Références bibliographiques

Agar, M., 2009, Ethnography, *in* Senft, G., Ostman, J.-O., Verschueren, J. (éds.), *Culture and Language Use*, Amsterdam, Philadelphia, John Benjamins Publishing Company: 110-120.

Aldridge, M. V., 1982, *English Quantifiers; A study of quantifying expressions in linguistic science and modern English usage*, Amersham, Avebury Publishing Company.

Badie, B., 1993, *Culture et politique*, Paris, Economica.

Chevrier, S., 2003, *Le management interculturel*, Paris, PUF.

Chevrier, S., 2012, *Gérer des équipes internationales. Tirer parti de la rencontre des cultures dans les organisations*, Québec, Presses de l'Université Laval.

Claudel, Ch., von Münchow, P., Pordeus Ribeiro, M., Pugnière-Saavedra, F. et Tréguer-Felten, G. (éds.), 2013, *Cultures, discours, langues. Nouveaux abordages*, Limoges, Lambert Lucas.

Eco, U., 1992, *Les limites de l'interprétation*, Paris, Grasset.

Flaux, N., 1997, « Tous ensemble, chacun séparément », *Langue française* 116 : 33-49.

Foner, E., 1998, *The Story of American Freedom*, New York, London, Norton.

Grize, J.-B., 1978, « Schématisation, représentations et images », *Actes du colloque : Stratégies discursives*, Lyon, Presses Universitaires de Lyon: 45-52.

Hoestland, D., 1995, « Les principes d'action de Lafarge : un exercice d'écriture collective », *Entreprise éthique* 3 : 50-55.

Iribarne, P. d'., 1989, *La logique de l'honneur* (2e édition), Paris, Seuil.

Iribarne, P. d'., 1990, « Cultures nationales et économie internationale », *Futuribles* 140 : 45-55.

Iribarne, P. d'., 2008, *Penser la diversité du monde*, Seuil, Paris.

Junker, M.-O., 1995, *Syntaxe et sémantique des quantifieurs flottants tous et chacun. Distributivité en sémantique conceptuelle*, Genève, Paris, Librairie Droz.

Ladmiral, J.-R., 1994, *Traduire : théorèmes pour la traduction* (2ᵉ édition), Paris, Gallimard.

Lancri, A., 1983, « 'Tout', 'All' et l'expression de la totalité : approche contrastive », *TREMA* 8 : 125–133.

Moirand, S., 1992, « Des choix méthodologiques pour une linguistique de discours comparative », *Langages* 105 : 28–41.

von Münchow, P., 2004, *Les journaux télévisés en France et en Allemagne. Plaisir de voir ou désir de s'informer*, Paris, Presses Sorbonne nouvelle.

von Münchow, P., 2014, L'analyse du discours contrastive : comparer des cultures discursives, *in* Grezka, A., Leclère, M., Temmar, M. (éds), *Les sciences du langage en Europe, tendances actuelels. Actes du colloque 2011 de l'ASL-Association des Sciences du Langage*, Limoges, Lambert Lucas : 75–92.

Nyckees, V., 1998, *La sémantique*, Paris, Belin.

Platt, P., 1994, *French or Foe. Getting the Most out of Living and Working in France*, Londres, Culture Crossings Ltd.

Tocqueville, A. d., 1981 [1835], *De la démocratie en Amérique*, tome 2, Garnier-Flammarion, Paris.

Tréguer-Felten, G., 2018, *Langue commune, cultures distinctes. Les illusions du* Globish, Québec, Presses de l'Université Laval.

Linguoculturologie : la comparaison entre les langages et les cultures

DARYA ALEKSEEVNA SHCHUKINA

> « Le langage est un phénomène social... On peut d'abord traiter le langage comme un *produit* de la culture : une langue, en usage dans une société, reflète la culture générale de la population. Mais en un autre sens, le langage est une *partie* de la culture ; il constitue un de ses éléments, parmi d'autres. »
>
> (C. Levi-Strauss, *Anthropologie structurale*).

La tradition de la comparaison en Russie diffère de la comparaison européenne et elle a ses propres caractéristiques et spécificités. La comparaison entre les langues et les cultures intéresse depuis longtemps l'école linguistique russe, bien qu'elle ne corresponde pas aux principes de l'analyse du discours français. Il convient de noter une forte influence des idées de Humboldt, qui en Russie est traditionnellement considéré comme le fondateur de la linguistique générale, en particulier avec l'anthropologie comparée, qui propose d'étudier la culture se manifestant dans différentes langues. Cette recherche a des racines dans la lexicologie et la phraséologie. Ses résultats peuvent également présenter un intérêt pour les études discursives.

L'objet de cet article est de présenter des travaux actuels réalisés par des chercheurs russes dans les domaines de la communication, de la linguistique, de la culturologie et de la psychologie. C'est au croisement de ces domaines, qu'au cours de ces dix dernières années, s'est développée une discipline appelée « la linguoculturologie » (лингвокультурология) – certaines universités russes ont déjà inclus des études linguoculturologiques dans la liste de leurs cours. Elle est issue des sciences du langage et de la culturologie, de l'influence de la langue sur la culture et réciproquement de la culture sur la langue et le langage. Cette discipline étudie l'impact de la culture sur la langue et analyse comment la langue se forme sous l'influence de la culture.

Les raisons de cet engouement pour les études de la linguoculturologie peuvent s'expliquer (selon V. Karasik) par la mondialisation des problèmes, la nécessité de prendre en compte les caractéristiques universelles et spécifiques du comportement et de la communication des différents peuples, la nécessité pour les linguistes de maîtriser les connaissances acquises grâce aux autres sciences (psychologie, sociologie, ethnographie, culturologie, etc.) et la compréhension de la langue comme outil de discernement de l'expérience collective, par son rôle d'influence dans la publicité, la politique et dans la communication des médias. Depuis quelques décennies en Russie, on peut parler d'une profusion impressionnante de travaux dans le domaine de la linguoculturologie. Les principaux centres de développement de cette école se situent à l'université de Moscou – MGU, à l'université de Saint-Pétersbourg – SPBGU et à l'université de Voronej – VSU. Dans tout le pays et à l'étranger, des publications ont été rédigées et de nombreux mémoires diplômants sur le sujet – masters, thèses de doctorat – ont été soutenus sous la direction de spécialistes russes ; par exemple, sous ma direction : Dmitrieva Maria Nikolaevna, *La sémantique et le potentiel associatif des noms de fêtes orthodoxes dans la langue russe contemporaine* (thèse de doctorat, Kaliningrad, 2016)[1] ; Galtsova Anna Sergeevna, *Le potentiel linguoculturel de la toponymie de Saint-Pétersbourg* (thèse de doctorat, Saint-Pétersbourg, 2011)[2]. De nombreuses universités russes dispensent des cours de linguoculturologie, qui traitent de la mentalité du peuple russe et de son impact sur la langue. Par exemple, lors de ses conférences à l'université d'Etat de Saint-Pétersbourg intitulées « L'impact de la mentalité russe sur la langue et le langage », V.V. Kolessov examine les difficultés de l'étude de la culture et de la mentalité russes.

A Moscou, le fameux cycle de conférences du professeur V.V. Krasnikh intitulé « Le discours national et la communication » a été publié sous le titre suivant : *L'ethnopsycholinguistique et la linguoculturologie* (Moscou : éd. Gnosis, 2002) et en 2012–2013, j'ai moi-même dispensé

---

[1] Références en russe : Дмитриева Мария Николаевна. Семантика и ассоциативный потенциал наименований православных праздников в современном русском языке. Калининград, 2016.

[2] Références en russe : Гальцова Анна Сергеевна. Лингвокультурологический потенциал петербургской топонимии. Санкт-Петербург, 2011.

un cours similaire lors d'un stage de qualification des enseignants de russe à l'université des Mines de Saint-Pétersbourg.

1. Les origines de la discipline – linguoculturologie

Le premier chercheur qui a mis en évidence la corrélation entre le langage et la vie spirituelle d'un peuple, en considérant le langage comme un processus créatif, est le philologue et philosophe allemand Wilhelm von Humboldt (Guillaume de Humboldt). Dans son article intitulé[3] « La différence de construction du langage dans l'humanité et son influence sur le développement spirituel du genre humain »[4], le savant a souligné la connexion entre les formes extérieures du langage et les processus psychiques : « Toute étude sur l'identité nationale, qui n'utilise pas le langage comme outil, serait vaine, dans la mesure où seule le langage capture le caractère national » (Humboldt, 1984 : 303). Développant la thèse de Humboldt qui affirme que le langage est l'« âme du peuple », son existence même et la réalité de sa culture, le linguiste et philosophe russe A. Potebnia écrit : « considérant l'esprit dans le sens d'une activité mentale consciente qui implique des concepts formés uniquement par le mot, nous constatons que l'esprit sans le langage est impossible, parce que lui-même existe grâce au langage, et le langage apparaît au moment de l'évènement » (Potebnia 2010 : 42). L'étude de la culture par le biais du langage n'est pas une idée nouvelle. C. Levi-Strauss soutenait que le langage était à la fois un produit de la culture – il en est aussi une partie importante – et la condition de l'existence de celle ci. De surcroît, le langage est un outil spécifique de l'existence de la culture, elle est un facteur de la formation des codes culturels. Dans son livre *Anthropologie structurale*, il écrit : « Nous sommes conduits, en effet, à nous demander

---

[3] Références en russe : « О различии строения человеческих языков и его влиянии на духовное развитие человечества » ученый указал на связь внешних форм языка с ментальными процессами : « Всякое изучение национального своеобразия, не использующее язык как вспомогательное средство, было бы напрасным, поскольку только в языке запечатлен весь национальный характер » (Гумбольдт 1984 : 303).

[4] *La différence de construction du langage dans l'humanité et son influence sur le développement spirituel du genre humain* cf. Dilberman Henri, « Wilhelm Von Humboldt et l'invention de la forme de la langue », *Revue philosophique de la France et de l'étranger*, 2006/2 (Tome 131), p. 163–191. <https://www.cairn.info/revue-philosophique-2006-2-page-163.htm>

si divers aspects de la vie sociale (y compris l'art et la religion) – dont nous savons déjà que l'étude peut s'aider de méthodes et de notions empruntées à la linguistique – ne consistent pas en phénomènes dont la nature rejoint celle même du langage. » (Levi-Strauss 2001 : 68). Et plus loin : « On peut d'abord traiter le langage comme un *produit* de la culture : un langage en usage dans une société, reflète la culture générale de la population. Mais, en un autre sens, le langage est une *partie* de la culture, il constitue un de ses éléments parmi d'autres. [...] On peut aussi traiter du langage comme *condition* de la culture, et à double titre : d'un point de vue diachronique, c'est surtout au moyen du langage que l'individu acquiert la culture de son groupe ; on instruit, on éduque l'enfant par la parole ; on le gronde, on le flatte avec des mots. En se plaçant en revanche dans une perspective plus théorique, le langage apparaît comme condition de la culture dans la mesure où cette dernière possède une architecture similaire à celle du langage » (*ibid* : 74).

L'une des plus célèbres théories qui présupposent la corrélation entre le langage et la pensée, le langage et la culture, est la théorie du déterminisme linguistique (relativité), développée dans les écrits d'Edward Sapir et de Benjamin Lee Whorf. Sapir affirme[5] qu'il serait faux de croire que nous pouvons appréhender pleinement la réalité sans l'aide du langage ou bien que ce langage est un moyen de résoudre certains problèmes particuliers relatifs à la communication et à la pensée. En fait, le « monde réel » se construit inconsciemment et dans une large mesure sur la base des normes linguistiques d'un groupe donné (*La linguistique étrangère* 1., 1993 : 58). Whorf, approfondissant les idées de Sapir, a écrit dans son œuvre principale *La relation entre les normes du comportement, de la pensée et la langue* : « La plupart des gens sont d'accord avec l'affirmation selon laquelle les règles fixées par l'utilisation des mots définissent certaines formes de pensée et de comportement » (*ibid* : 58).

On peut illustrer ces propos en considérant les formes de politesse dans des langues différentes, comme l'utilisation des pronoms personnels, tels que *vous* en français, *Sie* en allemand ou *Вы* en russe. Les

---

[5] "it is quite an illusion to imagine that one adjusts to reality essentially without the use of language and that language is merely an incidental means of solving specific problems of communication or reflection. The fact of the matter is that the 'real world' is to a large extent unconsciously built up on the language habits of the group". Edward Sapir, "The Status of Linguistics as a Science", *Language*, Vol. 5, No. 4 (Dec., 1929), p. 207–214.

enfants qui grandissent dans ces sociétés apprennent naturellement à les utiliser correctement, tandis qu'un étranger doit non seulement en étudier la fonction grammaticale, mais aussi s'habituer aux règles de comportement et aux formes de pensée qui les accompagnent. B. Whorf arrive à la conclusion que les normes linguistiques et les normes culturelles se sont développées ensemble, marquées par une influence permanente et réciproque l'une sur l'autre. L'idée fondamentale de la théorie de Sapir-Whorf est celle d'une image du monde (en russe : картина мира) comme immense modèle, différente pour les langues, car cette langue possède des formes et des spécificités culturelles propres à une société et à une identité données. D'autre part, les philosophes et philologues russes (N.A. Berdiaev, D.S. Likhachev, V.V. Kolesov, Yu.M. Lotman, A.A. Potebnia, A.A. Chakhmatov) ont aussi influencé le développement de la linguoculturologie.

La linguoculturologie est liée à d'autres disciplines linguistiques contemporaines ayant eu un impact sur elle :

1. L'ethnolinguistique (N.I. Tolstoï), qui traite de la « culture spirituelle slave » et met en avant la thèse de l'isomorphisme de la culture et du langage, tente de déceler des faits historiques de telle ou telle ethnie et de révéler des stéréotypes nationaux[6]. Ici on peut mentionner l'article de Galina Kabakova en français publié dans le *Journal des anthropologues* en 1994 sur la formation de l'ethnolinguistique russe. L'auteur note l'influence de Whorf et Sapir, l'école mythologique allemande, F.I. Bouslaev, A.N. Afanassiev et A.A. Potebnia.
2. La sociolinguistique, qui étudie le langage des différents groupes sociaux et des différents groupes d'âge et la différenciation sociale du langage, analyse les processus actifs du développement du langage sous l'influence de facteurs extralinguistiques.
3. L'ethnopsychologie détermine comment des éléments du comportement liés à une certaine tradition se manifestent par la parole. Elle analyse les différences de comportement verbal et non verbal des locuteurs de langues différentes, explore la parole et étudie le

---

[6] Kabakova G., 1994, « L'ethnolinguistique en Russie : l'anthropologie aux mains des philologues », *Journal des anthropologues* 57–58, p. 87–99, <https://www.persee.fr/doc/jda_1156-0428_1994_num_57_1_1852>

bilinguisme et le multilinguisme comme une spécificité du comportement oral des différents peuples.

Il existe différentes définitions de la linguoculturologie :

(1) La linguoculturologie est une discipline scientifique de type synthétique, à la frontière entre la philologie (étude des textes) et des sciences qui étudient la culture (V.V. Vorobiev)[7]
(2) C'est une science au croisement de la linguistique et de la culturologie qui examine les manifestations de la culture, apparues et enracinées dans le langage (Maslova 2001 : 28)[8]
(3) C'est une discipline qui étudie la manifestation, l'écho et l'intégration de la culture dans le langage et le discours (Krasnikh 2002 :12).[9]

Cependant, nous adoptons la définition suivante (Zinovieva, Yurkov 2006 : 15)[10] :« La linguoculturologie est une science philologique théorique qui explore les différentes manières de se représenter le monde selon les locuteurs natifs de langues différentes, à travers l'étude des unités linguistiques de différents niveaux et l'étude de la parole (речевой деятельности), du comportement verbal (речевого поведения) et du discours. Ceci devrait permettre de donner une description de ces éléments, qui dévoilerait dans leur totalité la signification des unités analysées, leurs nuances, leurs connotations et associations qui reflètent la conscience des locuteurs natifs ».

---

[7] Citation en russe : Лингвокультурология – научная дисциплина синтезирующего типа, пограничная между филологией и науками, изучающими культуру' (В.В. Воробьев).

[8] наука, возникшая на стыке лингвистики и культурологии и исследующая проявления культуры народа, которые проявились и закрепились в языке (Маслова 2001 : 28).

[9] Citation en russe : дисциплина, изучающая проявление, отражение и фиксацию культуры в языке и дискурсе (Красных 2002 : 12).

[10] Citation en russe : Лингвокультурология – теоретическая филологическая наука, которая исследует различные способы представления знаний о мире носителей того или иного языка через изучение языковых единиц разных уровней, речевой деятельности, речевого поведения, дискурса, что должно позволить дать такое описание этих объектов, которое во всей полноте раскрывало бы значение анализируемых единиц, его оттенки, коннотации и ассоциации, отражающие сознание носителей языка.

La linguoculturologie est appelée à révéler les oppositions fondamentales culturelles sur la base des données linguistiques, fixées dans la langue et qui se manifestent dans le langage. Dans le cadre de cette discipline scientifique, les éléments suivants peuvent être étudiés :

1. Les lacunes lexicales : le mot sans équivalents désigne des manifestations culturelles spécifiques (*matriochka* (матрёшка), *intelligentsia* (интеллигенция), etc.), qui sont le fruit de la fonction cumulative de la langue. Les « lacunes » sont ainsi appelées afin de définir l'absence de mots et de significations dans une langue, mais exprimés dans d'autres.
2. Les unités linguistiques mythologiques comme les archétypes et les mythologèmes, les coutumes et les croyances, les rituels et les habitudes établis dans la langue : le mythologème représente un personnage principal ou une situation importante, l'un et l'autre issus d'un mythe et que l'on retrouve dans d'autres mythes. La linguoculturologie croit que les mythologèmes et les archétypes existent dans la conscience collective, la base cognitive nationale. Autrement dit, dans le niveau linguistique, mais dans les textes, ils sont mis en œuvre, fonctionnent ou, dans certains cas, sont corrigés. La linguoculturologie comprend le concept de l'archétype de Carl Gustave Jung.
3. La réserve parémiologique de la langue : les proverbes, les dictons dont les origines et le fonctionnement sont associés à l'histoire du peuple, à sa culture, à ses mœurs, à sa morale.
4. La réserve phraséologique de la langue : ces expressions intégrées dans la langue depuis des générations révèlent de nombreux aspects de l'histoire d'un peuple, reflètent son mode de vie, sa culture, ses traditions et ses stéréotypes de pensée. La phraséologie est un des domaines les plus étudiés de la linguoculturologie actuellement. Les expressions, stéréotypes, symboles : les expressions indiquent de façon imagée une vision du monde, le plus souvent sous forme d'expressions idiomatiques – *travailler comme un cheval* (работать как лошадь), *se battre comme un poisson sur la glace* (биться как рыба об лёд) – l'expression figurative russe qui signifie 'chercher sans succès à améliorer la situation financière'.

Un stéréotype fait référence à la réalité et au comportement. Les stéréotypes ethnoculturels utilisent la généralisation des caractéristiques typiques d'un peuple pour le représenter. Le symbole se rapporte au contenu culturel. Aleksey Losev a écrit que le symbole contenait le principe généralisé du développement ultérieur du contenu sémantique intégré ; le symbole peut être considéré simultanément comme une méthode de codage socioculturel de l'information et comme un mécanisme de transmission. Selon Youri Lotman, « le symbole agit comme un condensateur des signes caractéristiques de tous les principes du signe… » (Lotman 2000 : 249)[11]. En expliquant le fonctionnement du symbole dans le système culturel, Lotman a affirmé que le symbole était 'la mémoire de la culture'.

5. Les métaphores et les images représentées par la langue : la naissance des métaphores est liée au système de conceptualisation du locuteur natif, à ses représentations standards du monde, à son système de valeurs. La métaphore réfère à l'Homme comme étalon de tout : *une décision sage* (мудрое решение), *une question délicate* (деликатный вопрос), *la conscience s'est réveillée* (совесть заговорила).

Ces dernières années, en Russie, la recherche linguistique a tenté de décrire de façon approfondie les métaphores, par exemple, en étudiant leurs propriétés communicatives et fonctionnelles (Nina Arutyunova), le champ sémantique des ressources métaphoriques de la langue russe (Galina Sklyarevskaya), « le paradigme des images » (Natalia Pavlovich).

6. La stylistique des langues. Les recherches dans ce domaine sont menées du point de vue de l'école russe de stylistique fonctionnelle (школа функциональной стилистики).

7. Le comportement verbal et l'étiquette verbale. Le comportement verbal reflète les processus vivants de communication. Alexei Leontiev a distingué plusieurs facteurs de caractérisation du comportement verbal, selon qu'ils sont :

1) associés à la tradition culturelle

2) associés à la situation sociale et aux fonctions sociales de la communication

3) associés à l'ethnopsychologie

4) associés à la particularité de la dénotation

---

[11] Citation en russe : « символ выступает как бы конденсатором знаковости всех принципов знаковости… » (Лотман 2000 : 249).

5) déterminés par la spécificité de la langue d'une communauté (stéréotypes, images, comparaisons, etc.).

L'étiquette verbale : ce sont les règles socio-culturelles et spécifiques qui régissent le comportement verbal des personnes dans des situations d'échanges, conformément aux rôles sociaux et psychologiques et aux relations personnelles dans le cadre d'une communication formelle ou informelle. Le principal objectif de l'étiquette verbale est l'harmonisation de la communication, la manifestation de la politesse, la culture du comportement. La négligence dans l'utilisation des formules de politesse verbale est considérée comme une manifestation de grossièreté, d'hostilité, d'impolitesse à l'encontre de l'interlocuteur. L'étiquette verbale est spécifique selon le pays. La connaissance des particularités de l'étiquette nationale et la compréhension de la spécificité nationale dans les échanges commerciaux facilitent les négociations ainsi que la prise de contact avec des partenaires étrangers.

Différentes orientations de la linguoculturologie se distinguent selon l'approche choisie autour des notions de « langue/langage » et de « culture » :

1. Études de la sémantique linguistique, afin de préciser les modes de compréhension du monde intégrés dans la langue ;
2. Champ associé à la désignation linguistique, soit la capacité de la langue à enraciner les connaissances sur le monde ;
3. Étudier la construction des paradigmes linguistiques, des structures lexico-sémantiques et sémantico-fonctionnelles ;
4. Étudier le caractère national du comportement oral. Aujourd'hui, un des domaines les plus développés de la linguoculturologie est la phraséologie. On peut trouver des exemples de cette tendance dans les travaux de Veronika Teliia, Institut de linguistique à l'Académie des Sciences de Russie / « RAN ». Mentionnons le *Grand Dictionnaire Phraséologique de la langue russe* (2010), avec des commentaires qui relèvent de la linguoculturologie –, sa monographie *La phraséologie russe – les aspects sémantiques, pragmatiques et linguoculturologiques* (Moscou, Langues de la Culture Russe, – 1996). Selon Veronika Teliia[12] « les phraséologismes sont

---

[12] Citation en russe : « фразеологизмы – наиболее насыщенные культурными смыслами единицы языка, способные выполнять роль знаков «языка»

les unités linguistiques les plus chargées de sens culturel et celles qui peuvent jouer le rôle de signes de la 'langue' de la culture – un autre système de signes, plutôt qu'une langue naturelle » (*Grand Dictionnaire Phraséologique* – 6). La mémoire linguistique des phraséologismes n'est pas seulement « un lieu de conservation », mais transmet traditionnellement, d'une génération à l'autre, un patrimoine culturel vivant. On trouve dans les unités phraséologiques le système moral des valeurs et les observations sur la nature. Je vais présenter des exemples du travail de mon étudiante diplômée Natalia Potapova. Un certain nombre de phraséologismes avec les lexèmes « or », « argent », « granit », « fer », « pierre » se rapportent au code du paysage et de la nature, soit un ensemble de noms, de caractéristiques scientifiques, de propriétés d'objets naturels et d'éléments du paysage, jouant un rôle dans la langue de la culture. Par exemple, *en avoir sous le coude* (держать камень за пазухой) ; *valoir son pesant d'or* (на вес золота) ; *frapper le fer quand il est chaud* (ковать железо, пока горячо) ; « *ronger le granit de la science* » (грызть гранит науки), etc. Dans le phraséologisme *avoir une pierre à la place du cœur* (камень на душе / на сердце лежит) – le lexème « pierre » est associé au code naturel de la culture, quant à l'opposition archétypique *léger / lourd*, celle-ci décrit les propriétés physiques de la pierre, sa solidité et son poids. Ce phraséologisme comporte une métaphore, qui assimile une émotion « lourde », l'inquiétude, au poids de la pierre et donne ainsi une représentation stéréotypée d'un état émotionnel « lourd ». Il est possible de démontrer l'interaction entre la nature et le code du paysage et la perception physique (gravité), comme résultat de la compréhension du monde qui nous entoure.

Un autre axe qui se développe activement est celui de la linguoculturologie comparée. Cette approche implique une comparaison entre différentes langues et cultures. À titre d'exemple, nous citerons le recueil de livres *L'analyse logique du langage* sous la direction de Arutiunova, *L'analyse logique du langage / Mono-, dia-, polylogue dans des langues et des cultures différentes*, (Moscou, 2010). Des travaux, mémoires et thèses, sont aussi rédigés et soutenus dans cette spécialité.

культуры – иной знаковой системы, нежели естественный язык » (Большой фразеологический словарь : 6)

Dans le cadre d'une approche linguoculturologique, l'objet d'étude devient les unités culturelles complexes, intégrant les niveaux sémantiques et conceptuels des particularités nationales de la langue et de la culture (concepts linguoculturologiques, champs conceptuels, lexique connotatif, groupes lexico-sémantiques, champs lexico-sémantiques, champs sémantico-associatifs, images culturo-géographiques). Ainsi, sous la direction du professeur Galina Vasilyeva (université russe de pédagogie de l'Etat de Saint-Pétersbourg), un certain nombre de concepts linguoculturels ont été étudiés : le concept de la « maladie » dans les linguocultures russe et américaine, le domaine conceptuel de l'âge dans les linguocultures russe et américaine, le concept du *thé* dans les linguocultures russe et chinoise, le champ conceptuel *hiver* dans les linguocultures russe et finlandaise ; les groupes lexico-sémantiques, tels que le groupe lexico-sémantique des vêtements dans les langues russe et chinoise, le groupe lexico-sémantique des noms de plats nationaux dans les langues russe et chinoise, le groupe lexico-sémantique des noms des professions dans les langues russe et chinoise ; le champ sémantique associatif : le champ sémantique associatif en russe et en finnois des désignations du quotidien...

Nous tenons également à souligner le rôle important de la lexicographie de la linguoculturologie. Dans ce cadre, un nouveau modèle de dictionnaire linguoculturologique est en cours d'élaboration. Voici quelques dictionnaires de ce type déjà parus :

- *Les constantes. Dictionnaire de la culture russe*. Auteur – Stepanov Yu.S. Izd.1. 1997. Edition 3. – Moscou – projet académique, 2004. // Konstanti. Slovar ruskoi kulturi. Avtor – StepanovYu.S. Izd. 1.1997.Izd.3. – M. : Akademitcheskii proekt, 2004
- *Espace culturel russe. Dictionnaire Linguoculturel*. Auteurs : Brileva IV, Vol'skaya N.P. Numéro 1, Moscou : Gnosis, 2004. // Ruskoe kul'turnoe prostranstvo. Lingvokulturologitcheskii slovar. Avtori : Bryleva I.V., Volskaya N.P., Vip.1, M. : Gnosis, 2004.
- Kolesov V.V., Kolesova D.V., Kharitonov A.A. *Dictionnaire de la mentalité russe* en deux volumes. Saint-Pétersbourg : Zlatoust – 2014. I tome / p. 592 – II tome. p.592. // Kolesov V.V., Kolesova D.V., Kharitonov A.A., Slovar ruskoi mentalnosti v dvuh tomakh. SPB. : Zlatoust, 2014. I t 592.s., II t. 592 s.

Dans ces dictionnaires, grâce aux citations d'écrivains russes, de philosophes et de personnalités publiques, on découvre les caractéristiques nationales russes de l'environnement matériel, spirituel et culturel, construites sur un fonds de valeurs culturelles européennes avec lesquelles les premières se rencontrent.

Unité d'étude de la linguoculturologie – le « concept »

La question des unités d'étude de la linguoculturologie est controversée. Il existe plusieurs notions : linguoculturème, logoépistémè, linguosapientème et nous pouvons utiliser le mot « concept »[13] pour identifier la linguoculturologie. Au cours de la formation d'une nouvelle discipline – linguoculturologie, – la terminologie a été affinée. Le terme *linguoculturème* (лингвокультурема) a été proposé en premier (Vorobyev 1991) qui englobe les représentations linguistiques et extralinguistiques de l'environnement culturel. Cette unité comprend la langue elle-même, et pénètre plus en avant dans les « paradigmes » et « syntagmes » extralinguistiques, et entre ainsi dans le système de classification.

Plus tard, les chercheurs Vereshchagin et Kostomarov (1999, p. 7) sont venus au terme *logoépistémè* (логоэпистема), qui vient du grec – « mot » + « connaissance ». La signification générale du terme est donc « connaissance stockée dans l'unité linguistique ». Les logoépistémès appartiennent à la fois au langage et à la culture ; on peut les appeler symboles ou signaux de quelque chose, pour évoquer une certaine connaissance de base. Tout en développant cette idée, ils ont également tenté de combiner la diversité des facteurs d'interaction entre la langue et la culture dans une unité appelée *linguosapientème* (лингвосапиентема) (Vereshchagin et Kostomarov 2005). Le linguosapientème est un phénomène frontalier, qui comprend les facteurs lexicaux et les stratégies comportementales et verbales.

Le concept[14], qui est l'unité la plus étudiée en linguoculturologie, peut être défini comme suit : « le concept est l'unité principale de la mentalité, qui

---

[13] Il y a deux mots en français : 'notion' et 'concept'. En russe, le mot « notion » (понятие) est utilisé dans les discours familiers de tous les jours. Le mot « concept » (концепт), d'origine latine, est davantage utilisé dans le discours scientifique. « Notion » (понятие) et « concept » (концепт) – se retrouvent dans les différentes sphères : le « concept » reflète plus fidèlement le phénomène décrit et n'a pas de significations familières supplémentaires, c'est lui qui a été choisi comme terme, unité d'étude en linguoculturologie.

[14] Le mot « conceptus » – du latin tardif, éducation médiévale, dérivé du verbe « concipere » – con – capere = 'cueillir / collectionner', 'appréhender'.

contient en elle des images vivantes et un ensemble d'associations et de connotations. Elle est représentée verbalement par des unités linguistiques de niveaux différents – le mot, un groupe de mots, le paradigme des formations des mots, etc. ». (Zinovieva, Jurkov 2006 : 19).

Dans une version simplifiée, et selon V.V. Kolesov, on peut définir le « concept » comme étant « le sens », qui peut exister sous différentes formes dans notre conscience – sous la forme de la représentation, d'une image, d'un symbole et de la notion. Le concept ne se limite pas à la définition du dictionnaire, il ajoute à la définition une information linguistique et extralinguistique : informations significatives sur le plan de la communication (sur le temps, le lieu, l'environnement socioculturel), informations pragmatiques, faits sur la culture matérielle et spirituelle d'une personne, orientations de valeur.

Il est important de noter que le logoépistémè est localisé au niveau de la langue, tandis que le linguoculturème est une unité inter-niveaux, c'est-à-dire qu'il ne possède pas de localisation spécifique. Le concept est une phénomène cognitif selon les représentants de l'école de la linguoculturologie (Karasik 2001), c'est justement dans la cognition qu'agit l'interaction entre la langue et la culture, de sorte que les études linguoculturologiques impliquent aussi une recherche cognitive.

La carte linguistique du monde

Le concept de *carte linguistique du monde* est étroitement lié au concept de mentalité et en découle logiquement. Le terme « carte du monde » a été utilisé dans le domaine de la physique à la fin du XIXe siècle et au début du XXe siècle. L'un des premiers à l'utiliser a été Heinrich Hertz (1914) en l'appliquant à l'image de la représentation physique du monde. A partir des années 1960, la question de la carte du monde est étudiée en sémiotique, avec l'étude des systèmes de modélisation primaire (langage) et des systèmes de modélisation secondaire (le mythe, la religion, le folklore, la poésie, le cinéma), Lotman, Uspensky. Dans le cadre de la linguistique russe, la question de la reconstruction du modèle antique s'est posée naturellement lorsqu'il a été nécessaire de rétablir la sémantique des textes anciens slaves (recherches scientifiques de Ivanov et Toporov). Il est de mise de distinguer deux cartes du monde, l'une conceptuelle, l'autre linguistique. La carte linguistique du monde, c'est toute l'information sur le monde extérieur et intérieur, ancrée grâce à la langue. Cette carte contient des mots, des formes flexionnelles et formatives de mots et des constructions syntaxiques. Dans chaque langue, la carte linguistique est différente.

La carte conceptuelle du monde est plus riche, car elle décrit différents types de pensée, y compris non-verbaux. L'image conceptuelle du monde comprend non seulement la connaissance de la réalité environnante, mais aussi le résultat de la cognition sensorielle. La carte du monde est toujours une interprétation de celui-ci. On distingue la carte linguistique scientifique de la carte naïve. La carte naïve est propre à une conscience ordinaire. L'image du monde, intégrée dans le langage quotidien, diffère de celle de la connaissance scientifique.

Youri Apresyan note que :

1. Chaque langue naturelle reflète une certaine façon de percevoir et d'organiser le monde. Les sens exprimés forment un système unique de conceptions, une sorte de philosophie collective qui s'impose quasi obligatoirement à tous les locuteurs natifs.
2. Les moyens dont dispose la langue pour conceptualiser la réalité (vision du monde) sont en partie universels et en partie nationaux et spécifiques, de sorte que les locuteurs de langues différentes peuvent voir le monde un peu différemment, à travers le prisme de leurs propres langues.
3. A travers la carte naïve du monde, on peut distinguer une géométrie naïve, une physique naïve de l'espace et du temps (le concept de l'espace et du temps par le locuteur et le concept de l'espace et du temps par l'observateur), une étiquette naïve, une psychologie naïve, etc. (Apresyan 1995). C'est justement de cette description de la carte linguistique du monde pour une langue donnée et de la comparaison entre des cartes du monde pour plusieurs langues dont s'occupe la linguoculturologie.

2. Exemple d'analyse linguoculturologique

Nous allons présenter brièvement une description en prenant un extrait de nos travaux (Shchukina et Galtsova 2007) : étude linguoculturologique du discours commémoratif de la fondation d'une ville – l'exemple de Saint-Pétersbourg (Russie, 2003 – 300 ans) et de Riga (Lettonie, 2001 – 800 ans).

La ville représente elle-même un espace spécifique. Pour Youri Lotman, la ville est un « générateur de culture » et un « mécanisme sémiotique »[15] qui englobe sa propre histoire, sa culture et sa symbolique (Lotman 2000). Au début du troisième millénaire, deux villes situées sur les rives de la mer Baltique ont célébré l'anniversaire de leur fondation, leur anniversaire de naissance. En 2001, Riga (Lettonie) a célébré ses 800 ans, et en 2003, Saint-Pétersbourg (Russie) a fêté son 300ᵉ anniversaire. Dans les deux cas, la structure du discours les concernant a été analysée et des conclusions générales importantes ont été faites en prenant en considération le regard linguoculturologique.

Les relations entre la Russie et la Lettonie ont une longue histoire et à cet égard, des points communs ont été définies ; celles qui forment l'espace culturel et linguistique des deux peuples et les conditions posées pour la communication interculturelle. Lors d'échanges interculturels, les participants doivent changer leur langue (inventaire des signes) et le système des notions car dans chaque langue, il existe une carte linguistique et conceptuelle du monde. Dans le processus des dialogues entre les cultures, on passe d'un code linguistique et culturel à l'autre. Les toponymes jouent un rôle spécifique lors de la caractérisation de la carte linguistique nationale et leur forme phonétique est souvent conservée dans les autres langues. L'identité phonétique des toponymes rend d'une part difficile leur interprétation par un étranger et d'autre part elle renforce leur caractéristique de signe. Le toponyme est caractérisé par sa relation étroite avec l'objet nommé, ainsi qu'avec le contexte historico-culturel dont il est issu. Ainsi, le toponyme, qui accumule une grande quantité d'informations nationales spécifiques, joue un rôle important et significatif dans la construction du discours sur la ville. À un niveau diachronique, nous pouvons parler de continuité culturelle dans la formation du sens du toponyme, car s'ajoute à sa principale fonction, la dénomination, qui permet son enracinement dans le discours sur la ville, une fonction cumulative, telle que le stockage des connaissances sur la culture matérielle et spirituelle d'un peuple.

Il est intéressant de comparer les deux toponymes, Saint-Pétersbourg et Riga, sur un plan étymologique et géographique.

---

[15] Citation originale : « генератор культуры » и « семиотический механизм ».

Le nom de la ville de Saint-Pétersbourg n'a pas été choisi par hasard : c'est « la ville de Saint-Pierre ». Le toponyme « Saint-Pétersbourg » implique deux coïncidences sémiotiques importantes :

1. le nom de la ville est associé à celui de son fondateur, l'empereur Pierre Le Grand ou Pierre 1er
2. le nom de cette ville, qui à l'origine a été conçue comme une forteresse aux frontières de l'Etat russe, souligne son inaccessibilité grâce aux associations basées sur l'étymologie : *petr* – pierre, roche.

Le thème sémiotique initial « ville fortifiée protégée par Saint-Pierre », sera complété un peu plus tard par de nouveaux composants sémantiques, liés à des analogies historiques, culturelles et politiques : « la capitale du Nord » (comparée à Moscou en tant qu'ancienne capitale du centre de la Russie), « une fenêtre sur l'Europe » (extrait d'un poème d'Alexandre Pouchkine *Le Cavalier de bronze*), « la ville des nuits blanches » (lien entre les spécificités de la localisation géographique de la ville et le titre de la célèbre œuvre de F. Dostoïevski, *Les Nuits blanches*, « La Venise du Nord » (la ville des rivières, canaux et ponts), « La Palmyre du Nord » (un grand centre culturel qui génèrera plus tard une autre désignation), « Capitale culturelle de la Russie »). Ces noms informels de la ville sont plutôt destinés à une perception européenne.

Riga est à l'origine une colonie livonienne sur une péninsule baignée par deux rivières : la Daugava et la Riga. Il est possible que le nom de la rivière, la Riga, qui signifie – « courbe », « sinueuse » soit à l'origine du nom de la ville. Au début du 13e siècle, lorsque l'évêque Albert s'est installé sur ces terres, il y avait un mur de pierre construit autour de la ville. Riga devient une ville riche, le centre économique et politico-religieux de la Livonie. Les premiers bâtiments des deux villes étaient des fortifications avec des tours et des églises. C'est probablement la raison pour laquelle les premières gravures de Riga et de Saint-Pétersbourg se ressemblent : une île y est peinte, entourée de tous les côtés par une forteresse imprenable. Saint-Pétersbourg et Riga sont toutes deux des villes « excentriquement localisées »[16], ouvertes aux contacts culturels, situées sur la rive de la mer, à l'embouchure de la rivière, ce qui suscite

---

[16] Terme de Youri Lotman. Il appelle les villes 'centrales' et 'excentrées'. Les centrales (Jérusalem, Moscou, Rome) sont situées au centre de leur pays et les excentrées (Riga, Saint-Pétersbourg) sont en périphérie.

l'apparition de mythes eschatologiques (inondations, catastrophes naturelles). Ce sont des mythes connus dans lesquels Saint-Pétersbourg est détruite par l'un des quatre éléments naturels, le plus souvent l'eau (inondations de Saint-Pétersbourg). Il existe un mythe populaire pour Riga : quand un vieil homme sort de la rivière « Daugava » et demande « Riga est-elle prête ? », il ne faut surtout pas "répondre" « oui », sinon la ville disparaît sous les eaux de la Daugava.

L'eau comme élément de catastrophe se retrouve également dans les œuvres littéraires ; chez Alexandre Pouchkine, Aleksandrs Čaks, Rainis ou Jānis Pliekšāns. Un grand nombre de travaux ont été consacrés aux mythes et légendes de Saint-Pétersbourg, parmi lesquels les livres de Naum Sindalovskii, qui occupent une place particulière, avec notamment *Légendes et Mythes de Saint-Pétersbourg* (1994) et *L'histoire de Saint-Pétersbourg dans les contes oraux et les légendes* (1997). L'auteur a recueilli près de 1500 mythes, légendes et anecdotes sur Saint-Pétersbourg. Les mythes peuvent être classés selon plusieurs catégories : relatifs à la création de la ville, eschatologiques, les mythes sur les symboles de Saint-Pétersbourg (sphinx égyptiens, lions, griffons). Entre dans le premier groupe la légende de la prophétie de Mitrofan de Voronej à Pierre, alors âgé de dix-ans, dans laquelle le vieil homme prédit bien avant la construction de Saint-Pétersbourg qu'une ville sera construite en l'honneur de l'Apôtre Saint Pierre et que le protecteur de la ville et du peuple russe sera l'icône de Kazan, Mère de Dieu. Parmi les mythes eschatologiques les plus connus, il y a celui de la disparition de la ville. Cette prédiction se retrouve dans la littérature, par exemple dans le roman de Dimitri Merejkovsky *L'Antéchrist, Pierre et Alexis* : « Sois vide, sois vide ! Ô diable, dans les marais tu tomberas » (Merejkovsky 1993 : 68).[17]

Parmi les mythes sur les symboles de la ville on trouve les mythes populaires sur les griffons, êtres mythiques favoris de la dynastie des Romanov. Par exemple, sur l'île Vassilievski dans la cour d'une maison, où se trouvait la pharmacie de Wilhelm Pel, une tour est érigée – la Tour Griffin, où le pharmacien procédait à ses expériences. Et au même endroit, selon la légende, il aurait élevé des griffons. Le plus célèbre pont de Saint-Pétersbourg sur le canal Griboedova (canal Catherine), le Pont

---

[17] Citation originale : « Быть пусту, быть пусту! К черту в болото провалится » (Мережковский 1993 : 68).

de la Banque, est décoré de griffons aux ailes dorées. La sculpture du lion, symbole de la ville, a fait naître différentes légendes (voir par exemple le livre de Viatcheslav Nesterov, *Les Lions gardent la ville*). Cette sculpture a servi de base à la rédaction de textes modernes (comme la comédie soviétique d'Eldar Riazanov, *Les aventures incroyables d'Italiens en Russie* dont le thème principal est la recherche de trésors enfouis sous le lion de Saint-Pétersbourg). Dans de nombreux textes littéraires, la ville apparaît comme un lieu d'action et même comme l'un des personnages principaux.

Alexandre Pouchkine, Nikolai Gogol, Fiodor Dostoïevski, Alexandre Blok, Anna Akhmatova, Yanovitch Rokpelnis, Aleksandrs Čaks, Peteris Ermanis, Augusts Deglavs, tous créent une image unique de la ville avec des noms largement connus comme : « Le Petersbourg de Pouchkine », ou encore « Le Petersbourg de Dostoïevski ». Des œuvres importantes, devenues plus tard des œuvres cultes, sont dédiées aux deux villes : *Petersbourg* d'Andrey Bely et *Riga* d'Augusts Deglavs.

Les deux lieux, chacun à leur époque, sont devenus des capitales. Avec leur isomorphisme défini par l'état à un niveau officiel, ces capitales ont été inclues dans une série de textes et de contextes culturels, formant leur propre hypertexte et métatexte. En philologie, on a créé le concept « du texte de Pétersbourg » dans la littérature russe (Toporov 2003). Le discours urbain se trouve dans un processus de création permanent, et renaît chaque fois qu'il y a actualisation d'un mot ou d'une combinaison de mots.

Je vais présenter une comparaison des toponymes qui créent l'image de la ville sur le plan étymologique, géographique et linguoculturologique :

linguoculturologie

Toponymes	Petersbourg	Riga
Macrotoponymes	ville sur les rives de la Baltique – région de la Baltique	
Hydronymes	Neva, Fontanka	Daugava
Toponymes désignant les cathédrales, les palais, les bâtiments d'architecture	La Forteresse Pierre et Paul La Cathédrale Saint-Isaac Le Palais d'Hiver La Colonne d'Alexandre	La Cathédrale Saint-Pierre La Cathédrale du Dôme Le Château de Riga Le Monument de la Liberté
Microtoponymes Toponymes désignant les places, les marchés	La Place du Palais La Place Saint-Isaac	La place de L'Hôtel de Ville La place du Dôme
Odonymes	Nevskii Prospekt	Rue Brivibas (Boulevard de la Liberté)

Pour les discours de commémoration de l'anniversaire de la fondation des deux villes, leur portrait visuel a été actualisé et largement diffusé. Les Pétersbourgeois se souviennent bien des affiches de cet évènement : sur fond blanc (pour rappeler les nuits blanches), une ligne brisée bleue qui reprend les contours architecturaux dominants de la ville et la signature « Le pouls de la ville bien-aimée ». On analysera ci-après les images des villes sur les gravures et les cartes produites pour l'occasion : les croquis de la flèche de la forteresse Pierre et Paul et du clocher de la cathédrale d'une part, une série de flèches sur les rives de la Daugava d'autre part :

 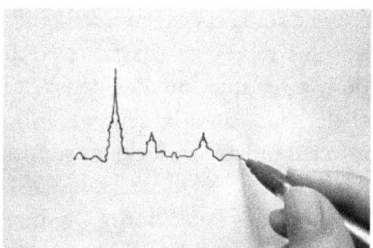

Pour la création de l'image visuelle de la ville, outre les monuments verticaux qui donnent à Saint-Pétersbourg sa majesté, sa solennité, nécessaires pour créer un ensemble cohérent, les sculptures monumentales ont joué un rôle décisif, comme :

Pour Saint-Petersbourg : *Le Cavalier de bronze, statue dédiée à Catherine II et* les quatre chevaux sculptés du pont Anichkov.

Pour Riga : *Le monument aux Tirailleurs lettons* sur les rives de la Daugava, la statue de Saint-Christophe, la statue de Roland et le Monument de la Liberté.

Les mini symboles de ces deux villes ne sont pas moins connus : le navire sur la flèche de l'Amirauté et les coqs sur les flèches des cathédrales de Riga – un usus urbain particulier associé à la mythologie urbaine :

Avec une telle abondance de symboles de toutes sortes, la ville elle-même se transforme en symbole, un artefact culturel dont le décodage dépend à la fois du contexte et de l'interprétation. La spécificité du discours urbain est révélatrice pour les idéaux, les normes et les traditions d'une société à une période historique fixée.

Pour le discours d'anniversaire de chacune des deux villes, on a renforcé les processus sémiotiques : mise à jour des images, des symboles, récupération et renouvellement des traditions, démonstration du lien entre les époques et la succession des générations, réunis autour d'un des éléments les plus représentatifs pour la culture et la nation. Durant la préparation, ainsi que lors des cérémonies d'anniversaire de Saint-Pétersbourg et de Riga, on a largement utilisé le principe de la répartition de l'histoire en unités sémiotiques significatives : l'époque de Pierre, l'époque de Catherine, le XIXe siècle, le XXe siècle (Saint-Pétersbourg – Petrograd – Léningrad – Pétersbourg), Saint-Pétersbourg à l'époque contemporaine. Pour Riga, c'est la ville avant l'arrivée de l'évêque Albert, la période de la domination germano-suédoise, le XXe siècle, qui représente la consolidation de l'indépendance de l'État et de la ville, et Riga à l'époque contemporaine.

C'est exactement sous ce scénario que la présentation de la ville a eu lieu lors de la célébration de son anniversaire – dans les deux cas, il y a eu un feu d'artifice festif. On comparera les stratégies d'organisation des célébrations d'anniversaire : la féérie sur la Neva et une représentation théâtrale sur la place du Dôme à Riga, dans lesquelles on a reconstitué des événements historiques importants, montrant la ville comme un phénomène de culture nationale. Afin d'identifier les composantes stables / variables du discours de l'anniversaire de Saint-Pétersbourg et de Riga, qu'il s'agisse de représentations en tant que stéréotypes de la perception cognitive nationale, ou bien de représentations d'arrière-plan, secondaires, qui sont aussi les plus exposées à la transformation, une enquête a été menée dans les deux villes et portait sur des étudiants universitaires âgés de 18 à 23 ans.

Ce questionnaire a été rédigé de manière à ce qu'il puisse révéler les représentations typiques des Pétersbourgeois et des Rigois de leur propre ville et de l'autre, et ainsi permettre d'analyser les similitudes et les différences entre ces représentations chez les Russes et chez les Lettons. Ce qui est très important, ce sont à la fois les traits des images intégrées et ceux d'images nouvelles de la ville natale et de l'autre ville, ainsi que les éléments dominants autour desquels le discours urbain se construit, y compris le discours de la célébration de la naissance d'une ville. L'analyse des réponses liées aux célébrations de l'anniversaire de Saint-Pétersbourg et de Riga, ainsi que la comparaison de la toponymie urbaine a permis de dévoiler les traits spécifiques du discours, communs aux deux villes. La base du discours d'anniversaire est composée des éléments suivants : les noms de Pierre Ier et Albert, les énonciations « la ville des nuits blanches », « les rues étroites de Riga », des textes littéraires : Andrei Biely, *Pétersbourg* et Augusts Deglavs, *Riga*. Dans l'élaboration du discours de commémoration de la naissance d'une ville, les médias jouent un rôle spécifique : ils sont les outils de création / de diffusion de l'image visuelle de la ville (la publicité, les objets souvenirs avec les symboles de l'anniversaire de la ville). Le discours contient une tonalité émotionnelle accrue.

L'intérêt de l'analyse linguoculturologique de la représentation du monde dans les langages peut également être démontré avec l'exemple des pratiques langagières des locuteurs natifs de langue russe, incluant les Pétersbourgeois et les toponymes de Saint-Pétersbourg. Il est ainsi approprié d'observer l'interaction entre les anthroponymes et les toponymes. Outre les désignations de Saint-Pétersbourg mentionnées plus haut, dès le XVIIIe siècle, il existe une dénomination abrégée informelle, utilisée dans le discours quotidien des habitants de la ville et du pays : *Piter*. Selon Max Fasmer, Piter, le nom populaire de Saint-Pétersbourg, a une forme qui représente une abréviation de Saint-Pétersbourg ; *Piterburg* – sous Pierre Ier – du hollandais *Pieter Пemp* (Fasmer, vol. III : 268–269). Cette dénomination se retrouve également dans la littérature, mais le plus souvent dans l'expression orale populaire (ce qui a attiré l'attention de Nikolai Karamzine et qu'il rapporte dans son ouvrage *Histoire de l'État russe*). Elle est ensuite passée dans le folklore. Au XXe siècle, la fréquence de son utilisation a diminué et à la fin du siècle, elle a pris une nuance de familiarité.

Au XXIe siècle, l'utilisation de cette désignation prend à nouveau de l'ampleur. Elle est neutre d'un point de vue stylistique, sa diffusion est large, non seulement dans le discours quotidien, mais aussi dans des textes de genres variés, par exemple, dans un recueil de nouvelles écrites par des auteurs contemporains de Saint-Pétersbourg, *Vivre à Saint-Pétersbourg : de la Place du Palais à la Rue Sadovaya, de Gangutskaya à Shpalernaya. Histoires personnelles* (2017), ou dans le hit musical *Boire à Saint-Pétersbourg* du groupe culte *Leningrad*. La corrélation entre la dénomination non formelle de Piter et l'anthroponyme se retrouve dans les changements ultérieurs du nom de la ville : *Petrograd, Leningrad*. Il existe un autre toponyme important de Saint-Pétersbourg, c'est l'Île Vassilievski – ''Васильевский Остров'' (rappelons que d'après les plans de Pierre 1er, cet endroit devait être le centre de la nouvelle capitale), dans sa version contemporaine – Vaska / Васька, en corrélation avec l'anthroponyme (Vasilii – Vasia – Vaska). L'origine du nom de l'île n'est pas clairement définie. On sait qu'au début du XVIIIe siècle, la batterie d'artillerie de Vasily Korchmin y a été installée. Selon certains chercheurs, cela aurait contribué à l'enracinement du nom de *l'Île Vasilievsky*. C'est pour cette raison qu'en 2003, lors des festivités de la célébration de l'anniversaire, on a érigé une statue en l'honneur de l'artilleur-compagnon de Pierre Ier, Vasily Korchmin, près de la station de métro *Vasileostrovskaya* (familièrement appelée aussi *Vaska*, sur le modèle des dénominations populaires de nombreuses stations de métro à Saint-Pétersbourg, en mémoire de cet événement) :

Sur les réseaux sociaux, les Pétersbourgeois discutent de la dénomination « Vaska – Васька » et leurs messages comportent des connotations appréciatives souvent désobligeantes. On trouve des traces de la diffusion et de l'utilisation du nom familier de l'île dans différents contextes ; dans une conversation[18] : « Je vous retrouve sur Vaska, près de Vaska » (rendez-vous prévu sur l'île Vassilievski, près du monument), dans un dialogue[19]: « Où habites-tu ? » – « Sur Vaska », sur une affiche publicitaire d'un autobus dont la ligne circule uniquement sur l'île Vassilievski[20] : « Seulement sur Vaska ».

L'étude de ces exemples permet de tirer quelques conclusions sur le fonctionnement d'un nom de lieu informel, en corrélation avec l'anthroponyme ; l'utilisation d'une dénomination non-officielle est caractéristique du langage des habitants de la ville, sur un intervalle temporel spécifique. Pour les « étrangers », c'est-à-dire les habitants des autres villes ou les locuteurs d'autres linguocultures, les significations connotatives du toponyme non officiel rendent difficiles sa traduction ainsi que sa compréhension.

Conclusion

Les recherches des scientifiques-linguoculturologues russes et les résultats de notre analyse présentés dans cet article nous permettent de

---

[18] « Встретимся на *Ваське* у *Васьки* »
[19] « Где ты живешь ? » – « На *Ваське* »
[20] « Только по *Ваське* »

formuler quelques éléments de conclusion. Dans la tradition russe, la linguoculturologie est comprise comme une science philologique qui explore les moyens de représenter la culture matérielle et spirituelle d'un peuple/des peuples dans une langue / des langues. Le statut interdisciplinaire de la linguoculturologie permet d'intégrer diverses connaissances liées aux sciences humaines, en tenant compte des caractéristiques universelles et spécifiques de la communication / interaction des différents peuples, ainsi que de la compréhension des aspects dynamiques de l'expérience collective de la communication dans différentes pratiques communicatives. Les études linguistiques actuelles, dont l'objet d'étude est la relation entre la langue et la culture, révèlent la signification des unités linguistiques de différents niveaux, leurs nuances, leurs connotations et leurs associations, reflétant la conscience des locuteurs natifs. En fonction de l'approche de la langue et de la culture, des domaines plus spécifiques des recherches linguoculturologiques sont mis en évidence, en même temps, leur objectif principal est d'étudier la carte linguistique du monde ou des fragments de cette carte.

Une étude linguoculturologique comparative du discours anniversaire de deux villes – Saint-Pétersbourg et Riga – a démontré les similitudes et les différences dans le fonctionnement des unités linguistiques, reflétant diverses manières de représenter une vision du monde. La comparaison des plans étymologiques, géographiques et historico-culturels dans les nominations d'objets urbains naturels et artificiels révèle la thèse de la continuité culturelle dans la construction du sens des toponymes. Actualisation de la mythologie urbaine (mythes eschatologiques, légendes et légendes sur la construction de la ville, sur les créateurs de son histoire, sur les événements, objets et symboles culturellement marqués), la stratégie de préparation et d'organisation de la célébration, les phénomènes précédents et les stéréotypes de discours fixent les composantes stables et variables du discours anniversaire. L'analyse d'un fragment de la carte du monde d'une langue sur l'exemple de l'utilisation de nominations non officielles de Saint-Pétersbourg révèle une tendance à fusionner le toponyme et l'anthroponyme dans un discours familier, reflétant la spécificité de la communication d'une certaine société. Ainsi, le recours à l'approche linguoculturologique dans le processus d'analyse linguistique permet d'envisager leur fonctionnement, ainsi que de révéler l'influence mutuelle de la langue et de la culture.

Références bibliographiques

Апресян Ю.Д. (1995) Образ человека по данным языка : попытка системного описания // Вопросы языкознания. 1995. №1 / Apresyan, Yu.D. [L'image de l'homme dans la langue : un essai de description systématique] // *Voprosy yazykoznaniya*. 1995. n° 1.

Арутюнова Н.Д. (2010) Логический анализ языка : Моно-, диа-, полилог в разных языках и культурах , Москва, 2010. / Arutyunova, N.D. [Une analyse logique de la langue : mono-, dia-, polylogue dans différentes langues et cultures], Moscou, 2010.

Бердяев Н.А. (1993) О назначении человека. М. : Республика, 1993. / Berdyayev, N.A. [Sur la destin de l'homme]. Moscou : Respublika, 1993.

Брилева И.В. (2004), Вольская Н.П. Русское культурное пространство. Лингвокультурологический словарь. Вып.1, М. : Гнозис, 2004. / Brileva, I.V., Volskaya, N.P. [L'espace culturel russe]. *Dictionnaire Linguoculturologique*. vol. 1, Moscou : Gnozis, 2004.

Васильева Г.М. (2001). Национально-культурная специфика семантических неологизмов : лингвокультурологические основы описания. Санкт-Петербург, 2001. / Vasilieva, G.M. [La spécificité nationale et culturelle des néologismes sémantiques : les fondements linguoculturologiques de la description]. Saint-Pétersbourg, 2001.

Васильева Г.М, Ян Лю (2013) Динамика лексико-семантической группы наименований лиц по профессии : лингвокультурологический и лингвометодический аспект // Мир русского слова. 2013. № 2. С. 91 – 95. / Vasilieva, G.M. Yan Lyu. [La dynamique du groupe lexico-sémantique de la dénomination par profession : les aspects linguoculturologique et linguométholologique] // Mir russkogo slova. 2013. № 2. S. 91 – 95.

Васильева Г.М, Чжицзы В. (2014) Системные лексические объединения как предмет обучения русскому языку китайских студентов в педагогическом вузе (на материале лексико-семантической группы наименований блюд национальной кухни) // Модернизация профессионально-педагогического образования : тенденции, стратегия, зарубежный опыт : материалы международной научно-практической конференции. Алтайский государственный педагогический университет. Барнаул. 2014. С. 224 – 227. / Vasilieva, G.M., Jindzy V. [Associations lexicales systémiques comme matière d'enseignement de la langue russe aux étudiants chinois dans une université pédagogique (basé sur le groupe lexico-sémantique des noms de plats de la cuisine nationale)] // Modernisation de la formation pédagogique professionnelle : tendances, stratégie, expérience à l'étranger : matériaux de la conférence scientifique et pratique internationale. Université pédagogique d'État de l'Altaï, Barnaul : 224 à 227.

Васильева Г.М, Чжицзы В., (2016). Динамика ассоциативно-вербального поля « Франция » в русской языковой картине мира (по данным Русского ассоциативного словаря и свободного ассоциативного эесперимента). Мир науки, культуры и образования. 2016, № 4. сс. 278 – 281. / Vasilieva, G.M., [La dynamique associative et verbale du champ « France » dans le tableau linguistique russe du monde] // Mir nauki, kul'tury i obrazovaniya [Le monde de la science, de la culture et de l'éducation]. 2016. № 4 : 278–281.

Верещагин Е.М. (1999), Костомаров В.Г. В поисках новых путей развития лингвострановедения : концепция рече-поведенческих тактик. М., 1999. / Vereshchagin, Ye.M., Kostomarov, V.G. [À la recherche des nouveaux chemins pour le développement des études de géographie linguistique : la conception des tactiques des comportements oraux]. Moscou, 1999.

Воробьев В.В. (2000). Общее и специфическое в лингвострановедении и лингвокультуроведении // Слово и текст в диалоге культур. Юбилейный сборник. М., 2000. / Vorobyev, V.V. [Le général et le spécifique dans les études de géographie linguistique et de culture linguistique] // *Slovo i tekst v dialoge kul'tur.* Yubileynyy sbornik [Le mot et le texte dans le dialogue des cultures. Le recueil d'anniversaire]. Moscou, 2000.

Гальцова А.С. (2011). Лингвокультурологический потенциал петербургской топонимии. Дисс. …канд. филол. наук. СПб, 2011. / Galtsova, A.S. [Le potentiel linguoculturologique des toponymes de Petersburg]. Diss. …kand. filol. nauk. Saint-Pétersbourg, 2011.

Гумбольдт В. Фон (1984). О различии строения человеческих языков и его влиянии на духовное развитие человечества // Гумбольдт В. фон. Избранные труды по языкознанию. Москва : Прогресс, 1984. / Gumboldt, W. von. [Sur les différences de construction des langues humaines et leurs influences sur le développement spirituel de l'humanité] Gumboldt W. von. *Izbrannyye trudy po yazykoznaniyu* [Gumboldt W. von. Travaux sélectionnés en linguistique]. Moscou : Progress, 1984.

Гумбольдт В. Фон, (1985). Язык и философия культуры. Москва : Прогресс, 1985. / Gumboldt, W. von. [La langue et la philosophie de la culture]. Moscou : Progress, 1985.

Дмитриева М.Н. (2016). Семантика и ассоциативный потенциал наименований православных праздников в современном русском языке. Дисс. ...канд. филол. наук. Калининград 2016. / Dmitriyeva, M.N. [La sémantique et le potentiel associatif de la dénomination des fêtes orthodoxes dans la langue russe contemporaine]. Diss. ...kand. filol. nauk. Kaliningrad, 2016.

Зиновьева Е.И. (2006), Юрков Е. Е. Лингвокультурология. Учеб. пособие для студ. высш. учеб. заведений. СПб, 2006. / Zinovieva, Ye.I., Yurkov, Ye. Ye. [Linguoculturologie. Un manuel pour des étudiants universitaires]. Saint-Pétersbourg, 2006.

Иванов В.В. (1980), Топоров В.Н. Мифы народов мира : Энциклопедия. М., 1980. – Т. 2. / Ivanov, V.V., Toporov, V.N. [Les mythes des peuples du monde : l'encyclopédie]. Moscou, 1980. – vol. 2.

Kabakova, G., 1994, « L'ethnolinguistique en Russie : l'anthropologie aux mains des philologues », *Journal des anthropologues* 57–58 : 87–99. <https://www.persee.fr/doc/jda_1156-0428_1994_num_57_1_1852>.

Карасик В.И. (2004). Языковой круг. Личность, концепты, дискурс. М., 2004. / Karasik, V.I. [Le cercle linguistique. Personnalités, conceptions, discours]. Moscou, 2004.

Колесов В.В. (1999). « Жизнь происходит от слова... » СПб., 1999. / Kolesov, V.V. [« La vie provient du verbe... »] Saint Pétersbourg, 1999.

Колесов В.В., (2014). Колесова Д.В., Харитонов А.А. Словарь русской ментальности в двух томах. СПб. : Златоуст, 2014. I т. 592 с., II т. 592 с. / Kolesov, V.V., Kolesova, D.V., Kharitonov, A.A. [Dictionnaire de la mentalité russe dans deux volumes]. Saint-Pétersbourg : Zlatoust, 2014. I t. 592 s., II t. 592 s.

Красных В.В. (2002). Национальный дискурс и коммуникация. Этнопсихолингвистика и лингвокультурология. М. : Гнозис, 2002. / Krasnykh, V.V. [Le discours national et la communication. Ethnopsycholinguistique et linguoculturologie]. Moscou : Gnozis, 2002.

Леви-Строс, К. (2001). Структурная антропология. Эксмо-пресс, 2001. / Levi-Strauss, C. [Anthropologie structurale]. Moscou : Eksmo-press, 2001.

Левонтина И.Б. (2000), Шмелев А.Д. Родные просторы // Логический анализ языка. Языки пространств / Отв. Ред. Н.Д. Арутюнова, И.Б. Левонтина – М., 2000, С.338-348. / Levontina, I.B., Shmelev, A.D. [Le vaste espace natal] // *Logicheskiy analiz yazyka. Yazyki prostranstv* [Une analyse logique de la langue. Les langues de l'étendue] / org. Arutyunova N.D., Levontina, I.B. Moscou, 2000. Pp. 338-348.

Леонтьев А.А. (1997). Основы психолингвистики. М. : Смысл, 1997 / Leont'yev A.A. [Le fondements de la psycholinguistique]. Moscou : Smysl, 1997.

Лосев А.Ф. (1991). Философия. Мифология. Культура. М. : Политиздат, 1991. / Losev, A.F. [La philosophie. La mythologie. La culture]. Moscou : Politizdat, 1991.

Лотман Ю.М. (1984). Символы Петербурга и проблемы семиотики города // Труды по знаковым системам. Т. 18. Тарту, 1984. / Lotman, Y.M. [Les symboles de Pétersbourg et les problèmes de la sémiotique du peuple]// Trudy po znakovym sistemam [Des travaux sur les systèmes des signes]. Vol. 18. Tartu, 1984.

Лотман Ю.М, (1987). Символ в системе культуры // Символ в системе культуры. Учен, Зап. Тартурского ун-та. Вып. 754. Тарту, 1987. / Lotman, Y.M. [La symbole dans le système de la culture]. Uchen, Zap. Tarturskogo un-ta. Vyp. 754. Tartu, 1987.

Лотман Ю.М, (1992). Успенский Б. Миф– имя – культура. Источник : Лотман Ю.М. Избранные статьи в трех томах.– Т.I . Статьи по семиотике и топологии культуры. Таллин : Александра, 1992. / Lotman, Y.M., Uspenskiy, B. [Le mythe – le nom – la culture. Les sources] : Lotman Yu. M. Articles choisies dans trois volumes. Vol. 1 . Stat'i po semiotike i topologii kul'tury [Des articles en sémiotique et topologie de la culture]. Tallin : Aleksandra, 1992.

Лотман Ю.М, (2000). Семиосфера. Санкт-Петербург : Искусство – СПб, 2000. / Lotman, Y.M., [La sémiosphère]. Saint-Pétersbourg : Iskusstvo – SPb, 2000.

Маслова В.А. (2001). Лингвокультурология : Учеб. пособие для студ. высш. учеб. заведений. М, 2001. / Maslova, V.A. [Linguoculturologie : manuel pour des étudiants universitaires]. Moscou, 2001.

Мережковский Д.С. (1993). Антихрист (Петр и Алексей). Москва : Панорама, 1993. / Merezhkovsky, D.S. [L'Antéchriste (Pierre et Aleksei)]. Moscou : Panorama, 1993.

Нестеров В.В. (2001). Львы стерегут город. Санкт-Петербург: Искусство–Санкт-Петербург, 2001. / Nesterov, V.V. [Les lions gardent la ville]. Saint-Pétersbourg : Iskusstvo – Saint-Pétersbourg, 2001.

Павлович Н.В. (1995). Язык образов : Парадигмы образов в русском поэтическом языке. М., 1995. / Pavlovitch, N.V. [La langue des images : les paradigmes des images dans la langue poétique russe]. Moscou, 1995.

Потапова Н.А., (2016) Щукина Д.А. Коммуникативно-прагматический потенциал русских фразеологизмов // Современные образовательные технологии в преподавании естественнонаучных и гуманитарных дисциплин : сборник научных трудов III Международной научно-методической конференции 7–8 апреля 2016 г. /Национальный минерально-сырьевой университет « Горный », СПб., 2016. С. 767 – 773. / Potapova, N.A., Shchukina, D.A. [Le potentiel communicatif-pragmatique des phrases russes] // *Sovremennyye obrazovatel'nyye tekhnologii v prepodavanii yestestvennonauchnykh i gumanitarnykh distsiplin* : sbornik nauchnykh trudov III Mezhdunarodnoy nauchno-metodicheskoy konferentsii 7–8 aprelya 2016 g. [La technologie contemporaine de l'éducation dans l'enseignement des disciplines des sciences naturelles et humaines : recueil des travaux scientifiques du Congrès International scientifique-méthodologique] / Natsional'nyy mineral'no-syr'yevoy universitet « Gornyy », Saint-Pétersbourg., 2016. pp. 767 –773.

Потебня А.А. (2010). Мысль и язык. Москва : Лабиринт, 2010. / Potebnia, A.A. [La pensée et la langue]. Moscou : Labirint, 2010.

Рожков М.А. (2008), А.Ф. Лосев о философии культуры в применении к Античности. 2008. / Rozhkov, M.A. [A. F. Losev sur la philosophie de la culture appliquée à l'Antiquité]. Moscou, 2008.

Синдаловский М.Н. (1994). Легенды и мифы Санкт-Петербурга. Санкт-Петербург, 1994. / Sindalovskiy, M.N. [Légendes et mythes de Saint-Pétersbourg]. Saint-Pétersbourg, 1994.

Синдаловский М.Н, (1997). История Санкт-Петербурга в преданиях и легендах. Санкт-Петербург : Норинт, 1997. / Sindalovskiy, M.N. [L'histoire de Saint-Pétersbourg dans les traditions et légendes]. Saint-Pétersbourg : Norint, 1997.

Скляревская Г.Н. (1993). Метафора в системе языка. Санкт-Петербург : Наука, 1993. / Sklyarevskaya, G.N. [La métaphore dans le système de la langue]. Saint-Pétersbourg : Nauka, 1993.

Степанов Ю.С. (2004). Константы. Словарь русской культуры. Изд.1. 1997. – Изд.3. – М. : Академический проект, 2004. / Stepanov, Y.S. [Les constantes. Dictionnaire de culture russe]. Izd.1. 1997. – Izd.3. – Moscou : Akademicheskiy proyekt, 2004.

Телия В.Н. (1996). Русская фразеология : Семантический, прагматический и лингвокультурологический аспекты : монография. М. : Языки русской культуры, 1996. / Telia, V.N. [La phraséologie russe : les aspects sémantique, pragmatique et linguoculturologique]. Moscou : Yazyki russkoy kul'tury, 1996.

Телия В.Н, (2010). Большой фразеологический словарь русского языка с лингвокультурологическими комментариями. 2010г. / Telia, V.N. [Grand dictionnaire de phraséologie de la langue russe avec des commentaires linguoculturologiques]. Moscou, 2010.

Толстой Н.И. (1997). Этнолингвистика в кругу гуманитарных дисциплин // Русская словесность. От теории словесности к структуре текста. Антология. М., 1997. / Tolstoi, N.I. [L'éthnolinguistique dans l'ensemble de disciplines humaines // La langage russe. De la théorie de la littérature vers la structure du texte]. Moscou, 1997.

Топоров В.Н. (2003). Петербургский текст русской литературы : Избранные труды. Санкт-Петербург – Искусство СПБ, 2003. / Toporov, V.N. [Le texte pétersbourgeois de la littérature russe : œuvres choisies]. Saint-Pétersbourg – Iskusstvo SPB, 2003.

Уфимцева Н.В. (2011). Языковое сознание : динамика и вариативность. – М. : Институт языкознания РАН, 2011. / Ufimtseva, N.V. [La conscience linguistique : la dynamique et la variabilité]. – Moscou : Institut yazykoznaniya RAN, 2011.

Фасмер М. (2004). Этимологический словарь русского языка : В 4 т. Т.3 : Муза-Сят : Ок. 5500 слов / М. Фасмер ; пер.с нем. идоп. О.Н. Трубачева. 4-е изд., стер. М. : ООО « Издательство Астрель » : ООО « Издательство АСТ », 2004. / Fasmer, M. [Dictionnaire étymologique de la langue russe] : V 4 t. T.3 : Muza-Syat : Ok. 5500 slov / M. Fasmer; per.s nem. idop. O.N. Trubacheva. 4-ye izd., ster. Moscou : OOO « Izdatel'stvo Astrel' » : OOO « Izdatel'stvo AST », 2004.

Щукина Д.А. (2007), Гальцова А.С. Юбилейный дискурс города в лингвокультурологическом аспекте // Мир русского слова и русское слово в мире. Материалы XI Конгресса МАПРЯЛ. Варна, 17 – 23 сентября 2007 г. Т. 4.HERONPRESS. SOFIA, 2007. С. 646 – 652. / Shchukina, D.A., Galtsova, A.S. [Le discours de l'anniversaire de la ville dans l'aspect linguoculturologique] // *Mir russkogo slova i russkoye slovo v mire* [Le monde de la langue russe et la langue russe dans le monde]. Materialy KHI Kongressa MAPRYAL [Des matériaux KHI du Congrès MAPRYAL]. Varna, 17 – 23 sentyabrya 2007 g. T. 4. Heronpress. Sofia, 2007. pp. 646 – 652.

Jung, C. G., « Instinct et inconscient », 1973, *in L'Énergétique psychique*, Genève, Georg & C94–105.

Lee,P. (1996), "The Logic and Development of the Linguistic Relativity Principle", The Whorf Theory Complex: A Critical Reconstruction, John Benjamins Publishing, c. 84.

Sapir, E. (1929), "The Status of Linguistics as a Science", *Language*, Vol. 5, No. 4 (Dec., 1929), pp. 207–214. <http://www.bible-researcher.com/sapir1.html>

Liste des dictionnaires

БТС : Большой толковый словарь русского языка. Под руководством А.С. Кузнецова, 1998. / BTS : Bol'shoy tolkovyy slovar' russkogo yazyka [Grand dictionnaire de la langue russe]. Pod rukovodstvom A.S. Kuznetsova [Sous la direction de A.S. Kuznetsova], 1998.

СС : Семантический словарь под общей ред. Н.Ю. Шведовой. М. : "Азбуковник", 1998. / SS : Semanticheskiy slovar' pod obshchey red. N.YU. Shvedovoy [Dictionnaire sémantique sous la direction générale N.Y.U.], Moskva : "Azbukovnik", 1998.

МАС : (Малый академический словарь) Словарь русского языка : В 4-хт. / РАН, Ин-т лингвистич. исследований; Под ред. А. П. Евгеньевой. – 4-еизд., стер. – М. : Рус. яз.; Полиграф ресурсы, 1999. / MAS : (Malyy akademicheskiy slovar' (Petit dictionnaire académique) Slovar' russkogo yazyka : V 4-kht [Dictionnaire de la langue russe en 4 volumes]. / RAN, In-t lingvistich. issledovaniy; Pod red. A. P. Yevgen'yevoy. – 4-yeizd., ster. – Moskva : Rus. yaz.; Poligrafresursy, 1999.

БАС : Словарь современного русского языка : В 17 т. (М. ; Л., 1948–1965). / BAS : Slovar' sovremennogo russkogo yazyka : V 17 t [Dictionnaire contemporain de la langue russe : 17 volumes]. Moscou ; Leningrade, 1948–1965.

3.

COMPARAISON ET GENRES DE DISCOURS : LA TRANSMISSION DES CONNAISSANCES

Comparaison et catégories pour l'analyse du discours – L'exemple des blogs de vulgarisation scientifique

SANDRINE REBOUL-TOURÉ

La comparaison comme « acte intellectuel consistant à rapprocher deux ou plusieurs animés, inanimés concrets ou abstraits de même nature pour mettre en évidence leurs ressemblances et leurs différences »[1] est utilisée tellement fréquemment dans notre quotidien qu'on pourrait en oublier de la (re)définir lorsqu'elle se charge de caractéristiques spécifiques, notamment dans le domaine des sciences humaines. G. Berthoud souligne, dans les années 1980, que « la plupart, sinon la totalité, des sciences humaines et sociales pratiquent, d'une manière ou d'une autre, une démarche comparative » et que c'est un « procédé largement répandu » qui renvoie à « des pratiques et des idées multiples, confuses et même contradictoires » (Berthoud 1986 : 5). La notion est donc vaste et malléable selon les aires dans lesquelles elle est mise en œuvre.

Dans le champ des sciences du langage, c'est plutôt du côté de la sociolinguistique que l'on trouve quelques éléments de réflexion autour de la comparaison qui se mue d'ailleurs en « comparabilité » : « Une bonne part du travail en (socio)linguistique consistant à *comparer* (des phénomènes, des structures, des énoncés, des événements discursifs et [...] des corpus ou des parties de corpus), la *comparabilité* mérite d'être considérée en soi, au-delà des évidences ». (Gadet et Wachs 2015) ; ces auteurs proposent notamment d'étudier la propriété de comparabilité qui prend en compte des « paramètres formalisables, quantifiables, en dichotomie (le sexe) ou par strates (l'âge ou la classe sociale) » par exemple.

La comparaison, dans le domaine de l'analyse du discours et plus particulièrement dans cette contribution, peut être considérée comme une méthode heuristique avec une analyse comparative entre

---

[1] *Trésor de la langue française informatisé*, <http://atilf.atilf.fr/>

des corpus qui n'avaient pas encore été mis en regard, « comparer, c'est en effet accepter non seulement de se décentrer, mais également rendre plus exigeants la formulation d'hypothèse et le travail de théorisation » (Vigour 2005).

Enfin, nous apportons ici un déplacement particulier pour la comparaison, déplacement vers des corpus de langues et de cultures différentes pour contribuer à une nouvelle approche appelée « linguistique de discours comparative » par P. von Münchow (2004, 2009) et rebaptisée aujourd'hui « analyse du discours contrastive » (ADC). Avec cette démarche :

> on met en rapport non pas différentes langues, comme le fait traditionnellement la linguistique contrastive, mais les manifestations d'un même genre discursif dans au moins deux communautés différentes (ou ce qu'on suppose être des communautés), genre dont il s'agit alors de décrire et ensuite d'interpréter les régularités et les variabilités. (von Münchow, ici-même)

Ainsi, cet article se présente comme un dialogue avec l'article de F. S. Machado (ici-même) : dans le cadre de l'analyse du discours contrastive, nous avons choisi un genre, le blog de vulgarisation scientifique (VS). J'étudie un corpus de blogs en français dans l'aire culturelle de la France[2] et F. S. Machado étudie un corpus de blogs de « divulgation scientifique » en portugais dans l'aire culturelle brésilienne. Ces recherches s'inscrivent dans un projet plus large mené par le groupe Dialogò (université de São Paulo). Elles consistent en la comparaison des discours de vulgarisation/divulgation scientifique dans différentes communautés ethnolinguistiques brésiliennes, portugaises et françaises : par exemple, l'étude de l'hypertexte dans des genres discursifs distincts (Machado 2012 et 2016 ; Grillo et Glushkova 2016), ou bien l'étude des discours de vulgarisation scientifique (DVS) dans des périodes différentes et du côté du groupe Clesthia (université Sorbonne nouvelle), notamment avec l'axe « Sens et discours », des recherches ont lieu sur différentes formes de transmission des connaissances, notamment la vulgarisation scientifique sur internet (Reboul-Touré 2005, 2012, 2015) ou encore les « objets discursifs technologisés » (Rakotonoelina 2014, 2015).

---

[2] J'ai commencé à analyser des blogs de vulgarisation scientifique depuis 2013 (Reboul-Touré 2015) ; des blogs tenus par des journalistes, des scientifiques, des spécialistes et des amateurs.

L'analyse comparative des blogs de vulgarisation scientifique invite aussi à s'interroger sur les limites de l'analyse du discours et le choix de catégories pour l'analyse. On pourra d'abord s'étonner d'un déploiement de la vulgarisation scientifique dans des espaces discursifs impossibles à envisager en amont, certes parce qu'internet n'existait pas mais surtout parce que les figures du vulgarisateur étaient clairement identifiées (scientifique ou journaliste vulgarisateur) et semblaient stables ; ce que certains linguistes ont appelé le « troisième homme ». Dans cette analyse comparative, pour ce volet, à l'intérieur d'une langue, le français, je chercherai à identifier une possible « communauté ethnolinguistique » autour des blogs, à moins qu'il ne soit plus approprié de parler de « sphères d'activité langagière » ou bien de croisement de différentes sphères. Parler de « sphères d'activité langagière », c'est aussi s'interroger sur le dialogisme et les genres. Comment analyser un discours hétérogène et en mouvement qui est traversé par de nombreux énonciateurs ? Derrière le DVS, se trouvent de manière sous-jacente, les discours des scientifiques ; c'est l'« hétérogénéité constitutive »[3] mais avec les blogs émergent des discours « commentés », des discours « rediffusés » dans lesquels peuvent toujours intervenir de nouveaux énonciateurs. L'ouverture sur le plurilogue imprévisible que permet le blog conduit vers un/des discours multiforme(s). Peut-on parler de nouveau genre ? Faut-il recourir à une notion de genre « hybride » ? Enfin, je soulèverai la question des marques sémiotiques. Comment l'analyse du discours peut-elle englober cet au-delà du langagier apporté par les « technologies discursives » (Paveau 2012) ?

Ainsi, je mettrai en évidence un ensemble de questions pour ouvrir le dialogue de la comparaison entre les recherches sur la vulgarisation scientifique dans nos équipes respectives. Dans une première partie, je m'interroge sur la dénomination de la vulgarisation scientifique dans les deux aires linguistiques et culturelles puis, je présente un rapide historique de la vulgarisation scientifique en France et de son analyse dans le domaine des sciences du langage avec une ouverture vers les nouveaux médias. Enfin, je m'interroge sur les catégories linguistiques et discursives allant d'une analyse intralinguistique à une linguistique du discours.

---

[3] Authier-Revuz, 1984.

1. Qu'entend-on par vulgarisation scientifique ? Dénomination et référent

La comparaison commence par une différence cruciale, celle de la nomination du thème de recherche retenu, « vulgarisation scientifique » (VS) d'un côté et de l'autre *divulgação científica* soit « divulgation scientifique » car la dénomination « vulgarisation scientifique » est connotée trop négativement au Brésil (voir F. S. Machado, ici-même). Au-delà de cette non-coïncidence au niveau des dénominations, l'empan de la VS dans les deux pays est aussi différent. Il semblerait qu'en France, on y voit plutôt la diffusion de ce que nous appelons les sciences « dures ». C'est une représentation qui peut avoir sa source dans une réflexion philosophique qui s'est installée comme tradition. En effet, en suivant E. Morin, nous pouvons situer cette distinction chez Descartes :

> On peut diagnostiquer, dans l'histoire occidentale, la domination d'un paradigme qu'a formulé Descartes. Descartes a disjoint d'un côté le domaine du sujet, réservé à la philosophie, à la méditation intérieure et, d'autre part, le domaine de la chose dans l'étendue, domaine de la connaissance scientifique, de la mesure et de la précision. Descartes a très bien formulé ce principe de disjonction et cette disjonction a régné dans notre univers. Elle a séparé de plus en plus science et philosophie. Elle a séparé la culture qu'on appelle humaniste, celle de la littérature, de la poésie, des arts, de la culture scientifique. La première culture fondée sur la réflexion ne peut plus s'alimenter aux sources du savoir objectif. La seconde culture fondée sur la spécialisation du savoir, ne peut se réfléchir ni se penser elle-même. (Morin 2015)

Cette distinction demeure même si elle peut devenir poreuse[4] : « le paradigme de simplification (disjonction et réduction) domine notre culture aujourd'hui et c'est aujourd'hui que commence la réaction contre son emprise » (*ibid.*). Alors qu'au Brésil, sous la dénomination de « divulgation scientifique », on comprend les sciences dures aussi bien que les sciences humaines[5], ce que montre d'ailleurs, F. S. Machado en analysant dans son corpus des carnets de recherches français comme ceux de

---

[4] Pour des blogs en sciences sociales, voir <https://www.cafe-sciences.org/>

[5] C'est aussi ce que j'ai pu percevoir lors d'un séminaire proposé à l'université de Campinas, en 2015, intitulé, « Quelle analyse du discours pour la vulgarisation scientifique ? », groupe de recherche LABEURP, Laboratório de Estudos Urbanos, <https://www.labeurb.unicamp.br/site/web/index.php>

M.-A. Paveau, professeure en sciences du langage. On relève donc des divergences sur différents plans, celui de la traduction et celui de la nomination car cette dernière laisse une large place à la référence. Ce référent va se construire linguistiquement et culturellement de manière différente (Moirand et Reboul-Touré 2015) selon la dénomination retenue – la « divulgation scientifique » est plus englobante au Brésil et ne peut se superposer à la vulgarisation scientifique en France ; les dénominations ont donc des valeurs (au sens saussurien) différentes.

Dès les années 1970, dans sa thèse intitulée *Les problèmes théoriques de la vulgarisation scientifique*, B. Jurdant mettait en avant la nécessité de vulgariser et surtout, il faisait un lien avec la dimension culturelle[6] :

> Vulgariser est devenu maintenant une nécessité culturelle ; il s'agit de créer un nouvel humanisme ; c'est injustement que la vulgarisation souffre des connotations péjoratives de son étymologie latine (*vulgus*) ; c'est de l'information scientifique ! (Jurdant, [1973] 2009, 29)

Je conserve donc la dénomination de « vulgarisation scientifique » en lui ôtant toute connotation péjorative d'ailleurs aujourd'hui désuète. La vulgarisation scientifique rassemble des discours partageant un cadre ethnolinguistique, certes modulable, des objectifs pragmatiques (vulgariser/faire savoir ?) et des marques linguistiques spécifiques. On peut parler de « type de discours » avec le passage d'un discours source à un discours second qui entre ainsi dans un dispositif de communication particulier ; ce discours est aussi marqué par son « hétérogénéité » (Authier-Revuz 1984) et la vulgarisation scientifique peut se réaliser dans différents genres : entretien, poésie, bande dessinée, site internet, tweet, blog...

2. Analyser linguistiquement le discours de vulgarisation scientifique (DVS) : quelle chronologie en France ?

En France, le premier texte en français qui diffuse la science et plus particulièrement l'astronomie, est conçu par Fontenelle. Il s'agit des « Entretiens sur la pluralité des mondes » en 1686. On ne parle pas à

---

[6] Nous avons aussi souligné que les connaissances scientifiques entrent désormais dans la culture, ce qui tend à rapprocher la culture humaniste de la culture scientifique. (Beacco et Reboul-Touré 2004).

l'époque de vulgarisation scientifique mais les éléments de la préface convergent vers ce type de discours :

> Je dois avertir ceux qui liront ce livre, et qui ont quelque connaissance de la physique, que je n'ai point du tout prétendu les instruire, mais seulement les divertir en leur présentant d'une manière un peu plus agréable et plus égayée ce qu'ils savent déjà plus solidement ; et j'avertis ceux pour qui ces matières sont nouvelles que j'ai cru pouvoir les instruire et les divertir tout ensemble.

L'analyse linguistique de ce discours peut être située dans les années 1980, avec les recherches de M.-F. Mortureux (1983). Elle a rédigé sa thèse d'état sur l'étude de la vulgarisation scientifique dans l'œuvre de Fontenelle qui a la forme d'un entretien. Lors des siècles suivants, la science continue à se diffuser via des genres littéraires et notamment la poésie :

> La fin de l'Ancien régime et l'Empire marquent l'apogée d'une poésie scientifique en vers qui perd son prestige avec le triomphe du Romantisme, avant d'entamer un lent déclin, jusqu'à la disparition du genre, au début du vingtième siècle. Tout se passe comme si les critiques qui reprochaient de longue date au vers une incapacité à transmettre correctement la science, pour n'offrir, selon le mot de Buffon, qu'une parole où « la raison porte des fers », obtenaient gain de cause. (Marchal 2009).

C'est à la fin du XIXe siècle qu'apparaît un nouveau genre : les revues de vulgarisation scientifique[7].

Aujourd'hui, nous pouvons trouver des magazines dont voici quelques titres : *Ça m'intéresse*, premier numéro en 1981 ; *Ciel et espace*, 1945 ; *Cosinus*, 1999 ; *Pour la science*, 1977 ; *La recherche*, [1946], 1970 ; *Science et Avenir*, 1947 ; *Science et vie*, 1913 ; *Science et vie junior*, 1988. De nouvelles créations sont proposées dans les années 2000, avec une diversité au niveau des thématiques ou bien des publics : *Science et vie découvertes*, 2000 ; *Cerveau et psycho*, 2003 (Reboul-Touré, 2012) et la dernière création sortie à l'automne 2018, le magazine *Curionautes des sciences*[8] pour les enfants dès 8 ans. Des recherches en sciences du langage vont porter

---

[7] *La Nature, Revue des sciences et de leurs applications aux arts et à l'industrie*, 1873 ; *Eurêka. Tribune des inventeurs. Revue illustrée de vulgarisation scientifique et industrielle*, 1892 ; *L'étincelle électrique*, 1880 ; *L'ingénieur civil. Journal d'application et de vulgarisation des découvertes les plus récentes*, 1892 ; *Revue photographique de l'Ouest*, 1906.

[8] <https://www.curionautes.com/>.

sur ces textes écrits notamment dans notre groupe de recherche, alors le Cediscor[9]. Les analyses portaient aussi sur les discours dans la presse quotidienne qui présentaient des fragments de vulgarisation scientifique. Parallèlement à l'écrit, d'autres médias proposent des émissions de vulgarisation scientifique : la radio puis la télévision ; ils seront plutôt étudiés dans le domaine des sciences de l'information et de la communication.

Ce rapide parcours historique montre une tradition bien installée en France avec un intérêt certain pour la vulgarisation de la science (depuis le XVIIe siècle) et souligne l'existence de recherches en analyse du discours depuis les années quatre-vingt sur ce type de discours (Mortureux 1982 ; Jacobi et Schiele (éds) 1988 ; Beacco et Moirand 1995) avec des prolongements, ces dernières années, autour des discours sur internet.

3. Nouveaux médias et médias sociaux

Au-delà de ces médias traditionnels, apparaissent les « nouveaux médias », notamment avec internet qui va offrir de nouveaux espaces discursifs pour les recherches en sciences du langage sur le DVS : des revues vont ouvrir des sites (*La recherche*, *Sciences et vie*…) et des sites comme *Futura-sciences* vont être créés sans correspondance sous forme papier. Suivront des blogs et quelques espaces sur twitter (Simoens 2017)[10]. Si l'étiquette de « nouveaux médias » peut varier selon les époques, aujourd'hui, on peut considérer qu'elle regroupe les éléments suivants :

> Internet, le téléphone mobile, les médias sociaux, tels que les blogs et les microblogs (Twitter et Sina Weibo par exemple), les sites Internet de réseaux sociaux comme Facebook, les sites de partage de vidéos tels que YouTube, et d'autres encore, avec les propriétés suivantes :

---

[9] CEDISCOR : Centre de recherche sur les discours ordinaires et spécialisés, <http://syled.univ-paris3.fr/cediscor.html>, aujourd'hui, *Cercle de recherche sur les discours*, présent notamment avec la publication des *Carnets du CEDISCOR*, <https://journals.openedition.org/cediscor/>

[10] Par exemple, « @EnDirectDuLabo est un compte Twitter collaboratif. Un scientifique différent chaque semaine est invité à partager le fruit de ses recherches sur ce compte. Les participants appartiennent à des domaines scientifiques (ou des domaines liés à la science) différents. Les créateurs de ce projet font partie du collectif Conscience, une association de passionnés créée en 2015 qui a un objectif précis : « rendre à la science la place qu'elle mérite dans le paysage culturel français ». Le compte Twitter @EnDirectDuLabo est l'un des projets que l'association se propose d'animer ». (Simoens) On soulignera ici l'attention portée à la culture.

- ils sont généralement interactifs ;
- ils utilisent des technologies numériques, en ligne et mobiles ;
- ils sont souvent créés par le public et axés sur les utilisateurs ;
- ils fonctionnent en temps réel ;
- ils n'ont généralement pas de frontières ;
- les informations ont une durée de vie limitée ;
- ils sont plus difficiles à réglementer – et à censurer ;
- l'accès à l'infrastructure pour la publication ou la radiodiffusion est généralement moins coûteux pour les particuliers ;
- ils ne respectent pas toujours les normes et l'éthique journalistiques. (projet ACE), <https://aceproject.org/ace-fr/topics/me/meb/mab02e>

Les blogs[11] font donc partie des médias sociaux dont une des caractéristiques est l'invitation à la participation des lecteurs avec l'émergence de discours citoyens (Reboul-Touré 2019) :

> Les médias sociaux se fondent sur l'idéologie participative du web social, c'est-à-dire sur le postulat que les gens ordinaires – les amateurs, les citoyens, les utilisateurs lambda – en viennent à développer une compétence cognitive et communicationnelle suffisante pour leur permettre d'intervenir directement dans la production et la diffusion des contenus médiatiques [...] Les médias sociaux placent l'usager au centre du dispositif [...] Ces médias tendent à faciliter l'accès et la rediffusion des contenus numériques, notamment par l'intégration de modalités automatisées de partage. (Proulx *et alii* 2012 : 3)

Je cherche donc à montrer comment adapter voire à créer des catégories pour l'analyse quand on se focalise sur la vulgarisation scientifique et qu'on étudie de nouveaux « objets discursifs » comme les blogs, notamment avec un regard comparatif.

---

[11] S'il était possible de trouver de chiffres concernant les blogs en 2006 (dans la revue *Réseaux*, par exemple) : « Entre janvier 2004 et janvier 2006, le nombre des blogs est passé de 1,6 à 26,6 millions dans le monde. Bien que ces estimations soient sujettes à caution, on estime que plus de 2 millions de blogs sont actifs en France. Cette pratique d'expression de soi qu'on a un temps cru limitée aux « petits » publics des littérateurs et des amateurs passionnés s'est très largement étendue à des populations beaucoup plus diverses. (Cardon *et alii* 2006 : 9–10) », ce n'est plus le cas aujourd'hui sans doute du fait d'une progression exponentielle.

4. Quelles catégories pour l'analyse ?

C'est lors du premier colloque organisé par le Cediscor, colloque intitulé *Parcours linguistiques de discours spécialisés* (Moirand *et alii*, 1992) que s'était posée la question concernant les catégories linguistiques et les catégories discursives pour l'analyse des discours spécialisés. Par la suite, J.-M. Adam, J.-B. Grize et M. Ali Bouacha (Adam *et alii* 2004) se sont interrogés sur un *continuum* possible entre une analyse intralinguistique et une linguistique du discours et ont proposé le schéma suivant :

                                                            Linguistique du discours

Linguistique du système (« sémiotique »)	Linguistique de l'énonciation (« sémantique »)	Translinguistique des textes, des œuvres

Analyse intralinguistique

On repère ainsi des faits de langue au niveau de la phrase qui entrent dans une linguistique du système puis une ouverture vers la linguistique de l'énonciation pour finir par prendre en considération une autre ouverture vers d'autres textes, d'autres discours pour constituer une linguistique du discours. Selon S. Moirand, on pourrait aussi prendre en compte des *catégories interdiscursives* :

> Si je m'enhardis à intervenir aujourd'hui dans ce débat, j'ajouterai sans doute une *catégorie interdiscursive* (telles les sous-catégories du dialogisme, travaillées par Authier, Bres ou moi-même). Je ferai ensuite une distinction entre des notions opératoires (le dialogisme de Bakhtine, la mémoire interdiscursive), qui sont des notions « pour penser avec » et des notions descriptives, qui permettent de mettre au jour des faits de discours. Enfin, à l'intérieur de ce dernier ensemble, je distinguerai entre des catégories discursives ou interdiscursives (l'objet de discours, les sous-catégories de dialogisme, certaines catégories du discours rapporté) et des catégories de langue (la personne, le temps, l'espace, la détermination, la modalité, la thématisation) qui permettent aux premières de saisir, comme avec une pince, les observables des surfaces textuelles. (Moirand 2004)

Les questionnements apparus il y a quelques années sur la recherche de catégories linguistiques ou discursives se prolongent aujourd'hui avec une nouvelle dimension, portée par des corpus recueillis sur internet, notamment les blogs de vulgarisation scientifique.

4.1. Entre intralinguistique et linguistique de l'énonciation : la reformulation

La reformulation est ainsi définie dans le *Dictionnaire d'analyse du discours* : « relation de paraphrase [qui] consiste à reprendre une donnée en utilisant une expression linguistique différente de celle employée pour la référenciation antérieure » (Charaudeau, Maingueneau, 2002 : 490). Elle participe donc à ce que J. Peytard (1984) appelle l'altération des discours et elle a de nombreuses fonctions. Elle peut emprunter des formes linguistiques au niveau de la phrase ; elle entre dans la construction des isotopies, ici, avec le marqueur de reformulation « une sorte de » :

(1)

La reconstruction ci-contre [...] montre une vue de ce qu'était peut-être le Microraptor, **une sorte de dino-oiseau possédant 4 ailes**, qui lui permettaient vraisemblablement de planer depuis les arbres. Précisons toutefois que si l'origine dinosaurienne des oiseaux est maintenant bien établie, la question de l'origine du vol est encore loin d'être élucidée. (*Science étonnante*, 2 avril 2012)[12]

Cette catégorie est donc pertinente dans le cadre de l'étude du texte[13] avec le réseau des anaphores, entre autres. Je pourrais m'intéresser aux chaînes de référence (Schnedeker, 2021) mais j'ai fait le choix d'articuler texte et discours et donc de prendre en considération l'énonciation, les genres de discours ainsi que les communautés discursives. La reformulation peut aussi être envisagée dans une dimension discursive (Reboul-Touré, 2014) : par exemple, certaines reformulations autour d'un même mot-clé renvoient à des termes issus d'un discours sous-jacent, notamment, celui du scientifique[14] :

---

[12] <https://sciencetonnante.wordpress.com/2012/04/02/pigeonraptor-les-oiseaux-sont-des-dinosaures/>
[13] C'est ce qui est souligné dans le *Dictionnaire d'analyse du discours*.
[14] Voir ci-dessous les hétérogénéités.

(2)

Les pattes locomotrices (trois paires) sont pourvues de griffes – parfois de **pulvilii (système d'adhésion des arthropodes situés aux extrémités des pattes reposant sur la force physique de Van der Waals et sur la sécrétion d'une glu adhésive)** – pour adhérer aux parois les plus rugueuses. (*Passion entomologie*, 16 décembre 2019, <https://passion-entomologie.fr/amblypyges-la-reunion/>)

Cette reformulation est typique du DVS. Avec la technologie présente sur internet, j'ai identifié une convergence entre la reformulation et la technologie (Reboul-Touré, 2005) : il peut y avoir une « externalisation » de la reformulation, elle n'est plus à l'intérieur de la phrase mais sur une autre couche de texte :

(3)

il arrivait parfois que certaines bactéries passent du côté obscur du **microbiote** suite à un stress causé par l'environnement (antibiotiques, pollution, etc.). (*Bionum*, 10 février 2020)

Ainsi, « microbiote » n'est pas reformulé dans la phrase, il est explicité dans un autre article[15] grâce au lien hypertextuel qui l'accompagne ; ici par la couleur bleu et le soulignement, ce qui se présente comme un double marquage typographique sur le modèle du gras ou de l'italique. On observe alors un phénomène de modalisation autonymique qui entraîne un retour sur le mot qui renvoie à la fois à son référent (en usage) et à lui-même (en mention).

On remarque que le mot peut être expliqué à l'intérieur de la phrase ; il aurait pu l'être dans une note ou dans un glossaire à la fin d'un ouvrage papier ou encore en marge dans un magazine. Ce n'est donc pas la reformulation d'un mot spécialisé qui est nouvelle mais son lieu d'apparition qui se réalise en dehors du texte initial, dans un espace virtuel sous forme de définition ou dans un autre texte.

La reformulation est-elle transposable pour l'analyse des blogs de vulgarisation scientifique en portugais au Brésil ? La contrainte techno-langagière rapproche-t-elle les blogs quelle que soit la langue utilisée, ce qui en ferait un invariant que nous aurions eu du mal à concevoir avant les développements des écritures sur internet ? F. Machado, ici même,

---

[15] <https://sante-respiratoire.com/dossier-le-microbiote-respiratoire-kezaco/> ; il aurait pu apparaître dans une bulle avec une définition.

relève des exemples de reformulation discursive qui font entendre une bivocalité.

4.2. Catégories liées à la linguistique de l'énonciation : hétérogénéités énonciatives

L'hétérogénéité apparaît dans l'analyse à plusieurs niveaux. L'hétérogénéité constitutive du DVS est présente dans la mesure où le discours de la science s'entend de manière sous-jacente (Authier, 1982), notamment avec les termes spécialisés et le marqueur autour du verbe « appeler » :

(4)

La première chose à savoir, c'est que comme pour la plupart des boissons gazeuses, les bulles du champagne sont des bulles de *gaz carbonique*, le fameux CO2. Ce gaz carbonique est un produit direct de la réaction qui transforme le sucre en alcool, **ce qu'on appelle la** *fermentation alcoolique*. Cette réaction se produit grâce aux levures et au sucre que l'on ajoute au vin de champagne (qui initialement ne pétille pas !). (*Science étonnante*, 23 décembre 2013, <https://scienceetonnante.wordpress.com/2013/12/23/dou-viennent-les-bulles-du-champagne/>)

(5)

4 types d'acides gras sont différenciés selon leur structure chimique : la présence ou non de double liaison carbonne-carbonne (**appelée «insaturation»**). (*Quoi dans mon assiette ?*, 8 février 2020, <https://quoidansmonassiette.fr/quest-ce-que-les-lipides/>)

En italique, le blogueur reprend les termes des spécialistes (exemple 4) ou bien les places en position de modalisation autonymique ; on entend ainsi la voix sous-jacente du spécialiste.

Par ailleurs, l'hétérogénéité peut être montrée : le blogueur fait entendre la voix des spécialistes en utilisant toute la palette des formes du discours rapporté[16] :

---

[16] J'utilise ici « discours rapporté » dans une visée vulgarisatrice par rapport à « représentation du discours autre » voir ci-dessous.

(6)

Cette stratégie, qui n'a jamais été observée ailleurs, s'expliquerait, **selon Austin Gallagher**, par l'abondance des otaries dans cette région. Elles sont jusqu'à 80 000 à se réunir sur les côtes namibiennes alors qu'elles n'étaient que quelques centaines en 1998. (*Best of bestioles*, 23 septembre 2015, <http://www.scilogs.fr/best-of-bestioles/le-goeland-mange-a-loeil/>)

(7)

Pour le savoir, une équipe dirigée par Jean-Yves Royer (<Laboratoire Géosciences Océan à Brest>) a développé des balises innovantes, capables de révéler ces éventuels mouvements par 800 mètres de profondeur. [...] Si elles ont bien été placées, de part et d'autre de la faille, les informations sont « *fiables et en cohérence avec d'autres éléments comme l'absence de signes sédimentaires de séismes qui seraient survenus depuis 1766* », **explique Louis Géli**. ({Sciences²}, 26 juillet 2019, <https://www.lemonde.fr/blog/huet/2019/07/26/un-seisme-majeur-menace-istanbul/#comment-5336>)

Dans l'exemple 6, la modalisation en discours second, « selon X » ou encore, dans l'exemple 7, des éléments de discours direct permettent d'identifier une hétérogénéité montrée, des exemples avec des formes marquées qui s'inscrivent dans la « représentation du discours autre » (Authier-Revuz 2019)[17]. Ces représentations du discours autre sont susceptibles d'être combinées à des caractéristiques liées à la technologie proposée par internet (voir 4.3.1.).

4.3. Catégories entre énonciation et interdiscours : vers l'« hyperdiscursivité » ?

La prise en compte des hétérogénéités constitutives et montrées permet de mettre en avant l'interdiscursivité qui traverse tous les discours. L'interdiscours peut être entendu comme « l'ensemble des unités discursives (relevant de discours antérieurs du même genre, de discours contemporains d'autres genres, etc.) avec lesquels un *discours particulier* entre en relation implicite ou explicite » (Charaudeau et Maingueneau (éds) 2002 : 324) et plus spécifiquement « on parle d' 'hétérogénéité constitutive' quand le discours est dominé par l'interdiscours » (*idem* : 293). Dans ce cadre, les textes se répondent les uns aux autres *in absentia*. Je souhaite ici montrer qu'avec internet, suite à l'analyse de blogs de

---

[17] Appendice à la partie 1, p. 60–66.

vulgarisation scientifique, l'interdiscusivité peut prendre une autre forme car les textes peuvent être concrètement reliés entre eux soit par un lien hypertextuel, soit par une invitation à déposer un commentaire ou encore par des boutons de partage (icônes de réseaux sociaux). Cette « interdiscusivité virtuelle » peut se concrétiser *in praesentia*. Je propose alors de parler d'hyperdiscursivité pour rassembler l'ensemble[18] des discours reliés à un discours source par différentes marques technologiques.

4.3.1. Un discours rapporté « feuilleté »

Lors du colloque *Le Discours rapporté dans tous ses états : question de frontières ?*, organisé par le groupe Ci-dit, en 2001, j'avais fait l'hypothèse (Reboul-Touré 2004) que les liens hypertextes pourraient être placés sur des formes de discours rapportés. Il y avait très peu d'exemples à l'époque. Aujourd'hui, cette pratique est plus importante et elle permet d'identifier d'un clic de souris la provenance du discours rapporté et de le situer dans l'ensemble du texte à l'origine de la citation. Il peut ainsi être remis dans son contexte global sur une autre « couche textuelle ». Le discours rapporté est alors doublement marqué et par des indices linguistiques et par des indices technologiques, en l'occurrence, un lien hypertextuel. Ce double marquage permet de relever une traçabilité pour le discours rapporté et de remonter au discours original. Je propose d'identifier ici un « discours feuilleté » (Reboul-Touré 2015) :

(8)

La polémique monte sur le glyphosate, la molécule la plus utilisée comme herbicide dans le monde agricole. Et par les jardiniers du dimanche comme par les personnels d'entretien des voies de chemin de fer, les rues, les espaces urbains... non-verts. Alors que le gouvernement français a réitéré sa position en faveur de son interdiction auprès de la Commission Européenne dans la perspective d'une décision à prendre début octobre... tout en esquissant un recul sémantique, <u>Matignon précisant « *d'ici la fin du quinquennat* »</u>[19] pour la mise en œuvre de la mesure ({Sciences^2}, 26 septembre 2017)[20]

---

[18] Cet ensemble de discours reste ouvert.
[19] Un lien vers le site « Terre-Net » avec le discours des hommes politiques.
[20] <https://www.lemonde.fr/blog/huet/2017/09/26/glyphosate-reflexions-pre-interdiction/>

La séquence de discours rapportée est marquée par des guillemets et de l'italique et par un lien hypertexte qui conduit vers le discours d'origine dont est issue cette séquence rapportée. On dépasse ici la référence bibliographique ou la note car on est directement conduit vers la source dans son intégralité. Sachant qu'il est toujours possible de trouver dans ce texte source le même procédé pour une mise en abyme.

Ainsi, je distingue comme F. Grossmann, deux opérations, l'une linguistique et l'autre, technologique :

> Il paraît essentiel en effet de bien différencier :
>
> – l'opération de rapporter un discours … au cours de laquelle l'énonciateur primaire signale qu'il retransmet (ou représente) la parole d'un énonciateur secondaire, réel ou fictif ; on se situe essentiellement ici sur le plan énonciatif, avec un marquage qui peut être fort ou faible suivant les cas ;
>
> – l'opération de partager (ou diffuser) un discours (ou un texte) dans un certain espace social, qui répond à une certaine visée discursive (annonce, preuve, légitimation, illustration, témoignage, étayage argumentatif…) ; l'acte de partage/diffusion est fondamentalement dépendant des canaux de transmission et de diffusion, ainsi que du type d'allocutaire concerné. (Grossmann 2019)

Cet empilement possible de différentes couches de textes liés entre eux par des discours rapportés m'invite à parler de discours rapporté « feuilleté ».

4.3.2. Un discours « commenté »

La rubrique *commentaire* qui accompagne tous les billets[21] déposés sur les blogs de vulgarisation scientifique permet à tout lecteur de laisser un commentaire. Sous cette forme, par exemple :

---

[21] Le « billet » est un message posté sur un blog ; on parle aussi de « post ».

(9)

COMMENTAIRES

MONNA 22/03/2016 20:24:44
Génial ce blog! Je viens de le découvrir grâce à cet article. Merci pour ce beau boulot!

PASCAL 21/02/2016 22:08:43
Bravo pour ce travail !
Foliole : "une petite feuille" est plutôt décrit comme féminin ?
Or vous le mettez au masculin ? Quand le sexe s'en mêle ;-)

SAUVAGES DU POITOU 21/02/2016 23:07:32
Merci Pascal, vous avez raison, foliole est un nom féminin! Rendons à Ève ce qui est à Ève, je corrige la coquille dans l'article sans tarder!

FRANCINE 30/07/2017 18:57:34
Je suis en admiration devant la pédagogie de votre blog on ne s'y ennuie jamais un des meilleurs blogs de botanique à la portée de tous tout en restant très "botanique". Continuez on adore!

(*Sauvage du Poitou*, 2016–2017, <https://www.sauvagesdupoitou.com/88/437>)

Le texte original est signé par « SAUVAGES DU POITOU » qui reçoit des commentaires de Monna, Pascal, Francine – on peut faire des passerelles avec ce qu'est le courrier des lecteurs dans la presse écrite. SAUVAGES DU POITOU va faire une réponse à Pascal autour du genre de « foliole ». Dans cette rubrique « commentaire », il peut y avoir des dialogues (voire des plurilogues) qui naissent entre les différents lecteurs/scripteurs et l'interaction n'a plus lieu seulement avec le rédacteur premier :

(10)

Bugul Noz
14.01.2020 22:50
Répondre | Permalink

"Prouvez", "démontrer", "étayer par des preuves et des données factuelles", c'est tellement premier degré... Vous êtes indécrottable.

Franck Ramus
17.01.2020 13:08
Répondre | Permalink

- Tout à fait, je suis un indécrottable chercheur de vérité, qui ne se satisfait pas du sens commun, des intuitions, des arguments d'autorité, et des hypothèses non vérifiées, qui préfère le factuel à l'imaginaire.

Māz Morgūl
17.01.2020 14:19
Répondre | Permalink

- Évacuer le sens commun, les intuitions, les hypothèses... heureusement que les chercheurs qui vous ont précédé ont évité ces erreurs.
  Votre conception de l'Homme : froid, robotique, automatique, qui ne réfléchit pas, qui ne pense pas, qui ne ressent pas, qui ne philosophe pas : l'homme-machine qui exécute, qu'on peut évaluer, mesurer, faire rentrer dans des statistiques, reprogrammer à volonté?
  Cela donne des frissons.

LilianSG
20.01.2020 8:57
Répondre | Permalink

- Vous mélangez un peu tout.
  Personne ne refuse les hypothèses, ni même les intuitions. Mais il faut ensuite les confirmer ou les infirmer par des preuves. C'est ce qui fait la science.
  Quant à la conception de "l'homme froid", la science n'empêche pas la poésie, l'art ni même la philosophie qui sont des modes d'expression de notre ethos.. Elle n'empêche même pas la religion puisque les croyants considèrent la transcendance comme extérieure à notre rationalité.
  Quant à faire d'un scientifique un zélateur de "l'homme-machine", c'est faire peu de cas de notre complexité.

(*Ramus méninges*, 13 janvier 2020, <http://www.scilogs.fr/ramus-meninges/>)

Il y a des « emboîtements » de parole ; la circulation des discours est ici démultipliée :

> Le blog fait resurgir dans ses problématiques la mise en avant de la forme dialogique qui serait par excellence la forme de l'échange scientifique. La valeur heuristique donnée au dialogue confère au blog scientifique[22] toute sa force d'expansion et toute sa légitimité. André Günthert fait ainsi son éloge ou voire celle de la polémique qui renoue avec les formes anciennes de la *disputatio*. Il affirme sa reconnaissance envers tous ceux qui déposent des messages et croisent le fer avec lui, y compris lorsque les arguments pourraient paraître pauvres (Temperville 2010 : 20)

Le format du blog invite à la discussion grâce à des procédés technologiques ce qui donne un nouvel élan à la vulgarisation scientifique car tout lecteur peut entrer dans la discussion pour apporter des corrections ou bien pour engager des polémiques. Ainsi, de nouveaux acteurs participent à la vulgarisation scientifique (voir 4.4.) dans le cadre d'un discours commenté.

4.3.3. Un discours « rediffusé »

Lorsqu'un billet est publié sur un blog, un lecteur peut choisir de partager sa lecture avec les membres de ses réseaux sociaux en cliquant sur les différents boutons de partage (facebook, twitter, etc.) sur un blog amateur comme sur un blog de presse :

(11)[23]

PARTAGER CET ARTICLE

---

[22] Il y a un *continuum* entre les blogs scientifiques et les blogs de vulgarisation scientifique.

[23] Suite à l'article sur le blog « La nature sous toutes ses formes », 1er mars 2021, <https://totakenature.fr/tag-biologieanimale-biologievegetale-le_microbiote_quand_les_microorganismes_interagissent_avec_les_animaux_et_les_vegetaux.html> et sur le blog de Pierre Barthélémy du journal *Le Monde*, <https://www.lemonde.fr/passeurdesciences/article/2020/05/30/comment-voir-la-capsule-spatiale-crew-dragon-dans-le-ciel-ce-samedi-soir_6041292_5470970.html>

SCIENCES · PASSEUR DE SCIENCES   Partage f ✉ ~ ↗

BILLET DE BLOG   **Comment voir la capsule spatiale**
 **Crew Dragon dans le ciel ce samedi**
Pierre Barthélémy   **soir**

Pour la majeure partie de la France, le vaisseau sera visible non pas lors de sa
première orbite, mais à l'occasion de la deuxième, vers 23 h 15.

Publié le 30 mai 2020 à 18h58 - Mis à jour le 30 mai 2020 à 17h58 | ⏱ Lecture 4 min.

Je propose d'identifier ici un discours « rediffusé » qui va entrer dans la circulation discursive et contribuer à essaimer la vulgarisation scientifique. Ces différents discours hétérogènes car ouverts sur des extériorités, du fait d'internet, se retrouvent aussi dans la sphère de la divulgation scientifique au Brésil (F. Machado, ici même)

4.4. Catégories liées à la linguistique du discours : « communautés ethnolinguistiques », « sphères d'activités langagières »

Je propose une dernière strate macro-structurelle pour l'identification de catégories, celles liées de manière générale aux communautés discursives au sens large. Dès les années 1990, D. Maingueneau souligne – au sujet des discours scientifiques – l'existence d'analyses prenant en considération un réseau de transactions sociales avec les discours :

> L'intérêt pour les discours scientifiques n'est pas nouveau. Mais jusqu'à une date récente, c'était plutôt l'affaire de la sociologie de la science que de l'analyse textuelle. Dès les années 60, on n'avait pas hésité à utiliser des problématiques ethnologiques pour appréhender le fonctionnement des communautés scientifiques (Hagstrom 1965) et le rôle qu'y joue la production de textes dont il n'est pas difficile de mettre en évidence les enjeux sociaux (ou plutôt « micro-sociaux »). (Maingueneau 1992 : 120)

La frontière entre les discours scientifiques et ceux de la vulgarisation scientifique n'est pas toujours imperméable, c'est pourquoi je préfère identifier un éventail de degrés de vulgarisation, plus ou moins spécialisés ; dès que l'on sort du laboratoire, on commence à vulgariser ses propos, notamment par la reformulation et apparaissent dès lors un discours source et un discours second qui ont des caractéristiques linguistiques du discours de vulgarisation. Un autre point de vue, externe, peut aussi entrer en ligne de compte :

> L'« ethnologisation » de l'analyse du discours permet de faire le chemin en sens inverse : partant d'un fonctionnement textuel, on cherche à mettre au jour le réseau de transactions sociales que celui-ci implique, en s'efforçant de ne pas juxtaposer les deux instances. En effet, l'important est de nouer pratique textuelle et pratique institutionnelle : si d'une certaine façon l'énonciation constitue une institution discursive, en retour l'institution n'est pas pensable indépendamment de l'exercice de la parole qu'elle prescrit. C'est dire que le texte n'est pas un simple support d'informations, qu'il a une économie propre, laquelle n'est pas intégralement linguistique. (Maingueneau 1992 : 120)

Comment alors identifier ces « communautés » qui participent à la vulgarisation scientifique ? Nous avons souligné la difficulté de trouver une « étiquette » linguistique qui puisse convenir à la nomination de ces groupes sociaux : on a parlé de « communautés ethnolinguistiques », notamment dans *Langages* 105 pour peut-être préférer aujourd'hui « sphères d'activité langagière » suite aux recherches en collaboration avec S. Grillo :

> On peut [...] faire l'hypothèse qu'à ces sphères d'activité humaine correspondent des sphères d'activité langagière, assez proches de ce que l'analyse du discours française appelle des "formations discursives" et que l'on a nommé nous-mêmes des "communautés langagières" (Moirand, Reboul-Touré et Pordeus Ribeiro 2016)

Ainsi, l'interrogation sur des délimitations des *communautés ethnolinguistiques* ou des *communautés de discours* ou des *sphères d'activité langagière* peuvent ne pas trouver de réponse. Si de tels regroupements semblaient possibles pour décrire des modes de transmission des connaissances plus anciens avec des productions sur le support papier, aujourd'hui, même l'idée de sphères d'activité langagière peut paraître trop restrictive pour décrire les activités sur internet car les rôles se démultiplient : le chercheur peut lui-même tendre vers la vulgarisation avec la rédaction des Carnets de recherche ou encore « l'amateur » peut créer un blog de vulgarisation scientifique. On est passé d'une représentation de la vulgarisation scientifique dans les années 1990 avec trois pôles : les scientifiques, les vulgarisateurs et les non-spécialistes :

Comparaison et catégories pour l'analyse du discours

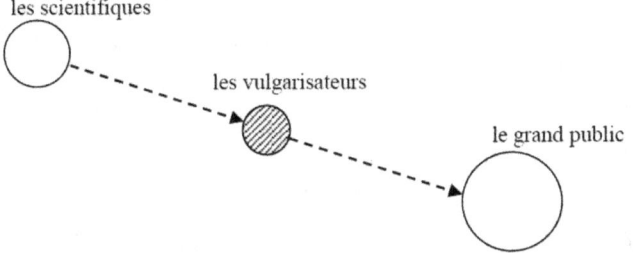

Schéma 1 – Les pôles de la vulgarisation scientifique.

à une difficile représentation aujourd'hui du fait du mélange des « figures » et de la diffusion de la science qui se fait non plus de manière hiérarchique mais horizontale :

- Les scientifiques se font vulgarisateurs via les blogs
- Les vulgarisateurs utilisent le format des blogs
- Les non-spécialistes peuvent prendre la place des vulgarisateurs en étant des « amateurs » sur les blogs.

Avec de manière intermédiaire, une « médiation scientifique » dans la presse quotidienne, notamment avec des experts, des politiques, des témoins, des citoyens :

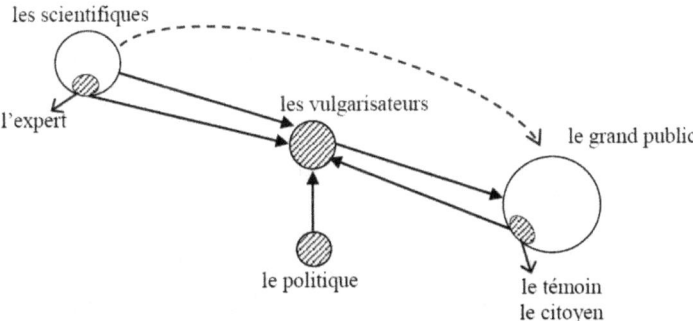

Schéma 2 – L'entrée de nouvelles figures dans la vulgarisation scientifique.

Les figures intervenant dans la vulgarisation scientifique se démultiplient et des questions de délimitation des rôles se posent pour les journalistes d'actualité comme pour les journalistes de vulgarisation scientifique :

> Ces nouveaux venus [les blogs d'information d'actualité] dans le milieu de la diffusion d'information d'actualité interrogent les frontières du territoire du groupe des journalistes et questionnent la définition du journalisme. Ils suscitent des débats au sein du public, des journalistes, des sources, des institutions, etc., de même nature que ceux développés au sujet des pratiques et des statuts de certains acteurs tels que les reporters en direct, les journalistes des quotidiens gratuits d'information générale ou encore les journalistes en ligne. La différence avec les animateurs de weblogs tient au fait que ces derniers sont issus simultanément d'une frange du métier, les journalistes « traditionnels », mais aussi de toutes les catégories socioprofessionnelles intéressées à la diffusion d'information d'actualité. (Le Cam 2006 : 141)

On pourrait alors parler d'une redistribution ou bien d'un déplacement des pôles dans le domaine de la vulgarisation scientifique avec l'apparition d'une « désintermédiation » :

> Les nouvelles technologies numériques engendrent à des degrés divers, une perte des repères traditionnels en matière culturelle qui conforte l'émergence d'un phénomène majeur : la fin (ou du moins la diminution de l'influence) des médiateurs et des intermédiaires (la « désintermédiation » dans le jargon des spécialistes). […] à partir du moment où tout le monde peut *a priori* expérimenter et créer grâce aux nouveaux supports et outils numériques […], le rôle des professionnels et des experts perd de son importance. […] Or peut-on véritablement imaginer une démocratie sans corps intermédiaires, peut-on transmettre une culture sans contextualisation et sans véritable hiérarchisation ? (Rieffel 2014 : 265–266)

Cette « désintermédiation » pourrait être due à la contrainte du support : faire un blog est devenu plus simple car le cadre technologique est déjà formaté. Peut-être est-ce aussi dû aux développements que connaissent les discours de transmission des connaissances ce qui permet aux internautes amateurs d'acquérir de nouvelles compétences ? Intervient aussi une nouvelle « figure » notamment dans les blogs de vulgarisation scientifique, l'amateur – les internautes qui deviennent eux-mêmes des blogueurs (Reboul-Touré 2015)[24] :

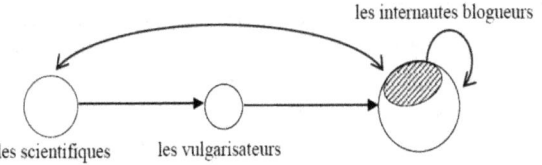

Schéma 3 – De nouvelles circulations pour la vulgarisation scientifique sur internet.

Ainsi, la distinction entre des blogs de science et des blogs de vulgarisation scientifique s'atténue et les frontières ne sont pas étanches. Je propose de voir un *continuum* qui pourrait aussi modifier les sphères d'activité langagière et leur représentation sous forme de cercles fermés. Face à ces nouveaux corpus, il est possible de s'interroger sur les catégories discursives.

Conclusion

Le « blog de vulgarisation scientifique » pouvant être considéré comme un nouveau genre (Reboul-Touré, à paraître), nous[25] nous inscrivons dans *l'analyse du discours contrastive* en comparant un même genre discursif dans deux communautés différentes. La comparaison autour des blogs (français en France/portugais au Brésil) a permis de confronter différentes catégories d'analyse, notamment les sphères d'activité langagière et leurs frontières et d'analyser l'impact des nouvelles technologies. Nous avons articulé une analyse mêlant technologie, langage et société et comme le souligne M.-A. Paveau :

> L'écriture numérique native possède des traits particuliers qui lui sont donnés par le dispositif technologique. Mais ces traits ne sont pas des traits « en plus », qui laisseraient le logos et le logocentrisme intacts. Ces traits affectent la nature même du langage, qui se métisse de technologie. Il nous faut désormais reconnaître qu'il n'y a pas que du langage dans le langage. De mon point de vue, la chose n'est pas nouvelle, mais les univers discursifs numériques la rendent explicite. (Paveau 2013)

---

[24] Pour les schémas : Moirand, Reboul-Touré, Pordeus Ribeiro 2016.
[25] F. Machado et S. Reboul-Touré.

Certaines catégories et concepts de l'analyse du discours doivent donc être revisités. J'ai constaté que la catégorie de la reformulation peut prendre de nouvelles formes lorsqu'elle apparaît sur internet : elle quitte l'intra-phrastique pour aller vers un interdiscours numérique. Par ailleurs, le brassage des discours dans ces nouvelles sphères va au-delà du dédoublement de l'énonciation et cette démultiplication des échanges discursifs m'invite à reprendre le concept « d'hybridité discursive »[26] (Moirand 2014) pour regrouper un ensemble (qui reste ouvert) de discours qui sont mis en réseau autour des billets d'un blog, par exemple. Ce concept permet d'intégrer la notion de « technologie discursive », qui est « l'ensemble des processus de mise en discours de la langue dans un environnement technologique [...] dispositif au sein duquel la production discursive est intrinsèquement liée à des outils technologiques » présenté par M.-A. Paveau (2013 et 2017).

Analyser les discours des blogs de vulgarisation scientifique, de leurs macro-structures contextuelles à des marqueurs linguistiques intraphrastiques conduit vers une analyse du discours en mouvement. J'ai ici cherché à repérer des catégories d'analyse pertinentes en les articulant à des conditions de production atypiques qui font se rencontrer différentes « figures » qui n'avaient pas encore eu la possibilité de converger car sur les blogs, les amateurs peuvent écrire des billets et les internautes lambda peuvent entrer dans un dialogue et même un plurilogue qui apparaît grâce à l'appel formel de la rubrique « commentaires » placée à la fin des billets. Ces différentes catégories ne sont pas étanches et sont à articuler dans le cadre d'une linguistique du discours dont S. Moirand (1992) précise les contours :

> les deux orientations principales d'une linguistique de discours [...] : une interrogation théorique sur la façon dont les catégories de langue sont investies en discours, sur la notion de catégorie discursive comme l'explication, le discours indirect libre, et sur les catégories entre langue et discours (paraphrase, appréciation, discours rapporté – Beacco et Moirand (éd) 1995) ; une interrogation méthodologique sur la façon de rapporter la distribution des marques aux extérieurs du discours et de rapporter les fonctionnements linguistiques aux représentations et aux valeurs des communautés productrices de discours... (Moirand 1999 : § 49)

---

[26] Concept proposé par Gambier et Suomela-Salmi (2011), qui pourrait être revisité et entrer dans le cadre de l'analyse du discours.

Ainsi, j'ai privilégié le volet de l'analyse en m'appuyant sur des marques linguistiques :

> Encore aujourd'hui, l'analyse du discours est partagée entre une tendance qui va dans le sens de sa didactisation et une tendance qui met l'accent sur son pouvoir de mise en question d'un certain nombre de présupposés des sciences humaines et sociales. Ce qui recoupe pour une bonne part la distinction actuelle entre ceux qui privilégient la « théorie du discours » et ceux qui cherchent avant tout à analyser des fonctionnements discursifs (Angermuller, Maingueneau, Wodak, 2014 : 5–6). (Maigueneau 2018)

La démocratisation d'internet a profondément modifié les modalités d'écriture et de lecture. De nouveaux corpus sont disponibles pour l'analyse et les catégories de l'analyse du discours sont au moins à revisiter voire à inventer.

Enfin, ces analyses permettent d'identifier ce que j'appelle un « hyperdiscours » constitué par le réseau des discours qui peut se créer à partir d'un billet sur un blog via les liens hypertextuels sur des termes spécialisés ou des discours rapportés, avec en parallèle, des commentaires et un discours rediffusé. Cet hyperdiscours peut être en expansion.

Blogs et portails de blogs

<adresses vérifiées le 03_01_2021>

Blogs *Pour la science*, la communauté de blogs de science proposée par *Pour la science*, <http://www.scilogs.fr/a_propos/>

Café des sciences, <http://www.cafe-sciences.org/> (communauté de vulgarisateurs derrière ce site web)

Passeur de sciences, blog de Pierre Barthélémy, journaliste, *Le Monde*. <http://passeurdesciences.blog.lemonde.fr/>

{Sciences^2}, le blog de Sylvestre Huet, journaliste spécialisé en sciences depuis 1986.
<http://huet.blog.lemonde.fr/>

Science étonnante, le blog de David Louapre, <http://sciencetonnante.wordpress.com/>

Références bibliographiques

Adam, J.-M. *et alii* (éds), 2004, *Texte et discours : catégories pour l'analyse*, éditions universitaires de Dijon.

Angermuller, J., Maingueneau, D. et Wodak, Ruth (eds), 2014, *The Discourse Studies Reader. Main currents in theory and analysis*, Amsterdam/ Philadelphia, John Benjamins.

Authier, J., 1982, « La mise en scène de la communication dans des discours de vulgarisation scientifique », *Langue française* 53 : 34–47.

Authier-Revuz, J., 1984, « Hétérogénéité(s) énonciative(s) », *Langages* 73 : 98–111, <https://www.persee.fr/doc/lgge_0458-726x_1984_num_19_73_1167>

Authier-Revuz, J., 2019, *La représentation du discours autre. Principes pour une description*, de Gruyter.

Beacco, J.-C. et Moirand, S., 1995, « Autour des discours de transmission de connaissances », *Langages* 117 : 32–53, <http://www.persee.fr/doc/lgge_0458-726x_1995_num_29_117_1704>

Beacco, J.-C. et Reboul-Touré, S., 2004, « Points de vue critiques sur les discours : à propos de 'culture générale' dans les discours de transmission des connaissances », *Tranel 40 – Approche critique des discours : constitution des corpus et construction des observables*, Institut de linguistique de l'Université de Neuchâtel : 65–180.

Berthoud, G., 1986, « La comparaison, une idée ambiguë », *Revue européenne des sciences sociales* 72, T. 24 – La comparaison en sciences humaines et sociales : 5–15.

Cardon, D. *et alii*, 2006, « Présentation », *Réseaux* 138 : 9–12.

Charaudeau, P. et Maingueneau, D., 2002, *Dictionnaire d'analyse du discours*, Paris, Seuil.

Gadet, F. et Wachs, S., 2015, « Comparer des données de corpus : évidence, illusion ou construction ? », *Langage et société* 154 : 33–49.

Grillo, S. V. C. et Glushkova, M., 2016, « A divulgação científica no Brasil e na Rússia : um ensaio de análise comparativa de discursos », *Bakhtiniana*. Revista de Estudos do Discurso, v. 11 : 69–72, <http://revistas.pucsp.br/index.php/bakhtiniana/article/view/23556/19236>

Grossmann, F., 2019, « Discours rapporté *vs* discours partagé : convergences, différences, problèmes de frontières », HAL, <https://hal.archives-ouvertes.fr/hal-02005379/document>

Jacobi, D. et Schiele, B. (éds), 1988, *Vulgariser la science. Le procès de l'ignorance*, éditions Champ Vallon.

Jurdant, B., [1973], 2009, *Les problèmes théoriques de la vulgarisation scientifique*, éditions des archives contemporaines.

Le Cam, F., 2006, « Etats-Unis : les weblogs d'actualité ravivent la question de l'identité journalistique », *Réseaux* 138 : 139–158.

Machado, F. S., 2012, Hipertextualidade : uma abordagem bakhtiniana sobre relações dialógicas entre enunciados em rede. Thèse de doctorat, Faculdade de Filosofia, Letras e Ciências Humanas, Universidade de São Paulo, <http://www.teses.usp.br/teses/disponiveis/8/8142/tde-14032013-095711/pt-br.php>

Machado, F. S., 2016, « A divulgação científica e o enunciado digital », *Bakhtiniana. Revista de Estudos do Discurso*, v.11, n.2. São Paulo, <http://revistas.pucsp.br/index.php/bakhtiniana/article/view/23524>

Machado, F. S., 2016, Descobertas científicas na internet : uma análise dialógica do blog « Cientistas descobriram que… », *EID&A* – Revista Eletrônica de Estudos Integrados em Discurso e Argumentação. Ilhéus.

Maingueneau, D., 1992, « Le tour ethnolinguistique de l'analyse du discours », *Langages* 105 : 114–125.

Maingueneau, D., 2018, Quelques réflexions sur l'évolution de l'analyse du discours, *in* Ablali, D., Achard-Bayle, G., Reboul-Touré, S. et Temmar, M. (éds) *Texte et discours en confrontation dans l'espace européen*, Peter Lang.

Marchal, H., 2009, « L'ambassadeur révoqué : poésie scientifique et popularisation des savoirs au XIXe siècle », *Romantisme* 144 : 25–37.

Moirand, S., 1992, « Des choix méthodologiques pour une linguistique de discours comparative », *Langages* 105 : 28–41.

Moirand, S., 1999, « Éléments de théorisation d'une linguistique du discours : l'exemple du discours sur les sciences dans les médias », *Modèles linguistiques* 40 – *Les fondements théoriques de l'analyse du discours* : 5–21.

Moirand, S., 2004, Le texte et ses contextes, *in* Adam *et alii* : 129–143.

Moirand, S. et Reboul-Touré, S., 2015, « Nommer les événements à l'épreuve des mots et de la construction du discours », *Langue française*

188 - *Stabilité et instabilité dans la production du sens : la nomination en discours*, Longhi J. (éd.), Paris, Armand Colin : 105–120.

Moirand, S., Reboul-Touré, S. et Pordeus Ribeiro, M., 2016, « A divulgação científica no cruzamento de novas esferas de atividade linguageira », *Bakhtiniana. Revista de Estudos do Discurso*, vol. 11, n° 2, São Paolo, <https://revistas.pucsp.br//index.php/bakhtiniana/article/view/23847/19242>

Morin, E., 2015, *Introduction à la pensée complexe*, Paris, Editions du Seuil.

Mortureux, M.-F. (éd.), 1982, *Langue française – La vulgarisation* 53, Paris, Larousse.

Mortureux, M.-F., 1983, *La vulgarisation scientifique au XVIIIème siècle à travers l'œuvre de Fontenelle*, Paris, Didier-Erudition.

von Münchow, P., 2009 [2004], *Les journaux télévisés français et allemands. Plaisir de voir ou devoir de s'informer*, Paris, Presses Sorbonne Nouvelle.

Paveau, M.-A., 2013, « Genre de discours et technologie discursive », *Pratiques* 157–158 : 7–30, <https://journals.openedition.org/pratiques/3533>

Paveau, M.-A., 2017, *L'analyse du discours numérique*, Paris, Hermann.

Peytard, J., 1984, « Problématique de l'altération des discours : reformulation et transcodage », *Langue française* 64 : 17–28.

Proulx, S., Millette, M., Heaton, L., 2012, *Médias sociaux. Enjeux pour la communication*, Presses de l'université du Québec.

Rakotonoelina, F., 2014, Transmission des connaissances et philosophies de l'éducation des adultes : positionnements énonciatifs dans le genre e-conférence, *in* Pugnière-Saavedra, F., Sitri, F. et Veniard, M. (éds), *L'analyse du discours dans la société. Engagement du chercheur et demande sociale*, Paris, Honoré Champion : 211–229.

Rakotonoelina, F., 2015, Objets discursifs technologisés et transmission des savoirs : de la page web traditionnelle au diaporama évolué, *in* Lopez Muñoz, J. M. (éd.), *Aux marges du discours. Personnes, temps, lieux, objets*, Limoges, Lambert-Lucas : 265–276.

Reboul-Touré, S., 2004, Les discours autour de la science : un éventail de marques linguistiques pour le discours rapporté, *in* López Muñoz J. M., Marnette S. et Rosier L. (éds), *Le Discours rapporté dans tous ses états : question de frontières ?*, L'Harmattan, Paris, colloque *La circulation des discours : les frontières du discours rapporté*, Université Libre de Bruxelles, 8–11 novembre 2001 : 362–372.

Reboul-Touré, S., 2005, « Ecrire la vulgarisation scientifique aujourd'hui », actes du Colloque sciences, médias et société, Lyon : ENS-LSH, <http://science.societe.free.fr/documents/pdf/Sciences_medias_societe_2004/Reboul_Toure.pdf>

Reboul-Touré, S., 2012, « De la vulgarisation scientifique à la médiation scientifique : des changements entre discours, langue et société », *Regards croisés sur la langue française : usages, pratiques, histoire*, Presses Sorbonne Nouvelle : 143–155.

Reboul-Touré, S., 2014, « De la reformulation dans les discours de la médiation scientifique », Madini M., Chauvin-Vileno A., Equoy-Hutin S. (éds), *Jean Peytard : syntagmes et entailles*, Lambert-Lucas : 343–353.

Reboul-Touré, S., 2015, Les blogs scientifiques francophones : aux marges de l'analyse du discours ?, *in* López Muñoz J. M. (éd.), *Aux marges du discours. Personnes, temps, lieux, objets*, Lambert-Lucas, Limoges : 277–286.

Reboul-Touré, S. 2015, conférence plénière non publiée, « Les nouvelles formes de la vulgarisation scientifique sur internet » colloque international ENELIN 2015, *Linguagem, Tecnologia e Espaço Social*, 21–23 octobre 2015, Univás – Pouso Alegre.

Reboul-Touré, S., 2019, « La *biodiversité* : un mot témoin pour l'analyse du discours », *Les Carnets du Cediscor* 15 – *La biodiversité en discours : communication, transmission, traduction*, Presses Sorbonne nouvelle : 16–32, <https://journals.openedition.org/cediscor/2662>

Reboul-Touré, S., à paraître, Quand la reformulation s'adapte aux genres de la vulgarisation scientifique, *in* Ablali, D., Gonçalves, M. et Silva, F. (éds), *Reformuler, une question de genre ?*

Rieffel, R., 2014, *Révolution numérique, révolution culturelle ?*, Gallimard.

Schnedeker, C., 2021, *Les chaînes de référence en français*, Paris, Ophrys.

Simoens, F., 2017, *La vulgarisation scientifique dans les nouveaux médias : la transmission de connaissances 2.0*, mémoire de master 2, université Sorbonne nouvelle.

Temperville, V., 2010, « De l'usage des blogs à l'université. Quelques considérations », *Distances et savoirs* 2010/1 (Vol. 8) : 3–40.

Vigour, C., 2005, *La comparaison dans les sciences sociales*, Paris, La découverte.

Aspects de la divulgation scientifique dans les blogs brésiliens

FLÁVIA SILVIA MACHADO

Introduction

Nous proposons dans cet article une étude dialogique sur trois blogs de divulgation scientifique publiés au Brésil, à partir de deux axes d'analyse spécifiques. Le premier vise à réfléchir sur certains aspects de la divulgation scientifique dans la blogosphère brésilienne, en tenant compte de l'ensemble des sphères idéologiques dont elle émerge et des spécificités de ses énoncés. La seconde vise à établir un dialogue avec l'étude présentée par Sandrine Reboul-Touré (2017)[1] sur les catégories discursives des blogs de vulgarisation scientifique français. Le caractère comparatif du deuxième axe nous a amenée à examiner la différence entre les terminologies « divulgation » et « vulgarisation » utilisées respectivement au Brésil et en France, tout en nous permettant de vérifier le fonctionnement des catégories précédemment soulevées par Reboul-Touré (2017) dans le *corpus* brésilien.

Les deux axes mentionnés ci-dessus ont été organisés de la manière suivante : tout d'abord, nous nous concentrerons sur la constitution historique et théorique autour de la divulgation scientifique au Brésil et son contrepoint à la vulgarisation scientifique dans le contexte français, comme proposé par Reboul-Touré ; nous montrerons ensuite les rapports dialogiques entre les sphères idéologiques qui participent à la formation des énoncés du blog brésilien ; enfin, nous reviendrons sur les catégories discursives présentées par Reboul-Touré afin de vérifier si elles se retrouvent également dans notre *corpus*.

---

[1] Communication présentée au *Colloque brésilien-franco-russe en analyse du discours*, réalisé à l'Université de São Paulo, en Novembre 2017.

1. La divulgation scientifique au Brésil sous une perspective historique et théorique

Tout d'abord, notre étude commence par un premier point de divergence autour de la terminologie et de la définition même du processus de transmission des connaissances, originaires de la sphère scientifique, au Brésil et en France. Par conséquent, dans cette section, nous aborderons la constitution historique et celle théorique, attribuées à l'expression « divulgation scientifique », que nous traiterons tout au long de l'étude. C'est grâce à la présence des œuvres françaises qui circulaient au Brésil au XIXe siècle, que le terme « vulgarisation scientifique », utilisé jusqu'à aujourd'hui en France, est devenu courant dans le pays. À ce propos, Vergara (2008) souligne ainsi le changement de terminologie alors que de nouvelles significations ont été attribuées à la pratique de la divulgation scientifique au Brésil :

> Au XIXe siècle, le terme « vulgarisation scientifique » désigne spécifiquement l'action de parler de la science aux laïcs. Au cours du siècle suivant, le terme est tombé en désuétude au profit d'un autre, qui se réfère à plusieurs instances de l'avis de la science, c'est la « divulgation scientifique ». (Vergara 2008 : 137)[2].

L'auteur attribue ce changement au processus de croissance de la relation entre la connaissance scientifique et l'idée de démocratie en vigueur dans le pays. Le terme « vulgarisation », dont l'utilisation débute à partir de l'institutionnalisation de la science au Brésil, présentera une connotation parfois négative, voire péjorative en portugais, comme nous pouvons le constater dans des dictionnaires de langue portugaise. Par exemple, dans le dictionnaire portugais *Dicio*, « la vulgarisation » est décrite comme « une action ou un effet de vulgariser ou de se vulgariser ; devenir vulgaire. Action ou effet de devenir méprisable ; rétrogradation »[3].

---

[2] Extrait original en portugais : « No século XIX, o termo 'vulgarização científica' designava especificamente a ação de falar ciência para os leigos. Contudo, no século seguinte, aquele termo foi caindo em desuso em favor de outro, que se refere a várias instâncias da comunicação da ciência, ou seja, 'divulgação científica' », (Vergara : 137).

[3] Extrait original en portugais : « Vulgarização : ação ou efeito de vulgarizar ou de se vulgarizar ; tornar-se vulgar. Ação ou efeito de se tornar desprezível ; rebaixamento », <https://www.dicio.com.br/vulgarizacao/>

Dans une dimension historique, la lecture de Vergara (2008) nous amène à penser que le terme de « vulgarisation », dans le contexte brésilien, semble marquer une époque où la science était plus inaccessible à la majorité de la population du pays. L'accès à l'éducation était encore très restrictif au XIXe siècle et l'apparition du terme « divulgation » peut être liée à l'approximation entre la sphère de production de connaissances, scientifique, et la sphère de circulation auprès des non spécialistes à partir du XXe siècle, surtout la sphère journalistique. Quoi qu'il en soit, nous observons une récurrence historique du terme « divulgation » au détriment du mot « vulgarisation » à partir du XXe siècle, au Brésil.

Dans son œuvre développée autour de l'état de l'art du journalisme scientifique brésilien, Wilson da Costa Bueno (1984) fait une distinction entre les termes utilisés pour décrire les pratiques liées à la transmission des connaissances scientifiques. Premièrement, la diffusion scientifique se présenterait comme un concept plus large, englobant la dissémination et la divulgation. La différence entre ces deux dernières est liée au fait que le processus de dissémination se réalise entre des spécialistes (intra-pairs et extra-pairs) alors que la divulgation privilégie le public non spécialiste. L'auteur affirme que chacune de ces catégories a des effets distincts sur le langage et les discours produits. Selon la lecture de Grillo (2013), la dissémination présente un code plus restrictif en opposition à la divulgation qui « se réalise à travers un processus de recodification du langage spécialisé en langage non spécialisé, accessible au grand public. »[4] (Grillo, 2013 : 88).

Dans le contexte français, l'expression utilisée pour désigner ce même type de pratique est « vulgarisation scientifique ». Contrairement au phénomène qui a eu lieu au Brésil, Reboul-Touré (2017) observe une valorisation historique du terme « vulgarisation » depuis l'apparition de la vulgarisation scientifique au travers de genres littéraires, jusqu'à l'émergence de la presse écrite au début du XXe siècle en France. La chercheuse met en évidence sa préférence pour l'emploi de « vulgarisation scientifique », qui, à son tour, serait dédié à la diffusion des sciences dites « dures », comme nous pouvons le constater dans le fragment suivant :

---

[4] Extrait original en portugais : « Ela (a divulgação científica) se realiza por meio de um processo de recodificação da linguagem especializada em uma linguagem não especializada acessível ao grande público. » (Grillo 2013 : 88).

Je souhaite garder la dénomination de « vulgarisation scientifique ». Elle connaît un essor depuis Fontenelle, puis au travers de genres littéraires, puis dans les médias comme la presse papier, plus particulièrement au début du siècle dernier. La vulgarisation scientifique rassemble des discours partageant un cadre ethnolinguistique, certes modulable, des objectifs pragmatiques (vulgariser/ faire savoir ?) et des marques linguistiques spécifiques. (Reboul-Touré, 2017).

Dans le cadre de la présente recherche, nous avons adopté deux positions précises, théorique et méthodologique, pour le traitement de notre *corpus*. Du point de vue méthodologique, nous avons décidé d'utiliser le terme d'usage récurrent au Brésil, à savoir « divulgation scientifique ». Comme nous l'avons vu, chaque pays emploie l'une des deux terminologies – divulgation ou vulgarisation – en fonction de son apparition et de sa valorisation dans l'horizon socio-historique de chaque société.

En ce qui concerne l'aspect théorique, nous prenons la définition de Grillo (2013), inspirée de la théorie du cercle de Bakhtine, sur la divulgation scientifique, en tant que type de rapport dialogique entre des énoncés émergeant à la frontière de la sphère scientifique avec d'autres sphères idéologiques, telles que les sphères journalistique et pédagogique. Dans le cadre d'une perspective dialogique ou translinguistique[5] bakhtinienne, les rapports dialogiques seraient l'unité minimale d'analyse. Bakhtine souligne que « les rapports dialogiques (y compris ceux du locuteur avec son propre mot) sont un objet de la translinguistique » (Bakhtine, 1970 [1963] : 253)[6]. Ce type de rapport dialogique, qui peut se matérialiser

---

[5] En langue portugaise nous trouvons la terminologie « métalinguistique » pour désigner la discipline qui s'intéresse aux études des rapports dialogiques, telle que proposée par Mikhaïl Bakhtine. Pour bien différencier du concept de « métalinguistique » en tant que fonction du langage présenté par Jakobson, Todorov (1981) emploie la terminologie « translinguistique ». Dans l'œuvre *La poétique de Dostoïevski* (Bakhtine 1970 [1963]) traduit par Isabelle Kolitcheff, il est également possible de la trouver : « On peut les [nos recherches ultérieures] rattacher à la translinguistique, si on entend par celle-ci une science qui ne serait pas encore strictement déterminée par des disciplines précises, bien délimitées, et consacrés à ces aspects du mot qui sortent du cadre de la linguistique. » (p. 252).

[6] À ce propos, Moirand (2004) souligne qu'« une relecture des textes de Bakhtine me permet d'avancer que, pour lui, ce ne sont pas les participants de l'interaction verbale qui *interagissent* (ni les personnes empiriques, ni même les « êtres discursifs » inscrits dans la matérialité textuelle), mais ce sont *les discours, les énoncés* et *les mots* eux-mêmes. *L'orientation dialogique de l'énoncé concret* qu'il propose s'avère, de ce fait, multidirectionnelle : le locuteur du modèle proposé répond à des discours antérieurs, anticipe le discours ainsi que « la compréhension responsive » du destinataire,

entre différents énoncés, sujets et mêmes entre styles discursifs, dépend de rapports logiques et sémantiques, mais ne leur est pas réductible :

> Les rapports dialogiques ne se laissent réduire ni aux rapports logiques ni aux rapports de signification objective qui sont en eux-mêmes dépourvus de moment dialogique. Les seconds doivent se couler dans le mot, devenir des énoncés, exprimer par les mots les positions de différents sujets, pour que des rapports dialogiques puissent naître entre eux. (Bakhtine, 1970 [1963] : 254)

De cette manière, nous entendons par *divulgation scientifique* un type singulier de rapport dialogique entre énoncés, concrétisé dans la convergence ou à la frontière de la sphère scientifique avec d'autres sphères. Cela signifie que les énoncés et les genres discursifs qui émergent de ce lieu dialogique ont des spécificités de deux ou plusieurs sphères idéologiques et ne peuvent constituer en eux-mêmes un genre ou une sphère spécifique. Dans notre étude, en plus d'être le résultat de la relation de dialogue entre différentes sphères, les énoncés analysés sont d'origine numérique. En termes théorico-méthodologiques, nous devons considérer les implications que le numérique apporte à l'analyse de perspective dialogique. Comment certains phénomènes, tels que l'hypertextualité générée par les liens numériques ou l'attitude de réponse immédiate et non exhaustive inhérente à l'énoncé[7] numérique, rendue possible par les commentaires, ou encore les outils de partage et d'incorporation d'énoncés, engendrent-ils de nouveaux sens et établissent-ils de nouveaux rapports dialogiques ? Comment allier ces facteurs à l'analyse des énoncés de divulgation scientifique ? Ces questions nous mènent à réfléchir sur la constitution de blogs de divulgation scientifique brésiliens qui émergent dans le rapport dialogique entre différentes sphères, tout en prenant en compte les spécificités linguistiques, extralinguistiques et technologiques de leurs énoncés.

Dans les sections suivantes, nous allons essayer de mettre en évidence les sphères idéologiques qui imprègnent les blogs de notre *corpus*, puis nous évoquerons les spécificités des énoncés générés par les relations dialogiques. Parallèlement, nous tenterons d'établir une comparaison avec

---

y compris celui d'un « sur-destinataire » représentant la personne la plus typique de son groupe social, converse avec lui-même, etc. ».

[7] L'attitude de réponse inhérente à l'énoncé peut également apparaître sous le terme « responsivité » dans l'ensemble d'ouvrages de Bakhtine.

les catégories discursives répertoriées par Reboul-Touré (2017) dans son étude des blogs français.

2. Les sphères idéologiques des blogs de divulgation scientifique brésiliens

Comme nous l'avons déjà dit, nous considérons la divulgation scientifique comme un type de rapport dialogique entre la sphère scientifique, qui produit la connaissance, et d'autres sphères idéologiques, qui organisent et font circuler cette connaissance. La transmission des savoirs intervient enfin dans le contact dialogique complexe de cet ensemble de sphères.

Du point de vue de la théorie du cercle de Bakhtine, le concept de sphère est apparu pour la première fois dans le livre *Pour une philosophie de l'acte* au cours des années 1920. Dans cet ouvrage, Bakhtine présente une division entre la culture et la vie qui se trouverait dans le même domaine, le lieu de concrétisation de l'acte, pour donner du sens aux énoncés. Dans *Marxisme et philosophie du langage*, Volochinov (2010 [1929]) affirme que le domaine est assimilé au concept de sphère de l'activité humaine ou de la communication, en tant qu'espace dans lequel le signe idéologique est concrétisé, participant à la réalité, reflétant et réfractant une autre réalité. Chaque sphère idéologique attribue des caractéristiques spécifiques aux signes qui y circulent :

> Tout produit idéologique est non seulement une partie de la réalité, naturelle et sociale, en tant que corps physique, instrument de production ou produit de consommation, mais, en outre, à la différence de ces phénomènes, il reflète et réfracte une autre réalité située en dehors de lui. Tout ce qui est idéologique possède un sens : cela représente, remplace quelque chose qui lui est extérieur, autrement dit, tout ce qui est idéologique est un signe. (Volochinov, 2010 [1929], p. 127)

Plus tard, dans le texte *Les genres du discours*, Bakhtine (1984 [1920–1974]), donne davantage de profondeur au concept, en disant que la sphère est constitutive du genre discursif. Dans l'ensemble des œuvres du cercle, nous constatons que la sphère de l'activité humaine est à la fois culturelle, car elle correspond au lieu d'existence de la culture, idéologique, parce qu'elle organise la réalité idéologique des signes linguistiques et dialogique, étant donné qu'en dehors de la sphère, il n'y a pas de relation dialogique. À la suite de cette pensée, la divulgation scientifique constitue une relation dialogique entre différentes sphères de l'activité humaine. L'énoncé qui résulte de cette relation est doté de sens et des marques culturelles, idéologiques et dialogiques ainsi que de certaines sphères qui se rapportent les unes aux autres.

Afin d'observer une telle dynamique, nous avons sélectionné trois blogs brésiliens, dédiés à la divulgation de recherches et faits scientifiques du domaine de l'astronomie et présentant des profils différents ; parmi eux : *Mensageiro Sideral* (animé par un journaliste spécialisé en astronomie), *Astronomia* (organisé par un groupe de scientifiques astronomes) et *Universo do Astrônomo* (blog amateur autour du sujet de l'astronomie).

Nous présenterons ensuite, sous forme de graphique, une cartographie des sphères idéologiques qui composent les énoncés (E) de chacun des blogs. Pour identifier ces sphères, nous avons utilisé des critères linguistiques et extralinguistiques. Nous avons examiné, par exemple, les choix lexicaux des auteurs ou bien l'utilisation des pronoms personnels dans des énoncés, parmi d'autres aspects. De cette manière, il était possible d'identifier le registre linguistique (du plus formel au moins formel), ainsi que de comprendre la manière dont l'auteur se rapporte au lecteur. Ensuite, nous avons essayé de comprendre la position socio-idéologique des auteurs, c'est-à-dire, la place qu'ils occupent par rapport à la sphère scientifique. Tous ces facteurs ont été déterminants pour parvenir à la cartographie des sphères et ainsi mieux comprendre les relations dialogiques issues des énoncés analysés (dorénavant E). La sphère d'origine de l'auteur des énoncés sera indiquée par la lettre A.

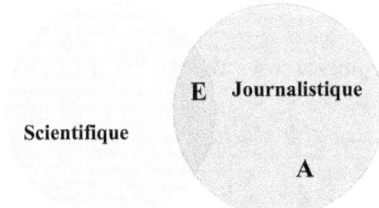

Graphique 1 : Les sphères idéologiques du blog *Mensageiro Sideral*, publié par le journal en ligne *Folha de S. Paulo*

Le blog *Mensageiro Sideral*, publié périodiquement par l'édition en ligne du journal *Folha de S. Paulo* (FSP), est animé par le journaliste et partenaire fondateur de *l'Association brésilienne de l'aérospatiale,* Salvador

Nogueira. Le fait d'être présenté en tant que journaliste place l'auteur immédiatement dans la sphère du journalisme. Son style met en évidence un langage soutenu, révélant un texte plus informatif que personnel. Du point de vue linguistique, en général, nous observons rarement l'utilisation d'analogies ou de métaphores et tout mot qui échappe à l'objectivité prétendue par l'auteur est délimité par des guillemets :

(1)

Planetas geologicamente **'vivos'** devem ser comuns na Via Láctea, diz estudo [...][8]

Les planètes géologiquement « vivantes » doivent être courantes dans la Voie lactée, selon une étude [...]

Nous croyons que l'utilisation de pronoms personnels peut être un indice, quant à la relation que l'auteur établit avec le lecteur présumé. Dans la plupart des énoncés, il n'y a pas de pronom à la première ou à la deuxième personne (singulier ou pluriel) et la position de sujet finit par être occupée par des éléments du champ astronomique (« a sonda realizou seu pouso [...] / *le vaisseau spatial a fait son atterrissage* » ; « a espaçonave fez a entrada [...] / *le vaisseau spatial a fait son entrée* »). Cependant, la manifestation des pronoms personnels indique certaines positions énonciatives assumées par l'auteur. En (2), le pronom occulté "nous" est inclusif et englobe le lecteur. La même chose ne se produit pas dans l'exemple (3), dans lequel le pronom "nous" est exclusif et fait référence aux agents de la sphère scientifique. En (4), l'auteur est mis en évidence par l'utilisation du pronom personnel "je" :

(2)

Teremos o privilégio nesta segunda-feira (26) de testemunhar mais um pouso em Marte [...]

Lundi 26, nous aurons le privilège d'assister à un autre atterrissage sur Mars [...][9]

---

[8] *Planetas geologicamente 'vivos' devem ser comuns na Via Láctea, diz estudo*, <https://mensageirosideral.blogfolha.uol.com.br/2018/11/29/planetas-geologicamente-vivos-devem-ser-comuns-diz-estudo/>

[9] *Pousar em marte nunca é fácil; hoje tem mais uma tentativa, com a insight*, <https://mensageirosideral.blogfolha.uol.com.br/2018/11/26/pousar-em-marte-nunca-e-facil-hoje-tem-mais-uma-tentativa-com-a-insight/>

(3)

[...] **estamos** falando de um raio de 6.000 anos-luz [...] *[...] nous parlons d'un rayon de 6 000 années-lumière [...]*[10]

(4)

Ah, que saudade **eu** tenho daqueles malucos que ligavam para a redação desta Folha [...]
Oh, comme ces personnes folles qui appelaient à la rédaction de Folha me manquent [...][11]

Nous considérons que les pronoms sont capables d'indiquer des positions idéologiques assumées par l'auteur et les lecteurs. L'auteur, sujet appartenant à la sphère journalistique, désormais se place parfois dans la même dimension que les agents de la sphère scientifique et d'autres fois se positionne au côté du lecteur. À certains moments, il assume sa position de journaliste et de façon plus évidente encore, lorsqu'il utilise le pronom "je". Cette dynamique nous amène à considérer le journaliste auteur comme un sujet de médiation qui entre dans la sphère scientifique pour la formulation de ses énoncés à travers un mouvement partant de la sphère journalistique vers la sphère scientifique.

Le blog *Astronomia* présente une dynamique distincte. Nous pouvons observer la forte présence des éléments caractéristiques de la sphère du quotidien[12] au croisement des deux sphères scientifique et pédagogique. L'édition du blog est confiée à un groupe d'astronomes diplômés et d'astronomes amateurs, ce qui produit une certaine hétérogénéité dans les positions idéologiques des auteurs.

---

[10] *Conheça nossos vizinhos*, ≤https://mensageirosideral.blogfolha.uol.com.br/2018/10/15/conheca-nossos-novos-vizinhos/≥.

[11] *Que planeta é esse?*, ≤https://mensageirosideral.blogfolha.uol.com.br/2018/11/05/que-planeta-e-esse/≥.

[12] La sphère du quotidien ou de l'idéologie du quotidien réunit les énoncés plus familiers du contexte de la vie quotidienne.

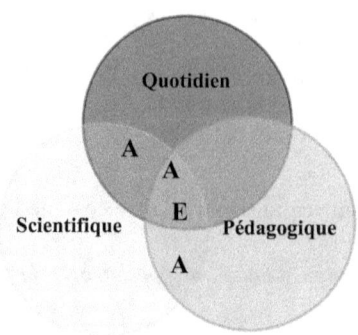

Graphique 2 : Les sphères idéologiques du blog *Astronomia*, basé sur la plateforme *WordPress*

Dans les posts analysés, nous avons pu identifier des différences dans la constitution des énoncés, reflétant l'hétérogénéité mentionnée précédemment. Il y a une alternance d'énoncés comportant davantage de traces de la sphère pédagogique, tels que la didactique dans l'exposition de faits, l'exemplification, et l'explication de concepts. Ils sont en opposition avec ceux qui apportent des informations personnelles à l'auteur, comme dans le fragment (5), révélant un rapport de dialogue direct avec la sphère de l'idéologie du quotidien.

(5)

Ao sairmos de um bar na Barrinha, Rio, **eu e minha namorada, futura esposa**, seguíamos pela rua Prof. Pantoja Leite, quando notamos um ponto de luz branca e intensa elevando-se lentamente por trás de um morro.

En quittant un bar de Barrinha, Rio, **moi et ma petite amie, ma future femme***, nous allions dans la rue Prof. Pantoja Leite, lorsque nous avons remarqué un point de lumière blanche intense se levant lentement derrière une colline.*[13]

Parfois, l'auteur est introduit par l'utilisation de pronoms à la première personne, ce qui met en avant la subjectivité de l'auteur dans l'énoncé ou parfois l'écart est total et ses marques linguistiques sont effacées. Les auteurs occupent des positions idéologiques diffuses. Certains sont des sujets des sphères scientifique et pédagogique, légitimés par leur formation en astronomie, d'autres soulèvent des caractéristiques de la sphère

---

[13] *Aconteceu no céu*, http://astronomia.blog.br/aconteceu-no-ceu-em-1978/.

Aspects de la divulgation scientifique   211

du quotidien, apportant des éléments plus personnels à la composition de leurs énoncés. L'horizon socio-historique des auteurs est reflété à la fois par le style et le choix du champ lexical utilisé lors de la formulation de l'énoncé.

Enfin, le blog *Universo do Astrônomo* présente une configuration différente des deux précédentes. Les énoncés révèlent que l'auteur s'identifie comme un astronome amateur, sans relation formelle avec la sphère scientifique (6). Le registre de langue est assez informel et l'auteur utilise différentes ressources typographiques telles que des mots en majuscule pour signaler qu'on parle fort et qu'on met l'accent sur certains termes. Il peut aussi y avoir des phrases qui indiquent une reformulation discursive et qui révèlent en même temps un commentaire de tonalité ironique de la part de l'auteur (7).

(6)

[...] que leva milhares de médicos, marceneiros, engenheiros, enfermeiros, empresários, economistas, estudantes, professores, etc [...] a mesmo depois de chegarem cansados após um longo dia de trabalho, apontar um telescópio para o céu no quintal de casa ? Resumo a resposta em uma única palavra : PAIXÃO!

[...] cela amène des milliers de médecins, menuisiers, ingénieurs, infirmières, hommes d'affaires, économistes, étudiants, enseignants, etc. [...] même après être arrivés fatigués après une longue journée de travail, à pointer un télescope vers le ciel dans l'arrière-cour ? Résumez la réponse en un seul mot : PASSION ![14]

(7)

Entretanto há alguns que possuem algo de diferente ~~desconfio até de doença~~, que não interessa quantas vezes olhe para o céu, mais ele vai querer. É como um vício que nos faz virar uma noite, mesmo sabendo que no outro dia teríamos que trabalhar, só para conseguir AQUELA foto ou observar AQUELE evento.

Cependant, il y a ceux qui ont quelque chose de différent, je soupçonne même qu'il s'agit d'une maladie, peu importe combien de fois vous regardez le ciel, on en voudra toujours plus. C'est comme une addiction qui nous occupe toute la nuit, même en sachant que le lendemain nous devrons travailler, juste pour obtenir CETTE photo ou regarder CET événement.[15]

---

[14] O que é ser astrônomo amador?, <http://universodoastronomo.blogspot.com/2013/01/o-que-e-ser-astronomo-amador.html>

[15] *O que é ser astrônomo amador?* Disponible sur : <http://universodoastronomo.blogspot.com/2013/01/o-que-e-ser-astronomo-amador.html>

Contrairement à ce que nous avions noté dans le premier blog, l'auteur semble se placer dans la même sphère que le lecteur présumé, partageant directement ses expériences de vie avec lui, utilisant une possible expérience partagée pour établir des analogies, développer des explications ou même illustrer une situation. Selon notre impression, la cartographie des sphères du blog en question est représentée comme suit :

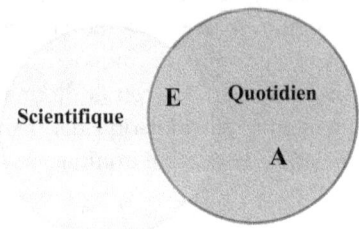

Graphique 3 : Les sphères idéologiques du blog *Universo do Astrônomo*, basé sur la plateforme *Blogspot*

Dans cette section, notre objectif était d'appliquer la définition de Grillo (2013) sur la divulgation scientifique en tant que type de rapport dialogique dans l'observation analytique de notre *corpus*. Ce qui conduit à la réalisation de tels rapports, c'est la position idéologique occupée par l'auteur des énoncés, qui propose, à travers son style, ses choix lexicaux, sa syntaxe et même des facteurs techniques (telles que l'utilisation d'outils typographiques), les caractéristiques des sphères auxquelles il participe. Le sujet occupe différents rôles dans chaque cas. Dans *Mensageiro Sideral*, l'auteur apparaît en tant que médiateur entre les sphères. Dans le deuxième cas, l'hétérogénéité du blog révèle des énoncés qui traversent différentes sphères idéologiques, à travers les diverses formations et positions de leurs auteurs. Dans le dernier blog, *Universo do Astrônomo*, l'auteur se place dans une position plus proche du lecteur présumé, plutôt contemplatif de la sphère scientifique.

3. Quelques spécificités des blogs de divulgation scientifique brésiliens

Dans l'étude préalablement présentée par Reboul-Touré (2017), la chercheuse s'interroge sur la transposition des catégories discursives

Aspects de la divulgation scientifique 213

trouvées dans les blogs français vers les blogs brésiliens, en tenant compte des facteurs techno-langagiers qui les caractérisent :

> Ces catégories discursives sont-elles transposables pour l'analyse des blogs scientifiques de vulgarisation scientifique en portugais au Brésil ? La contrainte techno-langagière rapproche-t-elle les blogs quelle que soit la langue utilisée, ce qui en ferait un invariant que nous aurions eu du mal à concevoir avant les développements des écritures sur internet.

Parmi ces catégories discursives, Reboul-Touré (2017 et ici-même) souligne ceux-ci : « Le discours rediffusé, le discours commenté, le discours feuilleté, la reformulation et l'hétérogénéité discursive. » Le discours rediffusé est décrit par la présence des outils numériques de partage de contenu, concrétisé sous forme d'icône hypertextuelle qui mène à différentes plateformes de réseaux sociaux, tels quel Facebook, Twitter, Pinterest, Google+, etc. Le discours commenté se réfère aux outils de commentaire, où se produisent des dialogues entre auteur et lecteur, voire même des lecteurs, donnant une nouvelle dimension à la pratique de la diffusion. Par discours feuilleté, Reboul-Touré indique la présence des liens numériques permettant le retour au discours source. La reformulation discursive, à l'intérieur d'une phrase ou dans l'instance du texte, est liée à une altération ou une reconstruction du discours à travers différentes fonctions. Finalement, l'hétérogénéité discursive concerne l'apparition des voix des spécialistes ou d'autres indices venant de la sphère scientifique. Il s'agit d'une hétérogénéité montrée qui nous fait entendre les voix, du vulgarisateur et du scientifique, en même temps.

Dans notre analyse, nous pouvons identifier la présence des mêmes phénomènes discursifs par une perspective dialogique sur le discours de divulgation scientifique. Dans cette section, nous tenterons de mettre en évidence les spécificités des énoncés de notre *corpus*, en nous référant à la cartographie des sphères qui le constituent. Sous cette ligne théorique, les catégories soulignées par Reboul-Touré sont considérées comme des relations dialogiques entre un énoncé-source issu de la sphère scientifique et les énoncés concrétisés dans les blogs de divulgation scientifique. La question que nous posons concerne les sens qui peuvent être articulés à travers ces relations dialogiques. Pour cela, nous nous référerons aux catégories d'analyse d'ordre extralinguistique suivantes : les rapports dialogiques hypertextuels, les réponses générées par les commentaires et les outils de partage et la bivocalité présente dans les reformulations.

Dans des travaux antérieurs (Machado 2007, 2012, 2016a, 2016b), nous avons beaucoup discuté de la fonction dialogique des liens numériques dans différents genres de divulgation scientifique sur internet. Dans ces études, nous avons pu vérifier deux fonctions attribuées aux liens : en tant que nœud d'articulation entre les publications d'une même plate-forme ou d'un blog, organisant des rapports dialogiques hypertextuels dans un champ interne, plus délimité ; en tant que carrefour qui envoie vers d'autres sites ou plateformes, la plupart du temps, situés dans la sphère scientifique.

Dans ce deuxième cas, les sens sont multiples. Parfois, l'auteur souhaite attribuer plus de crédibilité aux informations qu'il présente dans son texte. Dans d'autres, au lieu de prendre position sur une question controversée, il cherche différentes voix autour de la question, comme une stratégie pour maintenir une certaine neutralité face au sujet. Dans l'ensemble des blogs analysés, nous avons remarqué que les liens existent rarement dans le blog journalistique *Mensageiro Sideral* et sont plus récurrents dans le blog publié par les scientifiques *Astronomia*. Dans la plupart des cas, les liens établissent une relation directe avec la recherche publiée à l'origine dans des sites *web* scientifiques brésiliens ou internationaux, comme nous pouvons le vérifier dans le post de l'image suivante :

Image 1 : Blog *Astronomia*. Disponible sur : <http://astronomia.blog.br/about-2/sobre-os-autores/leandro-guedes/>

Les outils de partage et d'incorporation, ainsi que la boîte de commentaires présents à la fin de chaque post, sont dotés d'une forte capacité de réponse et ils rendent possible l'instrumentalisation discursive du post publié. Les blogs étudiés présentent des outils de partage intégrés à chaque *post*. Le blog *Mensageiro Sideral* est celui qui présente le moins de possibilités de partage. Cette restriction est liée au fait que le contenu du blog est protégé et destiné aux abonnés du journal *Folha de S. Paulo*. Dans l'image (2), il est possible d'identifier toutes les modalités de partage du contenu du post :

Image 2 : Blog *Astronomia*. Disponible sur : <http://astronomia.blog.br/about-2/sobre-os-autores/leandro-guedes/>

L'outil de commentaire est généralement un espace de manifestations et de réactions du lecteur présumé. L'astronomie est un domaine scientifique qui attire de nombreux amateurs et nous avons pu constater une utilisation active de l'outil dans tous les blogs analysés. C'est à travers le commentaire que la rencontre entre l'auteur et le lecteur devient directe et que les rapports dialogiques s'établissent au moyen d'un dialogue (alterné ou non) entre les deux individus. Le lecteur valide généralement la publication et assume une position idéologique contemplative du sujet astronomique, qu'il s'agisse d'une découverte scientifique, de la publication d'images d'étoiles capturées par des télescopes ou de la publication d'actualités en rapport avec ce domaine.

La posture contemplative identifiée dans l'interaction verbale des auteurs et des lecteurs semble être constitutive de l'astronomie en tant que domaine de connaissance. L'astronomie nécessite la pratique d'une observation empirique des éléments de l'univers effectuée à l'intérieur et à l'extérieur de la sphère scientifique. Il est aussi aisé de penser que la sphère scientifique, dans ce cas, est elle-même constituée de savoirs profanes, en relation immédiate avec des sphères non formelles. Il n'est pas rare que des astronomes amateurs fournissent aux organismes et aux agents situés dans la sphère scientifique, des images qu'ils ont eux-mêmes capturées.

Dans le cas du blog *Mensageiro Sideral*, seuls les abonnés au journal *Folha de S. Paulo* peuvent accéder aux contenus du blog ainsi qu'à l'écriture des commentaires. Pour les autres blogs, l'accès est ouvert à tout le monde. L'image (3) nous montre une réponse par l'outil du commentaire :

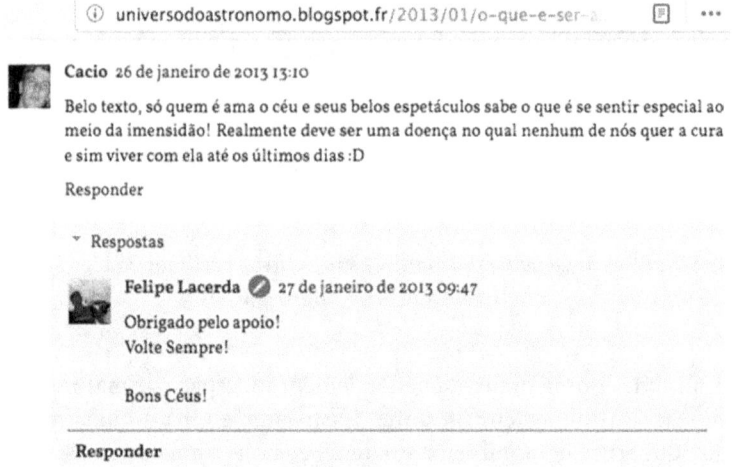

Image 3 : Blog Universo do Astrônomo. Disponible sur: <http://universodoastronomo.blogspot.fr/search?q=lua>

Enfin, nous avons pu constater la présence de la bivocalité dans les énoncés, articulée par la reformulation, bien que la présence des voix soit issue de la sphère scientifique. La définition de Bakhtine (1970 [1963]) sur la bivocalité se réfère à un discours qui est orienté, en même temps, vers son propre objet discursif et vers l'objet d'un autre discours. En ce sens, nous pouvons dire que les énoncés de divulgation scientifique amènent des voix et des dires des différentes sphères dans lesquelles ils se concrétisent.

Par exemple, la reformulation se déroule de manière très particulière dans le blog amateur *Universo do Astrônomo*. L'auteur laisse ses

Aspects de la divulgation scientifique 217

reformulations barrées et apparentes dans le texte. De cette manière, la bivocalité se présente comme un discours dans lequel l'auteur établit un dialogue avec lui-même, comme s'il était orienté vers son discours intérieur. Les passages barrés ne sont généralement pas caractéristiques de l'univers scientifique. Dans l'image (4), le mot « maluco / dingue » est mis en mode 'caractère barré' et remplacé par le mot « apaixonados / passionnés ». De cette manière, le lecteur est capable de lire le mot ultérieurement choisi par l'auteur ainsi que le terme de remplacement :

> quinta-feira, 31 de janeiro de 2013
>
> **Astronomia Amadora, uma Ciência e tanto!**
>
> Afinal, o que é Astronomia Amadora? Como ela pode contribuir para a real comunidade cientifica? Bem, muitas pessoas acham que Astrônomo Amador só faz "olhar estrelinhas" despretensiosamente nas horas vagas, porém esses ~~malucos~~ apaixonados pelo cosmos faz mais contribuições do que você imagina! Descubra nesta série do meu blog o que essa verdadeira equipe de cientistas de final de semana anda fazendo ao redor do mundo.

Image 4 : Blog *Universo do Astrônomo*, postage de présentation. Disponible sur: <http://universodoastronomo.blogspot.fr/search?q=lua>

La reformulation se passe de façon différente dans le blog journalistique. Cette ressource énonciative est moins récurrente dans le blog amateur, mais très utilisée par les journalistes et les scientifiques. Dans ce cas, la reformulation se fait à travers une paraphrase de l'auteur dont l'objectif est de clarifier une donnée présentée précédemment. La relation dialogique est établie avec l'intention d'attribuer une didacticité et, en conséquence, une plus grande clarté et compréhension autour du sujet. Cela peut être dû au fait que le lectorat de *Folha de S. Paulo* est plus hétérogène et qu'il n'est pas forcément un amateur de l'astronomie. Dans l'exemple (8), nous pouvons observer les reformulations faites par le journaliste :

(8)

Repetindo em português agora : na região em que Urano e Netuno se formaram [...]

Je répète en portugais maintenant : dans la région où Uranus et Neptune se sont formées

[...]

Repetindo em português agora: na região em que Urano e Netuno se formaram, imagina-se que, a cada 11 átomos de nitrogênio, 10 estavam em moléculas de N2 e 1 em NH3. Para essas moléculas irem parar num planeta em formação, em vez de simplesmente serem dissipadas pela radiação do Sol nascente, elas precisavam ser capturadas por cristais de gelo de água. Só que esse processo era muito melhor com NH3 do que com N2, o que ajuda a explicar porque Urano e Netuno acabaram com muito menos nitrogênio.

Image 5 : Blog *Mensageiro Sideral*, Folha Online. Disponible sur : <http://mensageirosideral.blogfolha.uol.com.br>

Conclusion

Dans notre étude, nous avons essayé de présenter les aspects extralinguistiques inhérents aux énoncés de divulgation scientifique publiés sur des blogs brésiliens. Nous avons utilisé comme paramètre la recherche présentée par Reboul-Touré (2017) sur le fonctionnement discursif des blogs français. Pour que cela soit possible, nous avons d'abord dû comparer l'utilisation des termes "diffusion" et "vulgarisation" employés respectivement au Brésil et en France. De cette façon, nous avons décidé de conserver le terme de divulgation en langue française qui semble être le plus approprié au contexte socio-historique brésilien.

Du point de vue théorique, nous avons emprunté la proposition de S. Grillo (2013) qui considère la divulgation scientifique en tant que type de rapport dialogique entre des énoncés nés aux frontières séparant les différentes sphères. Sur la base de cette réflexion, nous avons proposé une étude sur les ensembles des sphères, à travers lesquelles passent les énoncés analysés, en tenant compte des spécificités de chacune d'elles. Le blog Mensageiro Sideral publié par *Folha de S. Paulo* participe aux sphères scientifique et journalistique ; le blog *Astronomia* est constitué de sphères plus hétérogènes, ce qui est lié à la position idéologique de ses auteurs (variant entre scientifiques et amateurs). Enfin, le blog amateur Universo do Astrônomo révèle une relation dialogique directe entre la sphère scientifique et les sphères de l'idéologie du quotidien.

La confrontation entre ces sphères se remarque dans la manifestation de certains phénomènes énonciatifs, au contact de la dimension technologique et discursive des blogs. Les premières expressions sont les rapports dialogiques hypertextuels favorisés par l'utilisation de liens électroniques. La deuxième concerne la forte capacité de réponse inhérente aux outils de partage et de commentaire aux publications. Enfin, nous avons identifié la reformulation comme un type de discours bivocal, qui révèle les voix de la sphère scientifique, mais aussi la voix intérieure de l'auteur.

Une question se pose, qui est celle de savoir si, dans d'autres cultures, la divulgation scientifique prend la même forme. A priori, il nous semble évident que non, car les processus socio-historiques, les horizons sociaux et les idéologies des sujets qui parlent sont uniques dans chaque pays. Par conséquent, compte tenu des différences qui apparaîtront certainement dans une étude comparative, il serait intéressant de vérifier les similitudes et les rapports dialogiques possibles entre des énoncés ou des discours de divulgation / vulgarisation scientifique.

Références bibliographiques

Bakhtine, M. M., 1984 [1920-1974], *Esthétique de la création verbale*, Paris, Gallimard.

Bakhtine, M. M., 2003 [1929], *Pour une philosophie de l'acte*, Lausanne, L'Age d'Homme.

Bakhtine, M. M., 1970 [1963], *La poétique de Dostoïevski*, Paris, Seuil.

Bueno, W. de C., 1984, « Jornalismo Científico no Brasil : os compromissos de uma prática dependente », Escola de Comunicações e Artes, Universidade de São Paulo.

Grillo, S. V. C., 2013, *Divulgação científica : linguagens, esferas e gêneros*, HDR / Thèse, Faculdade de Filosofia, Letras e Ciências Humanas como requisito parcial para obtenção do título de livre-docente, São Paulo, Universidade de São Paulo.

Machado, F. S., 2007, *Gêneros da divulgação científica na internet*, mémoire de master, Faculdade de Filosofia, Letras e Ciências Humanas, Universidade de São Paulo, São Paulo.

Machado, F. S., 2012, *Hipertextualidade : uma abordagem bakhtiniana sobre relações dialógicas entre enunciados em rede*, Thèse de doctorat, Faculdade de Filosofia, Letras e Ciências Humanas, Universidade de São Paulo, São Paulo

Machado, F. S., 2016, « A divulgação científica e o enunciado digital », *Bakhtiniana. Revista de Estudos do Discurso*, v.11, n.2. São Paulo, <http://revistas.pucsp.br/index.php/bakhtiniana/article/view/23524>

Machado, F. S., 2016, « Descobertas científicas na internet : uma análise dialógica do blog "Cientistas descobriram que..." », *EID&A – Revista Eletrônica de Estudos Integrados em Discurso e Argumentação*, Ilhéus.

Moirand, S., 2004, « Le dialogisme, entre problématiques énonciatives et théories discursives », *Cahiers de praxématique* 43, <http://journals.openedition.org/praxematique/1853>

Reboul-Touré, S., 2005, « Écrire la vulgarisation scientifique aujourd'hui », actes du Colloque sciences, médias et société, Lyon : ENS-LSH, <http://science.societe.free.fr/documents/pdf/Sciences_medias_societe_2004/Reboul_Toure.pdf>

Reboul-Touré, S., 2017, « L'analyse du discours en mouvement : quelles catégories discursives pour les blogs de vulgarisation scientifique ? », conférence plénière d'ouverture, colloque international, *Analyse des discours et comparaison : enjeux théoriques, méthodologiques et empiriques*, 1er Colloque brésilo-franco-russe en analyse des discours, 7, 8, 9 novembre 2017, université de São Paulo, USP.

Todorov, T., 1981, « Mikhaïl Bakhtine, le principe dialogique *suivi d'*Écrits du Cercle de Bakhtine », Paris, Seuil.

Vergara, M. de R., 2008, « Ensaio sobre o termo "vulgarização científica" no Brasil do século XIX », Revista Brasileira de História da Ciência, Rio de Janeiro, v.1, n.2 : 137–145.

Volochinov, V. N., 2010 [1929], « Marxisme et philosophie du langage. Les problèmes fondamentaux de la méthode sociologique dans la science du langage », Nouvelle édition bilingue traduite du russe par Patrick Sériot et Inna Tylkowski-Ageeva, Préface de Patrick Sériot, Limoges, Lambert-Lucas, 600 p.

Blogs sélectionnés

<http://astronomia.blog.br/efemerides/lua/>

<http://mensageirosideral.blogfolha.uol.com.br/>

<http://universodoastronomo.blogspot.fr/2013/01/astronomia-amadora-uma-ciencia-e-tanto.html>

Traces de didacticité dans la vulgarisation scientifique : une analyse dialogique-comparative du discours de *Ciência Hoje* et de *La Recherche*

URBANO CAVALCANTE FILHO

> *Les choses ne sont pas universelles, mais les concepts peuvent l'être : il suffit de ne pas confondre les uns et les autres pour que reste ouverte la voie de la recherche d'un « sens commun ».*
>
> Tzvetan Todorov (1982)

Introduction

Notre objectif, dans le présent article[1], est de réaliser une analyse dialogique et comparative de la manifestation discursive identifiée par la notion de « didacticité » (Moirand, 2009) du « discours de transmission de connaissances », ainsi que l'appellent Beacco et Moirand, se référant à « toutes les formes de divulgation des discours-sources : diffusion, vulgarisation, formation, enseignement » et qui « constituent l'objet d'études actuel des chercheurs du Cediscor » (Beacco, Moirand, 1995 : 32). Notre intention est de contraster deux cultures discursives différentes, utilisant comme présupposé théorique la convergence entre la théorie dialogique

---

[1] Je remercie les membres du Groupe de recherche *Diálogo* (USP/CNPq), dirigé par les professeurs Dr. Sheila Grillo (USP) et Dr. Flávia Machado (Université Paris Nanterre), pour leur lecture attentive et leurs contributions à l'article au cours des réunions de discussion du groupe ; je suis également reconnaissant aux chercheurs français du Cediscor / Université Sorbonne Nouvelle, pour leurs contributions au travail lors de sa présentation à une table ronde du 1er Colloque Brésilien-Franco-Russe en Analyse de Discours, qui a eu lieu à l'Université de São Paulo (USP) en novembre 2017.

du langage du Cercle de Bakhtine, à laquelle nous nous référerons dorénavant comme ADD (Analyse dialogique du discours, comme le propose Brait (2006)) et les fondements de l'Analyse du discours contrastive (dorénavant abrégée comme ADC), courant théorique né au sein du Cediscor (Centre de recherche sur les discours ordinaires et spécialisés) établi à l'université Sorbonne nouvelle, en France. Nous avons ainsi, d'un côté, une perspective dialogique bakhtinienne, fondée sur la métalinguistique, ayant pour objet les rapports dialogiques entre énoncés et de l'autre la perspective comparativiste, selon von Münchow pour qui, « il s'agit de comparer différentes cultures discursives par l'intermédiaire des productions verbales qui en relèvent » (von Münchow 2007 : 109). Dans le cadre de la vulgarisation scientifique, conçue ici comme une modalité particulière de relation dialogique (Grillo 2013), les aspects qui seront l'objet, dans cette étude, de description, de comparaison, d'interprétation et d'analyse sont les traces de didacticité des discours de vulgarisation scientifique, matérialisées dans les énoncés de deux revues de communautés de langues et de cultures distinctes : *Ciência Hoje* (revue brésilienne) et *La Recherche* (revue française).

Ainsi, parmi les divers points de convergence entre ces deux courants de l'analyse du discours, nous mettons en évidence le concept de genre discursif, du fait que les études du discours développées tant au Brésil qu'en France ont fréquemment recours à cette notion pour analyser le fonctionnement discursif, ainsi que le confirment Bouquet et Grillo :

> Dans le panorama français et brésilien, la traduction du texte « Les genres du discours » a attiré l'attention sur l'effacement du terme « genre » dans la traduction de *Marxisme et philosophie du langage* (1977) qui, pourtant, est bien présent dans les traductions espagnoles et américaines. Ce fait est assez remarquable dans le chapitre « L'interaction verbale » où le terme *genre* a été remplacé par « catégories d'actes de parole » (p. 136 et 137), par « formes d'énonciation » (p. 138), ou encore par « types de discours mineurs » (p. 138). (Bouquet, Grillo 2007 : 8).

Le présupposé initial de cette proposition de convergence entre l'ADD et l'ADC se base sur deux aspects centraux : le premier est que, du point de vue théorique, cette convergence s'appuie sur l'argument selon lequel la perspective contrastive, qui est au cœur de l'ADC, constituait l'horizon des réflexions de Bakhtine lorsque nous observons, dans ses manuscrits, la comparaison entre cultures ; le second aspect renvoie au fait que, du point de vue méthodologique, la notion de genre discursif, concept central de la théorie bakhtinienne, est d'une importance fondamentale pour l'ADC, puisque de nombreuses recherches contrastives le prennent comme *tertium comparationis* (Claudel et Tréguer-Felten 2006 ; von Münchow 2014 ; Cavalcante Filho 2018), ainsi que nous le montrerons dans la partie méthodologique de l'article.

Cet article est divisé en trois parties : la première est consacrée à la présentation des présupposés théoriques sur lesquels se base la recherche, en particulier les études sur la didacticité développées au *Cediscor* ; la seconde partie est consacrée à l'exposé des présupposés méthodologiques du travail, dont la métalinguistique et le *tertium comparationis* constituent l'axe principal ; la troisième partie, finalement, se tourne vers la présentation de l'analyse dialogique-comparative des traces de didacticité matérialisées dans les opérations langagières présentes dans les énoncés de vulgarisation scientifique des revues qui constituent le *corpus* de la recherche.

1. L'analyse dialogique, l'analyse contrastive du discours et les études sur la didacticité

1.1. L'ADD et la comparaison selon la perspective bakhtinienne

Nous savons que les énoncés littéraires ont été les types de discours privilégiés de l'entreprise épistémologique de Bakhtine. Nous ne pouvons néanmoins pas mésestimer la fécondité de la théorie bakhtinienne pour l'analyse du discours dans d'autres sphères de l'activité humaine. Celle-ci est en effet mise à contribution dans de nombreux domaines de connaissance pour analyser des énoncés politiques, journalistiques, religieux, scientifiques, publicitaires, éducationnels, juridiques, philosophiques et historiques, entre autres, ainsi que l'attestent nombre de travaux menés au Brésil et dans le reste du monde. Comme l'affirment Bouquet et Grillo : l'œuvre de Bakhtine et de son Cercle[2] n'a cessé de susciter, en France mais aussi au Brésil, un vif débat dans les différents domaines des sciences humaines et dans celui qui nous intéresse plus particulièrement, celui des sciences du langage (2007 : 7).

Dans le contexte brésilien, on ne peut parler d'analyse du discours au singulier. Face aux multiples courants d'études discursives existant au

---

[2] Depuis l'article de Kristeva *Le mot, le dialogue et le roman* (1978 [1966]),

Brésil (ADD, AD française, ADC, sémiologie, philosophie du langage), selon Paula (2013), les analyses du discours brésiliennes « possèdent déjà une identité théorico-analytique – bien que recourant aux théoriciens fondateurs pour étayer leurs recherches – en raison d'une histoire qui est propre à chaque pays, ce qui fait la richesse des analyses du discours produites et pensées au Brésil[3] » (Paula 2013 : 241–242, notre traduction), y compris, ajoutons-nous, de l'ADD d'ascendance bakhtinienne.

C'est pour cette raison que, nous basant sur Brait (2006), nous affirmons être en présence d'une ADD, lorsque nous prenons en compte les contributions théoriques et méthodologiques procédant de cette perspective. Il convient cependant de noter que :

> Personne ne saurait dire, en toute conscience, que Bakhtine ait formellement proposé une théorie ou une analyse du discours [...]. Néanmoins, on ne peut non plus nier que la pensée bakhtinienne représente, aujourd'hui, l'une des plus importantes contributions aux études du langage, observé tant dans ses manifestations artistiques que dans la diversité de sa richesse quotidienne. C'est pour cela que, bien que sachant que Bakhtine, Volochinov, Medvedev et les autres participant de ce qu'on nomme actuellement le *Cercle de Bakhtine* n'aient jamais formulé un ensemble de préceptes systématiquement organisés pour fonctionner comme une perspective théorico-analytique close, cet essai se risque à affirmer que l'ensemble des ouvrages du *Cercle* a suscité la naissance d'une théorie/analyse dialogique du discours, perspective dont l'influence et les conséquences sont perceptibles dans les études linguistiques et littéraires ainsi que dans les sciences humaines en général[4] (Brait 2006 : 9–10, souligné par l'auteur, notre traduction).

---

[3] En portugais : « já possuem uma identidade teórico-analítica, ainda que utilizem os teóricos fundadores como suportes das pesquisas, devido à história de cada país e é essa a riqueza das ADs produzidas e pensadas no Brasil ».

[4] En portugais : « Ninguém, em sã consciência, poderia dizer que Bakhtin tenha proposto *formalmente* uma teoria e/ou análise do discurso (...). Entretanto, também não se pode negar que o pensamento bakhtiniano representa, hoje, uma das maiores contribuições para os estudos da linguagem, observada tanto em suas manifestações artísticas como na diversidade de sua riqueza cotidiana. Por essa razão, mesmo consciente de que Bakhtin, Voloshinov, Medvedev e outros participantes do que atualmente se denomina *Círculo de Bakhtin* jamais tenham postulado um conjunto de preceitos sistematicamente organizados para funcionar como perspectiva teórico-analítica fechada, esse ensaio arrisca-se a sustentar que o conjunto das obras do *Círculo* motivou o nascimento de uma análise/teoria dialógica do discurso,

Une question que nous pourrions nous poser est celle de la pertinence de cette théorie du langage pour l'analyse des énoncés de vulgarisation scientifique ; elle a déjà été posée par Grillo, qui y répond elle-même lorsqu'elle affirme que :

> La lecture de la traduction du texte « Les genres du discours » nous fait comprendre que, dans sa phase plus tardive, Bakhtine avait entrevu un projet de recherche plus large, dans lequel les concepts développés à partir de l'étude d'œuvres et de genres littéraires s'étendent à d'autres domaines de l'activité humaine (scientifique, publicitaire, médiatique, religieuse, etc), en un mouvement que certains auteurs, tel François Ras- tier (2001) ont appelé poétique généralisée En ce sens, nous ne nous étonnons pas du fait que la vulgarisation scientifique soit mentionnée en deux endroits du texte précité (...) Dans le premier, Bakhtine argumente que les rapports dialogiques ne sont possibles qu'entre énoncés de diffé- rents sujets du discours et ne se réduisent pas à une analyse grammati- cale⁵ (Grillo, 2010 : 49–50, notre traduction)

L'auteur se réfère à deux passages (reproduits ci-dessous) où Bakhtine mentionne les genres de la vulgarisation scientifique, nous montrant comment ces genres ont été l'objet de l'observation du théoricien russe :

> Cette représentation caractérise les genres rhétoriques (au sens large, y compris certaines *modalités de popularisations scientifiques*), néanmoins d'autres genres secondaires (artistiques et scientifiques) utilisent différentes formes semblables pour introduire, dans la construction de l'énoncé, des genres de discours primaires et des relations entre eux (on note qu'ici ils subissent des transformations à différents degrés, puisqu'il n'y a pas d'alternance réelle

---

perspectiva cujas influências e consequências são visíveis nos estudos linguísticos e literários e, também, nas Ciências Humanas de maneira geral ».

⁵ En portugais : « A leitura da tradução do texto "Os gêneros do discurso" nos faz compreender que, na sua fase mais tardia, Bakhtin vislumbrou um projeto de pesquisa mais amplo, no qual os conceitos desenvolvidos a partir do estudo de obras e gêneros literários se expandissem para outras esferas da atividade humana (científica, publicitária, midiática, religiosa etc.), num movimento que alguns autores, como François Rastier (2001), têm chamado de poética generalizada. Nesse sentido, não nos espanta o fato de que a divulgação científica apareça em dois momentos do referido texto [...] No primeiro deles, Bakhtin argumenta que as relações dialógicas só são possíveis entre enunciados de diferentes sujeitos do discurso e não se reduzem a uma análise gramatical ».

des sujets du discours). Telle est la nature des genres secondaires[6] (Bakhtine, 2003 : 276, c'est nous qui soulignons, notre traduction).

Par exemple, *les genres de la littérature populaire scientifique* sont adressés à un certain cercle de lecteurs dotés d'un certain fond de compréhension réactive ; à un autre lecteur s'adresse une littérature didactique spéciale et à un autre encore, complètement différent, les travaux de recherche[7] (Bakhtine, 2003 : 302, c'est nous qui soulignons, notre traduction).

Approfondissant maintenant la réflexion sur cette théorie pour penser sa contribution aux études comparatives, principalement en ce qui concerne la métalinguistique, nous apportons à la discussion la position de Grillo et Glushkova (2016) qui, discutant les fondements d'une analyse comparative du discours au Brésil et en Russie, affirment que :

> Notre recherche se base sur la métalinguistique bakhtinienne qui délimite comme objet d'étude les rapports dialogiques à l'intérieur des énoncés et entre eux, ces unités de la communication discursive étant composées d'éléments linguistiques et extralinguistiques. Dans l'ensemble de textes au moyen desquels cette théorie du langage est formulée, nous trouvons, de façon répétée, la comparaison de phénomènes appartenant à des cultures et à des langues distinctes, aspects que nous mettrons en évidence de forme succincte[8] (Grillo, Glushkova, 2016 : 70).

---

[6] En portugais : « Essa representação caracteriza os gêneros retóricos (*lato sensu*, incluindo algumas *modalidades de popularizações científicas*), contudo todos os outros gêneros secundários (artísticos e científicos) se valem de diferentes formas de introdução, na construção do enunciado, dos gêneros do discurso primários e relações entre eles (note-se que aqui eles sofrem transformações de diferentes graus, uma vez que não há uma alternância real de sujeitos do discurso). É essa a natureza dos gêneros secundários ».

[7] En portugais : « Por exemplo, *os gêneros da literatura popular científica* são endereçados a um determinado círculo de leitores dotados de um determinado fundo aperceptível de compreensão responsiva; a outro leitor está endereçada uma literatura didática especial e a outro, inteiramente diferente, trabalhos especiais de pesquisa ».

[8] En portugais : « Nossa pesquisa fundamenta-se na metalinguística bakhtiniana que delimita como objeto de estudo as relações dialógicas no interior e entre enunciados, sendo estas unidades da comunicação discursiva compostas por elementos linguísticos e extralinguísticos. No conjunto de textos por meio dos quais essa teoria da linguagem é formulada, encontramos reiteradamente a comparação de fenômenos em culturas e línguas distintas, aspectos que passaremos a evidenciar de modo sucinto ».

Les auteurs soutiennent également que la théorie bakhtinienne offre des éléments pour le développement de recherches comparatives, compte tenu du fait que lors de la publication de *L'auteur et le personnage dans l'activité esthétique* (In : *Esthétique de la création verbale*, 1984 [1920-1974]), Bakhtine a utilisé l'analyse d'œuvre et d'auteurs de diverses cultures, française, russe, italienne, pour élaborer sa théorie de la constitution du personnage et du rapport que celui-ci établit avec son auteur dans la sphère de l'activité esthétique. Elles observent ainsi que la manière de penser du philosophe russe découle de son analyse comparative tant de cultures diverses que des multiples sphères d'une même culture, par exemple la danse, la musique, la littérature, la religion, entre autres.

Du moment que nous prétendons réaliser une étude comparative entre cultures discursives distinctes dans la réalisation énonciative de la vulgarisation scientifique, il est salutaire de ne pas oublier la prémisse bakhtinienne selon laquelle « Tout acte culturel vit, en substance, sur des frontières, de là son importance ; attiré hors de ses frontières il perd pied, devient vide, arrogant, dégénère et meurt » (Bakhtine, 1978 : 40).

1.2. L'ADC et les études sur la didacticité

Les études qui ont été menées au sein du *Cediscor* entrent dans le domaine disciplinaire de :

> l'analyse du discours et, plus précisément, dans le cadre d'une « linguistique de discours » que Moirand définit comme « une analyse qui décrit le fonctionnement des systèmes linguistiques, tels qu'ils s'actualisent dans les textes et les conversations [...] [et] qui permet de comprendre le fonctionnement d'un domaine, à partir de l'observation de discours qui circulent en son nom (1999 : 59) » (von Münchow et Rakotonoelina, 2006 : 1).

Lorsqu'il a été créé, il y a plus de 20 ans, le Cediscor « avait réuni des chercheurs autour d'un objet commun, qui faisait alors consensus : les discours de transmission des connaissances, et en particulier les discours de vulgarisation scientifique ». Depuis lors, en deux décennies de recherches, des travaux basés sur l'analyse comparative du discours ont été réalisés dans « différents genres discursifs (journaux télévisés, interviews de presse, documents professionnels...) dans des langues diverses (français, anglais, allemand, japonais) » (Claudel *et alii*, 2013 : 2).

Ce courant théorique « se situe au carrefour de l'analyse du discours française et de la linguistique textuelle, tout en s'inscrivant également dans le champ des approches contrastives ou transculturelles » (von Münchow, 2014). Son objet d'étude est la comparaison de différentes cultures discursives, « lieu » où les représentations sociales des communautés se manifestent discursivement. Il s'agit d'un courant qui, prenant les manifestations d'un même genre discursif dans au moins deux communautés de langues et de cultures distinctes, observe les régularités, les motifs et les variabilités.

Parmi les travaux développés dans le cadre du Cediscor, nous focaliserons nos réflexions sur le phénomène de la didacticité, à partir, principalement, des travaux de Sophie Moirand (2009), Sandrine Reboul (1993) et Marie-Françoise Mortureux (1993).

Dans son article *Autour de la notion de didacticité*, Moirand (1993) se propose de discuter un type de manifestation discursive relié à la notion de didacticité, à partir de la proposition de 3 définitions : situationnelle, fonctionnelle et formelle. Ce concept naît de l'intention de caractériser la didacticité présente dans des discours classés comme « non didactiques » (en raison de leurs conditions de production hors des institutions qui leur garantiraient ce statut, comme les institutions socialement et historiquement définies comme éducatrices et formatrices). Ainsi, selon Moirand, la didacticité de textes non didactiques pourrait être caractérisée à partir de ces trois définitions :

a) *Situationnelle* : cette définition de la didacticité prend en compte la situation de communication, où l'un des producteurs possède un savoir supérieur à l'autre et qu'il a, en conséquence, l'intention de partager celui-ci ;

b) *Formelle* : définie à partir de ses manifestations linguistiques, matérialisées, par exemple, par des processus linguistiques tels des définitions, des exemples, des explications, etc., formes qui renvoient à des processus cognitifs dont la matérialisation lexicale ou syntactique permette qu'ils soient identifiés et répertoriés ;

c) *Fonctionnelle* : définition tournée vers l'objectif du texte : donner à connaître ou à faire, exposer ou apprendre, faire apparaître ou faire croire ?

Comme l'affirme l'auteur, ces trois définitions :

finalement se croisent et peut-être faudrait-il que les trois types de conditions soient réunis pour caractériser un « discours didactique » ? Car le choix des formes ne repose-t-il pas stratégiquement sur des pré-construits situationnels ou culturels (au sens de la logique naturelle de J.-B. Grize), particuliers à une rhétorique didactique, donc dans les schématisations argumentatives que construit le locuteur selon l'évaluation qu'il fait, la perception qu'il a de la situation (Bakhtine) (Moirand, 1993 : 2).

Partant de ces considérations, l'auteur montre comment l'identification des traces et des degrés de didacticité – dirigée plus précisément sur la présence de l'autre comme manifestation de didacticité – se présente dans un *corpus* varié. Ainsi que le dit l'auteure elle-même : « À l'intérieur de ce cadre méthodologique, on privilégie un travail où la construction du corpus est soit aléatoire, soit en perpétuelle reconstruction » (Moirand, 1993 : 2).

Sandrine Reboul, dans son travail *Scientificité et didacticité*, se propose, pour sa part d'« évaluer le degré de scientificité des 'traces de didacticité' » (Reboul, 1993 : 11). Prenant pour son étude un *corpus* journalistique, elle se consacre à l'analyse de la didacticité du contenu et à celle de la forme de ces énoncés, observant le degré de scientificité de ces éléments didactiques dans les textes, tant au niveau lexical qu'au niveau discursif. L'auteur met l'étude à profit et élargit le *corpus* d'analyse, examinant des articles et des extraits de travaux spécialisés afin de vérifier les occurrences « spécialisées » au niveau du vocabulaire et des paragraphes, par exemple, évaluant le contenu scientifique de ces séquences de didacticité insérées dans les textes, confrontant le *corpus* journalistique et le *corpus* spécialisé.

Enfin, Marie-Françoise Mortureux, dans son travail *Didacticité et discours « ordinaire »*, se donne pour objectif d'« étudier des traces de didacticité dans des discours non didactiques a priori » (Mortureux, 1993 : 8), à partir d'une discussion sociologique et linguistique de la didacticité. L'auteur se consacre ainsi à l'analyse de quelques articles de journaux quotidiens, observant comment la didacticité « peut viser soit la fonction d'un discours, relevant donc de la sociologie, soit les traits formels de ce discours, qui se prêtent à une approche linguistique. Ainsi, lorsqu'on parle de *discours didactique*, on ne sait pas, le plus souvent, si le qualificatif tient à la fonction sociale du texte ou à des propriétés de type rhétorique » (idem).

Ainsi, les résultats des travaux des chercheurs sur la notion de didacticité confirment notre intention de développer une analyse du discours qui observe, dans une perspective comparative, la façon dont la manifestation discursive de la didacticité se réalise dans des énoncés de vulgarisation scientifique de langues et de cultures distinctes.

2. Cadre méthodologique : la métalinguistique et le *corpus*

Dans la perspective des études développées par le Cediscor, nous remarquons que les travaux partent de :

> l'hypothèse que des approches linguistiques de corpus réalisés restent fécondes, susceptibles d'éclairer l'articulation entre facteurs purement linguistiques et facteurs extra-linguistiques dans la production et l'interprétation des énoncés. C'est d'abord le désir de clarifier les questions méthodologiques en analyse de discours qui a motivé la création de ce centre (Mortureux, 1993 : 2).

Dans ce contexte, la métalinguistique proposée par Bakhtine constitue une proposition de théorie du langage issue d'un projet épistémologique du Cercle datant des années 1920, bien qu'explicitée en 1960 (Grillo, 2013), convergeant, de manière avantageuse, avec la perspective présentée par Mortureux. Dans son article *Épistémologie et genres du discours dans le cercle de Bakhtine*, discutant le projet d'étude du programme de la métalinguistique par opposition à la linguistique de la langue, Grillo (2007) affirme que :

> Bakhtine présente la linguistique et la métalinguistique comme l'étude du même phénomène, le mot, sous des angles différents. Malgré cette proximité, selon lui, Bakhtine nous avertit que les deux domaines ne doivent pas se confondre. Enfin, la métalinguistique s'intéresse aux phénomènes de dialogue qui, tout en appartenant au domaine de la langue, ne se restreignent pas à elle, puisqu'ils sont aussi de nature extra-linguistique (Grillo, 2007 : 21).

Sur la base de ces considérations, nous confirmons l'importance non seulement d'observer la matérialité linguistique des énoncés, mais également de prendre en considération le genre, la sphère, l'interlocuteur, l'intention des déclarations des auteurs, entre autres aspects.

2.1. Le *tertium comparationis* et la constitution du corpus

Le choix du *tertium comparationis* (TC) pour la présente étude est motivé par le concept de vulgarisation scientifique que nous avons adopté. Il existe de nombreuses conceptions, résultant des tendances les plus diverses dans l'étude de la vulgarisation scientifique (Cavalcante Filho, 2017). Pour cet article, toutefois, ce concept constitue l'élément déterminant du choix du TC, élément de comparaison qui permettra de réaliser l'analyse désirée. Pour Grillo, la vulgarisation est vue comme une « modalité particulière de relation dialogique – comprise dans l'acception bakhtinienne en tant que relation axiologique-sémantique – entre la sphère scientifique et les autres sphères de l'activité humaine » (Grillo, 2013 : 88), dont la matérialisation énonciative s'effectue au moyen des genres discursifs les plus variés tels des articles, des reportages, des interviews, etc. Le choix du TC n'est pas une tâche facile pour les études comparatives. Ainsi que l'affirment von Münchow et Rakotonoelina (2006), la question du choix du TC est une problématique « abordée dans presque toutes les contributions, de façon explicite ou implicite » dans les travaux qui figurent dans *Les Carnets du Cediscor* (2006). La notion de genre discursif apparaît ainsi comme un élément privilégié si l'on tient compte du fait que face à la « question incontournable » que représente le choix du *tertium comparationis*, le choix du genre se présente de manière presque unanime parmi les chercheurs, puisqu'il permet d'assurer la *comparabilité*.

Le *tertium comparationis* n'est certainement pas un « invariant » au sens propre du mot ; pour pouvoir accepter ce fait et ne pas céder au vertige du « rien n'est réellement comparable à rien », il suffit de se rappeler que « comparable » ne veut pas dire « identique », mais « approchant » (von Münchow et Rakotonoelina, 2006 : 5).

Dans cette étude dialogique-comparative, le choix d'un même genre permettra ainsi, à partir des descriptions et interprétations, lors du traitement des questions énonciatives, sémantiques et/ou compositionnelles des énoncés, d'observer les fonctions du genre et de pouvoir inférer quelques représentations culturelles qui circulent dans les deux communautés étudiées. Le TC de base pour notre étude sera donc le genre discursif matérialisé dans deux revues de vulgarisation scientifique. En ce sens, le concept de genre est défini par Bakhtine comme « un type d'énoncé donné, relativement stable du point de vue thématique, compositionnel et stylistique » (Bakhtine, 1984 : 269). En complément de cette définition, Bouquet et Grillo précisent que « Le genre se constitue comme l'instance discursive à travers laquelle l'individualité du locuteur prend forme au contact d'autres individus » (Bouquet, Grillo, 2007 : 10). Cette notion « peut également constituer un moyen d'articulation des corpus » (Claudel et Tréguer-Felten, 2006 : 4), lorsque l'on considère qu'ils appartiennent à une même communauté discursive, notion développée par Swales, comme nous le rappellent Claudel et Tréguer-Felten.

2.2. La constitution des corpus

Le corpus de notre étude est composé de deux revues de vulgarisation scientifique, appartenant à deux communautés de langues et de cultures différentes : *Ciência Hoje* (CH), revue brésilienne mensuelle, éditée par la Société brésilienne pour le progrès de la science (SBPC) dont le premier numéro date de 1982, et *La Recherche* (LR), revue française également mensuelle, créée en 1946 sous le titre d'*Atomes*, devenue *La Recherche* en 1970 et publiée par la Société d'éditions scientifiques.

Guidés par un souci de comparabilité, les critères qui ont présidé au choix de ce corpus ont été les suivants : les deux revues sont reconnues institutionnellement et socialement, dans l'univers de la vulgarisation scientifique, elles sont éditées soit par une société scientifique, comme CH par la SBPC, soit par une société commerciale consacrée à la divulgation de sujets scientifiques, dans le cas de LR, publiée par la Société d'éditions scientifiques.

Les énoncés choisis sont ceux des articles de couverture des revues. Nous avons établi les critères suivant : i) des éditions qui soient proches par leur contenu thématique, ce qui nous a conduit à choisir 4 éditions traitant de thèmes connexes, dans le même domaine de connaissance : biologie et physique ; ii) des éditions qui soient proches par leur date de publication, évitant de sélectionner des éditions qui soient dépassées par des changements éditoriaux, ce qui aurait compromis les observations comparativistes.

Pour l'analyse des traces de didacticité, cette étude se base sur Moirand, Reboul-Touré et Pordeus Ribeiro (2016) pour établir les catégories d'analyse, que les auteures appellent les « observables » de l'analyse. Elles suggèrent ainsi trois niveaux d'analyse :

le niveau « micro » de l'usage des mots avec leurs contextes syntaxico-sémantiques (là où s'actualisent les formes de l'acte de nommer et les reformulations énonciatives), le niveau « meso » qui étudie les caractéristiques de la séquence textuelle, de la période, du tour de parole, du cadrage thématique ou du glissement de l'objet de discours, et le niveau « macro » qui tente de relier les formes « internes » du genre à ses extérieurs socio-politiques (Moirand, Reboul-Touré et Pordeus Ribeiro, 2016 : 139).

Ensuite, nous observerons la didacticité dans le discours de vulgarisation scientifique dans les deux revues (*Ciência Hoje* e *La Recherche*), dans une perspective dialogique et contrastive.

3. La didacticité dans le discours de vulgarisation scientifique : aspects analytiques en dialogique et comparaison

3.1 Indices de didacticité dans leurs dimensions situationnelles, fonctionnelles et formelles

Sous l'angle de la définition situationnelle de la didacticité (Moirand, 1993), la situation de communication qui caractérise l'événement discursif de vulgarisation est celle d'une revue conçue à cet effet : diffuser la science. Nous avons, d'un côté, le scientifique (dans le cas de CH) et/ou le journaliste (dans le cas de LR), caractérisés comme sujets qui détiennent un savoir supérieur à l'autre, la connaissance des découvertes et des actualités scientifiques ; de l'autre, le public qui souhaite prendre connaissance de ces découvertes et des actualités de la science ; ce partage, à travers des articles et des reportages publiés ne réussit que si ces auteurs font usage d'un attribut indispensable au processus : présenter de la didacticité dans la production discursive. Et c'est ce qui se produit dans les deux revues, bien évidemment avec les différences et des particularités pour chacune.

Sous l'angle de la définition *fonctionnelle*, nous observons que l'objectif visé est celui de *faire savoir*, d'*exposer* un sujet déterminé à une partie de la communauté qui, ne faisant pas partie du milieu académique-scientifique, où les découvertes scientifiques sont immédiatement diffusées, est intéressée par ces sujets. Nous relevons des marques liées à la didacticité afin d'exposer, de la manière la plus claire possible, les connaissances à un lecteur étranger à cette sphère journalistique et/ou scientifique. En ce sens, les deux revues de vulgarisation scientifique, la brésilienne et la française, partagent cette même caractéristique.

La définition *formelle* de la didacticité, pour sa part, est vue dans la perspective des manifestations linguistiques qui la matérialisent. C'est cet aspect de la didacticité que nous abordons maintenant. Du point de vue formel, il existe plusieurs possibilités d'occurrences et/ou de phénomènes qui caractérisent la didacticité et qui finissent par donner une « coloration de didacticité » (Moirand, 1993) aux textes. Nous pourrions énumérer les possibilités les plus variées : définitions, exemples, explications, certains traits prosodiques ou iconiques, selon les exemples fournis par Moirand, mais aussi au niveau du lexique et au niveau discursif, ainsi que l'affirme Sandrine Reboul (1993). On pourrait encore mentionner les occurrences signalées par Mortureux (1993) dans son analyse de la didacticité dans des textes journalistiques (titres, désignation des personnages interviewés, sujet du verbe, jeu de la chronologie, usage d'adverbes, entre autres).

Comme on peut le remarquer, tous ces indices de didacticité, quoique dégagés par les auteurs dans d'autres types de *corpus*, sont des catégories qui peuvent servir à l'analyse d'autres genres et sphères.

Le cadre de cet article ne permet pas que nous analysions, dans une perspective comparativiste, toutes les occurrences qui actualisent la didacticité d'un texte. Un découpage est donc nécessaire pour que nous atteignions notre but. Nous choisirons, par conséquent, les occurrences qui marquent le plus ce discours et qui attirent notre attention par les similitudes et les différences entre les énoncés analysés comparativement. Nous qualifierons ces phénomènes, occurrences et/ou stratégies d'opérations langagières de didacticité et nous observerons comment elles fonctionnent dans les deux communautés.

3.2. Les opérations langagières de didacticité dans une perspective dialogique et contrastive

En analysant les indices de didacticité dans les textes, dont la fonction est de faciliter à l'interlocuteur (auditeur ou lecteur) « surtout l'accès aux contenus » (Beacco, Moirand, 1995 : 42), à partir d'une approche multidimensionnelle prenant en compte les traces verbales, les fonction pragmatiques et les représentations discursives, nous affirmons que la matérialisation de la prémisse de *faire savoir*, d'*exposer*, dans les textes de vulgarisation scientifique, s'effectue au moyen de diverses opérations langagières de didacticité.

Il convient de souligner que le fonctionnement des discours de transmission de connaissances, avec l'observation de l'analyse de la manifestation de didacticité matérialisée dans les différentes opérations langagières, se caractérise par des stratégies de reformulation (Beacco, Moirand, 1995), puisque :

> ces 'objets' manifestent un travail de reformulation, plus ou moins conscience, du discours des autres ou de son propre discours par un locuteur désireux – ou contraint – de transmettre des connaissances à des interlocuteurs moins « savants » (Beacco, Moirand, 1995 : 33–34).

Ci-dessous, nous illustrerons et analyserons, comparativement, les opérations langagières qui se manifestent dans les énoncés des revues *La Recherche* et *Ciência Hoje*.

Exemple 1. **Définition**

La Recherche	*Ciência Hoje*
[1a] La mécanique quantique **est** l'une des réussites les plus spectaculaires de la physique. Elle décrit des mécanismes aussi variés que le comportement intime des atomes, la structure de l'ADN ou la formation des étoiles à neutrons. Cette discipline a aussi engendré une multitude de technologies, dans l'électronique, les lasers, les fibres optiques et l'énergie nucléaire. Mais il y a un hic : dans le monde décrit par la physique quantique, rien n'est jamais certain, et le seul fait d'observer quelque chose le transforme (2011 : 40) [1b] « Concevoir sur mesure » et « produire » : **voilà lâchés les**	[1c] Dans les cellules, les informations génétiques sont codées au moyen d'une séquence de ce qu'on appelle les bases : adénine (A), thymine (T), cytosine (C) et guanine (G), les unités de base de l'ADN. Le génome d'un organisme est l'ensemble complet de ces séquences de A, T, C et G contenant les gènes et les régions régulatrices (2014 : 37). [1d] La meilleure description que nous ayons de la manière dont l'espace et le temps sont liés est la théorie de la relativité générale d'Einstein, achevée en 1915. En dépit de son nom, elle n'est rien de plus qu'une théorie

La Recherche	Ciência Hoje
deux mots qui définissent le mieux la biologie de synthèse. Car même si les travaux des équipes se réclamant de cette discipline permettront certainement de mieux comprendre le fonctionnement des cellules, les objectifs affichés sont, en général, très concrets. Pour Venter et la plupart des « biologistes de synthèse », il s'agit de transformer des bactéries, des levures, voire des cellules humaines, en usines de production de composés chimiques, de médicaments, ou encore de biocarburants. [...] (2010 : 42)	de la gravitation, qui remplace (ou généralise) celle qu'avait conçue, 250 ans plus tôt, le physicien anglais Isaac Newton (1642–1727). Ce remplacement est nécessaire lorsque nous avons affaire à des champs gravitationnels intenses ou des vitesses proches de celle de la lumière (2002 : 22).

En [1a] nous observons l'opération langagière de la **définition,** dont la finalité est l'explication de termes scientifiques, l'éclaircissement de concepts, la présentation des caractéristiques d'un objet ou d'une idée, comme c'est ici le cas pour la mécanique quantique. En [1b], nous remarquons également la définition, cette fois marquée explicitement par l'usage de la forme verbale « définissent » pour le concept de la biologie synthétique. Soulignons le fait que, pour que cette opération porte ses fruits pour la didacticité d'un texte, il faut que la définition soit faite dans un langage clair, facile à comprendre pour le lecteur/destinataire du texte de vulgarisation scientifique. Notons la rareté de cette opération dans les énoncés de CH – [1c] et [1d]. L'usage de l'expression « rien de plus que » indique la simplicité pour la compréhension de ce qui peut être complexe. Le vulgarisateur joue ici le rôle de « facilitateur » du processus de compréhension des concepts ; il se peut que si le texte était adressé à des spécialistes, cette définition serait superflue.

Exemple 2. **Nomination**

La Recherche	*Ciência Hoje*
[2a] Une seconde propriété des particules quantiques est encore plus bizarre. **On l'appelle principe de non-localisation.** On peut en effet « intriquer » deux particules : on les lie de telle manière que leurs propriétés apparaissent corrélées quand on les mesures et ce, quelle que soit la distance qui les sépare au moment des mesures (2011 : 41)	[2b] Certains gènes agissent de manière continue dans les cellules, alors que d'autres ne sont activés qu'en réponse à des signaux spécifiques – par exemple des changements de luminosité, de température ou de disponibilité de nutriments, entre autres. Ainsi, le génome d'un organisme, composé de longues chaînes d'ADN, contient non seulement les gènes, mais également les régions qui contrôlent leur expression. **Elles sont appelées régions promotrices.** (2014 : 35–36).

L'opération langagière de **nomination** apparaît dans le but de nommer quelque chose (que ce soit une idée, un objet) dont les caractéristiques ont déjà été mentionnées antérieurement, ainsi qu'on le voit en [2a], quand on parle des propriétés des particules quantiques et qu'on nomme le *principe de non-localisation*, introduit par l'expression « on l'appelle », tout comme dans CH lorsque l'on nomme « les régions » qui contrôlent l'expression des gènes dans les cellules par l'usage de la voix passive du verbe *appeler* (« sont appelées »).

Exemple 3. **Exemplification**

La Recherche	*Ciência Hoje*
[3a] En revanche, les avancées technologiques sont indéniables. Miroslav Radman souligne **par exemple** la performance technologique que représente la transplantation d'un chromosome	[3b] Les possibilités de cette ingénierie des systèmes biologiques sont si vastes que l'imagination semble être la seule limite à ce qu'il est possible de réaliser. Les examens cités au

La Recherche	Ciência Hoje
synthétique long d'un million de paires de bases donc très fragile, dans une bactérie : l'équipe de Venter a réussi à contourner ce problème, en concevant un protocole où le génome synthétique est mis en contact avec les bactéries receveuses, sans qu'on ait à le manipuler (2010 : 40–41)	début de cet article, par exemple, semblent être des exercices de futurologie, mais ce sont des résultats réels (2014 : 35).

L'**exemplification** est une opération langagière de didacticité qui consiste à rendre plus compréhensible un concept déterminé, plus complexe et/ou plus abstrait. L'expression métalinguistique « par exemple » marque avec clarté l'usage de cette ressource dans la présentation d'exemple de ce qui est discuté, présenté, défini, comme cela se produit en [3a]. De manière semblable, la revue CH présente elle aussi une opération d'**exemplification** [3c] avec le même objectif que LR. Après la présentation d'une donnée et la discussion de concept, la stratégie d'exemplification sert à faciliter la compréhension de ce qui est exposé.

Exemple 4. **Explication**

La Recherche	Ciência Hoje
[4a] Deux des aspects les plus troublants de la mécanique quantique sont à la base de la cryptographie quantique. **Le premier**, le principe de superposition des états, exprime que, tant qu'elle n'a pas été observée, une propriété d'une particule peut avoir simultanément deux valeurs différentes. **Par exemple**, la particule peut se trouver à deux endroits simultanément, ou	[4c] Dans la biologie synthétique, les étapes intermédiaires entre l'isolement des gènes choisis et l'élaboration du produit final changent totalement. **En premier lieu**, la grande complexité des systèmes construits dans ce nouveau domaine exige une importante collection de gènes dotés de différentes fonctions. **En outre**, ceux-ci doivent être connectés les uns aux autres, selon un processus dénommé

La Recherche	Ciência Hoje
posséder une énergie à la fois faible et élevée. [...] (2011 : 40) [4b] Là encore, la notion de « génome standard » est présente. Avec en plus l'ambition, pour certains, de standardiser les « outils », **c'est-à-dire** les séquences de gènes qui permettent d'accomplir telle ou telle action. Le Massachusetts Institute of Technology a ainsi créé une base de données en accès libre qui répertorie plusieurs de ces séquences, appelées BioBricks. (2010 : 42-43)	« normalisation » – c'est comme convertir les gènes en pièces emboîtables, semblables à celles d'un puzzle ou d'un jouet à assembler. **Après la** normalisation, (...) (2014 : 34).

En [4a] et en [4b], nous avons une opération d'**explication**, dont le but est de rendre l'information claire et intelligible. En [4a], l'explication des aspects de la mécanique quantique est marquée par une « division » de l'information (commençant par « le premier », suivi des autres parties de l'explication), en plus d'être accompagnée d'exemplification. En [4b], l'expression explicative « c'est-à-dire » est utilisée dans le but de reformuler quelque chose qui a été mentionné auparavant. Cette opération langagière apparaît également dans les textes de CH, ainsi que nous le soulignons en [4c]. Il suffit d'observer comment l'auteur décide de présenter l'information de manière détaillée, explicative, par parties. L'usage de « en premier lieu », « en outre », « après » exprime le souci de l'auteur de rendre le contenu du message beaucoup plus clair et intelligible.

Ces similitudes et différences peuvent s'expliquer par le fait que les textes de CH sont produits par des spécialistes, alors que ceux de LR le sont par des journalistes qui ne sont généralement pas des spécialistes du sujet traité ; pour cette raison, il leur faut mobiliser davantage de stratégies didactiques afin que leur texte soit compréhensible pour un public non spécialisé.

Exemple 5. **Question au lecteur**

La Recherche	Ciência Hoje
[5a] Contrairement à ce qu'ont titré bon nombre de journaux, les biologistes du John Craig Venter Institute n'ont en tout cas pas « créé la vie ». **Pourquoi ?** L'expérience qu'ils ont menée parle d'elle-même. (2010 : 40–41)	[5b] Il y a eu, depuis lors, de nombreuses discussions sur le sens de cette prévision théorique. Est-ce qu'elle pourra se concrétiser, permettant la construction d'une machine à voyager dans le temps ? Et, si cela était possible, comment éviter les paradoxes (voir le « paradoxe du père ») ? (2012 : 22)

Une autre opération langagière qui elle aussi se matérialise dans l'énonciation est la **question au lecteur**, élaborée par l'auteur et placée au milieu de l'argumentation et/ou de l'exposition, mais à laquelle ce dernier répond ensuite lui-même. Elle fonctionne comme stratégie pour provoquer l'intérêt du lecteur, pour qu'il continue la lecture du texte et satisfasse la curiosité éveillée par ce qui précède, comme c'est le cas en [5a] avec l'usage du « pourquoi ? ».

La stratégie consistant à adresser une **question** au lecteur au milieu du texte est utilisée dans CH [5b]. De cette façon, son auteur, en plus d'établir un rapport plus proche et plus interactif avec le lecteur au travers de ce « dialogisme interactionnel », stimule son intérêt à continuer la lecture du texte. Ensuite, l'auteur lui-même fournit les réponses possibles aux questions, souvent, d'ailleurs, en contentant le lecteur par des éclaircissements sur les questions et le « convainquant » de continuer la lecture du texte.

Exemple 6. **La voix du spécialiste**

La Recherche	Ciência Hoje
[6a] Comme le principe de superposition empêche que la propriété d'une particule ait une valeur donnée avant qu'on ne	[6b] Des chercheurs de l'Université de Californie, à Berkeley (États-Unis) ont mis au point un circuit génétique

Traces de didacticité dans la vulgarisation

La Recherche	Ciência Hoje
la mesure, tout se passe comme si chaque particule d'une paire intriquée « communiquait » instantanément à sa jumelle le résultat de la mesure. « **C'est aussi choquant pour l'esprit que si on lançait deux dés, chacun à une extrémité de l'Univers, et que l'on constatait qu'ils affichent toujours le même chiffre** », résume Antonio Acín, de l'Institut des sciences photoniques de Barcelone, en Espagne. (2011 : 41)	qui, implanté dans la bactérie Escherichia coli, permet que celle-ci reconnaisse et envahisse des cellules cancérigènes, agissant comme un système qui dirige la libération de drogues dans les tumeurs. Un autre travail, à l'Université d'Emory (États-Unis) a développé une bactérie capable de « nager » vers un polluant de l'environnement et de libérer des enzymes qui dégradent ce composé – créant ainsi un processus de bioremédiation (2014 : 35). [6c] Dans un travail récent, l'auteur de cet article, en collaboration avec Raphael Dias da Silva, de l'Université fédérale fluminense et Elham Kashefi, de l'Université d'Edimbourg (Royaume-Unis) a montré que la proposition de simulation de voyages dans le temps avec téléportation est réellement différente de la conception plus abstraite proposée il y a 20 ans par Deutsch (2012 : 25).

On observe, au fil des énoncés de LR, la fréquence de l'usage de la **voix du spécialiste**, convoquée pour légitimer un certain point de vue. Cette stratégie, en plus de fonctionner comme argument d'autorité, puisque la force de cette « voix » a pour effet de conférer un certain degré de fiabilité à ce qui est exposé, ainsi qu'on peut le voir en [6a], donne aussi une « couleur de didacticité » au texte. En effet, le journaliste présente une information et, pour la rendre plus fiable aux yeux du lecteur/destinataire, l'attribue à la voix du spécialiste ; de cette manière, il peut éviter que des doutes surgissent ou que l'on se méfie de ce qui est exposé. En d'autres termes, on pourrait dire qu'il s'agit d'une opération langagière où la voix du journaliste affirme et la voix du spécialiste confirme.

Une différence qui mérite d'être soulignée en ce qui concerne les traces de didacticité des textes de vulgarisation scientifique dans les deux communautés analysées a trait à l'usage de la **voix du spécialiste** en tant que discours « autre » à l'intérieur du message. L'usage de la voix du savant représente donc un « argument d'autorité » qui sert à légitimer une opinion présentée par le locuteur, ainsi que nous l'avons vu dans l'usage de la citation directe (discours direct) en [6a]. Il faut pourtant faire ici une observation importante : alors que dans LR cette opération a été constatée de façon récurrente, cela n'a pas été le cas dans les textes de CH. Ce que nous y observons, cependant, est une référence à la recherche et aux institutions, mais non pas la présence marquée par la voix du spécialiste. L'unique cas observé dans le *corpus* apparaît en [6d], lorsque la voix du savant est convoquée sous la forme du discours direct :

[6d] Le physicien américain John Archibald Wheeler (1911–2008) a résumé les phénomènes gravitationnels de manière presque poétique : « la matière dit à l'espace comment se courber. L'espace dit à la matière comment se mouvoir » (CH, 2012 : 22).

Cette constatation nous confirme que cela se produit en vertu de deux facteurs : le premier concerne la paternité du texte, le second l'influence de la sphère. Dans le premier cas, nous avons les textes de LR, écrits par des journalistes et, comme l'ont bien noté Grillo et Glushkova (2016), les reportages de vulgarisation scientifique écrits par ces professionnels sont fait à partir d'un point de vue externe, alors que ceux de CH sont rédigés par les scientifiques eux-mêmes et donc à partir d'un point de vue interne ; leur voix et leurs arguments rendent superflus l'appel à une autre voix d'autorité pour légitimer ce qui est affirmé. L'extrait qui suit nous montre d'ailleurs comment le discours des scientifiques s'auto-référence :

[6e] Dans un travail récent, l'auteur de cet article, en collaboration avec Raphael Dias da Silva, de l'Université fédérale fluminense et Elham Kashefi, de l'Université d'Edimbourg (Royaume-Unis) a montré que la proposition de simulation de voyages dans le temps avec téléportation est réellement différente de la conception plus abstraite proposée il y a 20 ans par Deutsch (2012 : 25).

Le second facteur observé est la forte influence de la sphère scientifique dans CH, puisque les textes qu'elle contient sont rédigés par des scientifiques, alors que dans LR l'influence de la sphère journalistique est davantage présente.

Comme on peut le noter, toutes ces opérations langagières de didacticité concourent à ce que les textes soient compréhensibles et intelligibles pour un public qui s'intéresse aux questions scientifiques mais qui n'a pas accès à ces informations issues du cadre de la sphère scientifique. Il convient cependant de rappeler que la présence de ces opérations ne fait pas, en elle-même, du texte de vulgarisation scientifique un texte didactique tel qu'on peut en voir dans le matériel scolaire, les manuels, les revues pédagogiques, etc. En fin de compte, la visée communicative est autre : dans l'un, il s'agit de *savoir faire*, alors que dans l'autre de *faire savoir*, c'est dire que de tels textes actualisent une intention de didacticité (Moirand, 1993).

Considérations finales

Nous avons entrepris, dans cet article, une analyse dialogico-comparative du discours de vulgarisation scientifique brésilien et français, prenant la matérialisation de cette vulgarisation dans les revues *Ciência Hoje* et *La Recherche*. Avec cet objectif, l'étude présente nous a permis de discuter la fécondité de la théorie dialogique du langage du Cercle de Bakhtine en convergence avec l'analyse contrastive du discours.

Les analyses ont permis d'observer des similitudes, des différences et des variations concernant la présence d'opérations langagières qui marquent les traces de didacticité présentes dans les revues de vulgarisation scientifique analysées. D'une part, parmi les similitudes, on a constaté la présence de certaines opérations exerçant les mêmes fonctions dans les énoncés des deux revues. D'autre part, il a été confirmé que l'influence de la sphère scientifique, ainsi que le fait que des journalistes et des scientifiques écrivent les textes des revues rendent possible des configurations différentes en ce que concerne la didacticité présente dans les textes.

D'autres approches de la didacticité de ce matériel sont possibles ; toutefois, le but et l'étendue de ce travail n'ont pas permis qu'elles soient développées. Une recherche future permettra de traiter d'autres aspects et offrira la possibilité d'appréhender l'architecture de ces revues dans une perspective comparativiste. Les réflexions théoriques et méthodologiques entreprises dans cet article, aux niveaux descriptifs et interprétatifs, peuvent aussi servir de référence pour l'analyse d'autres types de corpus.

Références bibliographiques

Bakhtine, M. M., 1978, Le problème du contenu, du matériau et de la forme dans l'œuvre littéraire, in *Esthétique et théorie du roman*, Traduit du russe par Daria Olivier, Paris, Gallimard.

Bakhtine, M. M., 1984, *Esthétique de la création verbale*, Paris, Gallimard.

Bakhtin, M., 2003, « Os gêneros do discurso », in *Estética da criação verbal*. Traduit par Bezerra P., São Paulo, Martins Fontes : 261–306.

Beacco, J.-C. et Moirand, S., 1995, « Autour des discours de transmission des connaissances », *Langages* 117 – Les analyses du discours en France : 32–53. <http://www.persee.fr/doc/lgge_0458-726x_1995_num_29_117_1704>

Bouquet, S. et Grillo, S. V. C., 2007, « Introduction », *Linx* 56, université Paris Nanterre, <http://linx.revues.org/352>

Brait, B., 2006, Análise e teoria do discurso, *in* Brait, B. (éd.). *Bakhtin – outros conceitos-chave,* São Paulo, Contexto : 9–31.

Cavalcante Filho, U., 2017, *A arquitetônica da divulgação científica nos enunciados das Conferências Populares da Glória (Séc. XIX),* Tese de Doutorado, São Paulo, Universidade de São Paulo, <http://www.teses.usp.br/teses/disponiveis/8/8142/tde-19062017-114242/pt-br.php>

Cavalcante Filho, U., 2008, « A construção composicional em enunciados de divulgação científica : uma análise dialógico-comparativa de *Ciência Hoje* e *La Recherche* », *Linha D'Água,* n. 3, São Paulo : 99–120. <https://www.revistas.usp.br/linhadagua/article/view/149667>

Claudel, Ch., et Tréguer-Felten, G., 2006, « Rendre compte d'analyses comparatives sur des corpus issus de langues/cultures éloignées », *Les Carnets du Cediscor* 9, Paris, Presses Sorbonne nouvelle, <https://journals.openedition.org/cediscor/121>

Claudel, Ch. *et alii*, 2013, *Cultures, discours, langues. Nouveaux abordages,* Limoges, Lambert-Lucas, coll. Linguistique.

Grillo, S. V. C., 2007, « Épistémologie et genres du discours dans le cercle de Bakhtine », *Linx* 56, université Paris Nanterre, <https://linx.revues.org/355>

Grillo, S. V. C., 2010, Dialogismo e construção composicional em reportagens de divulgação científica de Pesquisa Fapesp, *in* Paula, L. de ; Stafuzza, G. (éd.), *Círculo de Bakhtin : Diálogos in possíveis*. Campinas, Mercado das Letras : 49–68.

Grillo, S. V. C., 2013, *Divulgação científica : linguagens, esferas e gêneros*, Tese de Livre-Docência, 2013, São Paulo, Universidade de São Paulo.

Grillo, S. V. C. et Glushkova, M., 2016, « A divulgação científica no Brasil e na Rússia : um ensaio de análise comparativa de discursos », *Bakhtiniana* 11, São Paulo : 69–92.

Moirand, S., 1993, « Autour de la notion de didacticité », *Les Carnets du Cediscor* 1, <http://cediscor.revues.org/600>

Moirand, S., Reboul-Touré, S. et Pordeus Ribeiro, M., 2016, « La vulgarisation scientifique au croisement de nouvelles sphères d'activité langagière », *Bakhtiniana* 11, São Paulo : 137–161, <http://revistas.pucsp.br/index.php/bakhtiniana/article/view/23847/19244>

Mortureux, M.-F., 1993, « Didacticité et discours « ordinaire » », *Les Carnets du Cediscor* 1, <http://cediscor.revues.org/601>

von Münchow, P., 2007, « Le genre en linguistique de discours comparative. Stabilités et instabilités séquentielles et énonciatives », *Linx* 56, université Paris Nanterre, <http://linx.revues.org/370>

von Münchow, P. et Rakotonoelina, F., 2006, « Avant-propos », *Les Carnets du Cediscor* 9, <http://cediscor.revues.org/106>

von Münchow, P., 2014, « L'analyse du discours contrastive : comparer des cultures discursives », *Les sciences du langage en Europe*, Limoges, Lambert-Lucas.

Paula, L. de., 2013, « Círculo de Bakhtin : uma Análise Dialógica de Discurso », *in Rev. Est. Ling.*, v. 21, n. 1, Belo Horizonte : 239–258.

Reboul, S., 1993, « Scientificité et didacticité », *Les Carnets du Cediscor* 1, Presses Sorbonne nouvelle, <http://cediscor.revues.org/605>

Philosophie Magazine et *Filosofia Ciência & Vida* : un support pédagogique et un outil d'interprétation de l'actualité médiatique

DANIELA NIENKÖTTER SARDÁ

Un aperçu des numéros de *Philosophie Magazine* et *Filosofia Ciência & Vida* – respectivement, les deux magazines de vulgarisation de la philosophie les plus populaires en France et au Brésil – nous a donné l'impression que le premier s'adressait davantage à un public de lycéens et d'amateurs de philosophie en général, tandis que le deuxième avait plutôt comme public les enseignants de cette discipline. Cette impression nous a amenée à une recherche dont les résultats sont exposés dans cet article, lequel dialogue directement avec les résultats obtenus dans une recherche précédente à propos des discours des manuels scolaires de philosophie publiés en France et au Brésil, réalisée dans notre thèse de doctorat (Sardá, 2015).

Notre article sera divisé en trois parties. Dans les deux premières parties, plus courtes, nous présenterons le corpus (partie 1) et le cadre théorico-méthodologique (partie 2). Dans la troisième partie, dédiée à l'exposition des résultats, nous discuterons d'abord la confrontation d'idées dans *Philosophie Magazine* moyennant une analyse diachronique des thèmes de couverture du journal (partie 3.1). Par la suite, nous montrerons comment la philosophie est devenue un outil d'interprétation de l'actualité médiatique dans les deux magazines (partie 3.2), puis nous discuterons le rôle de *FC&V* comme support pour l'activité d'enseignement de la philosophie au Brésil (partie 3.3). Dans la conclusion, enfin, les analyses seront reliées à un contexte historique plus large.

1. Corpus

Afin d'établir comment la philosophie est vulgarisée en France et au Brésil, nous avons sélectionné deux magazines de vulgarisation, à savoir

Philosophie Magazine (dorénavant *PM*) et *Filosofia Ciência & Vida* (dorénavant *FC&V*). Dans les deux communautés étudiées, la France et le Brésil, les deux journaux retenus sont parus la même année, mais avec des objectifs bien distincts, conformément à ce que nous exposerons dans la partie suivante.

Le but de cet article est d'analyser le genre « article/dossier de couverture ». On examinera aussi la façon dont ces articles/dossiers apparaissent dans les couvertures des magazines. Étant donné que les deux magazines sont encore en circulation en France et au Brésil, dans l'étude que nous avons poursuivie dans une recherche postdoctorale en sciences du langage, nous avons décidé d'investiguer une période d'à peu près dix ans du magazine : 2006–2016. Ainsi, nous avons choisi un numéro de *PM* et un numéro de *FC&V* pour chaque année de circulation des magazines respectifs, soit un total de 22 numéros.

De *PM*, nous avons sélectionné le Numéro 1 (avr.–mai 2006), le Numéro 11 (juil.–août 2007), le Numéro 20 (juin 2008), le Numéro 34 (nov. 2009), le Numéro 39 (mai 2010), le Numéro 45 (déc. 2010/janv. 2011), le Numéro 59 (mai 2012), le Numéro 65 (déc. 2012/janv. 2013), le Numéro 79 (mai 2014), le Numéro 88 (avr. 2015) et le Numéro 95 (déc. 2015/janv. 2016).

De *FC&V*, nous avons choisi le Numéro 03 (oct. 2006), le Numéro 15 (oct. 2007), le Numéro 20 (mars 2008), le Numéro 32 (mars 2009), le Numéro 53 (nov. 2010), le Numéro 60 (juin 2011), le Numéro 67 (fév. 2012), le Numéro 85 (août 2013), le Numéro 90 (janv. 2014), le Numéro 107 (juin 2015) et le Numéro 119 (août 2016). Quand l'analyse ne mobilise que le titre de l'article/dossier figurant sur la couverture des deux magazines, n'importe quel numéro sorti entre 2006–2016 pourra constituer un objet d'analyse.

2. Cadre théorico-méthodologique

Parmi les différentes perspectives théoriques pour analyser le discours de vulgarisation scientifique, nous adopterons celle qui « conçoit [...] la vulgarisation scientifique comme pratique de reformulation ou de traduction du discours scientifique dans un discours second »[1] (Grillo, Giering

---

[1] "concebe [...] a divulgação científica como prática de reformulação ou de tradução do discurso científico em um discurso segundo". Sauf indication contraire, c'est nous qui traduisons les passages du portugais vers le français dans cet article.

et Motta-Roth, 2016 : 4). Dans cette perspective, une grande attention est donnée à l'analyse de la matérialité linguistique. Cette matérialité linguistique sera appréhendée par l'application d'un modèle issu de l'analyse du discours contrastive (dorénavant ADC). L'ADC est « une approche qui se situe à l'intérieur des sciences du langage, au carrefour de l'analyse du discours française, de la linguistique textuelle et des approches contrastives ou 'transculturelles' » (von Münchow, 2016 : 2). Ce modèle (von Münchow, 2011) permet de mobiliser plusieurs « modules langagiers » puis de les relier à des représentations mentales, discursives et sociales. Dans notre recherche, nous mobiliserons surtout le module énonciatif – principalement la notion de *rapport de dialogue*, issue du Cercle de Bakhtine – et le module sémantique[2], pour analyser les thèmes de couvertures qui donnent lieu à des articles ou dossiers à l'intérieur de *PM* et *FC&V*[3].

3. *PM* et *FC&V* : un support pédagogique et un outil d'interprétation de l'actualité médiatique

Dans les pages suivantes, nous présenterons les résultats obtenus grâce à la comparaison des discours de *PM* et *FC&V*.

---

[2] D'après von Münchow (2011 : 13), « Sur le plan énonciatif, on peut, par exemple, se poser la question du positionnement de la personne (du destinateur et du destinataire), du positionnement dans le temps, de l'emploi du discours rapporté et de la désignation et de la caractérisation de certains phénomènes. Le module compositionnel peut donner lieu, par exemple, à une description de l'utilisation des différents types textuels (narration, description, argumentation, etc.), des plans de texte [...] et de la présentation "spatiale" et typographique des éléments d'information. Les choix thématiques, les champs sémantiques récurrents, etc., peuvent être étudiés au niveau sémantique ».

[3] Dans ce chapitre, nous aborderons les concepts issus du Cercle de Bakhtine en tant que catégories d'analyse, en les incorporant au modèle employé autrefois dans notre thèse de doctorat. Notre recherche de post-doctorat vise à comparer les discours dans une perspective dialogique. Il appartient à cette réflexion d'analyser les concepts bakhtiniens qui peuvent être mobilisés comme des catégories d'analyse dans un corpus, et qui peuvent entrer dans l'analyse en tant que concepts opératoires. Puisque ce travail est en cours, nous avons décidé, ici, de maintenir la même approche du corpus étudié dans notre thèse.

3.1. La confrontation d'idées dans *PM*

Une analyse diachronique des titres de couverture de *PM* révèle qu'il y a une tendance, qui s'est mise en place au fil des années, à présenter ces dossiers sous forme de question, avec ou sans sous-titre. Le premier titre du magazine suit ce modèle :

(1) **Un autre monde est-il possible ?**[4] De Platon à Hans Jonas, la réponse des philosophes (*PM*, n° 1, avr.–mai 2006)

Il s'agit d'une tendance qui se confirmera avec le temps. Entre avril 2006 et décembre 2007, parmi quinze numéros parus, trois présentaient un énoncé sous forme de question dans le titre principal. Cette tendance paraît atteindre son apogée dans l'année 2010, car parmi les onze numéros sortis, huit présentaient des questions dans le titre. Voyons lesquels :

(2) Le socialisme peut-il renaître ? (*PM*, n° 36, fév. 2010)

(3) La télé nous rend-elle mauvais ? (*PM*, n° 37, mars 2010)

(4) Comment pensent les enfants (*PM*, n° 38, avr. 2010)

(5) Le travail nuit-il à la santé ? (*PM*, n° 39, mai 2010)

(6) Qu'est-ce qu'être beau ? (*PM*, n° 40, juin 2010)

(7) Peut-on changer de vie ? (*PM*, n° 41, juil.–août 2010)

(8) Qu'est-ce qu'une journée réussie ? (*PM*, n° 43, oct. 2010)

(9) La famille est-elle insupportable ? (*PM*, n° 45, déc. 2010 – janv. 2011)

Une première analyse nous montre que ces énoncés se rapprochent beaucoup du type de question de l'examen du baccalauréat. Voici les questions de l'épreuve de 2018, en guise de comparaison :

(10) Baccalauréat général

Session 2018

Philosophie série L

1er sujet : **La culture nous rend-elle plus humain ?**

2ème sujet : **Peut-on renoncer à la vérité ?**

[…]

---

[4] C'est nous qui soulignons en gras les exemples des analyses. Les italiques sont dans l'original.

Série ES
1er sujet : **Toute vérité est-elle définitive ?**
2ème sujet : **Peut-on être insensible à l'art ?**
[...]
Série S
1er sujet : **Le désir est-il la marque de notre imperfection ?**
2ème sujet : **Éprouver l'injustice, est-ce nécessaire pour savoir ce qui est juste ?**
[...]
Séries Technologiques
1er sujet : **L'expérience peut-elle être trompeuse ?**
2ème sujet : **Peut-on maîtriser le développement technique ?**[5]

Dans les questions du baccalauréat, on rencontre les mêmes structures linguistiques présentes dans les questions du magazine *PM* : des questions ouvertes avec « peut-on » ; des questions classiques avec « qu'est-ce que » et des questions avec des inversions syntaxiques qui mettent l'accent sur le concept philosophique : tel concept « est-il » ou « rend-il ». L'accent est toujours mis sur la philosophie ; l'énoncé [1] *supra* nous rappelle que l'important, c'est « la réponse des philosophes ».

Il est intéressant de rechercher l'origine de cette ressemblance, dans la mesure où *PM* se place, au cours du temps, comme un magazine de soutien aux élèves qui passent le baccalauréat. La première référence à l'examen du baccalauréat, dans le magazine lui-même, se trouve dans le Numéro 10 (juin 2007), lors de la publication, à l'intérieur du magazine, d'un « Spécial Bac Philo : manuel de survie pour l'épreuve » de 26 pages comprenant les « clés de l'épreuve ». L'année suivante, dans le Numéro 20 (juin 2008), paraît le reportage « Bac Philo : comment sont notées les copies ». En effet, il est important de remarquer que la notation des copies, au lycée comme à l'université, dépend de plusieurs critères et se révèle très complexe :

On n'attend pas la même ampleur de connaissances et la même profondeur de réflexion d'étudiants spécialisés dans des études de philosophie et de ceux pour qui la philosophie ne représente qu'un enseignement optionnel dans un cursus. Une dissertation sera évaluée différemment selon les filières

---

[5] <http://etudiant.aujourdhui.fr/etudiant/info/bac-2018-les-sujets-de-philosophie.html>, consulté le 12/11/2018.

et les séries [...] Étant donné la diversité des horaires, les **différences de niveau de culture et de pratique philosophiques**, il est conseillé à ces étudiants de compléter leurs acquis [...] (Choulet, Folscheid et Wunenburger 1992 : XI–XII)

Ainsi l'évaluation de la dissertation suit des critères rigoureux, du lycée jusqu'à l'université, conformément à la pratique de cette discipline en France. Dans le texte *supra*, on peut noter que l'apprentissage de la philosophie requiert une instruction assez solide des élèves. Chiss et Cicurel (2005) signalent que les exercices scolaires et universitaires font partie de la « culture éducative » d'une communauté. Par ailleurs, ce genre d'exercice est marqué « par une époque et un lieu » (*idem, ibidem* : 7) ; c'est pourquoi il est nécessaire, à notre avis, de connaître la culture éducative pratiquée dans des classes de philosophie en France actuellement, pour comprendre les discours de vulgarisation scientifique de *PM*.

En 2008, le magazine commence à publier, dans des numéros à part, des « hors-série » spécifiques pour le baccalauréat (dès lors intitulés « **Guide** de survie au Bac Philo »). Il s'agit d'un magazine entièrement consacré au baccalauréat, sous la direction de Charles Pépin, auteur d'un manuel scolaire de philosophie[6]. En 2016, grâce à son grand succès auprès des lycéens, ce hors-série est devenu un livre : « Créé en 2008 sous la forme d'un hors-série de presse, ce *Guide de survie* s'est vendu en moyenne à 30 000 exemplaires chaque année. Il a été revu et complété pour devenir un livre, au contenu toujours ludique, à la fois synthétique, très pratique et complet pour les dernières révisions du bac philo [...] »[7]. À l'heure actuelle, toute une partie du site internet de *PM* est dédiée au baccalauréat[8]. Le site a été enregistré sous le nom abrégé « Philo Mag », vraisemblablement afin de donner un air plus jeune et informel au magazine.

On peut encore observer, dans *PM*, que les thèmes qui ne sont pas énoncés sous forme de question présentent un sous-titre suggérant qu'ils seront traités de manière plus étendue, soit par l'indication de philosophies canoniques, soit par l'évocation de philosophes et intellectuels

---

[6] Il s'agit du manuel suivant : Pépin Charles, *Ceci n'est pas un manuel de philosophie*, Flammarion, 2010. Ce manuel a intégré le corpus de notre thèse sur les discours des manuels de philosophie en France et au Brésil (Sardá, 2015).

[7] <https://www.philomag.com/bac-philo/guide-de-survie-au-bac-philo-15364>, consulté le 12/11/2018.

[8] <https://www.philomag.com/bac-philo>, consulté le 12/11/2018.

contemporains. L'emploi de la préposition « avec » pour introduire les noms est fréquent, tout comme la construction « de... à ». En voici quelques exemples :

> **(11)** Le déclin de l'empire européen. De la chute de Rome à la crise grecque, la fatigue d'une civilisation. **Avec** Hubert Védrine, Étienne Balibar, Denys Arcand, Lucien Jerphagnon... (*PM*, n° 42, sept. 2010)
>
> **(12)** La mort. Oser y penser. **Avec** Épicure, Montaigne, Heidegger (*PM*, n° 44, nov. 2010)
>
> **(13)** Je suis ce que je mange. La pensée diététique **de** Platon **à** Michel Onfray (*PM*, n° 50, juin 2011)

Les énoncés sous forme de question ainsi que le besoin de signaler, dès la couverture du magazine, que le dossier abordera le thème selon plusieurs points de vue philosophiques, peuvent être considérés comme l'objectif du magazine lui-même (en effet les éditeurs de *PM* ne veulent pas associer le journal à une « chapelle d'idées » ou à un « courant philosophique » spécifique), ce qui est aussi le reflet de l'enseignement de la philosophie en France. Tinland (2011), dans un ouvrage de méthodologie pour les concours du CAPES et de l'agrégation en philosophie, précisément dans un sous-chapitre intitulé « La culture philosophique : entre éclectisme et spécialisation », signale

> [qu'u]n exercice philosophique tire sa légitimité de la dimension *problématique* de son objet, et requiert à ce titre de faire apparaître la dimension *dissensuelle* des positions philosophiques qui prétend le cerner. Toute thèse défendue dans un exercice philosophique doit faire l'épreuve de l'*altérité* et se confronter à des positions adverses, opposées, voire contradictoires. (p. 79)

Dans les exemples présentés, les questions incitent le lecteur à développer cette « dimension problématique ». Prenons l'exemple [9]. La question formulée sur la couverture du magazine est la suivante : « La famille est-elle insupportable ? ». Le dossier correspondant commence à la page 38 avec un texte, rédigé par le journaliste responsable du dossier – Michel Eltchaninoff, rédacteur en chef adjoint –, où il résume la pluralité des points de vue sous lesquels la question sera envisagée :

> **(14)** *La grande énigme de Noël*, c'est bien sûr ce repas familial réunissant, une fois de plus, des gens qui souvent ne se supportent plus, ou mal, et qui pourtant y reviennent. Car de notre famille, nous ne sommes

finalement jamais quittes [...]. **Pour la plupart des philosophes, la famille est en effet un lien subi qu'il faut trancher pour connaître une vie authentique.** Ou au moins renégocier afin de s'inventer de nouvelles possibilités de vie. Reste qu'**entre le premier stade de la révolte** (p. 42) et **le second stade de l'expérimentation** (p. 47), **une troisième voie – celle de la réconciliation –** s'affirme discrètement (p. 52) [...] (PM, n° 45, déc. 2010/janv. 2011, p. 39)

Cela est une pratique courante au début de chaque dossier des magazines qui commencent toujours par un texte de présentation rédigé selon ce schéma. Pour mieux comprendre celui-ci, il convient de tenir compte de la recommandation de Tinland (2011) : « Toute thèse défendue dans un exercice philosophique doit faire l'épreuve de l'*altérité* et se confronter à des positions adverses, opposées, voire contradictoires ». Cette nécessité du contradictoire donne lieu, parfois, à de la polémique, si caractéristique de la culture médiatique française. Dans le Numéro 36 (fév. 2010), dont le titre a été présenté dans l'exemple [2] *supra*, nous avons un texte « exclusif » intitulé « Michel Onfray s'attaque à la psychanalyse. Son duel avec Jacques-Alain Miller ». D'autres numéros présentent des débats, des discussions de textes, etc.

Par ailleurs, le discours de vulgarisation, quand bien même il diffère du discours éducatif, comprend une dimension de didacticité. D'après Moirand, Reboul-Touré et Pordeus Ribeiro (2016, p. 149), dans les discours de vulgarisation :

[l]e médiateur, souvent un journaliste scientifique, parle sous le contrôle de la sphère des spécialistes et l'intertexte, ici *monologal*, renvoie au discours de la sphère d'activité scientifique source, tout en manifestant une réelle intention de *didacticité* [...] à destination des lecteurs intéressés, dont il prévoit les questions, ce qui relèverait d'une forme de *dialogisme interactionnel*.

Ce dialogisme interactionnel – ou « dialogisme interlocutif » – est défini comme « un dialogisme qui prend en compte l'anticipation par le locuteur de ce qui pourrait suivre sa production » (Vion, 2011 : 237). Il peut être observé dans les discours de présentation des dossiers de *PM*, rédigés par des journalistes, qui anticipent les questions des lecteurs :

(15) Nous sommes entrés dans une civilisation panique. Menaces d'épidémie, de terrorisme, de chaos climatique, d'effondrement économique, d'empoisonnement au maïs OGM se bousculent à la une des journaux et dans nos conversations. Face à cette perpétuelle anxiété, il nous incombe de creuser une distance. **Oui, mais comment ?** En considérant la peur tantôt comme *une ennemie* (p. 40), tantôt comme *une*

intime (p. 45) et peut-être comme *une alliée* (p. 49), **nous répondent les philosophes interrogés ici** : Paul Virilio, Dominique Lecourt, Jean-Pierre Dupuy, Paul-Laurent Assoun ou Irvin Yalom. **C'est-à-dire** : en la combattant lorsqu'elle prend le visage d'une politique d'État ; en l'accueillant lorsqu'elle porte en elle la vérité de notre désir ; ou en en faisant un levier pour parer aux catastrophes annoncées. **Et si nous apprenions à avoir peur avec raison ?** (*PM*, n° 34, nov. 2009, p. 34)

Nous avons en [15] une situation où la « visée mise en jeu dans le texte » (Moirand, 1993, § 5) est celle du faire savoir. Dans cet exemple, la réponse aux questionnements sera donnée par les philosophes – cette fois-ci, des philosophes contemporains qui apprendront au public à « avoir peur avec raison ».

On constate que *PM* a profité, dans un premier temps, de cette caractéristique intrinsèque du discours de vulgarisation – la didacticité – afin de captiver un public qui ne disposait pas de magazines pour les études du baccalauréat. Dans les cinq premières années du magazine, les discours sont tournés vers des concepts philosophiques plus abstraits, conformément à ce que nous avons exposé dans cette partie.

3.2. La philosophie comme outil d'interprétation de l'actualité dans *PM* et *FC&V*

Aux environs de l'année 2011, les thèmes des dossiers de *PM* commencent à être plus ancrés dans l'actualité. On quitte le domaine de la philosophie au sens strict, dont les thèmes sont plus abstraits, pour passer à l'examen des sujets philosophiques plus concrets. Le Numéro 53 (oct. 2011) en est un exemple. Le dossier est intitulé « Qu'est-ce qu'un bon président ? », mais en bas, dans le sous-titre, on lit « Sondage : L'idée que s'en font les Français » ; l'annonce d'un débat entre François Hollande et Pierre Rosanvallon figurant par ailleurs sur la couverture. François Hollande apparaîtra à nouveau six mois après, dans le Numéro 58 (avr. 2012). En voici les deux couvertures :

Figure 1 : couverture du n° 53 (oct. 2011) et du n° 58 (avr. 2012) de *PM*

Après le succès des hors-séries dédiés au baccalauréat, le magazine semble s'orienter vers des thèmes d'actualité. Cette hypothèse est vérifiée par l'observation de la couverture du Numéro 63 (oct. 2012), qui affiche l'étiquette « nouvelle formule ». Ce changement de « formule », six ans après la sortie du premier numéro, vise à « rendre la philosophie plus accessible » :

> Si l'un des objectifs est de renforcer la présence de l'actualité [...] il n'est pas question pour autant de proposer « moins de philosophie », affirme Alexandre Lacroix, directeur de la rédaction. Bien au contraire, de nouveaux philosophes ont été sollicités pour donner leur avis ; certains d'entre eux signent des « reportages philosophiques » ; et la pensée d'un grand auteur est désormais présentée par un essai engagé, écrit par un philosophe contemporain, en lieu et place de la biographie publiée jusqu'alors (FALCAND, 2012).

Une troisième formule a été proposée lors de la sortie de l'édition du n° 107 (mars 2017). On lit, sur le site du magazine, que le nouveau *PM* a trois missions : « première mission : déchiffrer l'actualité ; deuxième mission : prendre la tangente ; troisième mission : cheminer dans les idées »[9].

---

[9] <https://www.philomag.com/archives/107-mars-2017>, consulté le 12/11/2018.

Même si notre analyse ne comprend que la période de 2006 à 2016, nous pouvons observer la couverture d'un numéro d'octobre 2017 qui montre à quel point le journal a décidé d'investir dans l'actualité :

Figure 2 : Couverture de *PM* (n° 113, oct 2017)

Ici, le thème de la couverture n'est plus abordé de façon générique, comme dans les exemples que nous avons donnés dans la partie 3.1. *supra*, mais est fortement ancré dans le contexte. Nous n'avons plus sur la couverture une question comme « Qu'est-ce que la vérité ? » ou « La vérité est-elle possible ? », mais plutôt la question « Y a-t-il encore une vérité ? ». Autrement dit : il semble qu'on est sorti de la sphère philosophique, dont les questions sont plus générales, pour entrer dans la sphère journalistique, aux questions plus précises. Du point de vue graphique, ce sont les cheveux de Donald Trump qui forment le point d'interrogation (sa silhouette apparaît discrètement au second plan). Pour interpréter cette couverture, le lecteur doit savoir que le président américain avait été élu dans une campagne basée sur des *fake news*, lesquelles concernent directement le thème de la vérité traitée par les magazines. Plus précisément, c'est la vérité, en tant que concept philosophique, qui aidera le lecteur à comprendre – à déchiffrer – cet épisode de l'actualité mondiale.

Nous avons vu, dans la partie 3.1 *supra*, que les éditeurs de *PM* ont conçu ce journal comme apolitique. En se tournant vers les actualités, celui-ci a mis en place des discours forcément liés au contexte politique français et mondial (même si ces discours ne sont pas politiquement engagés, du moins en apparence). Linguistiquement, on remarque cette nouvelle tendance au travers des sous-titres. À première vue, les questions sont encore générales – « philosophiques » –, bien que dans les sous-titres l'accent soit spécifiquement mis sur l'actualité. Voyons-en quelques exemples :

(16) Existe-t-il une pensée fasciste ? **Sur fond de crise, l'extrême droite prospère. S'agit-il d'un mauvais démon ou d'une idéologie cohérente ?** (*PM*, n° 79, mai 2014)

(17) La terreur va-t-elle nous changer ? **Ils veulent nous diviser, ils pourraient nous unir. Ils veulent nous asservir, ils vont nous faire aimer la liberté** (*PM*, n° 95, déc. 2015–janv. 2016)

(18) La démocratie. Ça devrait être quoi ? **Un dossier garanti sans candidats pour réinventer la politique** (*PM*, n° 104, nov. 2016)

Ces exemples seront analysés avec plus de détails par la suite ; pour le moment, nous pouvons déjà affirmer que *PM* naît avec l'objectif d'être un support pédagogique pour l'apprentissage de la philosophie, et devient de plus en plus un outil d'interprétation des événements de l'actualité médiatique. Cela se voit par le degré de dialogisme présent dans ces deux moments de *PM* : à l'origine (cf. exemple [15] *supra*), on a affaire à des cas de dialogisme montré, du type *interactionnel constitutif*, dans « les interactions imaginées avec un *surdestinataire* forcément présent dans le discours intérieur des énonciateurs » (Moirand, 2011 [2007] : 250) ; ultérieurement, à des cas qui dépendent de plus en plus de la compréhension des rapports de dialogue, lesquels se sont établis entre des énoncés (on reviendra sur cette question).

La même tendance que celle observée dans les magazines français est remarquée dans le journal brésilien *FC&V* : il est à la fois un support pédagogique et un outil d'interprétation de l'actualité médiatique. Et pourtant, nous avons deux différences par rapport au magazine français. La première concerne le support pédagogique qui ne cible pas les élèves, mais plutôt les enseignants (voir partie 3.3 *infra*). La seconde, c'est qu'il n'y a pas d'évolution diachronique allant d'un magazine tourné davantage vers des thèmes philosophiques puis vers des thèmes interprétés sous l'optique de l'actualité. Le magazine brésilien *FC&V* mélange les deux genres d'approche au fil de ses éditions.

Des événements du contexte politique brésilien figurent dans plusieurs numéros de *FC&V*. Plusieurs numéros de ce magazine abordent des thèmes liés aux manifestations qui ont eu lieu en 2013 au Brésil. Le Numéro 107 (juin 2015) traite de la corruption, dans une édition sur le « *jeitinho brasileiro* » :

Figure 3 : Couverture de *FC&V* (n° 107, juin 2015)

Le titre de la couverture peut être traduit par : « Le système débrouille brésilien. Les aspects multiples de la survivance : ce qu'il y a de commun entre l'*Odyssée* d'Homère et la roublardise nationale ». Ce sujet a un rapport avec le thème de la corruption, très présent ces dernières années au Brésil, surtout depuis les manifestations de 2013 qui ont amené à la destitution de la présidente Dilma Rousseff. Dans un dossier du magazine, l'auteur, docteur et maître de conférences en philosophie, établit un rapport entre la corruption brésilienne et la *métis* grecque, en décrivant les ruses d'Ulysse (dans l'*Odyssée*) comme un exemple de la mise en valeur des tricheries. À la manière des numéros plus récents de *PM*, la philosophie servira d'outil pour la compréhension d'un thème de l'actualité médiatique.

Le Numéro 119 (août 2016) de *FC&V* fait également une allusion à la politique nationale dans un article sur le féminisme, écrit par Renato Nunes Bittencourt, maître de conférences et docteur en philosophie. Voyons l'encadré de cet article :

> (19) **Bela, recatada e do lar.** A *mídia hegemônica* apregoa impudicamente até mesmo como é o ideal de esposa sob as tintas do espírito colonial. "Bela, recatada e do lar", sob esses paradigmas vemos emergir do passado opressor o padrão comportamental pelo qual a mulher é valorizada. Esse modo de vida é incompatível com o processo de empoderamento feminino [...] (*FC&V*, août 2016, p. 16)

[**Belle, élégante et femme au foyer.** *Les médias hégémoniques* prêchent même, impudiquement, l'épouse idéale, peinte sous les traits de l'esprit colonial. « Belle, élégante et femme au foyer », sous ces paradigmes nous voyons émerger du passé oppresseur le modèle de comportement alors valorisant pour la femme. Ce mode de vie est incompatible avec le processus d'*empowerment* des femmes [...]]

Pour interpréter l'énoncé [19], il convient de mobiliser la notion de « rapport de dialogue » proposée par Bakhtine (1970) dans l'ouvrage *Problèmes de la poétique de Dostoïevski*. Pour Bakhtine (1970), « [l]es rapports de dialogue sont [...] extra-linguistiques » (p. 213) et on ne peut interpréter l'énoncé [19] qu'en ayant accès à un discours extérieur : l'interprétation est à trouver dans le « dehors » du texte. Bien entendu, il ne faut pas oublier que pour ce penseur, « [t]oute la vie de la langue, en quelque domaine de son utilisation que ce soit (domaine de la vie courante, des affaires, de la science, de la littérature, etc.), est pénétrée de rapports de dialogue »[10] (BAKHTINE, 1970 : 213) ; mais ce qui rend l'exemple [19] intéressant, c'est cette « tension discursive » que nous avons entre deux points de vue différents.

L'énoncé [19] crée une situation où nous avons deux voix en discordance : deux visions opposées sur la question de la femme. Le premier discours sur la femme est celui des médias hégémoniques, auquel l'auteur de l'article fait allusion : celui prononcé par le magazine *Veja* en 2016[11],

---

[10] Vion (2011) affirme que le dialogisme est un *postulat* bakhtinien : « Cette notion de dialogisme, beaucoup plus large que celle d'interaction, repose sur un postulat : "Toute énonciation quelque signifiante et complète qu'elle soit par elle-même, ne constitue qu'une fraction d'un courant de communication ininterrompu" (BAKHTINE, 1929/1977, p. 136) » (Vion 2011 : 237).

[11] <https://veja.abril.com.br/brasil/marcela-temer-bela-recatada-e-do-lar/>, consulté le 28/11/2018.

lors du processus de destitution de la première présidente de l'histoire brésilienne. Il s'agissait à l'occasion d'un reportage sur l'épouse du vice-président Michel Temer, Marcela Temer, et ses vertus supposées : « Belle, élégante et femme au foyer »[12].

On peut noter que l'auteur de l'article de *FC&V* n'évoque ce discours que pour s'y opposer. Pour cet auteur, le discours sur la femme belle, élégante et femme au foyer « est incompatible avec le processus d'*empowerment* des femmes dans leurs diverses expressions ».

Rappelons que ce reportage est très rapidement devenu viral sur les réseaux sociaux et a été l'objet de plusieurs critiques négatives. Il s'agit d'un *événement discursif*, tel que l'explique Branca-Rosoff (1994) à propos de cette notion chère à l'analyse du discours française, dans la mesure où « [l]'événement ne renvoie plus seulement au contexte externe, il concerne les représentations, les interprétations du social » (p. 227). Rappelons aussi que l'énoncé « Belle, élégante et femme au foyer », lorsqu'il est sorti dans la presse brésilienne, a été repris par les femmes et les féministes dans les réseaux sociaux, afin de s'y opposer. En ce sens, l'auteur est à la fois d'accord avec les discours des féministes et pas d'accord avec cette représentation de la femme « soumise ».

L'observation des rapports de dialogue entre les énoncés nous permet également d'interpréter les cas des exemples [16] à [18]. Prenons le cas présenté en [17]. Dans le sous-titre « Ils veulent nous diviser, ils pourraient nous unir. Ils veulent nous asservir, ils vont nous faire aimer la liberté », la seule analyse linguistique des déictiques « ils » *versus* « nous » ne nous permet pas de saisir toute la complexité de cet énoncé. Il faut savoir que l'auteur de l'énoncé s'oppose à un autre discours : celui, diffusé après les attentats terroristes du 13 novembre 2015 à Paris, selon lequel les terroristes voudraient diviser le pays. « Ils » se réfère donc aux terroristes, français ou pas, alors que « nous » se réfère aux Français non-terroristes. Selon Bakhtine (1970), pour avoir affaire à un rapport de dialogue, il faut qu'il y ait une discussion entre deux énoncés : « si [...] deux jugements sont répartis entre deux énoncés différents appartenant à deux sujets différents, naîtront entre eux des rapports de dialogue » (p. 214). Nous avons ainsi en [17] un discours au sujet de ce que l'on pense à propos des intentions des terroristes (ce que les terroristes veulent que les

---

[12] Pour savoir plus sur cet épisode : <http://www.rfi.fr/ameriques/20160428-bresil-marcela-temer-belle-elegante-dilma-polemique>, consulté le 12/11/2018.

Français ressentent) et un autre discours qui s'oppose à cette intention (un discours des Français eux-mêmes, qui ne se laisseront pas abattre). Pour ce qui est de la philosophie, elle est là pour aider à comprendre cet événement de l'actualité, et non seulement pour discuter le thème de la terreur en soi, considérée de manière abstraite, comme dans les premières éditions de *PM*.

3.3. *FC&V* comme support pour l'activité d'enseignement

En revenant au magazine brésilien *FC&V*, on remarque qu'autour de 2006–2007, première année du magazine, il y avait davantage d'articles écrits par des journalistes. Par la suite, une autre tendance apparaît : les articles sont pour la plupart signés par des universitaires avec une formation – surtout doctorale – en philosophie ou dans un autre domaine des sciences humaines. Dans ce magazine, on observe, comme c'était le cas dans *PM*, la présence de thèmes plus universels traités exclusivement dans l'optique philosophique :

> **(20)** A crise do amor. Como amar sem sofrer, **de** Platão **a** Simone de Beauvoir. (*FC&V*, nº 03, oct. 2006).
>
> [La crise de l'amour. Comment aimer sans souffrir, de Platon à Simone de Beauvoir.]
>
> **(21)** Hegel e o homem mau. Para o filósofo, inclinação para a maldade é natural e está ligada ao exercício da liberdade. Confira o pensamento deste idealista alemão em **um paralelo com outros autores.** (*FC&V*, nº 15, oct. 2007).
>
> [Hegel et l'homme méchant. Pour le philosophe, l'inclination vers la méchanceté est naturelle et liée à l'exercice de la liberté. Découvrez la pensée de cet idéaliste allemand en parallèle avec d'autres auteurs.]
>
> **(22)** Desejo. **Seria o desejo** um artifício para ocupar lacunas existenciais ? Devemos sucumbir a eles ? **As respostas de Diógenes, Platão e Descartes.** (*FC&V*, nº 33, avr. 2009).
>
> [Le désir. Serait-il un artifice pour occuper les vides existentiels ? Devrons-nous y succomber ? **Les réponses de Diogène, Platon et Descartes**]

Nous remarquons que les structures linguistiques sont proches de celles des titres de *PM* analysées dans la partie 3.1 *supra* : on indique très clairement que les philosophes sont à la source des questions posées. Néanmoins, des thèmes liés à une certaine « actualité » figurent sur les couvertures de *FC&V* dès la première année du magazine. Le Numéro 07 (fév. 2007), par exemple, présente le thème suivant :

> (2) Volta às aulas. Professores e alunos discutem o ensino obrigatório de Filosofia no País. (*FC&V*, n° 7, fév. 2007).

[La rentrée. Des enseignants et des élèves discutent l'enseignement obligatoire de la philosophie dans le pays.]

Dans cet exemple, bien qu'on ne s'occupe pas de la philosophie proprement dite, on traite de l'enseignement de cette discipline, qui était le sujet de l'époque figurant dans la rubrique « Enseignement » du journal. Ce qui montre qu'à l'origine, le titre de la couverture ne correspondait pas à un article dans la session « article/dossier ». L'exemple [20] et [21] font partie du même cas de figure : le premier thème est travaillé par une journaliste dans la rubrique « Liens humains » (*Relacionamento*), tandis que le deuxième, par un professeur-docteur en philosophie dans la rubrique « Existence » (*Existência*). C'est à partir de la troisième année du magazine (2009) que des spécialistes en philosophie écrivent des articles de vulgarisation sur le thème choisi.

Du point de vue discursif – contrairement aux dossiers du magazine français –, les auteurs ont l'habitude de présenter, dans les articles/dossiers de *FC&V*, les différents points de vue sur une question philosophique, mais sans cesser de donner leur propre avis sur la question. Ainsi, le thème de la couverture est traité selon les recherches menées par le chercheur invité, afin que sa posture idéologique soit davantage transparente pour le public. On le constate surtout par l'emploi que l'auteur fait des adjectifs ci-dessous :

> (24) No caso da sociedade brasileira, a constituição laica do Estado Democrático cada vez mais se torna apenas teoria, pois o obscurantismo **fascista** presente no discurso de ódio de parlamentares defensores dos interesses da bancada da bala, do machismo naturalizado e das corporações financeiras travestidas de seitas religiosas arrisca jogar ao fogo nossa **precária** cidadania, anulando nossos **esquálidos** direitos civis. Qualquer esfera pública **esclarecida** deveria se envergonhar por chancelar as insanidades enunciadas e praticadas por tantos parlamentares **estúpidos** que só encontram sintonia mental com odiosas ideias **intolerantes** [...] (*FC&V*, n° 119, août 2016, p. 21)

[Dans le cas de la société brésilienne, la constitution laïque de l'État Démocratique devient de plus en plus théorique, car l'obscurantisme **fasciste** présent dans le discours de haine des parlementaires partisans des intérêts du lobby des armes à feux, du sexisme et des sociétés financières déguisées de sectes religieuses, risque de jeter au feu notre citoyenneté **précaire**, en annulant nos droits civiques dérisoires. N'importe quelle sphère publique **éclairée** devrait avoir honte d'entériner les folies énoncées et pratiquées par tant de parlementaires **stupides** qui ne sont sur une longueur d'onde mentale qu'avec d'odieuses idées **intolérantes** [...]]

Cette tendance se justifie, à notre avis, par le fait que le discours du magazine est adressé aux professeurs de philosophie. Ces enseignants doivent former leur propre opinion afin de bien conduire l'apprentissage de l'argumentation chez les élèves. À chaque numéro, un auteur différent est invité – et ainsi les vues idéologiques peuvent être différentes d'une édition à l'autre. Au lieu de ne pas prendre une position politique et de n'appartenir qu'à une seule « chapelle » d'idées, les éditeurs de *FC&V* ont choisi de diversifier ces positions ainsi que les courants philosophiques au fil des éditions.

Le programme de philosophie du ministère de l'Éducation brésilien affirme qu' « il n'y a pas une philosophie [...], ce qu'il y a ce sont des philosophies, l'enseignant pouvant [...] privilégier certaines lignes de pensée et de méthodologie, que ce soit la dialectique, la phénoménologique, la rationaliste, etc. »[13] (BRASIL, 2002, p. 41–42). Tout numéro de *FC&V* est accompagné d'un cahier central pour l'enseignant. On voit dans les discours de ce matériel la nécessité de confronter des points de vue distincts sur une même question :

> **(25)** Soberania. O caderno deste mês discute o conceito de soberania e poder, **com pontos de vista distintos** de dois grandes filósofos que pensaram o tema, Maquiavel e Bodin. (FC&V, nº 53, nov. 2010)

[La souveraineté. Le cahier de ce mois discute le concept de souveraineté et de pouvoir, **avec des points de vus distincts** de deux grands philosophes qui ont pensé le thème, Machiavel et Bodin.]

Un autre élément qui nous aide à interpréter les discours de *FC&V* comme un support pour l'enseignement de cette discipline est le fait que

---

[13] "[...] não existe uma Filosofia [...] o que existem são Filosofias, podendo o professor [...] privilegiar certas linhas de pensamento e de metodologia, sejam elas a dialética, a fenomenológica, a racionalista etc."

le magazine a été sélectionné par le programme « PNBE périodiques », dont le but est « l'acquisition et la distribution de magazines pédagogiques pour aider le travail des enseignants du réseau public et du directeur d'école »[14].

Conclusion

Nous voudrions consacrer notre conclusion à l'établissement de quelques interprétations « causales », susceptibles d'expliquer les résultats exposés dans cet article. Évidemment, ces interprétations ne visent pas à être une conclusion définitive sur les deux magazines étudiés, vu l'état embryonnaire de notre recherche sur les magazines de philosophie en France et au Brésil. Bien que parus à la même époque – dans l'année 2006 –, les deux magazines ont des objectifs distincts. Si *PM* se présente comme un journal apolitique, le surgissement de *FC&V* est lui-même une réponse à des événements de la politique brésilienne.

Dans la rubrique « à propos » du site Internet de *PM*, ce journal est décrit comme « un mensuel indépendant » crée en vue de « combler un manque et répondre à une attente : il n'existait jusque-là aucun magazine de philosophie en langue française »[15]. On s'aperçoit que même en France, où la philosophie joue un rôle pérenne comme institution, *PM* a son premier numéro paru en avril–mai 2006, en venant combler une lacune dans le marché éditorial de ce pays. Le journal est édité par Philo Éditions, dont le siège social est à Paris. Concernant encore la ligne éditoriale du magazine, les éditeurs de *PM* affirment qu'il « n'appartient à *aucune chapelle d'idées* et n'est affilié à *aucun courant politique* »[16]. Cette affirmation a attiré notre attention parce qu'elle va à l'encontre de la ligne éditoriale du magazine brésilien *FC&V*.

Le premier numéro de *FC&V* a été mis sur le marché en 2006 par la maison d'édition Escala, dont le siège est à São Paulo. Cette maison d'édition appartient au groupe Escala, qui travaille avec le marché de

---

[14] "aquisição e distribuição de revistas pedagógicas para auxiliar o trabalho dos professores da rede pública e do gestor escolar" : <https://www.fnde.gov.br/programas/programas-do-livro/legislacao/item/9698-dados-estatisticos>, consulté le 28/11/2018.
[15] Disponible sur : <https://www.philomag.com/a-propos>, consulté le 12/11/2018.
[16] Disponible sur : <https://www.philomag.com/a-propos>, consulté le 12/11/2018.

magazines et de manuels scolaires et parascolaires. Depuis son origine, il s'agit d'un mensuel. Sur son site Internet, le magazine brésilien affiche un texte standardisé pour tout numéro : « *Filosofia Ciência & Vida* analyse le thème dans l'optique des grands courants philosophiques ou théoriques [...] en traitant des questions et des problématiques actuelles »[17].

Dans son premier numéro spécial, *FC&V* souligne l'intérêt du public pour les sciences humaines, depuis l'insertion de la sociologie ainsi que la réinsertion de la philosophie dans les cursus scolaires, après des décennies de suppression de cette discipline pendant le régime dictatorial brésilien (1964–1985) :

> Une frange de la société a réclamé la valorisation plus grande des sciences humaines. Laissées en second plan par **la fureur industrielle militaire**, ce champ du savoir a vu ses privilèges décliner au profit des connaissances exactes. Mais un consensus entre l'université, les moyens de communication et les secteurs gouvernementaux commence à porter ses fruits. La Philosophie et la Sociologie sont désormais des disciplines obligatoires dans le Secondaire. (CHIBLI dans *FC&V*, n° 1 spécial, autour de 2007[18], p. 4)[19].

Or, la philosophie a été supprimée des parcours scolaires pendant la dictature militaire brésilienne et, après ce régime, elle est revenue comme matière facultative. C'est justement lors de l'année 2006 – date de parution du magazine *FC&V* – que « le Conseil National de l'Éducation a soumis une *résolution* afin de rendre obligatoire l'enseignement de la philosophie et de la sociologie dans tous les lycées nationaux » (Sardá, 2015 : 28). Cette information aide à expliquer pourquoi les éditeurs de *FC&V* ont choisi de destiner le magazine au public enseignant.

Dans des recherches ultérieures, nous relierons éventuellement l'histoire de la dictature militaire brésilienne avec l'histoire des magazines

---

[17] "*Filosofia Ciência & Vida* analisa o tema sob a óptica de grandes correntes filosóficas ou teóricas [...] por meio do tratamento de questões e problemáticas atuais" : <https://assineescala.com.br/categoria/conhecimento-e-educacao/revista-filosofia-ciencia-e-vida/>, consulté le 12/11/2018.

[18] Il y a une difficulté à trouver la date de parution de certains numéros de *FC&V*.

[19] "Uma parcela da sociedade tem clamado por maior valorização das ciências humanas. Deixadas em segundo plano com o furor desenvolvimentista militar, esse campo do saber viu seus privilégios minguarem em prol dos conhecimentos exatos. Mas um consenso entre academia, meios de comunicação e setores governamentais começa a frutificar. A Filosofia e a Sociologia são agora disciplinas obrigatórias no ensino médio".

de vulgarisation scientifique au Brésil. Ce n'est d'ailleurs pas un hasard si le premier magazine de vulgarisation scientifique au Brésil, *Ciência hoje*, paru pour la première fois en 1982, avait un fort engagement politique, comme nous l'apprend Grillo (2013) : « Ici [dans *Ciência hoje*] la vulgarisation de la science intègre un projet politique, lorsque le Brésil sort d'une dictature militaire et se trouve dans un processus de redémocratisation »[20] (Grillo, 2013 : 251). Pour ce qui a trait au contexte français, enfin, nous croyons que la « piste interprétative » se trouve dans la recommandation à ne pas manifester des points de vue politiquement engagés.

Pour conclure, observons que la tradition philosophique dans les deux pays analysés est assez distincte. En France, la philosophie est présente dans l'enseignement scolaire et dans les médias il y a plus longtemps et d'une manière plus pérenne qu'au Brésil. Cela pose aussi des défis pour la comparaison des discours sur cette discipline dans les deux pays.

Références bibliographiques

Bakhtine, M., 1970, *Problèmes de la poétique de Dostoïevski*, Lausanne, Éditions l'Âge d'Homme, Trad. Guy Verret.

Beacco, J.-C., 1992, « Les genres textuels dans l'analyse du discours : écriture légitime et communautés translangagières », *Langages* 105 : 8–27.

Branca-Rosoff, S., 1994, « Jacques Guilhaumou, Denise Maldidier, Régine Robin, Discours et archive. Expérimentations en analyse du discours », *Mots* 41 : 225–228.

BRASIL, 2002, *PCN+ Ensino Médio : Orientações Educacionais Complementares aos Parâmetros Curriculares Nacionais. Ciências Humanas e suas Tecnologias*. Brasília, Ministério da Educação/Secretaria de Educação Média e Tecnológica : <http://portal.mec.gov.br/seb/arquivos/pdf/CienciasHumanas.pdf>, consulté le 28/11/2018.

Chiss, J.-L, Cicurel, F., 2005, Présentation générale. Cultures linguistiques, éducatives et didactiques, *in* Beacco, J.-C., Chiss, J.-L., Cicurel, F. et Véronique, D., dir., *Les cultures éducatives et linguistiques dans l'enseignement des langues*, Paris, PUF : 1–9.

---

[20] "Aqui a divulgação da ciência integra um projeto político, quando o Brasil está saindo de uma ditadura militar e em processo de redemocratização".

Choulet, P., Folscheid, D. et Wunenburger, J.-J., 1992, *Méthodologie philosophique*, Paris, PUF.

Falcand, D., 2012, Pourquoi *Philosophie Magazine* lance une nouvelle formule, *Les clés de la presse* : <http://www.lesclesdelapresse.fr/a-la-une,123.html>, consulté le 28/11/2018.

Grillo, S. V. C., 2013, *Divulgação científica* : linguagens, esferas e gêneros, thèse de doctorat, Université de São Paulo, 333 f.

Grillo, S. V. C., Giering, M. E., Motta-Roth, D., 2016, « Perspectivas discursivas da divulgação/popularização da ciência », *Bakhtiniana*, 11 (2), São Paulo : 3–13.

Moirand, S., 1993, Autour de la notion de didacticité, *Les Carnets du Cediscor* 1, <https://journals.openedition.org/cediscor/600>

Moirand, S., 2011 [2007], Discursos sobre a ciência e posicionamentos ideológicos : retorno sobre as noções de formação discursiva e de memória discursiva, in Baronas, R. L., dir., *Análise de discurso : apontamentos para uma história da noção-conceito de formação discursiva*, São Carlos, Pedro e João Editores : 247–282.

von Münchow, P., 2011, *Lorsque l'enfant paraît... Le discours des guides parentaux en France et en Allemagne*, Toulouse, Presses Universitaires du Mirail.

von Münchow, P., 2016, L'Europe et les Européens dans les manuels scolaires. Un enseignement tacite de l'Europe dans les manuels d'histoire français et allemands, *Douzième Journée Pierre Guibbert* – Université de Montpellier, Université Paul Valéry Montpellier 3.

Sardá, D. N., 2015, *Les manuels de philosophie en France et au Brésil :* une analyse du discours contrastive de la prise en charge énonciative, Thèse de doctorat, Université Paris Descartes : <https://tel.archives-ouvertes.fr/tel-01237282>, consulté le 28/11/2018.

Tinland, O., 2011, *Guide de préparation au CAPES et à l'Agrégation de Philosophie*, Paris, Ellipses.

Vion, R., 2011, « Dialogisme et polyphonie », *Linha D'Água* 24 (2) : 235–258.

Une analyse comparative des conversations médiatiques avec des scientifiques : le manque d'eau au Brésil et en Russie[1]

MARIA GLUSHKOVA

Introduction : présentation du problème et constitution du corpus

Cette recherche effectue une comparaison discursive entre deux pays et deux cultures : le Brésil et la Russie. Le corpus est en deux langues ; la partie en russe a été traduite par l'auteure pour le lecteur[2] lusophone[3]. Le matériau choisi pour l'analyse consiste en deux discussions[4], l'une avec des universitaires brésiliens et l'autre avec des universitaires russes sur la même thématique du manque d'eau. La conversation en portugais a eu lieu en octobre 2014, avec pour invités deux chercheurs de l'USP (Université de São Paulo), la professeure Sylvana Cutolo, chercheuse de la faculté de Santé publique de l'USP, et le professeur Augusto Pereira,

---

[1] Article traduit par Jean-François Delannoy, linguiste et chercheur indépendant en sémantique, docteur ès sciences (intelligence artificielle).

[2] Cette étude a été menée à l'Université de São Paulo (Brésil) en deux langues : le russe et le portugais, avec un soutien financier de FAPESP (Processo : 2015/10458-0) dans le cadre de mon étude postdoctorale. Tous les exemples de cet article ont été traduits en français pour la commodité des lecteurs francophones.

[3] Le corpus de cet article est disponible sur le site <compdis.fflch.usp.br>. Le matériau russe a été traduit en portugais, mais sans appliquer les règles de transcription de l'analyse de la conversation en portugais brésilien existantes ou *ad hoc* ; le corpus russe est présenté explicitement comme un texte traduit. Pour plus d'informations, voir le site susmentionné.

[4] Dans ce travail on ne peut pas tout à fait parler pour les énoncés d'« interview » dans le sens habituel, même s'ils en ont les traits. Je préfère appeler ce genre « discussion » ou « conversation » médiatique avec des scientifiques.

météorologiste de la même institution[5]. La rencontre a porté sur le manque d'eau à São Paulo cette année-là, dans le cadre de l'émission *Todo Seu* (« Tout à vous »)[6], et a duré 14:34 minutes. Le matériau en russe provient de la radio *Ékho Moskvy*[7] (« Écho de Moscou ») en novembre 2013, dans le programme « Vódnaia sriedá » (« L'Environnement hydrique »). Victor Danílov-Danilian, directeur de l'Institut des Questions de l'Eau de l'Académie des Sciences de Russie et Dmítri Kiríllov, directeur du Département des Politiques d'État pour la Gestion des Ressources en Eau ont participé à cette émission. La discussion a duré 25:30 minutes.

La thématique des conversations a été choisie pour sa pertinence. Il est possible de voir que ce sujet est important pour les deux sociétés. Pour les résidents de la ville de São Paulo (Brésil), à cette époque (2014–2015), c'était là un des principaux problèmes. En revanche, en Russie, ce problème n'était pas parmi les plus commentés ; nous verrons pendant l'analyse que les interviewés parlent plus des questions mondiales, de manière générale, que concrètement de la Russie. Pourtant, le pays connaît des problèmes d'eau, notamment dans le Sud. Néanmoins, il se peut que ces problèmes aussi ne soient pas autant discutés spécifiquement dans de grandes villes comme Moscou et Saint-Pétersbourg, qui possèdent actuellement des ressources suffisantes : « Dans la Fédération de Russie, le manque d'eau n'est pas aussi marqué que chez nous, où c'est un problème pressant »[8] (RUS 23:17)[9].

Bien plus, le Brésil et la Russie sont considérés comme les pays dotés des plus grandes ressources hydriques (au premier rang le Brésil, avec 8 233 km³, suivi de la Russie, avec 4 508 km³, selon des données de l'année 2011)[10]. En outre, au 20ᵉ siècle, les deux pays ont connu des catastrophes majeures liées à l'eau comme l'assèchement de la mer d'Aral sur

---

[5] Il a été décidé de laisser les noms des participants dans le texte de l'article pour le rendre plus clair. Par ailleurs, l'analyse ne porte pas sur leurs points de vue ou leur compétence mais sur leurs paroles et leurs discours, ce qui est la tâche de la linguistique.

[6] <https://www.tvgazeta.com.br/videos/todo-seu-a-falta-de-agua-em-sao-paulo-301014>

[7] <https://echo.msk.ru/sounds/1201148.html>

[8] En russe : " …что касается Российской Федерации, то у нас водный голод не так велик, чтобы этот вопрос стоял остро " (RUS 23:17).

[9] RUS signale une citation du corpus russe, avec l'indication temporelle de l'occurrence. BR signale une citation du corpus brésilien, avec de même l'indication temporelle de l'occurrence.

[10] Les données proviennent de la source russe <http://www.statdata.ru/zapasi-vody-v-mire>, avec des références au site états-unien <https://www.cia.gov>

le territoire de l'ex-URSS ou la rupture du barrage de Mariana dans le Minas Gerais en 2015. Ainsi, les deux sociétés ont en fait été confrontées à des problèmes liés à l'eau et continuent d'y faire face. Mais elles ne prêtent pas toujours suffisamment attention à ces problèmes. Comme l'a dit un des participants russes lors de la conversation analysée, « ils ne sont donc pas pressés de changer ou de réexaminer le système d'utilisation de l'eau dans le pays : il y en a beaucoup [de l'eau]. Ils ne sont pas dans le besoin » (RUS 03:47 – 05:33). Ce facteur montre l'importance de la thématique pour les deux pays : elle n'est pas suffisamment traitée et développée, car la majorité de la société est rarement confrontée au manque d'eau[11].

L'aspect particulièrement intéressant pour le chercheur / linguiste relativement à ce matériau est de situer la formation du dialogue entre la science (dans ce cas : écologie, météorologie et santé publique) et la société[12]. Quelles sont les caractéristiques de ce dialogue dans les deux pays ? Et, question plus difficile : comment effectuer une comparaison ?

Les principaux critères de choix du matériau ont été : i) la similitude entre les sujets ; ii) la participation de scientifiques et de présentateurs, et iii) la proximité dans le temps. Dans les critères d'analyse ne figurent pas : l'horaire de diffusion de l'émission ; la personnalité, le niveau d'éducation, la profession, les intentions personnelles (se promouvoir, par exemple), le sexe et l'âge des présentateurs ; le sexe, l'âge et la situation personnelle des participants, même s'il a quelques similitudes sur ces aspects ; je ne compare donc pas les émissions selon leur genre (divertissement/informations etc.), mais selon leur sous-genre « conversation médiatique avec des scientifiques » (plutôt désigné « interview avec des scientifiques » dans la tradition journalistique). Dans ce travail, j'analyse seulement la parole (l'oral), en laissant de côté divers aspects sémiotiques tels que les éléments visuels de l'émission de télévision, ceci permettant la comparaison entre une émission de télévision et une émission de radio.

La chaîne *TV Gazeta*, sur son site officiel (<tvgazeta.com.br>), ne déclare pas avoir un public cible particulier et dit qu'elle ne catégorise

---

[11] Cette évaluation est basée sur les jugements des participants, que l'on peut considérer comme des opinions professionnelles.

[12] Un commentaire important est que les résultats de cette recherche ne peuvent pour l'instant être généralisés et être appliqués aux sociétés russe et/ou brésilienne, ce qui exigerait d'analyser un matériau bien plus vaste. Cependant cette recherche est une contribution à cette voie.

pas son audience par niveau d'éducation, revenu, sexe, etc. De même que la chaîne de radio russe dit couvrir une partie du territoire national. Sur le site officiel de la radio *Écho de Moscou* (<echo.msk.ru>), le public cible n'est pas non plus profilé, mais on peut voir un graphique de pourcentages d'audience par sexe, âge, région, profession, niveau d'éducation et revenu. La société de marketing TNS Global[13] (qui gère l'institut de sondage IBOPE[14] au Brésil) a indiqué qu'un tiers de l'audience de l'*Écho de Moscou* se compose de Moscovites (résidents de la capitale russe), d'une quarantaine d'années, possédant un diplôme universitaire et relevant de la classe moyenne supérieure. Néanmoins, ce public n'est pas la cible de la radio et n'influe pas particulièrement sur ses choix. Les deux autres tiers ont des profils variés. En somme, on perçoit qu'officiellement le public cible des deux émissions est à peu près le même. Cependant, le programme *Todo Seu* est plus axé sur le divertissement que sur l'information, ce qui peut affecter le discours des participants. Dans ce contexte, les scientifiques doivent trouver un équilibre rigoureux entre le statut officiel du scientifique et le caractère informel de l'émission. Sur cet aspect, il est intéressant d'observer le dialogue entre la science et le divertissement au Brésil.

Cet article est divisé en deux parties : l'une théorique et l'autre pratique, dans laquelle une comparaison discursive est faite entre les corpus. La base théorique s'inspire d'une part de la pratique de la comparaison discursive entre des langues et des cultures distinctes (*analyse du discours contrastive* ou *linguistique de discours comparative* : von München 2011 : 13), élaborée par le groupe de recherche du CEDISCOR puis *Clesthia*[15] de l'Université Sorbonne Nouvelle en France et, d'autre part, dans les récents travaux du groupe de recherche Diálogo[16] d'inspiration bakhtinienne, à l'Université de São Paulo.

---

[13] <http://www.tnsglobal.com>
[14] <http://www.ibope.com.br/pt-br/Paginas/oquevoceprocura.aspx>
[15] Centre de recherche sur les discours ordinaires et spécialisés, http://syled.univ-paris3.fr/cediscor.html Site des *Carnets du Cediscor* : https://cediscor.revues.org/. Ce groupe fait maintenant partie de l'équipe d'accueil Clesthia : <http://www.univ-paris3.fr/clesthia-langage-systemes-discours-ea-7345-98241.kjsp>
[16] <http://dialogo.fflch.usp.br/dialogo>

2. Concepts de base de la comparaison discursive et notion de *Tertium comparationis*

La question de la comparaison des genres entre des langues et des cultures différentes est développée dans les études des chercheurs comme S. Moirand, P. von Münchow, Ch. Claudel, J.-C. Beacco et G. Tréguer-Felten, entre autres. Dans *Les Carnets du Cediscor*, on trouve des recherches sur des cultures distinctes basées sur la comparaison entre deux ou plusieurs langues et cultures[17].

Le groupe partage les principes de l'analyse du discours, qui étudie le fonctionnement de la langue, et notamment les relations entre les manifestations linguistiques et les phénomènes extralinguistiques. Les travaux de ce groupe s'inscrivent dans une « linguistique du discours », que S. Moirand, membre fondatrice du groupe, définit comme « une analyse qui décrit le fonctionnement des systèmes linguistiques, tels qu'ils s'actualisent dans les textes et les conversations [...] [et] qui permet de comprendre le fonctionnement d'un domaine, à partir de l'observation de discours qui circulent en son nom » (Moirand 1990 : 59).

Les chercheurs appliquent ensuite l'analyse *contrastive* du discours : la comparaison entre différentes cultures discursives, considérées comme des manifestations de représentations sociales, d'objets et de discours sur ces objets, qui circulent dans une communauté donnée. Ces études traitent des différences linguistiques entre les langues et les cultures analysées : systèmes d'écriture, ressources phonologiques des caractéristiques paraverbales de la langue, normes sociales, traditions rhétoriques, etc. L'analyse acquiert une perspective interdisciplinaire (linguistique, anthropologique, communicationnelle, sociologique etc.).

---

[17] Avec par exemple, l'article « Rendre compte d'analyses comparatives sur des corpus issus de langues/cultures éloignées » de Ch. Claudel et G. Tréguer-Felten portant sur des documents en japonais et en chinois ; « L'interrogation et le discours rapporté dans les forums de discussion sur l'environnement en français et en anglo-américain » P. von Münchow et de F. Rakotonoelina sur la comparaison entre les forums de discussion en français et en anglais sur l'environnement ; et « Noms de pays et autoreprésentation dans le discours des périodiques nationaux français, anglophones, roumanophones et russes » de G. Cislaru sur la dénomination de six pays dans le discours de la presse nationale des États-Unis, de la Grande-Bretagne, de la France, de la Moldavie, de la Roumanie et de la Russie. *Les Carnets du Cediscor* 9 – *Discours, cultures, comparaisons*, 2006, <https://journals.openedition.org/cediscor/65>

De la même manière, comparer un corpus diversifié implique des choix méthodologiques rigoureux en termes de comparabilité des discours puisque, comme l'a affirmé M.-P. Péry-Woodley, théoricienne de ce domaine basée à l'université de Toulouse :

> C'est le paradoxe des recherches 'ethnographiques' contrastives : si deux populations ont des pratiques très différentes, assurer la comparabilité de deux situations est problématique ; si elles se ressemblent au point qu'il n'y a pas de problème de comparabilité, la comparaison risque de ne pas être bien intéressante ! » (1993 : 51).

Dans le cas des études comparatives, il y a toujours un équilibre rigoureux entre les idées que « tout est comparable » et que « rien n'est comparable ». Par conséquent, il faut s'assurer que le corpus soit comparable, en règle générale en faisant abstraction des contextes de production et d'utilisation des énoncés appartenant à un même genre ou sous-genre. Dans ce cas, on effectue l'analyse comparative du sous-genre « discussion / conversation médiatique avec des scientifiques » à l'intérieur des genres « émission de radio » et « émission de télévision ».

Citant M. Foucault dans son article (1991), J.-C. Beacco nous rappelle que, dans la majorité des cas, une formation du discours ne correspond pas à un genre unique mais en associe plusieurs (Beacco 1991 : 10). De son côté, il dit du niveau générique qu'il peut être un objet autonome de la description linguistique (1991 : 13). Je suppose que mon étude montre un exemple de comparaison à ce niveau. D'autre part, pour effectuer la comparaison interculturelle, il faut délimiter l'objet de la comparaison en choisissant un *tertium comparationis*, pour ne pas arriver à la conclusion que tout texte peut être comparé à n'importe quel autre texte (Beacco 1991 : 14) ni à celle que rien ne peut être comparé à autre chose (von Münchow 2006 : 9–17).

Le *Tertium comparationis* est un terme latin qui signifie troisième élément d'une comparaison : c'est la qualité commune entre deux objets qui sont comparés. Par exemple, parmi les travaux consultés, nous trouvons la thèse de M. Pordeus Ribeiro (2015), qui réalise une analyse comparative de discours sur les élections présidentielles de 2007 en France et les élections de 2002 au Brésil, au moyen d'une analyse sémantique et distributionnelle. Le matériau consiste en textes numérisés des journaux *Le Monde* et *O Estado de São Paulo*, analysés pour comparer les utilisations des mots « droite » et « gauche » comme indices importants des cultures, des discours et des langues concernés et la notion de moment discursif[18].

Dans ma recherche, j'utilise ce concept de *Tertium comparationis* comme critère de comparaison des discours : le sous-genre « discussion / conversation médiatique avec des scientifiques ». On prend en considération la similitude entre les sujets et le statut des participants – les scientifiques et la proximité dans le temps. Dans ces pages, je n'ai pas cherché à faire une analyse linguistico-comparative, mais *discursive*, comme le propose S. Moirand (1990 : 59) en comparant « le fonctionnement de systèmes linguistiques » dans deux discours semblables.

En effectuant la recherche dans la tradition académique brésilienne, je m'inspire également des idées de M. Bakhtine, qui a concrètement influencé les études linguistiques au Brésil.

3. La théorie bakhtinienne et la comparaison discursive

Notre réflexion se fonde sur la métalinguistique bakhtinienne, qui prend comme objet d'étude les relations dialogiques intra- et interénoncés – des unités de communication discursive composées d'éléments linguistiques et extralinguistiques. Nous pouvons observer que la manière de penser du Cercle de Bakhtine vient de la comparaison entre des cultures (italienne, française, allemande et russe) et des sphères d'une même culture (musique, danse, littérature, religion, etc.). Par exemple, dans « L'Auteur et le personnage dans l'activité esthétique » (1920), Bakhtine cite des œuvres et des auteurs de cultures variées pour théoriser les relations du personnage avec l'auteur. De même, dans les années 1930, Bakhtine crée une analyse du genre romanesque dans diverses langues et diverses cultures européennes, en se basant sur la comparaison entre des cultures pour réaliser une vaste analyse du genre. Dans les textes qui formulent cette théorie, nous trouvons de façon récurrente, la

---

[18] Dans *Les discours de la presse quotidienne. Observer, analyser, comprendre*, S. Moirand (2007) explique la circulation de notions relatives à des événements scientifiques ou techniques qui ont une relation avec la vie politique de la société, depuis la reformulation de discours d'origine jusqu'à la modification de ces notions pendant la circulation, voir aussi Moirand, 2011a).

comparaison de phénomènes entre cultures et langues distinctes, dont nous allons montrer les divers aspects.

Dans le début des années 1970, dans une réponse à la revue *Novi Mir* (*Nouveau Monde*), Bakhtine (2003 [1970]) affirme que :

> Dans le champ de la culture, la distance est le levier le plus puissant de la compréhension. La culture de l'autre seulement se révèle avec plénitude et avec profondeur (mais pas dans toute sa plénitude, car viendront d'autres cultures qui la verront et la comprendront encore davantage) aux yeux d'une *autre* culture. Un sens ne révèle ses profondeurs que dans la rencontre et le contact avec un autre, avec le sens de l'autre : entre les deux s'instaure une sorte de *dialogue* qui dépasse la fermeture et l'unilatéralité de ces sens, de ces cultures. [...] Dans cette rencontre dialogique de deux cultures, elles ne se fondent pas ni se confondent ; chacune maintient son unité et son intégrité *ouverte*, mais elles s'enrichissent mutuellement (Bakhtine 2003 [1970] : 366).

La comparaison entre des cultures était, selon l'auteur, un véhicule pour la compréhension dialogique et, ainsi, pour la constitution du sens. Cette idée a été renforcée par le Bakhtine de la maturité (en phase, à notre avis, avec le *zeitgeist*, la façon de penser des années 1920), affirmant par exemple que la forme est créée à travers l'interaction avec la conscience de l'autre (catégories « moi pour moi » et « moi pour l'autre »). En critiquant la théorie expressive en esthétique, Bakhtine a porté un jugement sur l'empathie (симпатическое сопереживание) entre les gens. Cette manière d'aborder cette question nous semble proche de la citation susmentionnée sur la comparaison entre les cultures de 1970 :

> En quoi l'événement s'enrichirait-il si je fusionne avec autrui : de *deux*, on passa à *un* ? Quel avantage aurais-je à ce que l'autre fusionne avec moi ? Il ne verra et ne saura que ce que je vois et que je sais moi-même, il ne fera que reproduire en lui-même ce en quoi ma vie reste sans résolution ; qu'il se maintienne plutôt hors de moi, car c'est à partir de sa position qu'il peut voir et savoir ce que, à partir de ma position, je ne puis ni voir ni savoir, et c'est ainsi qu'il pourra enrichir l'événement qu'est ma vie [...] Du point de vue de la productivité effective de l'événement, lorsque nous sommes deux, ce qui importe ce n'est pas que, en plus de moi-même, il y ait *encore un autre* homme, *semblable à moi* (*deux hommes*), mais que, pour moi, il soit un autre [...] La productivité de l'événement ne réside pas en ce que tous fusionnent en un mais en ce que l'exotopie soit exploitée ce qui permet de se situer à une place qu'on est le seul à pouvoir occuper hors des autres (Bakhtine, 2003 [1920] : 100–101).

En appliquant les mots de Bakhtine à notre tâche (la comparaison discursive interculturelle), nous considérons que notre position de chercheur en effectuant ce type d'analyse se caractérise par la « distance », la « non-miscibilité » et la « position unique hors des autres personnes ».

Une autre idée importante de sa théorie est son anthropocentrisme[19]. Selon lui, l'Homme est le sujet de la vie (Bakhtine 2003 : 163) ; il est le centre organisationnel de la vision artistique (op. cit. : 244) et esthétique (Bakhtine 1993 : 81), le 'moment' porteur de valeur (op. cit. : 89). Ses grandes catégories émotives-volitives principales (« moi », « l'autre » et « moi pour l'autre ») sont les fondements architecturaux du monde réel. Toutes les valeurs (scientifiques, politiques [y compris éthiques et sociales] et religieuses) sont disposées autour de ces fondements (op. cit. : 71–72). Dans cette recherche, nous analyserons la circulation de ces valeurs à l'intérieur du corpus étudié.

Un autre membre du Cercle de Bakhtine, V. Volochinov, en critiquant l'objectivisme abstrait dans *Le Marxisme et la Philosophie du langage : problèmes fondamentaux de la méthode sociologique en linguistique*, observe la pluralité vivante des sens et des accents du mot, du signe idéologique et du processus de création du « mot lexicalisé », en mentionnant la nécessité de la présence d'un mot équivalent dans une autre langue. L'étude technique des phénomènes linguistiques est vue négativement : « La linguistique étudie une langue vivante comme si c'était une langue morte et la langue maternelle comme si c'était une langue étrangère » (Volochinov 2017 : 191–192). Plus loin, l'auteur pointe du doigt la « grave erreur » de l'objectivisme abstrait : l'ignorance de la « modification de l'accent porteur de valeur du mot dans différents contextes » (op.cit. : 197).

Dans un de ses premiers textes, *Pour une Philosophie de l'acte*, M. Bakhtine parle de l'acte responsable (acte-pensée, mot, action). Les éléments du matériau que j'étudie dans cet article, à savoir les déclarations des participants des émissions, peuvent eux aussi être vus comme des « actes responsables » selon Bakhtine. Par ailleurs, Bakhtine évalue négativement l'étude mécanique de l'acte lorsqu'on en sépare le contenu sémantique : « Le contenu détaché de l'acte cognitif devient gouverné par ses propres lois immanentes, conformément auxquelles il se développe comme s'il avait une volonté propre ». Et plus loin : « Ceci est comme le monde de la technologie [...] Tout ce qui est technologique,

---

[19] Du grec *anthropos*, « humain », et *kentron*, « centre ».

lorsqu'il est dissocié de l'unité singulière de la vie et livré à la volonté de la loi immanente de son développement, est terrible ; éventuellement peut éclater dans cette unité singulière comme une force terrible et irresponsablement destructive » (Bakhtine 1993 [1920] : 25). On peut voir que la comparaison discursive à l'intérieur de la théorie bakhtinienne n'est pas une opération purement mécanique ; il faut considérer le caractère créatif de la langue et son contexte :

> [...] la direction de l'attention linguistique est opposée à la direction de la compréhension vivante des énonciateurs qui participent au flux discursif. Une philologue ou linguiste, pour la comparaison des contextes d'un mot, se guide sur l'aspect de l'identité de son utilisation ; il est donc important pour lui d'isoler ce mot de tel ou tel autre contexte de comparaison et de lui donner une définition décontextualisée, donc d'en faire une entrée lexicale. Ce processus d'isolement du mot et de stabilisation de sa signification détachée du contexte est encore renforcé quand il y a comparaison entre des langues, c'est-à-dire quand il est nécessaire de trouver un mot équivalent dans une autre langue. Dans le processus de travail linguistique, la signification est formée comme si elle se situait à la limite d'au moins deux langues. Ce travail du linguiste est rendu encore plus complexe par la façon dont il crée la fiction d'un objet unique, réel et correspondant au mot... (Volochinov 2017 : 196).

En résumant les idées décrites dans cette section, on en conclut que la comparaison interculturelle au sein de la théorie bakhtinienne i) évite la comparaison mécanique entre les unités linguistiques et la fusion entre les cultures et les systèmes linguistiques ; ii) rend compte de l'enrichissement d'une langue/culture à travers d'autres ; et que pour comparer les unités il faut iii) montrer le contexte d'usage et iv) prendre en compte la vision anthropocentrique de M. Bakhtine. C'est en combinant dans ce travail la méthodologie du *Clesthia* avec la vision bakhtinienne sur la nature de la comparaison interculturelle que nous effectuons notre analyse.

4. Analyse comparative des corpus

4.1. Généralités. Le statut des participants, les thèmes des discussions, le dialogue entre les sphères scientifique et politique

Les données proviennent des émissions *Todo Seu* (*TV Gazeta*, Brésil) et de « L'Environnement hydrique » (radio *Écho de Moscou*, Russie), diffusées en octobre de 2014 et novembres 2013, respectivement. La première discussion dure 14:34 min et la seconde 25 min. Nous en retirons ce qui suit.

Dans la formulation utilisée dans l'émission russe, on fait un lien entre la sphère scientifique, représentée par l'Institut des Questions de l'eau de l'Académie des Sciences de Russie (Институт водных проблем РАН), et la sphère politique, représentée par le ministère des Ressources naturelles (Минприроды). Ce lien apparaît d'emblée dans le statut des personnes interviewées : Dmítri Kiríllov est directeur du Département des Politiques d'État de Régulation dans le domaine des Ressources Hydriques (Департамент государственной политики и регулирования в сфере водных ресурсов), et Victor Danílov-Danilian est directeur de l'Institut des Questions de l'Eau de l'Académie des Sciences de Russie. L'émission brésilienne, elle, vise à traiter du sujet seulement selon la sphère académique, les deux interviewés étant des chercheurs de l'université de São Paulo ; au cours de l'émission les questions politiques sont canalisées et traitées comme des questions concernant seulement la nature.

Les thèmes des échanges[20] sont similaires : « La question de l'eau dans notre pays » (BR 00:00) et « L'eau, et les thèmes et problématiques de l'eau… » (RUS 00:45). Néanmoins, la manière de les introduire reflète les différences déjà mentionnées. L'animateur russe annonce que le programme est élaboré en partenariat avec le ministère des Ressources naturelles, donc en s'articulant ouvertement avec la sphère politique :

(1) « Notre programme n'est pas tout à fait un programme classique. Ce sera un club de discussion[21] – Un club de discussion sur la problématique de l'eau, le club de discussion du Ministère des Ressources Naturelles, conjointement avec l'*Écho de Moscou*. Nous faisons une émission pour l'*Écho de Moscou*. Le Ministère des Ressources Naturelles nous aide avec des invités, avec un thème, et le thème, en général, est un grand sujet : l'eau, les thèmes de l'eau, les problèmes liés à l'eau… » (RUS 00:45).

De son côté, le présentateur brésilien évoque d'emblée la sphère de la consommation individuelle dans l'environnement domestique, point sur lequel il insistera pendant toute l'émission :

---

[20] J'ai choisi ici la manière dont l'animateur présente le sujet.
[21] Plus ou moins équivalent de table-ronde, mais cette insistance pour utiliser le terme russe voulant dire « club de discussion » est significative.

(2) « Maintenant… euh : et en parlant de bain… voici une… je dirais une interview rafraîchissante… qui va vous informer… et clarifier… et vous sensibiliser sur la question de l'eau dans notre pays… vous saviez très bien que… selon les sondages de l'institut Datafolha… soixante pour cent des habitants de São Paulo n'ont pas eu d'eau chez eux… à un moment où un autre au cours de ces trente jours… » (BR 00:00).

L'importance du problème est soulignée par l'*Écho de Moscou* (RUS) tout au long de l'émission : « Un des plus urgents (problèmes)… Une des questions les plus pressantes » (RUS 1:32) / « un problème très sérieux » (RUS 5:08). On y souligne aussi la portée mondiale de la question : « Ce n'est pas seulement dans notre pays : il est clair que le sujet de l'eau est important dans le monde entier » (RUS 1:32) /« crise mondiale de l'eau » (RUS 5:08). La gravité du problème n'est mentionnée qu'une seule fois par le présentateur de *Todo seu* dans le matériau brésilien, alors que la situation était, à l'époque, plus critique au Brésil qu'en Russie : « c'est une situation… alarmante » (BR 0:00).

De plus, l'intervenant russe présente toujours la question comme un problème mondial, ce qui se reflète dans les territoires abordés, en progressant de l'aspect mondial à l'aspect local (la Russie, en passant par diverses régions du pays comme le Sud, la partie européenne, le Nord-Ouest, l'Oural etc.). Ce choix d'une perspective mondiale sur le problème semble le plus logique et le plus cohérent pour l'animateur russe, qui le justifie ainsi :

(3) « Pourquoi ? Pourquoi le problème de l'eau est-il important aujourd'hui dans le monde entier ? Nous allons d'abord parler du monde, puis nous nous déplacerons, pour ainsi dire, ici, sur notre propre terre, en Russie… » (RUS 1:32).

À l'inverse, la discussion brésilienne reste focalisée sur l'État de São Paulo avec de brèves allusions à l'Amazonie et à l'Antarctique pour expliquer les cycles naturels des pluies.

4.2. Une évaluation de la croissance de la population

Il est intéressant de mentionner que dans les deux parties du corpus, on trouve une opinion négative sur la croissance de la population, considérée comme un des facteurs du problème de pénurie d'eau. Le présentateur brésilien focalise son opinion négative sur l'État de São Paulo, qui est touché par le manque d'eau, avec la retenue de Cantareira :

(4) « et le résultat final est la température qui monte... qui augmente l'évaporation... et augmente aussi la consommation... Il y a une forte corrélation entre... la consommation de l'eau... et la température et l'humidité de l'air, n'est-ce pas ?... La région métropolitaine de São Paulo... est un grand îlot de chaleur... n'est-ce pas ? » (BR 6:35).

Dans ce cas, l'énonciateur évalue négativement la croissance démographique dans l'État de São Paulo, qui pourrait être un facteur positif pour l'économie brésilienne, comme le phénomène d'explosion démographique mondiale :

(5) « Euh, en fait il y a six réservoirs dans la ville de São Paulo, n'est-ce pas ?... qui alimentent en eau toute la région métropolitaine, n'est-ce pas ? ... (...) euh : le grand problème est l'excès... d'utilisation d'eau... n'est-ce pas ? ... les villes de l'intérieur en grandissant... alors les gens ont une forte demande en eau, n'est-ce pas ? ... la température... il va en parler, n'est-ce pas ? de l'air... mais dans notre situation il y a réellement, euh, un grand : euh, excès de consommation d'eau... n'est-ce pas ?

(6) *Le Présentateur :* Moi-même, j'ai assisté à une leçon inaugurale dans la faculté une fois... ((il se racle la gorge)) où l'enseignant était un certain Eugênio Gudin... un crack des cracks... un grand économiste, qui a donné une leçon d'économie, de macro-économie, et j'ai été enchanté et à la fin il a dit... 'Mais vous savez... Vous pouvez oublier ce que je viens de dire, parce qu'il n'existe aucune théorie économique qui puisse accompagner l'explosion démographique'... C'est plus ou moins la même chose, non ? Il y a plus de gens qui naissent que de gens qui meurent, on consomme beaucoup plus... c'est un peuple qui n'a aucune éducation ; vous le savez, non ? ... euh : Tout le monde est très égoïste, n'est-ce pas ? » (BR 2:45).

Les participants de l'émission ne s'opposent pas à ce commentaire.

Dans le matériau russe, on ne mentionne pas d'événement spécifique, et nous relevons une évaluation négative de l'explosion démographique mondiale en général, sans relation avec le pays ; on se place au niveau mondial, sans 'régionaliser' :

(7) « La population augmente, bien que le taux de croissance soit en baisse et, nous pouvons nous attendre à une stabilisation au milieu du siècle. Mais les nouveaux petits humains (человечки), qui apparaissent en grand nombre tous les jours, veulent manger et boire... » (RUS 4:05).

On voit l'évaluation négative dans l'usage ironique du diminutif (en russe : человечки), et, au contraire, du verbe « attendre » à la première personne du pluriel (en russe : надеемся) pour créer l'image d'un espoir d'amélioration[22].

4.3. Un dialogue direct avec le public, la conscience de l'espace domestique brésilien vs la responsabilité collective russe

Dans cette étude, il me faut considérer la relation discursive entre les personnes présentes avec l'animateur pendant l'émission et le public, absent, ceux qui regardent ou écoutent l'émission. Au travers de l'animateur, les locuteurs entrent en contact avec le public, en essayant d'expliquer des phénomènes scientifiques complexes de manière plus compréhensible. Dans le double matériau en deux langues, il y a un dialogue direct avec le public. Dans l'émission brésilienne, le journaliste est allé dans les rues de São Paulo pour interroger les habitants sur le manque d'eau et les difficultés de la vie quotidienne ; la discussion en russe a été précédée d'un sondage en temps réel par SMS. Dans le matériau brésilien, le vecteur du dialogue va de la société à la science : l'émission *Todo seu* interroge dans la rue des habitants de São Paulo, qui expriment leurs opinions générales, leur expérience personnelle et leurs difficultés domestiques quotidiennes. Du côté de l'émission russe, ce vecteur est inversé : les scientifiques, soutenus et contrôlés par le gouvernement, promeuvent la sensibilisation à ce problème dans la société. Ils réalisent une consultation par SMS pour essayer de cartographier l'attitude de la population à propos des réservoirs et des espaces publics.

Cela se reflète dans la catégorie du « devoir-être » dans les deux sociétés. Je vois ici une opposition conceptuelle à l'intérieur de cette catégorie dans la sensibilisation de l'espace public par opposition à l'espace domestique, qui n'indique pas le comportement des deux sociétés mais l'approche du problème dans les émissions analysées. Dans la consultation par SMS, l'*Écho de Moscou* aborde les auditeurs selon des paramètres d'implication collective et appelle la société civile à s'engager écologiquement sous forme d'action collective :

---

[22] Dans ce cas, le verbe russe : *надеяться* – peut se traduire comme *s'attendre à, avoir une attente* (d'après le *Dicionário Russo-Português*, N. Voinova, S. Starets, Moscou, 1989).

Une analyse comparative des conversations médiatiques 283

(8) « Je suis disposé à m'engager pour la protection des masses d'eau ? (Ou c'est le rôle de l'État ?) » Et, plus loin : « 20:27 Bon. Et comment fait le public pour y participer ? Les gens ? Est-ce qu'ils participent à ce processus ? »

(9) 20:29 *Participant 2 :* « Ici, dans les compétences écologiques, il y a un volet sur les compétences écologiques publiques. En même temps, nous sommes très libres dans le choix de spécialistes, et ils sont intéressés par cela » (RUS).

(10) « 14:15 *Participant 2 :* « Le souci de la protection de l'environnement est, de façon générale, l'affaire de tous. Ce thème, conformément à notre Constitution, relève à la fois de l'État et des autorités locales. Et, évidemment, c'est aussi un souci individuel » (RUS).

Inversement, les interactions avec les habitants de São Paulo cherchent à renforcer l'idée que la prévention et la remédiation partent de la sphère individuelle domestique, sans susciter chez les spectateurs l'idée de collectivité (traitement de l'espace public) et encore moins de responsabilité commune entre la population civile et les autorités. On souligne à l'inverse les causes naturelles et les discours mystiques (absents du matériau russe) :

(11) « Ce genre d'événement, qui est récurrent… il… VA se reproduire ? » 8:16 *Participant 2 :* « Il va se reproduire …… nous sommes… complètement dépendants de Saint Pierre… » 8:21 *Présentateur :* « Tout à fait » 8:24 *Participant 2 :* « C'est la réalité… non ? Parfois les gens ne comprennent pas. Ils pensent que l'eau arrive magiquement au robinet… » 8:30 *Participant 2 :* « Mais nous dépendons exclusivement de la pluie… de l'eau qui vient de l'océan Atlantique, n'est-ce pas ? … Cette eau… toute l'eau ici en l'Amérique du Sud vient… par les alizés à travers l'Amazonie… elle recircule… et elle arrive ici, n'est-ce pas ? ».

L'orateur combine en une phrase 'l'espoir' et 'la dépendance' à Saint Pierre et 'l'espoir' et 'la dépendance' à la pluie, à l'eau. A mon avis, la mention de Saint Pierre dans ce contexte (très probablement – avec ironie) a à voir avec les attitudes mystiques populaires et les superstitions brésiliennes[23]. Apparemment, ce phénomène vient du syncrétisme au Brésil et peut faire l'objet d'une autre étude culturelle et folklorique.

---

[23] En Russie, par exemple, dans les croyances populaires, il n'y a aucun lien entre la pluie et Saint Pierre. Bien que la figure de Saint Pierre elle-même soit très populaire et respectée (le nom de la ville de Saint-Pétersbourg peut en être un exemple). Le Russe verra plutôt le lien entre la pluie et le prophète Ilya. Mais des recherches plus approfondies sont nécessaires sur cette question.

Avec l'ironie de Saint Pierre et la promotion de la conscience de l'espace domestique concernant les causes naturelles, on peut observer ici l'accent particulier que met l'émission *Todo seu* dans l'espoir de futures améliorations. Une des participantes affirme qu'elle « croit (*acredita*) au recyclage » et que le recyclage a même été le sujet de sa thèse de doctorat. La conviction de cette scientifique n'exprime pas la religiosité, mais révèle que le projet préventif de réutilisation qu'elle a étudié n'a pas encore été mis en pratique par le pouvoir gouvernemental, restant sur le plan de la théorie. L'*Écho de Moscou*, de son côté, fait montre de scepticisme, exprimé dans l'ironie et le ton amusé des commentaires à propos de futures améliorations.

Pour résumer les approches suivies par ces émissions sur le problème de l'eau, on voit que dans le matériau russe, les participants soulignent la responsabilité des autorités et de la collectivité, celle-ci étant pertinente pour l'espace public par exemple à propos du nettoyage de réservoirs – alors que dans le matériau brésilien, la responsabilité du gouvernement n'est pas mentionnée et la responsabilité de la collectivité est cantonnée à l'environnement domestique – réutiliser l'eau du lave-linge pour nettoyer la voiture et la maison, ne pas laisser ouvert le robinet en se baignant et en se rasant, etc.

Les précisions sur le manque d'eau à São Paulo viennent de la sphère scientifique, mais les solutions et les recommandations restent dans la sphère journalistique et la sphère domestique. Plus que dans d'autres pays, l'émission brésilienne insiste sur les cycles de la nature et la passivité des autorités face à ce problème (comparaison entre l'air de São Paulo et celui de Las Vegas), tandis que l'émission russe compare les technologies de captage, l'irrigation goutte à goutte et l'utilisation de l'eau à l'étranger avec les technologies et l'utilisation de l'eau en Russie.

Dans le matériau brésilien, on peut observer que la science reste sur le plan de la théorie, ce qui veut dire que les résultats des recherches n'aboutissent pas à des politiques publiques de captage, de stockage et de prévention du manque d'eau lors des fortes sécheresses (dans le matériel analysé, au moins, cette question ne se pose pas), alors que dans le corpus russe, les participants essaient de présenter des résultats efficaces :

(12) « C'est exactement la réponse de l'État aux questions que nos auditeurs nous posent aujourd'hui. Ceci correspond aussi à ce que l'on

dit sur la réduction de la pollution des masses d'eau ; le problème que nous avons est omniprésent ; et l'usage le plus rationnel des ressources hydriques disponibles (...) La stratégie hydrique a comme objectif de résoudre ces tâches. L'instrument de sa mise en œuvre est le projet fédéral, qui est efficace aujourd'hui en Russie, pour le développement du complexe de gestion d'eau. Valable de la 12e à la 20e année. Dans le contexte de ce programme... » (RUS 17:57).

Cela se reflète dans la disparité du lexique juridique entre les émissions russe et brésilienne ; par exemple : responsabilité des autorités locales (предмет ведения местных властей) ; sujet de compétence commune (предмет совместного ведения) ; programme interdépartemental (межведомственная программа) ; utilisation dirigée de subventions (целевое использование субсидий) ; programme-cadre fédéral pour le développement du complexe aquatique (федеральная целевая программа развития водного комплекса). L'*Écho de Moscou* utilise au moins 5 termes juridiques, en soulignant l'implication de l'État dans la question, tandis que dans *Todo seu*, il n'y en a aucun, laissant penser que l'intention du programme est d'isoler la sphère scientifique de la sphère politique[24]. Le présentateur brésilien a donc besoin de définir le rôle de la science : il dit que ce rôle est d'aider à expliquer les causes naturelles (dans le cas de cette thématique, le climat) ; n'oublions pas que les suggestions de solution (économies d'eau) sont déplacées de la sphère des pouvoirs publics vers l'environnement domestique, c'est-à-dire, de la production et de l'application de technologie vers des conseils prodigués par la sphère journalistique. L'intervenant russe, lui, souligne le rôle de la science, et dans toute l'émission, il met en évidence l'articulation entre la science et la production de technologie donnant lieu à des politiques publiques.

4.4. Effet rhétorique

Les deux émissions fournissent des données et des chiffres sur la question de l'eau, principalement pour des effets rhétoriques : « Les chiffres sont carrément énormes » (RUS 02:44). Nous voyons que le programme russe cite des chiffres sans donner leurs sources :

---

[24] Ici, bien sûr, il faut garder à l'esprit que le programme *Todo seu* est plus divertissant et que le programme *L'Environnement hydrique* a un soutien officiel du ministère des Ressources naturelles de la Russie (la sphère politique).

(13) « L'eau est consommée par l'humanité en grandes quantités. Si nous calculons simplement combien de gens prennent de l'eau (...) nous dépassons plus de quatre mille kilomètres cubes par an, et un kilomètre cube, c'est un milliard de tonnes... Mais ce qu'une personne consomme, c'est nettement moins d'eau en poids. Beaucoup moins. (...) Et non seulement en minerai, mais, disons, toute la masse de roche qu'on déplace quand on extrait le minerai. Tout ce qu'une personne déplace dans la nature d'un endroit à un autre, c'est moins que ces quatre trillions, ce sont (...) des tonnes » (RUS 02:44) ;

(14) « Soixante-dix pour cent de toute l'extraction d'eau dans le monde sert à l'irrigation (...) ; pour l'industrie, vingt. Ces soixante-dix pour cent, c'est pour l'agriculture. Et dix pour cent pour des services résidentiels et communaux » (RUS 03:41).

Ces nombres disent beaucoup de la consommation de la population et des industries ; ils ne font que provoquer chez l'auditeur une impression de volumes colossaux.

L'émission brésilienne suit le même schéma : elle ne cite les sources qu'une fois –

(15) « selon Datafolha, ... soixante pour cent des *Paulistanos* sont restés sans eau chez eux... » (BR 00:00),

puis il continue avec des chiffres considérables mais sans source officielle :

(16) « Sachant que les autorités de São Paulo disposent de... cent six milliards de litres d'eau en seconde réserve pour maintenir l'approvisionnement de la région » (BR 00:00).

Il faut remarquer que les autorités (le gouvernement de l'État de São Paulo) ne sont mentionnées par rapport au thème que lorsqu'il s'agit d'aide à la population, en occultant les questions de planification, d'application et d'extension de technologies préventives. L'invité lui-même, scientifique de l'université de São Paulo, a apporté des données non accompagnées de sources :

(17) « Les nuages reflètent plus ou moins vingt pour cent de... de l'énergie solaire... alors, avec cette entrée supplémentaire de vingt pour cent d'énergie, la température atteint... des niveaux... plus élevés » (BR 06:35).

Une autre façon d'attirer l'attention du public sur le problème est l'utilisation, d'une manière émotionnelle, d'une observation ou d'un fait qui contredit ce que les autres participants à la conversation ont déjà dit (pour créer un effet de paradoxe). Ce type de figure, plus typique de la sphère journalistique que de la sphère scientifique, sert à susciter une réaction de la personne interviewée :

(18)

BR	RUS
14:14 *Présentateur* : Bon… je sais qu'il n'y a pas de problème ici par exemple dans… le quartier de Guarapiranga il n'y a pas de problème, la retenue reste pleine, mais pourquoi est-ce que les autres ne le sont pas ? Je n'ai pas du tout compris… 14:19 *Participant 1* : Merci. 14:19 *Participant 2* : Merci. 14:22 *Présentateur* : Ils changent souvent le niveau … Je dois dire que je vais de toute manière atteindre ce niveau, et que je suis très impressionné. 14:24 *Participant 1* : eh… eh… eh… 14:29 *Présentateur* : Pourquoi est-ce qu'un barrage en a et un autre n'en a pas ? Je ne peux pas me plaindre pour l'instant du manque d'eau.	8:12 *Participant 1* : Ici dans le bassin du Kuban, sur les territoires de Krasnodár et de Stávropol, dans les années où il y a peu d'eau, les besoins en eau ne sont couverts qu'à soixante pour cent. Dans les années sèches (…) Si vous considérez le volume annuel total, vous risquez d'être surpris : comment se fait-il qu'il n'y en ait pas assez ? Parce qu'en effet, il n'y en a pas assez.

Dans le matériau analysé, pour essayer de susciter une identification avec le public, l'intervenant de *L'Environnement hydrique* et le présentateur de l'émission *Todo seu* emploient des phénomènes simples et compréhensibles pour les auditeurs :

(19) « Comme pouvons-nous nous le représenter ? C'est un fleuve ou un lac, un réservoir ? De combien ? Pour nous faire comprendre, nous autres, les gens ordinaires, dites-nous : combien ? » (RUS 02:27) ;

Néanmoins, l'intervenant russe efface de la discussion l'expérience elle-même, tandis que le présentateur brésilien insiste dessus à plusieurs reprises (exemple 6) et aussi :

(20) « j'ai été un très mauvais élève en météorologie... mes enseignants me corrigeaient sans arrêt... et j'ai une PROFONDE admiration quand un météorologiste m'aide à comprendre ce que je n'avais jamais réussi à comprendre... » (BR 05:01) ;

(21) « C'est déjà arrivé dans le passé ; pas avec cette intensité... mais c'est déjà arrivé avant que nous soyons ici, par exemple en soixante-trois et en soixante-neuf... J'ai connu celui de soixante-neuf j'habitais déjà à São Paulo... » (BR 07:56).

Les deux matériaux ne mentionnent pas de grands personnages faisant autorité dans le domaine. Dans le matériau russe, il n'y a aucune citation, et dans le brésilien une seule, de l'économiste Eugênio Gudin – évoqué par le présentateur et non par les scientifiques interviewés. Malgré cela, le vocabulaire technique d'*Écho de Moscou* est très présent (22 termes) ; en revanche, dans l'émission *Todo seu*, le vocabulaire technique aussi est atypiquement peu présent par rapport à la parole scientifique, avec 5 termes à peine, ce qui est plus habituel dans le discours de divulgation scientifique.

Conclusion

Au cours de l'analyse, nous avons vu que les problèmes d'eau sont un sujet important pour les deux sociétés concernées, mais qu'ils sont traités de manière différente par les vecteurs de communication analysés. L'émission *L'Environnement hydrique* à la radio *Écho de Moscou* relie les sphères scientifique et politique en développant le sujet, et cela se reflète d'emblée dans le profil des invités. D'autre part, avec le programme *Todo seu* à *TV Gazeta*, on traite le sujet selon la sphère académique isolément, en occultant (dans l'exemple analysé) les questions politiques pertinentes.

Le dialogue entre la société et les scientifiques présente deux orientations contraires : dans le matériau russe, les scientifiques soulignent l'importance de la problématique, avec l'aide de et sous le contrôle du gouvernement ; le vecteur est : science → (médiation gouvernementale) → société. Dans le matériau brésilien, les doutes viennent de la société, qui cherche une clarification auprès des scientifiques sur les causes (et les solutions) de la pénurie d'eau. Le vecteur est différent : société → science (aucune médiation de l'état n'est clairement perceptible) → sphère domestique.

Dans le matériau russe, nous percevons que le programme aborde la société selon une conception active de la catégorie du « devoir-être », en faisant appel aux actions collectives des citoyens dans des espaces publics comme à l'occasion du nettoyage de parcs et de réservoirs. Dans le matériau brésilien, l'émission aborde la société selon une conception passive de cette catégorie, en limitant l'implication de la population à la sphère domestique.

La passivité est présente dans la conception même du rôle de la science dans l'émission *Todo seu* : la science doit expliquer les causes naturelles qui touchent les cycles pluviaux et les scientifiques interviewés déclarent eux-mêmes que cela « dépend de Saint Pierre » – une façon de dire cela dépend de la nature. Cette attitude ne se trouve pas dans le corpus russe, qui, par contre, parle de la sphère publique et de la comparaison entre les technologies.

La tendance rhétorique russe dans le matériau étudié va du général (monde) au particulier (terre natale). La tendance brésilienne part du niveau local (l'État de São Paulo) pour aborder le Brésil puis le monde entier. Une des raisons est peut-être que l'émission *Todo seu* abordait l'épisode où la retenue de Cantareira a été à sec en 2014–2015.

Enfin, nous observons que le matériau russe contient deux fois plus de termes scientifiques que le matériau brésilien ; il contient en outre des termes juridiques, qui renforcent le lien de ce thème avec la sphère politique ; il n'y a aucune occurrence dans le corpus brésilien. Les conclusions sur l'importance des questions d'eau sont proches : les deux émissions reconnaissent l'importance de ce sujet et considèrent la croissance démographique comme un facteur négatif.

Pour une analyse discursive comparative du discours oral, contrairement au discours écrit, il est important de se rappeler sa spontanéité, son irréversibilité et son incapacité à le relire, à le repenser, à le réécrire. C'est peut-être cette spontanéité du discours oral qui révèle de nombreuses caractéristiques culturelles des participants aux conversations médiatiques. Dans le but de persuader, ils accordent une grande attention non seulement au contenu de leur discours, mais également à la manière de transmettre ce contenu. Dans l'analyse discursive, il est important de garder cela à l'esprit : les orateurs des discussions et conversations médiatiques s'adressent aux membres d'une culture particulière.

Références bibliographiques

Bakhtine, M., 2003 [1970], « Les Études littéraires aujourd'hui ». *Esthétique de la création verbale*. 4. ed. Trad. Paulo Bezerra, São Paulo : Martins Fontes : 359–366.

Bakhtine, M., 2003 [1970], L'Auteur et le personnage dans l'activité esthétique. *Esthétique de la création verbale*. 4. ed. Trad. Paulo Bezerra. São Paulo : Martins Fontes : 3–195.

Bakhtine, M., 1984, *Esthétique de la création verbale*. Traduit du russe par Alfreda Aucouturier ; préface de Tzvetan Todorov. France, Paris, Gallimard, DL.

Bakhtine, M., en portugais : *Para uma filosofia do ato*. (traduction de Carlos Alberto Faraco et Cristovão Tezza). En français : *Pour une philosophie de l'acte*. L'Âge d'Homme, 2003 (traduction de G. Capogna Bardet). La version portugaise est basée sur le texte complet de l'édition américaine *Toward à Philosophy of the Act*. Austin: University of Texas Press, 1993 (traduction anglaise et remarques de Vadim Liapunov. Coordonné par Michael Holquist et Vadim Liapunov).

Claudel, Ch. et Tréguer-Felten, G., 2006, « Rendre compte d'analyses comparatives sur des corpus issus de langues/cultures éloignées », *Les Carnets du Cediscor* 9, <http://journals.openedition.org/cediscor/121>

Cislaru, G., 2006, « Noms de pays et autoreprésentation dans le discours des périodiques nationaux français, anglophones, roumanophones et russes », *Les Carnets du Cediscor* 9, <http://journals.openedition.org/cediscor/669>

Moirand, S., 1990, « Travailler avec les interviews dans la presse » (*Working with Interviews in the Media*), *Le Français dans le Monde* 236 : 53–59.

Moirand, S., 2007, *Les discours de la presse quotidienne. Observer, analyser, comprendre*, 2007, Paris, PUF.

von Münchow, P., 2011, *Lorsque l'enfant paraît... Le discours des guides parentaux en France et en Allemagne*. Presses Universitaires du Mirail.

von Münchow, P. et Rakotonoelina, F., 2006, « Avant-propos », *Les Carnets du Cediscor 9 – Discours, cultures, comparaisons,* Presses Sorbonne nouvelle : 9–17.

von Münchow, P. et Rakotonoelina, F., 2006, « L'interrogation et le discours rapporté dans les forums de discussion sur l'environnement en français et en anglo-américain », *Les Carnets du Cediscor 9*, Presses Sorbonne nouvelle, <http://journals.openedition.org/cediscor/649>

Péry-Woodley, M.-P., 1993, *Les Ecrits dans l'apprentissage. Clés pour analyser les productions d'apprenants*, Paris, Hachette-Livre.

Pordeus Ribeiro, M., 2015, *« Droite » et « gauche » dans les discours d'un événement électoral. Une étude sémantique et contrastive des presses brésilienne et française. Les élections présidentielles de 2002 au Brésil et de 2007 en France*, 498 p., thèse de doctorat en sciences du langage, université Sorbonne Nouvelle, Paris.

Swales, J., 1990, *Genre Analysis: English in Academic and Research Settings*, Cambridge Applied Linguistics, Cambridge University Press.

Volochinov, V. N., 2017, *Marxisme et Philosophie du Langage* : problèmes de la méthode sociologique en linguistique, Traduction BR de Grillo, S. V. C. et Volkova, E., São Paulo, Editora 34.

Dicionário Russo-Português, 2e édition, corrigée et augmentée, Voinova N. et Starets, S., Moscou, Russki Yazik, 1989.

4.

DE LA COMPARAISON : OUVERTURE THÉORIQUE

Des exigences théoriques de la comparaison aux contingences d'un corpus particulier : « immigrationniste » dans un discours politique à vocation polémique

SOPHIE MOIRAND

On s'interroge ici sur ce qui a conduit d'une linguistique de discours comparative, fondée sur des données interlinguales ou intralinguales, à une comparaison entre les dires « représentés » des acteurs sociaux dans la presse quotidienne française lors de la campagne présidentielle 2017.

Dans une première partie, on revient sur un texte rédigé en 1992, qui soulignait les limites théoriques, donc les difficultés, d'une comparaison (à la base, pourtant, de nombreuses études en langues et cultures, et plus récemment en discours – Cislaru 2012, Grillo *et alii* 2018), fondée sur le repérage de régularités et de variabilités (Moirand 1992), ainsi que sur l'évolution des études de discours en France. La deuxième partie retrace l'évolution d'une analyse du discours à entrée lexicale vers des démarches de sémantique discursive (proposées récemment dans *Langue française* 188, 2015 et dans *Langages* 210, 2018), ce qui permet de dégager quelques éléments distinctifs d'un discours politique qui navigue à la frontière du politique et du médiatique, discours qui tend à se développer face aux migrants qui fuient la guerre ou la misère pour venir dans l'Europe des 28, avant de comparer sur ce thème les dires rapportés ou représentés par la presse quotidienne nationale, à un « instant discursif » précis des élections présidentielles de 2017, dix jours avant le premier tour. Cela conduit à réfléchir, dans une troisième partie, à une méthodologie prospective visant à étudier un phénomène singulier de ce corpus : la valeur polémique de mots « construits » et de mots « associés », et particulièrement des mots dérivés en *-isme-/liste*, « mots » et « cotextes » qui ne manquent pas de (re)surgir lors des élections au Parlement européen en mai 2019, et cette fois dans différentes langues/

cultures de pays dont l'Histoire est différente[1]. On se centrera ici sur les cotextes et les associations privilégiées par la représentation, dans et par les médias, d'un discours politico-médiatique qui a circulé au cours de la campagne présidentielle 2017, ainsi que sur la façon d'envisager une comparaison basée sur une conception dynamique du contexte, évoluant au fil du *moment discursif* analysé (Moirand 1999, 2004 et Guy Achard-Bayle (éd.) 2006)[2].

1. De la linguistique du discours à la sémantique discursive

Dans la continuité du texte de 1992 (Peytard et Moirand 1992), proche de ce qu'on appelait alors une « linguistique du discours », on tente de s'inscrire ici dans une démarche de sémantique discursive, qui apporte à l'analyse du discours de nouvelles perspectives sur le fonctionnement des mots « aux prises » du discours – ce qui n'exclut pas d'autres perspectives, complémentaires, et en particulier des approches davantage énonciatives, qu'on a développées ailleurs, et qui sont aujourd'hui largement travaillées par d'autres (Rabatel 2017, par exemple, et Ablali *et alii* (éds) 2018).

1.1. Retour sur un parcours de « linguistique du discours »

À la relecture du texte de 1992 cité *supra*, on se rend compte de la frontière que l'on n'osait franchir : cet attachement aux faits de langue, héritage des conceptions de J. Dubois lorsqu'il cherchait à fonder une « lexicologie socio-politique » lors d'un colloque fin avril 1968 à Saint-Cloud (Dubois 1969). Lui-même tenta de corriger ce traitement strictement lexico-syntaxique en faisant appel à des concepts relevant de l'énonciation (Dubois, 1970). Cet attachement aux faits de langue, on le retrouvait à l'époque chez deux autres linguistes, qui travaillaient sur des

---

[1] Entre le Nord et le Sud, entre l'Est et l'Ouest, et parfois dans un même pays ou deux pays culturellement proches, comme l'Espagne et la Catalogne, la République d'Irlande et l'Irlande du Nord.

[2] On a exclu de cette réflexion les articles de commentaire et d'analyse rédigés par des spécialistes de sciences humaines et sociales, pour s'en tenir strictement aux représentations des discours rapportés ou commentés dans les articles d'actualité de journalistes professionnels, que nous avons l'expérience d'analyser (Moirand 2007b, 2018b,c,d).

langues/cultures différentes à des fins d'amélioration de leurs théories, comme je tenais à le rappeler à l'époque (Moirand 1992 : 29–30, et encore aujourd'hui à propos des « frontières du discours » dans Moirand 2018a) :

> « Une linguistique qui ne rend pas compte de manière intégrée des problèmes que j'appellerai syntaxiques, sémantiques et pragmatiques n'a pas grand'chose à dire » [mais] « une linguistique qui ne se préoccupe pas des formes au sens très précis, très exact du terme, ne pourra pas non plus rendre de grands services » (Culioli 1987)
>
> « C'est des faits linguistiques que l'on part, de l'inscription du sens dans la matière du discours » et « On s'engage dans une voie incertaine dès lors qu'on commence à poser des catégories conceptuelles sans le souci de leur trouver dans la trame matérielle discursive, des traces, quelles qu'elles soient, pour repères et garants » (Hagège 1985)

La relecture du texte de 1992 sur la comparaison de données discursives rend compte du positionnement d'une époque où l'on parlait peu de cognition en sciences du langage, et pas toujours de discours... On trouve alors peu de travaux sur les relations entre « cotexte » et « contexte », notions devenues depuis essentielles dans les travaux d'une sémantique discursive en construction (voir en 2. *infra*) comme dans ceux d'une analyse du discours française re-visitée (Jeanneret (éd.) 2004, introduction), ou d'une analyse des discours sociaux dans leurs liens à l'histoire (au sens de M. Angenot 2014b : 68–74). On trouve peu de références à la mémoire : mémoire discursive au sens de Courtine et mémoire interdiscursive (Moirand 2008) et socio-cognitive (Paveau 2006). On note enfin l'absence de la notion de genre du discours... (Moirand 2007b, 2018a, von Münchow 2013 dans une perspective comparative).

Pour atténuer cette approche trop strictement linguistique du discours, on proposa alors de croiser la description des faits de langue avec la situation et les actes de langage des locuteurs/scripteurs ainsi qu'avec la notion de schématisation proposée par J.-B. Grize dans le cadre de la logique naturelle. C'est ce qu'on a retravaillé récemment (Moirand 2018a), en distinguant les notions descriptives (par exemple les traces des opérations énonciatives qui se distribuent au fil du discours) des notions et concepts qui permettent de « penser avec » (comme le dialogisme[3], la schématisation, la situation, par ex.).

---

[3] On peut cependant trouver aujourd'hui des usages « linguistiques » du dialogisme,

L'évolution d'une sémantique discursive croisée à des conceptions énonciatives est apparue en France lors de la découverte de Bakhtine par les linguistes au cours des années 1968–1970 (Gardin, Authier, Peytard, etc. – voir Moirand 2011b), et notamment, à Montpellier, dans les travaux de P. Siblot sur le dialogisme de la nomination, et plus largement au sein des équipes des universités de Montpellier et Rouen lors d'un colloque sur « L'autre en discours ». Mais la notion de genre du discours est apparue chez les linguistes plus récemment, par exemple pour l'analyse des médias dans le n° 56 de *Linx*, co-dirigé par S. Bouquet et S. V. C. Grillo (2007), spécialiste de Bakhtine à l'université de São Paulo (USP), qui théorise alors la notion de sphère d'activité langagière, qu'elle lui emprunte. Car c'est la trans- ou métalinguistique du Cercle de Bakhtine qui, même si l'on s'attache à la description des formes linguistiques de dialogue et de dialogisme (à Montpellier par ex., note 3), fait que « tout en appartenant au domaine de la langue », les phénomènes étudiés sont également « de nature extra-linguistique » (Grillo 2007 : 21) ; ou plus précisément « mondains », c'est-à-dire portés par « un monde », ses « objets », ses « acteurs » et son « histoire », un monde « signifiant » auquel réfère le langage verbal ou visuel au travers d'opérations de référenciation et d'énonciation (telles que semblait le suggérer Benveniste – voir Normand 1996).

Dans ce même numéro, S. Grillo souligne « l'enrichissement que l'analyse intégrée des sphères idéologiques et quotidiennes peut apporter à la théorie des genres » (p. 25) ; ainsi dans les travaux sur la presse quotidienne et les faits d'actualité, on voit comment les discours des autres interviennent, y compris à travers une traduction, dans le récit des événements et des faits de parole, certains genres de la presse devenant de ce fait des « lieux privilégiés d'interactions entre des dires venant de mondes sociaux différents, et parfois d'autres langues et d'autres cultures » (Moirand 2007b : 105).

Finalement c'est sans doute cette séparation entre le travail sur les mots et leurs cotextes d'une part, et les catégories énonciatives de l'autre, qui paraît quelque peu artificielle aujourd'hui, mais tout aussi

---

par exemple dans Bres J. *et alii* (2019), *Petite grammaire alphabétique du dialogisme*, Paris, Classiques Garnier.

artificielle serait une séparation entre les opérations énonciatives et les opérations de référenciation au monde et aux sphères d'activité langagière dans lesquelles s'inscrivent les postures des acteurs sociaux (Moirand 2019a).

1.2. Au-delà de la langue : translinguistique et transdisciplinarité

Travailler sur des corpus de langues et/ou cultures différentes implique de s'interroger sur ce qui fonde la discursivité, la textualité, la généricité : est-ce la même chose d'une langue/culture à une autre ? De même, travailler sur des genres différents, comparer des genres produits dans des sphères d'activité langagière différentes dans une même langue/culture pose le même type de question : lorsqu'on passe d'une sphère d'activité langagière à une autre, on perçoit des formes de discursivité différentes même si l'univers auquel on réfère paraît identique. C'est pourquoi Jakobson, Bakhtine, Hymes, Grize, Todorov, van Dijk... ont des conceptions différentes de la notion de situation de discours (Moirand 2018a), dues peut-être aux univers particuliers dans lesquels ils se trouvent et aux langues/cultures dans lesquelles ils travaillent, et cela continue malgré l'internationalisation ou la globalisation des recherches actuelles (Maingueneau 2018).

É. Née et M. Veniard (2012) reviennent sur les fondements de l'analyse du discours à entrée lexicale des années 1970–1980 (autour de J. Dubois et de ses assistants-doctorants, Guespin, Maldidier, Marcellesi... – Dubois 1969) en les réinterprétant à la lumière de théories sémantiques post-structuralistes.

Le mot devient ainsi « une unité circulante », qu'on observe à travers la diversité des locuteurs qui l'emploient et la diversité des communautés qui l'utilisent. Loin d'être « une unité recroquevillée sur elle-même », il interagit avec toutes les unités du discours et « s'articule aux différentes dimensions de la discursivité : le syntagme, le texte, l'énonciation, le discours » (Née et Veniard 2012 : 19–20). Ces auteures proposent de revenir à une sémantique praxéologique, prédicative et anthropologique afin de rendre à cette catégorie sémantique, complexe mais observable, et éventuellement comptable, une épaisseur *sémantique et dialogique,* que l'analyse de contenu n'a jamais su lui octroyer, et l'analyse du discours à ses débuts non plus, en ne rendant pas compte des « mémoires » que le mot transporte.

Mais c'est le dialogisme de la nomination (Siblot), issu des réflexions de Bakhtine, qui a fait du mot lui-même une catégorie discursive (une arène : un lieu de discussion et de réfutation) et non plus seulement une unité lexicale. D'où les relations (qui ne sont pas seulement un rappel du contexte social et historique comme un « supplément d'âme ») entre discours et histoire, discours et philosophie, discours et psychanalyse, discours et politique... et qui se tissent entre les mots et les constructions, lorsqu'ils sont « au travail » du discours (*at work*) et produits dans des sphères d'activité langagière particulières.

Quant aux catégories énonciatives, au-delà d'un catalogue de marques (les déictiques ou indexicaux, les temps verbaux, les modalités...), on peut y voir, comme Culioli, « un agencement de marqueurs » (Moirand 2018a), qui se distribuent différemment selon les genres de discours, et se combinent aux marques des opérations de référenciation (Mondada et Dubois 1995). Cela permet de relier la distribution des catégories dans le fil du discours aux fils verticaux de la mémoire (Moirand 2008) et de ne pas voir *le contexte* ou *la situation* comme fixés à l'avance, mais comme le produit dynamique de l'activité de communication, et *la schématisation* comme une représentation cognitive qui évolue au fil du déroulement du discours (Berrendonner cité dans Adam 2004 : 9).

Enfin, les locuteurs ne sont pas seulement des énonciateurs, quel que soit le statut qu'on leur donne (premier ou second, agent ou contre agent du dire, sur ou sous énonciateur, etc.) : ce sont aussi des *acteurs sociaux* (au sens de la *Critical Discourse Analysis*), qui appartiennent à une ou plusieurs *sphères d'activité langagière* mais qui, dans une situation X, ont un rôle particulier. Ils ont également une histoire, personnelle mais pas seulement, ils ont une mémoire collective, et la mémoire des situations de parole qu'ils ont déjà rencontrées (et celles qu'ils ont imaginées ou celles dont ils ont rêvé...). Ils ont des émotions, qu'ils les montrent ou non, dont ils parlent ou pas. Ils s'adressent de plus à des *classes de destinataires* particulières ou différentes, notamment dans les médias généralistes, qu'il s'agisse de personnalités politiques connues ou de simples citoyens, qu'ils soient ou non des professionnels des médias. On reviendra brièvement en deuxième partie sur la complexité énonciative propre aux médias.

C'est ainsi qu'on peut entrevoir le renouveau de sémantiques poststructuralistes, mais également le renouveau de théories énonciatives qui prennent en compte les opérations de référenciation, telles qu'elles s'actualisent dans les mots et leurs cotextes :

- on n'a plus peur du « réel », qu'il soit vécu, imaginé, ou virtuel ;
- on considère le langage comme une manière de « saisir » nos relations au monde, et aux référents, une façon de s'interroger sur le basculement entre le virtuel et le réel, et même sur le vrai et le faux, en particulier lorsqu'on traite de sujets d'actualité, et d'infox (Moirand 2018b et c, 2020) ;
- on s'interroge sur les relations et les interactions entre les locuteurs et leur environnement (les objets, les autres humains, les animaux, les choses du monde, y compris dans une perspective « *post-* » mais également un environnement imaginé ou rêvé…

Cela correspond, tout en restant proche des formes langagières, à un ancrage de la sémantique discursive dans les sciences humaines, en particulier dans les études sur les places réservées aux questions de migration dans le monde, et plus particulièrement ici dans l'Europe des 28.

2. Une sémantique discursive au service du discours identitaire

Des travaux empiriques, personnels ou en équipe, ainsi que ceux d'autres équipes, autour des « façons de dire » les événements, les inégalités sociales, l'accueil des migrants (en 2015–2016), « les émotions » et « la pauvreté » (en 2017, 2018), ont conduit à mettre au point une méthode qui pourrait s'inscrire dans le cadre d'une sémantique discursive « en construction », qu'on a testée sur de « petits corpus » d'actualité (Moirand 2016, 2018b et c), et dont je reprendrai brièvement les principes avant d'en montrer les avantages si on la met au service de la comparaison[4].

Un numéro de revue récent a théorisé ces positions, et complète le n° 188 de *Langue française* sur « la stabilité et l'instabilité du sens : la nomination en discours » (Longhi (éd.) 2015). Dans ce n° 210 de *Langages*, M. Lecolle, M. Veniard et O. Guérin proposent « de dessiner la cartographie d'une démarche » de sémantique discursive, qui repose sur plusieurs postulats (2018, p. 35) :

---

[4] On peut remarquer l'absence d'une entrée « comparatisme » dans les dictionnaires français d'analyse du discours récents comme dans ceux de sciences humaines en France. Des démarches comparatistes sont pourtant à la base de nombreux travaux empiriques en sciences du langage comme en sciences de la communication.

- « dépasser, dans l'analyse des faits de sens, l'opposition entre "langue" et "discours", au bénéfice d'une articulation dynamique de ces pôles ;
- s'appuyer tout à la fois sur les formes et sur les usages, contextualisés et rapportés à l'histoire, d'une part, à des discours et des genres textuels, d'autre part ;
- étudier la constitution du sens telle qu'elle est instaurée par des unités de rangs différents [...], et rendre compte de l'interface entre différents niveaux de construction du sens [...] ;
- prendre acte de la labilité des phénomènes sémantiques, en accordant une place de choix à la polysémie, à l'ambiguïté, mais aussi au jeu et aux phénomènes de reconfiguration du sens ;
- tenir compte de l'influence qu'exercent les valeurs, les croyances, les connaissances partagées dans la construction et l'évolution du sens, et dans l'interprétation ;
- décrire la manière dont les usages se fixent et comment des formes émergentes se routinisent au fil de la production de nouveaux discours ».

2.1. La notion de « petit corpus » au service du repérage de traces identitaires

Les corpus conditionnent les analyses, et c'est ce qu'on cherche à montrer, à partir de « petits corpus », qui permettent à la fois de confirmer certains usages remarquables des discours identitaires, déjà décrits, et de mettre au jour de nouveaux usages dus à la thématique particulière de « la crise des migrants » telle qu'elle apparaît dans la presse quotidienne française durant l'année 2015 (Moirand 2016, 2018b) :

- l'usage des déictiques qui distingue l'espace occupé par les uns et les autres

chez nous, ici / chez eux, ailleurs / Dehors ! Retournez chez vous /

- les formes d'assignation identitaire

des jeunes d'apparence maghrébine, de type arabe ou nord-africain
des hommes d'allure moyen-orientale, des femmes d'origine musulmane

- les oppositions entre *pro* vs *anti*, *pour* vs *contre*, qui fonctionnent parfois comme des équivalents de *in/im* + *iste/isme* :

immigrationniste = pro-migrant, favorable à l'immigration

- les hyperboles et/ou métaphores du nombre :

des flots, des vagues de migrants, une déferlante humaine
une submersion migratoire, une immigration ininterrompue

— le rôle casuel d'objet des migrants, y compris en position sujet, et qui, au passage des frontières ou des « *hot-spots* » (« centres de triage », « centres d'accueil et de sélection »[5]), sont : *bloqués, coincés, filtrés, évacués, parqués entre deux frontières, placés en rétention, refoulés, relocalisés, renvoyés, triés,* quand ils ne sont pas *échangés* ou *jetés à la mer.*

Ces travaux entrepris sur de petits corpus avaient également permis de travailler sur les mots associés, qui, lorsqu'on les rencontre sur la version papier (ou PDF sur écran) des journaux de la presse quotidienne (et non dans un corpus numérisé, *Europress* par exemple) montrent tout l'intérêt qu'il y a à repérer, au-delà des mots « juxtaposés » et « sloganisés » (comme les trois « I » du Front national : *Insécurité, Immigration, Islam* ou le « on-est-chez-nous » scandé par ses militants), les associations favorisées par leur position dans l'aire de la page, dans les titres, intertitres et sous-titres, dans les phrases détachées et/ou les légendes de photos, etc. (Veniard 2018). Ainsi, si en 2015 on avait mis au jour des formes privilégiées par le discours identitaire, on en retrouve certaines, mais aussi de nouvelles, en périodes d'élections, dans les pays de l'UE :

- Le Danemark veut confisquer les biens des **demandeurs d'asile** [titre]

Rhétorique **anti-immigrés** [intertitre] – *le Monde*, 25-12-015.

- **Réfugiés non-grata** [titre]

En Saxe, dans l'ex-RDA, **les attaques contre les migrants** se multiplient. Une haine attisée par les partis populistes et d'extrême droite **à la veille des régionales du** 13 mars – *le Monde*, 08-03-2016.

- En Slovaquie, **la poussée de l'extrême droite**

Malgré un discours anti-migrants, le premier ministre social-démocrate a perdu 34 sièges – *le Monde*, 08-03-2016.

- **L'extrême droite dopée par les migrants** [titre]

---

[5] Il n'est pas facile de « classer » les candidats au droit d'asile : « [...] la Convention de Genève de 1951, aujourd'hui principal support de détermination du statut de réfugié, ne pose comme critère d'identification que celui de la « persécution ». Or [...] l'histoire a montré que les persécutions peuvent prendre des formes multiples [...]. Elles peuvent être politiques, sociales, économiques et, depuis quelques années, environnementales. Ce tournant des années 1950 [...] permet donc de comprendre et de relativiser la formation des figures opposées de « **réfugié de guerre** » et de « **migrant économique** » qui, en réalité, ne correspondent à rien du point de vue institutionnel mais servent de support **aux politiques de tri** de ceux qui franchissent les frontières » (Agier et Madeira, 2017 : 7).

« **il y a une fronde populiste** dans l'ensemble de l'UE et plus particulièrement en Europe de l'Est. L'idée se répand que l'Union Européenne n'est plus **un rempart contre l'immigration**, notamment celle **venue des pays musulmans** [...]. C'est inquiétant », constate un diplomate – *le Parisien*, 28-04-016.

- En Méditerranée ; **un navire anti-migrants** veut refouler les bateaux venus d'Afrique [titre]

    Un navire de 40 mètres **financé par des militants anti-immigration européens** se dirige vers la Tunisie / Ce bateau, financé par des militants d'extrême droite, suit à la trace les navires des ONG affrétés **pour secourir les embarcadères de migrants**. Le groupe **Génération identitaire** a financé son opération. [lemonde.fr, 07-08-2017]

Un « petit corpus » a été réuni lors de la campagne présidentielle 2017 autour des propos des candidats, et restreint ici aux douze derniers jours avant le premier tour : au moment où Jean-Luc Mélenchon (le candidat de la France Insoumise et situé « à gauche de la gauche ») remonte dans les sondages. Cela conduit Marine Le Pen (candidate du Front National, devenu depuis le Rassemblement National) à revenir aux « fondamentaux » du discours identitaire FN, et François Fillon (candidat du parti Les Républicains) à privilégier une thématique quasi-identique face à Emmanuel Macron, l'outsider qui ne serait ni de droite ni de gauche.[6]

C'est ainsi que, contrairement à ce qui se disait jusque-là dans les médias – la campagne 2017 serait davantage centrée sur « les questions économiques et sociales » alors que celle de 2002 avait été celle de « l'insécurité » (Née 2012), et celle de 2007 celle de « l'identité nationale » (Devriendt 2011) –, on voit revenir à travers l'étude affinée de ce petit corpus de fin de campagne des thèmes privilégiés du discours politique identitaire autour d'associations et/ou oppositions telles que *insécurité et terrorisme, culture française* vs *communautarisme, islamisme* vs *identité française, nationalité et patriotisme*…, avec une valeur axiologique, qui s'entend oralement chez certain.e.s candidat.e.s, ne serait-ce que dans la façon d'accentuer les mots lors des meetings, et notamment sur les mots suffixés en *-isme* et *-iste* (voir *infra*, en 3.).

Quant aux instituts de sondage, ils ne se risquent plus à classer les quatre candidats principaux (Fillon, Le Pen, Macron, Mélenchon), ce qui

---

[6] Une première approche de ce travail empirique a fait l'objet d'une communication orale au colloque organisé à l'université Paul Valéry de Montpellier sur « Le discours identitaire face aux migrations en Europe » les 20 et 21 octobre 2017.

n'était jamais arrivé depuis les débuts de la Ve République[7] : à l'approche du premier tour, seuls deux candidats se détachaient en tête – et c'étaient ceux du deuxième tour.

2.2. Éléments de méthodologie

Outre la prise en compte tous les matins, à des fins de contextualisation, des informations en continu des chaînes *BFMTV* ou *CNEWS* (y compris des écrits d'écran), ainsi que le visionnement des meetings des candidats qui étaient retransmis en intégralité sur cette chaîne (avec pour point de départ celui de Mélenchon à Marseille, le 9 avril), on a systématiquement relevé les cotextes des mots « migrant », « identité », « nation » (avec leurs dérivés et leurs parasynonymes), ainsi que ceux des mots associés rencontrés dans la presse quotidienne nationale française (journaux datés du lundi 10 avril au samedi 21 précédant l'élection + *le Monde* daté du 23–24 avril mis en ligne et en kiosque à Paris dès le samedi)[8].

Un recueil effectué au fil des jours a permis de constituer un corpus de 297 000 signes constitués de mots (accompagnés de cotextes élargis à la titraille, la légende de photo, la phrase, voire le paragraphe), qu'on a considérés comme « représentatifs » d'un discours identitaire de cette campagne présidentielle, certains de ces mots étant identifiés par leur fréquence, d'autres par leur aptitude à la dérivation ou à la composition, ou bien encore en raison d'une construction syntaxique qui les réunissait, ou de formes qui les représentaient : « Monsieur Mélenchon est immigrationniste *et* communiste » – Marine Le Pen :

---

[7] Un an après, on s'aperçoit que cela explique, partiellement au moins, le refus des résultats de cette campagne inhabituelle par des Français (et certains partis politiques), qui n'ont jamais accepté le résultat du premier tour, et par suite celui du second tour, marqué par un taux d'abstention important et des votes blancs (qui ne sont pas comptabilisés).

[8] Ont été systématiquement dépouillés les numéros de la presse quotidienne nationale : *la Croix, le Figaro, l'Humanité, Libération, le Monde, le Parisien* ainsi que *le Journal du Dimanche* du 16 avril (considéré comme un « journal quotidien » parce qu'il est en vente un seul jour par semaine), et parfois *L'Opinion*. On a également pris en compte leurs suppléments : par exemple ceux du journal *La Croix* (journal catholique), qui comparaient les programmes de cinq candidats (Fillon, Hamon, le Pen, Macron, Mélenchon), au fil de la semaine du 10 au 14 avril, le supplément de *Libération* du 21-04-017 commentant thème par thème les engagements de ces cinq candidats et le supplément du *Parisien* du 22-04-017 « Moi, électeur » où « Onze français nous disent ce qu'ils attendent de cette élection présidentielle ».

- « migrant » : immigrant, immigré, immigration, immigrationn-iste/isme ; réfugié, demandeur d'asile, clandestin, migrant économique...
- « identité » : l'autre / les autres / nous / eux / chez nous / chez eux ; ici / ailleurs ; identité culturelle / nationale / politique / religieuse / républicaine ; culture / cultural-isme/-iste / multicultural-isme/-iste...
- « nation » : état, pays, nation, patrie, peuple, république, religion ; national-isme/-iste, patriot-e/-isme ; popul-isme/iste ; mondial-isme/-iste,...

Mais compte tenu du contexte de cette campagne et de l'actualité toujours présente des attentats (il y en aura un sur les Champs-Élysées le jour du débat télévisé entre l'ensemble des candidats du premier tour, ce qui change quelque peu le contexte de cette fin de campagne), on y a ajouté « l'insécurité » et les mots qui lui sont associés par les candidats et/ou les médias, comme dans la phrase prononcée par Marine Le Pen lors d'un meeting à Perpignan, où elle pratique « l'énoncé retourné à l'envoyeur » en parodiant le nom du Mouvement « En Marche », celui de Macron, et en y intégrant des mots qu'elle associe d'habitude à l'insécurité : « Avec Macron, ce sera l'islamisme en route, le communautarisme en route ».

Il s'agit ici d'un type particulier de comparaison : une comparaison entre les représentations « montrées » de ce que disent les candidats (extraits cités, transcrits, rapportés, résumés, détachés...) au fil de l'actualité des interviews, des meetings, des réseaux sociaux et des tweets, repris dans la presse quotidienne ; une comparaison entre ce que les journalistes écrivent à propos des candidats et sur ce qu'ils reprennent de ce qu'ils ont lu ou entendu ailleurs sur les candidats, ainsi qu'entre les propos de citoyens ordinaires ou d'acteurs sociaux divers, que l'on interroge ou qui se manifestent, au fil de ces derniers jours de campagne.

Il s'agit donc ici de « comparaisons » entre des propos tenus dans une même langue/culture à un même moment de l'actualité-en-train-d'être-actée (Moirand 2018c, Moirand 2020) mais à partir de positions sociopolitiques différentes, positions que l'on peut retrouver dans d'autres langues/cultures de l'Europe des 28, et au Parlement européen – même si les partis politiques de l'UE ne sont pas superposables aux partis de chacun des pays : les ressemblances et les différences s'expliquent moins par la langue, comme le montrent les traductions simultanées en huit langues lors des débats au Parlement, mais par des positionnements politiques identitaires « partiellement » communs (attitudes face aux migrants), nés cependant d'une histoire politique et de cultures différentes, mais qui souvent se manifestent à propos d'un événement (attentats en Europe, élections) ou face à une crise (la crise de l'euro, l'arrivée de migrants en Europe, bateaux en perdition et migrants noyés en Méditerranée, le droit d'asile...).

Les théories énonciatives « classiques » se heurtent ici à la complexité des propos représentés dans la presse, ainsi qu'à leur brièveté : souvent détachés de leurs cotextes, ils se répondent et s'entremêlent au fil des articles. Si on se place du côté des habitudes de lecteurs des informations quotidiennes sur l'internet, que l'on a parfois interrogés, il semble quasi impossible de démêler l'épaisseur interdiscursive des différents locuteurs convoqués à la simple lecture sur un écran : comment repérer et saisir l'origine du propos repris et les différents emprunts qui s'entassent et se répondent, ainsi que le degré de « prise en charge énonciative » d'un segment de parole attribuée au locuteur X et rapporté par Y (parfois anonymes), puis par d'autres, qui parfois l'ont entendu ou lu plusieurs fois, au cours de la nième reprise par autrui sur une chaîne d'information continue ? On est souvent face à des segments de paroles repris sans leurs contextes, à une « phrase détachée » d'un texte qu'on n'a pas lu, à une phrase tronquée aperçue sur un écrit d'écran, dans un tweet ou un post sur l'internet, voire dans un bandeau défilant, et qui voyage au hasard d'énonciations successives, ce dont les locuteurs-repreneurs sont rarement conscients (sauf peut-être s'ils sont chercheurs en sciences sociales). On a de ce fait préféré s'arrêter ici sur la circulation de certains mots au moment même où ils sont « actualisés », plutôt que sur des postures énonciatives successives d'énoncés, qui ont échappé à leurs énonciateurs premiers, et dont on ne sait plus très bien quelle en est l'origine, comme on le verra pour « immigrationniste ».

Étudier les cotextes des mots repérés comme significatifs d'une situation de communication qui met en jeu des sphères d'activité langagière différentes permet de s'interroger sur les contextes socio-énonciatifs à l'origine des représentations véhiculées par les mots d'un type de discours particulier, lors d'un événement précis : ici celui d'une campagne présidentielle dans un des pays de l'Union Européenne en 2017. Ce sont les contingences de la comparaison entre des propos tenus par différents candidats, différents électeurs potentiels et différents journalistes professionnels, tels qu'ils apparaissent dans les médias, qui conduisent à privilégier, plutôt qu'une approche énonciative, une sémantique discursive révélatrice d'un « arsenal » d'associations (au sens de l'arsenal argumentatif de M. Angenot 2014a), à un moment particulier de l'Histoire d'un pays, ici le premier tour de l'élection présidentielle de 2017 en France. Telles sont les contingences, mais aussi les apports, d'un travail empirique sur de petits corpus, révélateur d'un instant discursif, mais non fondé sur la fréquence.[9]

3. Immigrationnistes, antimigrants et mots associés en campagne présidentielle

Avant de revenir sur certains des mots et cotextes révélateurs de cette campagne, on reprendra quelques extraits qui sont entrés dans le récit, que la presse généraliste a construit, d'une des phases déterminantes de cette élection, phase dont on comprend mieux un an plus tard la portée.[10]

3.1. Des discours de campagne tels qu'ils sont « (re) présentés » dans la presse

Les derniers jours de la campagne électorale avant le premier tour ont été regroupés en trois périodes :

10–13 avril : Mélenchon remonte dans les sondages

14–17 avril : Un week-end de meetings et de déclarations

18–22 avril : Une fébrilité attisée par un attentat sur les Champs-Élysées

---

[9] La presse écrite (ou en ligne, en particulier si on lit le PDF du journal) ainsi que l'information en continu de certaines chaînes d'actualité présentent certaines particularités associatives dues à la répartition des dires sur l'aire de la page (entre légendes, titrages, chapeaux, phrase détachées, photos, etc.) ou de l'écran (images en surimpression ou en fond d'écran, cumulations d'images sur un même écran, écrits d'écran, bandeaux défilants, etc.), peu traitables par une linguistique « outillée » (les deux approches sont bien évidemment complémentaires). Ces particularités soulignent la complexité des interventions énonciatives (volontaires ou non) qui participent à ces moments d'énonciation complexes constitués par le traitement de l'actualité (le passage du virtuel à ce qui est en train d'être acté… par le langage verbal – Moirand 2018c, 2020).

[10] Les quelques extraits cités ici ont pour objectif de favoriser la réflexion sur les questions de comparaison à l'intérieur d'une même langue/culture. Le soulignement en gras met l'accent sur les mots ou cotextes associés étudiés.

Au fil de ces trois périodes, on repère une série de discours « représentés », empruntés à des sphères d'activité langagière différentes, et qui montrent, jusqu'au dernier jour, l'incertitude du scrutin.

- Le meeting de Mélenchon à Marseille sur le Vieux-Port (9 avril) confirme « la popularité du leader de la France insoumise », dit la une du *Parisien*, qui en fait son « Fait du jour » : « Où s'arrêtera Jean-Luc Mélenchon ? ». [10-04-017]

Le même jour, *la Croix* rappelle « ce que dit la doctrine sociale de l'Église » :

La question des migrations humaines est une priorité de l'Église catholique depuis la fin du XIXe siècle. « L'accueil de l'autre est le cœur même de l'éthique chrétienne », résume le jésuite Pierre de Fontenay [10-04-017, p. 4]

- alors que alors que, dans le même numéro, le candidat des Républicains et de la droite catholique, Fillon, semble s'éloigner de cette éthique (*ibidem*, p. 13 à 16) :

... **sa proposition phare** consiste à modifier la Constitution pour mettre en vigueur **des quotas migratoires**
... **concernant les demandeurs d'asile**, il estime « qu'on n'est pas en présence, pour l'essentiel, **de réfugiés, en tout cas de réfugiés au sens politique** ».

Les résultats des sondages font progresser « la radicalité » des candidats. Or si « la radicalité progresse » (*le Monde*, 11-04), c'est surtout chez les deux candidats « anti-système » qui désormais s'affrontent : « ... dans l'hypothèse d'un duel face au candidat de La France insoumise [...] », Marine le Pen « a dénoncé son **immigrationnisme "absolu"** » (*le Figaro*, 11-04) et lui oppose sa priorité qui est de lutter contre le « **communautarisme** » pilier de « **l'islamisme** » (voir p. 6 en 2.2.), alors que Mélenchon est également désigné par *le Figaro* comme le « Chavez français », qui, en matière d'immigration, serait « à la gauche de la gauche ».

- La remontée de Mélenchon se confirmant au fil des jours, lors du week-end du 14–17 avril, on assiste dans les meetings de chacun des candidats à des déclarations d'affrontement, que les médias rapportent au travers de segments représentés insérés dans leurs commentaires.

– *L'Humanité* (14/15/16-04), qui soutient Mélenchon, dénonce « Les adversaires du candidat [qui] ne reculent devant aucune manipulation pour caricaturer son programme fiscal » alors que Fillon, Macron, Le Pen [...] **jouent les 'Robins des riches'** ».

– *La Croix* (14-04) publie un entretien avec Marine le Pen pour qui « **La priorité nationale**, ce n'est ni illégal, ni immoral » [phrase détachée] et qui déclare :

J'apprécierai d'être **face à** Emmanuel Macron au second tour...
Lui est **un mondialiste décomplexé** qui veut **l'ouverture totale** des frontières, **le libre-échangisme** et **le dépeçage de la France** en faveur d'intérêts privés...
Moi je propose de revenir à **la Nation**, structure la plus performante pour assurer la **sécurité**, **la démocratie** et défendre **notre identité**.

– *Le Figaro* (18-04) rapporte les propos de Fillon dans un meeting à Nice :

A Nice, Fillon fustige « la révolution » et « la fausse alternance » de Mélenchon et Macron

« On découvre subitement **la France open-space** de M. Macron et **la France bolivarienne, jumelée avec Cuba, de M. Mélenchon** », raille le député de Paris.

Les thèmes fondamentaux du Front national reviennent en force dans les propos rapportés de Marine Le Pen, au fil de ce qu'on entend à la radio, à la télévision, et de ce qu'on peut lire dans la presse :

Cette présidentielle, c'est presque un référendum **pour ou contre la mondialisation sauvage**

Le mondialisme, c'est la suppression des frontières, la disparition des racines

Je ne crois pas **au clivage gauche-droite. Le vrai clivage c'est entre les patriotes et les mondialistes.**

Je tends la main à tous ceux qui sont attachés à **la souveraineté et à l'identité de notre nation.**

On assiste à une bataille de mots, d'associations et d'oppositions à valeur polémique et/ou hyperbolique, qui se continue après l'attentat du jeudi 20 avril sur les Champs-Élysées à Paris, la veille de la clôture de la campagne présidentielle du 1er tour. Mais la presse donne également la parole aux électeurs « ordinaires », dont elle rapporte quelques extraits.

3.2. La représentation de sphères d'activité langagière différentes

On distingue la sphère des « électeurs » ordinaires des sphères politiques et médiatiques.

- La sphère des électeurs « ordinaires » apparaît, entre autres, dans une série de six reportages entrepris par *Le Figaro* auprès de Français de villes moyennes, et intitulée : *Les oubliés de la campagne.* Ainsi le numéro daté des 15/16-04-2017 intitule la page consacrée à une ville moyenne de la région parisienne *Journées intranquilles à Pierrefitte*, et reproduit sous ce titre une phrase détachée du texte, dans laquelle un « ailleurs » s'oppose à un « ici », celui des Français dit « de souche »[11] :

> Journées *intranquilles* à Pierrefitte
> Avec **ses 60% d'habitants d'origine étrangère**, cette ville du 9-3 est l'un des visages de **cet « ailleurs » frappé de pauvreté, d'insécurité et de communautarisme**

Et, caractérisant plus loin les cités comme « *des ghettos sociaux et culturels* », que « *tous ceux qui peuvent fuient* », l'envoyée spéciale (qui se réfère aux travaux sur « les fractures françaises » – Moirand 2016) décrit ainsi la situation :

> « Les vieux **Pierrefittois de souche** se sentent agressés par la **communautarisation galopante** »
> « **Les Pierrefittois de souche** ne fréquentent plus les écoles locales, **abandonnées aux immigrés**, dont au moins 20% ne parlent pas français ».

Ainsi semble se construire une guerre de mots chez ceux qui « *veulent voter Marine Le Pen* », à laquelle ils empruntent les images d'une « **communautarisation galopante** » et des trois « I » *Insécurité, Immigration, Islam*, qu'elle n'associe pas seulement à des étrangers mais aussi à des Français « récents » (le droit du sol), ce que montrent les différents reportages auprès de Français des villes retenues dans cette série d'articles du *Figaro* (on peut noter l'usage du *on vs Je*, (on peut noter l'usage du

---

[11] On peut lire à propos de cette nomination les pages consacrées à « Français de souche, français-français, franco-français » par Sonia Branca dans L. Calabrese et M. Veniard, 2018, p. 113–123.

on vs *Je, des gens d'…/de…, immigrés/étrangers* vs *Français,* la négation *je ne suis pas…* suivie de *mais,* etc., formes représentatives d'un discours identitaire) :

> « **on** donne la priorité **aux gens d'Irak ou de Syrie** »
>
> « **Je ne suis pas** contre les immigrés, **pas raciste. Mais** je pense qu'on a tout simplement **oublié les Français** »
> [Un Français « oublié » à Chambroi]
>
> Anaïs, une jeune rouquine… parle de **la boîte de nuit où elle et son mari ne peuvent plus aller danser** car « **les étrangers y sont en terrain conquis** », dit-elle.
> [Une Française « oubliée » à Laval] [12]

Mais la sphère des discours de « locuteurs ordinaires » n'est pas réservée au *Figaro. Libération,* qui interroge la jeunesse « ordinaire », « *qui ne dit plus non au Front national* », reproduit des propos qui relèvent du même clivage identitaire :

> « **il suffit d'avoir du cirage sur le visage** pour qu'**on vous** laisse tout faire »
> « **C'est pas du racisme** de dire que **les Français doivent passer en premier** »

Si cette sphère d'activité langagière ordinaire s'oppose à une autre sphère, celle des associations, qui tentent d'aider les migrants et les mineurs étrangers isolés (Vetier 2018), voire de participer à leur intégration, on en parle rarement dans les médias pendant cette période d'élections…

---

[12] On retrouvera à l'automne 2018 cette nomination « les oubliés », lors de commentaires sur « les gilets jaunes », qui feraient partie d'une France « oubliée » (émission de BFMTV diffusée le lundi 13-05-2019). Cette façon de détacher les mots de leurs cotextes pour les réinsérer dans un autre contexte semble par ailleurs avoir fourni aux « gilets jaunes » des éléments de langage : ceux-ci semblaient venir tout droit du discours de rentrée de Marine le Pen prononcé le 16-09-2018 à Fréjus : *la politique pour les très riches / Macron banquier d'affaires / la hausse du prix de l'essence / le contrôle technique obligatoire / la baisse des APL / la hausse de la CSG / le mépris des gens /le mépris de notre pays / l'ensauvagement de la société…* Retransmis en direct sur une télévision d'information en continu, ce discours annonçait également des thèmes destinés aux élections du Parlement Européen de mai 2019 : dénonçant **l'immigrationnisme** qui fait que « *les préfets ne s'occupent plus que des migrants* », qu'il n'y a « *plus d'argent pour les Français* » mais qu'il « *y en a pour les migrants* », que « *l'Europe a décidé* **la fin des nations** », qu'on assiste à une « **submersion migratoire organisée due aux** *"dirigeants européistes"* »…

- Si l'on revient à la sphère des journalistes de la presse écrite quotidienne et d'actualité, on voit qu'ils reprennent et commentent essentiellement les discours des meetings et les interviews des candidats, et en particulier ceux qui se cristallisent sur les questions d'identité et d'immigration en cette fin de campagne. Les extraits de paroles représentées attribués aux candidats sont souvent repris d'une situation de discours antérieure : produits pour d'autres « classes de destinataires » (les meetings, si on excepte les journalistes et les chercheur.e.s en sciences sociales, sont essentiellement remplis par des sympathisant.e.s du candidat), ils sont sortis de leurs conditions de production, et même de leurs cotextes discursifs.

Ainsi *l'Humanité*, journal du parti communiste, commente un discours de Fillon, qui tenterait de prendre des voix à Marine Le Pen, en renvoyant dos à dos Macron et Mélenchon :

> Un long discours national**iste** où il a opposé « au marketing du vide » et aux « niaiseries du multicultural**isme** » l'appropriation de **la culture française** et de **l'identité nationale.**

Libération nuance l'attitude de Mélenchon, que Marine Le Pen avait traité, il y a quelques années, lors d'élections municipales où il.elle s'étaient déjà opposé.e.s, « d'immigrationniste fou » :

> Mélenchon tient « **un discours plus prudent sur l'immigration** »…
> Une manière de dire **qu'il n'a rien d'un « immigrationniste »** :
> « Je ne suis pas pour le droit d'installation »

La Croix commente le programme de Marine Le Pen en le comparant à ceux de ses principaux adversaires : à leur choix « **mondialiste** », elle oppose « un choix **patriote** ».

Une semaine avant le premier tour, le débat sur l'identité s'intensifie dans les meetings, et l'on voit apparaître de nouvelles associations.

Le Figaro rapporte des extraits du discours de François Fillon au Puy-en-Velay, où il s'est affiché avec L. Wauquiez (devenu ensuite, pendant un certain temps, le président du Parti Les Républicains), et « les mots » qu'il a choisi de dire :

> Fillon s'est posé en « **défenseur de la culture et de l'identité de la France** »
> Il a regretté que l'on n'ose plus prononcer **les mots d'« identité »**, de « **France** », de « **nation** », de « **patrie** », de « **racines** » et de « **culture** ».

Quant à Marine Le Pen, qui s'identifie elle-même comme « *intensément française* », elle accumule comme à son habitude des séries d'adjectifs ou d'adverbes, et pratique l'hyperbole polémique (Alduy et Wahnich 2015) : systématiquement rapportés dans les médias, donc détachés du contexte de production, ces mots n'ont pas moins de force, parce qu'on « entend » en mémoire, lorsqu'on les lit dans la presse ou sur des écrits d'écran, l'accentuation qu'elle leur donne face à ses partisans (ce qu'on a forcément perçu lors de ses déclarations à la radio, à la télévision ou sur le web) – ce que *l'Humanité* représente par un verbe introducteur « imagé » :

> « Au fond, si je devais me définir, je crois que je répondrais tout simplement que je suis **intensément, fièrement, fidèlement, évidemment française** » [*Le Figaro*]
> Voilà une photographie de campagne qui vaut tous les discours politiques. « La France aux Français » ! **dégorgeait** lundi soir Marine Le Pen, qui préparait **sa guerre civile** [*L'Humanité*].

Une semaine avant le premier tour, les commentateurs professionnels prennent conscience des incertitudes du scrutin. Certains éditorialistes prennent position, comme celui du *Figaro,* qui classe « à gauche » les trois candidats en « on » dans un texte où l'on remarque la présence conjointe de mots construits avec le suffixe *-isme* :

> Beaucoup d'électeurs s'interrogent : demain la France sera-t-elle encore la France ?
> Sans aller jusqu'en Seine-Saint Denis, il est des endroits où la France a perdu **son âme, son identité, sa liberté… le communautarisme** s'est développé, **le militantisme islamique** s'est affiché… Jusque sur les plages où le port du burkini a pris ses aises…
> **Macron, Hamon, Mélenchon :** les candidats de gauche ont des « pudeurs de gazelle » quand il s'agit d'évoquer **le fondamentalisme islamique**
> Alors que *Libération* voit d'une autre façon Mélenchon, qui fait appel aux *grands moments de l'histoire « républicaine »*, défendant ainsi **une identité républicaine, protestataire et patriote,** et se dit **pour une France « métissée »**…

Nous conclurons ce court inventaire de discours « représentés » présents dans la presse avant le premier tour des élections présidentielles :

– par des extraits du journal *le Monde* (18-04) :

Le Pen entend [...] s'appuyer dans cette dernière semaine sur ses fondamentaux : **l'identité et l'immigration**

Macron [...] devrait **durcir son discours vis-à-vis de Fillon**

Fillon **à l'offensive**... s'est adressé à **l'électorat catholique le plus conservateur**

et de *Libération*, qui, usant également du suffixe *-iste*, titre le 18-04 : **Quatre têtes** pour un casse-tête

opposant alors :

D'un côté les mondial**istes** immigration**nistes**, défenseur du libre-échange, de l'autre les protection**nistes** qui veulent fermer les frontières

Cette omniprésence du suffixe *-iste*, affublé d'une valeur idéologique, que renforce l'accentuation opérée par certains à l'oral, conduit à s'y intéresser de plus près.

3.3. La valeur du suffixe -iste dans le ciblage de l'adversaire politique

Les discours « représentés » empruntés à Marine Le Pen fournissent un échantillon représentatif des valeurs axiologiques attribuées en contexte aux suffixes -iste/-isme :

Avec Macron, ce sera l'islam**isme** en route, le communautar**isme** en route

Lui est un mondial**iste** décomplexé qui veut l'ouverture **totale** des frontières, le **libre**-échang**isme** et le dépeçage de la France

M. Macron et **un mondialiste décomplexé**, là où M. Fillon est **un mondialiste honteux**

Derrière l'immigration massive, il y a le terror**isme**, derrière l'immigration massive, il y a l'islam**isme**

Mélenchon est sur une ligne immigration**niste et** commun**iste**[13]

Si J. Dubois, dans sa thèse sur la suffixation en français (Dubois 1962, p. 35–36) avait noté le rôle des suffixes *-iste* et *-isme*, qui « connaissent une expansion due non seulement à la vulgarisation au XIXe siècle de la philosophie, de l'économie et de la politique,

---

[13] On peut remarquer au passage cette coordination de deux mots en -iste, qui associe Mélenchon au parti communiste (associé à sa formation politique dans cette campagne, il est vrai), la coordination étant aussi une façon de désigner l'adversaire en l'associant à une sphère d'activité particulière.

parallèlement aux transformations sociales intervenues en France, depuis 1840, mais aussi à la formation et au développement du couple *-isme/-iste* indiquant "celui qui est partisan d'une doctrine" ou "l'adepte d'un groupe politique", ce qui renforce l'aire d'emploi de -isme », il n'avait pas encore perçu la valeur qu'il prendrait en discours, valeur axiologique que certains analystes de discours ont remarquée (M.-A. Paveau 2006, 2012[14], par ex.), et que Michel Roché[15] a spécifiquement étudié dans ses travaux sur la dérivation.

Critiquant le classement des dérivés en -iste/-isme dans les langues européennes « *lorsqu'on le limite à un point de vue référentiel sans analyse des opérations constructionnelle*s », M. Roché (2007) donne en exemple le couple « esclavagisme/esclavagiste », qu'il reformule par « le fait d'être favorable à l'esclavage ». Il met au jour des opérations sémantiques et catégorielles, soulignant alors que ce modèle[16] est pour lui tout à fait spécifique et « n'a d'équivalent que les dérivés en *pro-* et *anti-* » (ce que nous avions remarqué à propos de « anti-migrants » et « pro-migrants » dans les titres de presse et dans les bandeaux défilants des écrans – voir *supra*), alors que « immigrationniste » et anti-immigrationniste semblaient prendre une valeur polémique (que *pro-* et *anti-* n'ont pas forcément) dans le discours identitaire à propos des migrants, et dans les joutes entre Mélenchon et Marine le Pen dans les médias, comme l'atteste cet extrait publié sur www.lepoint.fr, le10-04-2017 :

---

[14] Marie-Anne Paveau (2006 : 209) remarque, à propos des mots « pédagogiste » et « pédagogisme », comment « La suffixation en *-isme* produit dans les contextes polémiques des unités marquées par la dévalorisation, suggérant l'idée d'un système clos, plus ou moins autoritaire, et intentionnel, qui émerge dans ce suffixe devenu subjectivème », loin de garder la neutralité qu'on lui prête dans « les dictionnaires et les manuels de morphologie lexicale » (Paveau 2012, à propos de « populisme »).

[15] Je remercie ici Michelle Lecolle, qui m'a mise sur la piste des travaux de Michel Roché.

[16] M. Roché montre que les opérations sémantique et catégorielle associées à la suffixation en *-iste* (ou ses correspondants dans les langues indo-européennes) s'organisent selon trois modèles, dont le premier construit **une relation axiologique** par rapport à ce que représente la base selon les trois axes traditionnels (**le bien, le beau, le vrai**), et que si la base n'est pas un nom (cas le plus fréquent), s'il s'agit d'un verbe, d'une expression, il n'est pas pris en tant que tel, il est implicitement nominalisé. Ainsi *Fédéralisme*, dit-il, « n'est pas un nom de qualité, il ne désigne pas 'le fait d'être fédéral' mais 'le fait de privilégier ce qui est fédéral' » (Roché 2007 : 46).

Alors qu'on demandait à Marine Le Pen comment on arrête la progression de M. Mélenchon dans les sondages, elle répond au *Talk* du *Figaro* : [...] M. Mélenchon est **un « immigrationniste absolu »**, qui souhaite ouvrir les frontières et régulariser **l'intégralité** des clandestins [...]
« Il est **pour** l'immigration, **il a toujours été pour une immigration massive** ».

« Ces gens-là [Mélenchon et Poutou, autre candidat, d'extrême gauche] sont là pour défendre des idéologies qui se sont construites **contre l'existence même des nations** »...

Or Marine Le Pen dénonçait déjà, le 19 octobre 2010, « la politique immigrationniste » de Nicolas Sarkozy – sur www.fdesouche.com, consulté le 02/04/2018. Cela m'a incitée à rechercher l'histoire de ce mot construit (dont le logiciel *word* s'obstine toujours à refuser l'existence), y compris en consultant des sites identitaires, pour savoir si on assiste ici, comme le montre M. Roché, à un phénomène de « pression lexicale », qui entraînerait la construction de séries apparentées sémantiquement. C'est ce qu'on perçoit, à mon sens, derrière **la fonction polémique** que joue l'accumulation de mots en -isme/iste dans le discours politico-médiatique, et dans le discours politique identitaire, tel qu'il est « représenté » dans les médias.

Partant à la recherche du couple immigrationniste/immigrationnisme sur les sites de l'internet, je l'ai ainsi trouvé associé à d'autres mots en *-iste,* dans des commentaires et des comptes-rendus de débats du Parlement européen, dans lesquels toutes les potentialités affixales de construction lexicale sont utilisées :

« Vous mesurez ainsi les conséquences concrètes et visibles de **la politique ultralibérale, ultramondialiste** et **ultra-immigrationniste** menée depuis vingt-ans ».

« Seul un réveil **des peuples** et de nos élites face à **la politique ultralibérale et pro-immigrationniste** menée par Bruxelles pourra nous permettre d'espérer avoir enfin un sentiment de sécurité en Europe. »

Des expressions comme *dérives immigrationnistes, lobbies pro-immigrationnistes, politique **ultra**-immigrationniste,* s'enchaînent au fil des blogs et des sites identitaires consultés, une première fois en octobre 2017, une deuxième fois en mars 2018, et à nouveau en avril 2019, écrits qui ne laissent pas de doute quant aux orientations politiques de leurs auteurs, et qui contribuent, à mon sens, à « la pression lexicale » dont parle M. Roché :

« immigration, **multiculturalisme** et métissophilie : naissance d'un **totalitarisme** »
[<leblogdepaysansavoyard.fr>]

Toujours grâce à l'internet, on a retrouvé un auteur qui pourrait être à l'origine du succès de cette construction en *-isme/-iste* à partir de la base 'migr-ant' 'migr-ation' (qui, dans sa version non polémique, n'est en fait pas « nouvelle ») :

> [il existe] des courants intellectuels et politiques assez structurés, que nous pourrions qualifier de partis idéologiques [...] Un de ces partis et probablement un des plus puissants qui soit, **c'est le parti immigrationniste**. J'emprunte ce terme au politologue Pierre-André Taguieff qui l'a forgé dans une perspective critique pour décrire **une idéologie** qui prétend [que] **l'immigration massive** est à la fois inévitable et nécessaire.
> [journaldemontreal.com]

La consultation de *Wikipedia* permet de lire une version abrégée du texte de Pierre-André Taguieff paru dans *le Figaro* le 9 mai 2006 :

> Article où il dénonce sous le nom d'**immigrationnisme** un chantage des « biens-pensants » qui prohibe un examen objectif des réalités de l'immigration en érigeant en dogme qu'elle est à la fois inéluctable et bénéfique... Ce sont certains usages de **l'antiracisme** qui seraient visés par Taguieff
> [*Wikipedia*, consulté en octobre 2017],

et de trouver enfin, sur scholar.google.fr, la version non abrégée de ce texte qui repose sur une argumentation en cinq pages, que tout le monde peut lire, discuter, réfuter, mais que peu d'utilisateurs actuels du mot semblent connaître : « *L'immigrationnisme, ou la dernière utopie des bien-pensants* ».

Ainsi une fois « lancé » au hasard des médias et des discours politiques, *le mot-construit* continue son chemin à travers des sphères d'activité langagière diverses, pas toujours prévisibles, dans des langues/cultures différentes (langues indo-européennes, et reliées ici par leur présence au Parlement Européen), perdant en route l'épaisseur dialogique qu'un spécialiste de philosophie, politiste et historien des idées, lui avait donnée. Le mot fait partie désormais de *l'arsenal polémique* des partis populistes, en particulier sous sa forme en *-iste*, qui permet de déconsidérer l'adversaire, en laissant croire qu'il est « pour » une immigration « totale » et sans réserve. Par ailleurs, les deux candidats qui l'ont employé lors de la campagne présidentielle 2017 en France (soit pour cibler l'adversaire, soit pour s'en défendre) étaient tous deux députés au Parlement européen avant de se présenter à cette élection présidentielle.

Cette incursion dans les sites identitaires a permis de dégager quelques traits d'un discours « populiste » proclamé ou sous-jacent aux positionnements de certains candidats et/ou de leurs supporters, dont les mots « peuple » pour certains, « les gens » pour d'autres n'apparaissaient pas toujours de manière frontale... On a ainsi remarqué la présence d'un autre mot en *-isme*, qui cible également une attitude politique axiologiquement marquée, parce que née de la même « pression lexicale ».

Comme le remarque le quotidien *L'Opinion*, vers la fin de la campagne du premier tour des présidentielles 2017, les militants de la France insoumise (parti du candidat Mélenchon) scandent dans leurs meetings : « dé-ga-gez », slogan emprunté au printemps tunisien (et autres « printemps arabes »), par ailleurs repris sur les dernières affiches de campagne du candidat et sur certains murs de Paris « *Je vote / ils dégagent* » :

> « Eureka ! On cherchait le thème central de cette campagne... on l'a trouvé : c'est **le dégagisme**, le renouvellement, le renouveau... ».[17]

Cette même « injonction », on l'a vu revenir sur des pancartes ou dans des propos tenus par des « gilets jaunes » lors des manifestations de l'automne 2018 en France, alors qu'un autre mot en « isme », emprunté à d'autres langues/cultures européennes faisait également irruption ailleurs, dans le discours politique européen de dirigeants politiques : *l'illibéralisme*, revendiqué par Victor Orbán en Hongrie[18].

Dès 1999, A. Krieg-Planque avait signalé dans la revue *Mots* cette particularité de la « presse sympathisante de l'extrême droite », à savoir l'emploi d'

> un lexique néologique particulier, fait de mots, de syntagmes, de mots composés et de mots-valises que l'on ne trouve pas ailleurs : « immigrationnisme », « euro-mondialisme », « immigration-invasion », « socialo-communo-gaulliste », « néo-français » ...

[Krieg-Planque 1999 : 11]

---

[17] Sur le dérivé « dégagisme », voir l'article de Christophe Premat, 2019.
[18] Communication de Renata Varga au colloque de Montpellier, cité *supra*, note 6 (Varga 2017 et 2019).

S. Wahnich a confirmé récemment cette tendance de Marine Le Pen à marteler ces « signifiants » particuliers que sont devenus les mots construits « en -isme » :

> Voulant échapper au clivage démocratique qu'est le clivage gauche/droite, elle va déclarer à Nantes : « Gauche ! Droite ! Gauche ! Droite ! C'est le pas cadencé que le mondialisme, l'immigrationnisme et le mercantilisme veulent vous faire adopter... »
> [Wahnich S., 2017, « Les signifiants de Marine Le Pen », *Savoirs et clinique* 2, www.cairn.info]

Le développement des réseaux sociaux, des blogs, des forums et des sites de l'internet fait que cette particularité n'est plus réservée aux hommes ou femmes politiques et à la presse, mais qu'elle a envahi depuis le discours des essayistes comme celui des politicien.ne.s de droite (on peut le constater sur scholar.google à partir du mot « immigrationnisme »), voire les promoteurs d'infox (*fake news*) :

> ... il me paraît improbable que la « commission », la finance apatride, et leurs amis, **mondialistes**, **immigrationnistes**, **fédéralistes** et autres, acceptent de revenir en arrière dans leur programme antisocial, de reconsidérer les traités félons, de faire évoluer leurs politiques nuisibles...
> [<http://blog.nicolasdupontaignan.fr/>, 2018]

> Le pacte de Marrakech est un appel à la censure des médias politiquement incorrects
> Le pacte appelle officiellement des États à sanctionner les **non-immigrationnistes**
> [A. del Valle-notes-eurosynergies, Forum des résistants européens, 2017]

On assiste ainsi à une inflation d'affixes qui s'empilent à partir de la base « migr- », car si immigrationniste = pro-migrant, que signifie **anti-im-migr-ation-niste**, sinon à désigner ceux qui sont contre « ceux qui sont pour les migrants », à savoir contre les « **pro-im-migr-ation-nistes** » ? C'est ce qu'on trouve notamment repris dans les discours de certain.e.s hommes ou femmes politiques, mais également dans la présentation que la presse fait des partis en campagne pour les élections européennes en avril–mai 2019 :

> EUROPÉENNES [en rouge]
> Oublié le virage social et souverainiste : Marine Le Pen revient à ses fondamentaux **anti-immigrationnistes**.

[*Le journal du Dimanche*, L'événement, L'axe des populistes, p. 2, 28-04-2019]

ainsi que dans une prolifération de hahstag (mot-dièses), véritables « idéologèmes » insérés dans des tweets « identitaires » sur certains réseaux sociaux numériques, comme le montre C. Alberdi Urquizu (2018), à qui nous empruntons ci-dessous des éléments de corpus :

#immigrationnisme, #remigration !, #migrants clandestins, "#migrants"
#mondialistes, #gauchisme
#StopInvasion, #StopImmigration, #backhome, StopIslam
#Français de papier [vs « Français de souche »]
#RacismeAntiblanc,
#nafris [NordAFRikanicher Intensivtäter = « délinquant multirécidiviste d'origine africaine »]
#LesNotresAvantLesAutres, #ExpulserCestProteger
@GrandRemplacement

Ainsi, des bribes de « discours représentés », ou mieux encore des « mots » rencontrés dans la presse ou sur l'internet, puis sortis de leurs cotexte et contexte, acquièrent un autre sens, une autre fonction (cognitive, voire argumentative), lorsqu'ils sont insérés dans les textes des commentateurs, tronqués pour « fabriquer » un titre ou un inter-titre, ou mieux encore un mot-dièse ou une adresse, qui condense et simplifie une pensée, dans un commentaire, un tweet, ou un sms, ou repris sur une pancarte ou du matériel urbain lors de manifestations de protestation. Ils fonctionnent quasiment comme des « éléments de langage », ou des emblèmes, au fil des sphères d'activité langagière qu'ils traversent (parti politique, médias, réseaux sociaux, rassemblements militants, etc.) et des trajectoires sémantiques qu'ils empruntent. C'est une dimension qu'on pourrait envisager de comparer à travers plusieurs langues/cultures européennes dans la mesure où l'histoire des pays n'est pas la même, de même que l'usage que font les politiques et les médias de la mémoire et des événements… Mais une interrogation sur les parcours particuliers de mots associés ou construits, quasi-équivalents parce qu'appartenant à un discours politique de parlementaires européens, suppose de mettre en place une méthode commune d'investigation : il s'agit alors de penser un travail sur des notions « communes » ou « apparentées » dans une campagne électorale élargie à l'UE.

En guise de conclusion...

Plusieurs faits à débattre sous l'angle de la comparaison sont apparus au fil de cette exploration, au-delà des phénomènes sémantiques de formation et de routinisation de mots associés ou construits :

- Les mots associés et les mots construits qui traversent l'Europe des 28 semblent liés à l'histoire de chacun des pays, et cela jusqu'aux usages et valeurs des affixes qu'on peut comparer. Car la valeur axiologique, que prennent certains mots « au travail » du discours, est à inscrire dans les phénomènes émotionnels qui remontent en mémoire lors des périodes électorales où se croisent le passé, le présent et le futur d'un pays, y compris dans la mémoire des sons et des accentuations qu'on retient lorsqu'ils sont « dits » à l'oral par des politiques, et qui résonnent ainsi lorsqu'on les lit sur les réseaux numériques et sur les écrits d'écrans.

- La presse est conduite à (re)construire sans cesse des *portraits discursifs*[19] des candidats, et les candidats tendent à reconstruire eux aussi les portraits discursifs de leurs adversaires à travers les désignations et les caractérisations de leurs actions ou de leurs intentions : le fait d'être candidat est un état provisoire (même si pour certains cela se répète au cours du temps), et les portraits qu'on en fait dans les médias sont éphémères pour certains, mais pas pour d'autres, selon le degré de connaissances préalables qu'on en a.

Il est apparu au fil des textes et de l'écoute des meetings ou déclarations des candidats que la comparaison que journalistes et publics font entre les discours des candidats semble passer par *l'éthos pré-discursif*[20] qu'ils attribuent aux locuteurs-candidats : ainsi la réception des phrases répétées ou détachées et l'interprétation des discours sont fortement renseignées par la mémoire qu'on a des élections précédentes et des discours antérieurs. Dans la campagne 2017, Macron était non seulement le plus jeune mais le seul à ne s'être jamais présenté à une élection : personne n'avait en tête une image pré-discursive ni une image discursive de son éthos de candidat, car

---

[19] Au sens de Moirand S. dans Charaudeau P. et Maingueneau D., *Dictionnaire d'analyse du discours*, 2002, p. 452-453 (notion reprise dans Moirand S., 2016b).

[20] Sur la notion d'éthos, voir le dossier collectif établi par Yana Grishpun dir., 2014 avec des textes de Ruth Amossy, Dominique Maingueneau, Maria Alejandra Vitale et Marion Sandré.

c'était sa première campagne électorale et ses premiers discours de campagne ; Fillon, homme politique depuis longtemps, et alternativement député, ministre, sénateur, a fini par dévoiler un éthos, qu'on ne connaissait pas, au fil des « affaires » qui sortaient dans la presse à partir de janvier 2017, et cela a surpris beaucoup d'électeurs et de commentateurs ; quant à Le Pen et Mélenchon, « chefs » de partis politiques situés politiquement aux deux extrêmes, ils étaient davantage connus, s'étant déjà affrontés au cours de diverses élections (municipales, régionales, européennes) pour que journalistes et publics aient des représentations de leur éthos, pré-discursif et discursif.

C'est ainsi qu'à travers les dires représentés que montrent les médias se construisent non pas des représentations des candidats mais des représentations de leurs paroles, contribuant à construire ou à re-dessiner leur éthos pré-discursif au fil des campagnes électorales nationales et européennes.

Repères bibliographiques

Ablali, D., Achard-Bayle, G., Reboul-Touré, S. et Temmar, M. (éds), 2018, *Texte et discours en confrontation dans l'espace européen*, Berne, Peter Lang.

Achard-Bayle, G. (éd.), 2006, « Texte Contexte », *Pratiques* 129–130, avec les réponses de J.-M. Adam, B. Combettes, D. Maingueneau, et S. Moirand, à un questionnaire de G. Achard-Bayle sur Textes, discours et contexte : 20–49. < https://www.persee.fr/doc/prati_0338-2389_2006_num_129_1_2094>

Adam, J.-M., 2004, Introduction, *in* Adam, J.-M., Grize, J.-B. et Ali Bouacha, M., *Textes et discours : catégories pour l'analyse*, Dijon, Éditions universitaires de Dijon : 5–19.

Agier, M. et Madeira, A.-V., 2017, *Définir les réfugiés*, Paris, PUF.

Alberdi Urquizu, C., 2018, « Les mots-dièses (hashtag) : figement lexical et figement cognitif », *Annales de Filologia Francesa* 26, 2018 : 7–26.

Alduy, C. et Wahnich, S., 2015, *Marine Le Pen prise aux mots*, Paris, Seuil.

Angenot, M., 2014a, « La rhétorique de la qualification et les controverses d'étiquetage », *Argumentation et analyse du discours* 13, <www.openeditionjournals.fr>

Angenot, M., 2014b, *L'Histoire des idées. Problématiques, objets, enjeux, débats*, Presses universitaires de Liège.

Bouquet, S. et Grillo, S. V. C. (éds), 2007, « Linguistique des genres. Le programme de Bakhtine et ses perspectives contemporaines », *Linx* 56, <https://journals.openedition.org/linx/347>

Bres, J. *et alii* (éds), 1999, *L'autre en discours*, Montpellier, Éditions Praxiling (collection Dyalang).

Calabrese, L. et Veniard, M. (éds), 2018, *Penser les mots, dire la migration*, Louvain-la-Neuve, Academia-L'Harmattan.

Cislaru, G., 2012, Pour une approche sémantique de la comparaison des discours, *in* Rentel, N. et Venohr, E., *Text-Brücken zwischen den Kuturen*, Frankfurt, Peter Lang : 157–173.

Claudel, Ch., von Münchow, P., Pordeus Ribeiro, M., Pugnière-Saavedra, F. et Tréguer-Felten, G., 2013, *Cultures, discours, langues. Nouveaux abordages*, Limoges, Lambert-Lucas, 2013.

Devriendt, É., 2011, « Diversité et consensus dans le discours social sur l' 'identité nationale'. Analyse dans la presse quotidienne nationale (2007–2010) », *Le discours et la langue*, Tome 3.1 : 159–174.

Dubois, J., 1962, *Étude sur la dérivation suffixale en Français moderne et contemporain*, Paris, Larousse.

Dubois, J., 1969, « Lexicologie et analyse d'énoncé », *Cahiers de lexicologie*, vol. xv–2 : 115–126.

Dubois, J., 1970, « Énoncé et énonciation », *Langages* 13 : 100–110.

Grillo, S. V. C., 2007, « Épistémologie et genres du discours dans le cercle de Bakhtine », *Linx* 56 : 19–36.

Grillo, S. V. C. *et alii*, 2018, « Analyse comparative des discours : quels sont les précurseurs ? », *Linha D'Agua*, v. 31, SP, Brésil, 1–17.

Grishpun, Y. (éd.), 2014, « Éthos discursif », *Langage & Société* 149, <www.cairn.info>

Hailon, F., Richard, A. et Marion, S. (éds), 2011, « Le discours politique identitaire », *Le discours et la langue*, tome 3.1.

Jeanneret, T. (éd.), 2004, « Approche critique des discours : constitution des corpus et construction des observables », *Travaux neuchâtelois de linguistique* 40 : 3–9.

Krieg, A., 1999, « Vacance argumentative : l'usage de (sic) dans la presse d'extrême droite contemporaine », *Mots* 58 : 11–34.

Lecolle, M., Veniard, M. et Guérin, O. (éds), 2018, « Pour une sémantique discursive : propositions et illustrations », *Langages* 210 : 35–54.

Longhi, J. (éd.), 2015, *Langue française* 188 – *Stabilité et instabilité de la production du sens : la nomination en discours.*

Maingueneau, D., 2018, Quelques réflexions sur l'évolution de l'analyse du discours, *in* Ablali, D., Achard-Bayle, G., Reboul-Touré, S. et Temmar, M. (éds) : *Texte et discours en confrontation dans l'espace européen*, Berne, Peter Lang : 501–512.

Moirand, S., 1992, « Des choix méthodologiques pour une linguistique de discours comparative », *Langages* 105 : 28–41.

Moirand, S., 1999, « Les indices dialogiques de contextualisation dans la presse ordinaire », *Cahiers de praxématique* 33 : 145–184, <http://openeditionjournals.fr>

Moirand, S., 2004, « L'impossible clôture des corpus médiatiques. La mise au jour des observables entre catégorisation et contextualisation », *TRANEL* 40 : 72–92, <www.rero.ch>

Moirand, S., 2008, « Discurso, memórias e contextos : a propósito do funcionmento da alusão na imprensa », *Estudos da Lingua(gem)*, Imagens de discursos, vol. 6, n. 1, (traduction d'un article paru en français dans la revue en ligne *Corela*, 2007).

Moirand, S., 2011a, Responsabilidade et enunciação na imprensa cotidiana : questionamentos sobre os observáveis e as categorias de análise, *in* Leiser Baronas, R. et Miotello, V. (orgs), *Análise de Discurso : Teorizações et Métodos*, Pedro et Joao Editores, SP Brazil : 265–284 (traduction d'un article paru en français, *Semen* 22, en ligne).

Moirand, S., 2011b, « Le dialogisme : de la réception du concept à son appropriation en analyse du discours », *Cahiers de praxématique* 57 : 140–164 (en cours de traduction au Brésil), <http://openeditionjournals.fr>

Moirand, S., 2016, « De l'inégalité objectivisée à l'inégalité ressentie et aux peurs qu'elle suscite : les réfugiés pris au piège de l'identité », *Revista Estudios LInguisticos*, vol. 26, 3 : 1015–1046, Brésil, UFMG.

Moirand, S., 2018a, « Le discontinu des catégories linguistiques au risque des genres du discours et du continu de la parole située », *Semiotica* 223 : 49–70.

Moirand, S., 2018b, « Les petits corpus au service de l'information d'actualité », *Corpus* 18 – *Les petits corpus*, <https://journals.openedition.org/corpus/3519>

Moirand, S., 2018c, « Dire l'actualité dans les chaînes d'information continue et la presse d'actualité », Questions d'actualité, *Cahiers Sens public* 21–22 : 175–198, <www.cairn.info>

Moirand, S., 2018d, A midiatização dos acontecimentos : uma análise do discurso entre língua, memória e comunicação, *in* Navaro, P. et Leiser Baronas R., (orgs), *Sujeito, texto e imagem em discurso*, Campinas SP, Brésil, Pontes Editores : 39–85.

Moirand, S., 2018e [2007], (Postfacio 2018), *Los discursos de la prensa diaria. Observar, analizar, comprender*, Buenos Aires, Prometeo Libros.

Moirand, S., 2019a, « Une sémantique du discours 'au travail' de l'actualité : éléments pour l'analyse du discours des médias », *Heterotópica* 1, Epistemologias das Análises de Discurso, vol. 1, n. 1, janvier–juin 2019, <http://www.seer.ufu.br/index.php/RevistaHeterotopica/article/view/48518>

Moirand, S., 2020, Dire l'actualité aujourd'hui : éléments pour un parcours transdisciplinaire dans les discours des médias, *in* Donot, M., Samouth, E. et Serrano, Y. (éds) : *Les médias et l'Amérique latine – Dire et construire l'actualité latino-américaine*, Paris, L'Harmattan.

Mondada, L. et Dubois, D., 1995, « Construction des objets de discours et catégorisation : une approche des processus de référenciation », *Travaux neuchâtelois de linguistique* 23 : 273–302.

von Münchow, P., 2013, Cultures, discours, langues : aspects récurrents, idées émergentes. Contextes, représentations et modèles mentaux, Synthèse critique, in Claudel Ch. *et alii*, *Cultures, discours, Langues*, Limoges, Lambert-Lucas : 187–208.

Née, É., 2012, *L'Insécurité en campagne électorale*, Paris, Champion.

Née, É. et Veniard, M., 2012, « Analyse du discours à entrée lexicale (ADEL) : le renouveau par la sémantique ? », *Langage et Société* 140 : 15–28, <www.cairn.info>

Normand, C., 1996, « Émile Benveniste : quelle sémantique ? », Du dire et du discours, numéro spécial, Hommage à Denise Maldidier : 221–240, <www.openeditionjournals.fr>

Paveau, M.-A., 2006, *Les prédiscours. Sens, mémoire, cognition*, Paris, Presses Sorbonne Nouvelle, http://openeditionbooks.frPaveau, M.-A., 2012, « Populisme : itinéraires discursifs d'un mot voyageur », *Critique*, Centre national des lettres : 75–84, <http://archives-ouvertes.fr>

Peytard, J. et Moirand, S., 1992, « Les cadres théoriques d'une linguistique de discours », *Discours et enseignement du français. Les lieux d'une rencontre*, Paris, Hachette : 109–161.

Premat, C., 2019, Le positionnement anti-système et le dégagisme dans la campagne présidentielle du mouvement *La France insoumise*, *in* Sullet-Nylander, F. et alii (éds), *Political Discourses at the Extremes. Expressions of Populism in Romance-Speaking Countries,* Stockholm University Press: 279–300.

Rabatel, A., 2017, *Pour une lecture linguistique et critique des médias. Empathie, éthique, point(s) de vue*, Limoges, Lambert-Lucas.

Roché, M., 2007, Logique lexicale et morphologie : la dérivation en -isme, *in* Montermini, F., Boyer, G. et Hathout, N. (éds), *Selected Proceedings of th 5th Décembrettes : Morphology in Toulouse*, Somerville, MA, Cascadilla Proceedings Project: 45–58.

Varga, R., 2017, « L'identité nationale-chrétienne dans le discours anti-migrants de Viktor Orbán », communication au colloque de l'université Paul-Valéry à Montpellier : *Le discours politique identitaire face aux migrations*, 20/21-10-2017.

Varga, R., 2019, La représentation des frontières dans le discours de Marine Le Pen et de Viktor Orbán, *in* Sullet-Nylander Françoise *et al.* (éds), *Political Discourses at the Extremes. Expressions of Populism in Romance-Speaking Countries,* Stockholm University Press: 321–340.

Veniard, M., 2018, La presse devant les attentats terroristes : usages journalistiques du mot *guerre* (Paris 2015), *Mots. Les langages du politique* 116 : 91–109.

Vetier, T., 2018, « Dire le migrant dans la ville : une analyse de discours médiatique », *Studii di Lingvistica*, Oradea, vol. 8 : 33–52, <http://studiidelingvistica.uoradea.ro/docs/8-2018/pdf_uri/Vetier.pdf>

Comparer pour comprendre la communication institutionnelle : analyses discursives des logiques communicationnelles des campagnes d'information et d'éducation

FLORIMOND RAKOTONOELINA

L'objectif de cet article est de comparer les campagnes d'information et d'éducation institutionnelles sur le web à partir de leurs logiques pragmatiques et énonciatives pour comprendre les enjeux sociaux de ce type de communication. On inscrit ce travail dans le courant d'une analyse du discours qui articule *énonciation anglo-saxonne* (Austin 1962 ; Kerbrat-Orecchioni 2001 ; Moeschler et Reboul 1994 et 1998) en s'intéressant aux fonctions spécifiques des énoncés (Peytard et Moirand 1992, Rakotonoelina 2017) et *énonciation indicielle* (Benveniste 1966 et 1974, Jakobson 1963) en pointant les relations interlocutives mises en place par les discours (Culioli 1990, Grize 1996, Kerbrat-Orecchioni 1980). Pour ce faire, on comparera à dessein des sites web (voir *infra* 2.) dont les thématiques sont hétérogènes pour montrer comment se mettent en place, de manière transversale d'une «campagne discursive» à l'autre, des représentations culturellement situées (Sperber 1996) à partir des logiques pragmatiques et énonciatives visées par l'analyse. Si cette démarche comparative paraît de prime abord classique – comparer pour décrire des similarités et des différences –, elle est l'occasion ici d'interroger explicitement la comparaison à la fois d'un point de vue théorique et d'un point de vue méthodologique.

1. La comparaison comme point de départ théorique et méthodologique : des sciences humaines et sociales à l'analyse du discours

On commencera notre propos par un bref rappel épistémologique qui apparaît aujourd'hui comme une évidence : la comparaison est le fondement même des sciences humaines et sociales. Ainsi, et pour rester dans le seul domaine de la linguistique, avant la linguistique moderne de Saussure, la linguistique historique (Robins 1973 : 17) ou philologie comparée (Lyons 1970 : 28) était déjà par essence comparative [1]. C'est d'ailleurs ce sens qui est attribué à l'entrée « comparaison » dans le *Dictionnaire de linguistique et des sciences du langage* (Dubois *et al.* 1994) :

> La comparaison est une opération qui consiste, en grammaire comparée, à étudier parallèlement deux langues en dégageant les différences, ou surtout les correspondances, qui en révèlent souvent la parenté.

Bien que la linguistique de Saussure marque une rupture épistémologique dans l'histoire de la linguistique, cette rupture théorique et méthodologique ne porte pas sur la comparaison, puisque la linguistique structurale reste fondamentalement comparative. Sauf qu'il s'agit cette fois d'une comparaison d'un type différent. Par exemple, en synchronie, on montre par comparaison comment les éléments d'une langue donnée s'opposent les uns aux autres pour montrer qu'ils forment un tout structuré dans un système. Or, étrangement, cette acception de la comparaison ne trouve pas de correspondance dans le *Dictionnaire de linguistique et des sciences du langage* (Dubois *et al.* 1994). Il faut en effet se tourner du côté de la sémiotique pour avoir une vision plus large de la comparaison. Ainsi, dans *Sémiotique. Dictionnaire raisonné de la théorie du langage*, Greimas et Courtés rangent ce que nous appelons ici *comparaison* sous l'étiquette de *comparatisme*, le mot *comparaison* n'y apparaissant pas. Dans une première acception, le comparatisme est défini de la façon suivante :

> Le comparatisme est un ensemble de procédures cognitives visant à établir des corrélations formelles entre deux ou plusieurs objets sémiotiques et, à la limite, à constituer un modèle typologique dont les objets considérés ne seraient que des variables. (1993 : 49)

---

[1] On rappellera néanmoins que Saussure, avant la théorisation de la linguistique moderne, était lui-même l'auteur d'un mémoire de grammaire comparée, *Mémoire sur le système primitif des voyelles indo-européennes* (1878), et qu'il laissera sa place à l'École des hautes études à un de ses élèves, Meillet, qui contribua à développer la grammaire comparée en France. Hors des frontières hexagonales et antérieurement, on peut citer le projet de Bopp pour qui la grammaire comparée sera de montrer l'hypothèse de la primogéniture du sanskrit à la base de toutes les langues indo-européennes. Pour un panorama des figures centrales de la philologie comparée, on se reportera à Paveau et Sarfati 2003.

Ainsi, comprendre la communication institutionnelle en comparant différentes campagnes d'information et d'éducation dont les contenus sont hétérogènes suppose que la visée de l'analyse est l'obtention d'un modèle typologique qui correspondrait à ce que nous appelons, eu égard à la visée discursive de nos analyses, des « campagnes discursives d'information et d'éducation », lesquelles appartiendraient à un ordre typologique supérieur que nous avons qualifié de « communication institutionnelle ». Cela signifie que les campagnes analysées sont des variables et que d'autres campagnes du même type, mais qui ne servent pas d'objets d'analyse ici, seraient d'autres variables potentielles qui auraient les mêmes caractéristiques discursives.

Et les auteurs de préciser :

> Si le faire comparatif, caractéristique de certains discours à vocation scientifique, peut être considéré comme faisant partie du faire d'ordre taxinomique au sens large, il se situe cependant à un niveau hiérarchiquement supérieur, car il présuppose, dans une large mesure, les objets déjà construits par le faire taxinomique. (*idem*)

En effet, les campagnes d'information et d'éducation sont désignées et identifiées comme telles par les institutions qui en sont à l'origine ; ce ne sont donc pas leurs caractéristiques discursives dégagées par l'analyse qui permettent de les désigner ou de les identifier ; en revanche, ainsi que nous l'avons dit en introduction, l'analyse permet spécifiquement de comprendre comment le faire taxinomique, à partir de catégories « classiques » relevant de l'énonciation anglo-saxonne et francophone, se déploie dans ces campagnes discursives dans une culture donnée et donc de comprendre l'activité cognitive sous-jacente à leur production.

Si la sémiotique permet de comprendre en quoi consiste la comparaison à partir du faire comparatif, il est étonnant de constater que le *Dictionnaire d'analyse du discours* (Charaudeau et Maingueneau 2002) ne propose aucune entrée pour le terme « comparaison ». Sans doute deux hypothèses à cela : soit la comparaison s'impose comme une évidence en analyse du discours ; soit la comparaison est encore trop associée, à l'époque, à la linguistique comparative ou historique dont les objectifs et les méthodes n'ont rien à voir avec l'analyse du discours. Néanmoins, le terme « comparaison » est bien présent dans le champ de l'analyse du discours, comme en témoigne la livraison des *Carnets du Cediscor* 9 dont le titre était « Discours, cultures, comparaisons » (von Münchow et Rakotonoelina 2006). Mais la perspective se situe toujours, quoique que l'on dise, dans une comparaison entre deux ou plusieurs langues (Mahmoudian 1986), certes dans la perspective d'une analyse du discours, comme le montre également la majorité des autres contributions de ce volume, mais ne place pas le faire comparatif à un niveau hiérarchiquement supérieur [2].

Ainsi, la question ne se pose plus tant de savoir si l'on compare ou non (à l'intérieur d'un même système), puisque l'on compare toujours et encore, mais plutôt de savoir pourquoi on compare – quels sont les résultats visés ou attendus par la comparaison ? – et comment on compare – méthodologiquement, comment procède-t-on à une/des comparaisons en fonction de ce que l'on cherche à dégager ? De ce point de vue, l'analyse du discours a encore peu réfléchi à la comparaison, au sens du «faire comparatif/comparatiste», mais elle peut s'inspirer des sciences sociales qui, elles, ont posé d'un point de vue épistémologique au centre de sa réflexion la comparaison (voir Van de Velde 2010). Il n'est d'ailleurs pas rare de voir des ouvrages dans cette discipline consacrés à la seule question de la comparaison. C'est le cas par exemple de l'ouvrage de Remaud *et al.* 2012, *Faire des sciences sociales. Comparer*, au sein duquel les auteur.e.s rappellent :

> Si l'analyse en sciences sociales est par nature comparative, le geste comparatiste ne va pas de soi. Il a beau apparaître évident aux yeux de qui l'accomplit, il n'en demeure pas moins complexe. C'est qu'il présente un éventail très large d'opérations de connaissance qui dépendent elles-mêmes des visées que l'on se donne en pratiquant la comparaison. (Remaud *et al.* 2012 : 13)

Ainsi, il ne saurait y avoir de «réflexivité sans comparaison» et ce constat, transposé dans le domaine de l'analyse du discours, oblige à rappeler constamment les enjeux de la comparaison qui sont eux-mêmes le moteur de la réflexivité. C'est ce que nous tenterons ici de proposer en rappelant ce que permet la comparaison à chaque étape de l'analyse.

Enfin, pour achever cette brève mise au point qui rappelle que toute analyse du discours place la comparaison, consciemment ou inconsciemment, au centre de sa démarche méthodologique en visant à dégager des régularités et des variabilités discursives, nous voudrions proposer une relecture d'un numéro ancien de la *Revue européenne des sciences sociales* (1986) intitulé «La comparaison en sciences humaines et sociales».

---

[2] von Münchow (2010) parle d'ailleurs d'une linguistique du discours comparative, cette linguistique s'appuyant nécessairement sur au moins deux langues-cultures.

L'article de Busino souligne les faits suivants, plus que jamais d'actualité en analyse du discours :

> A l'heure actuelle la méthode comparative se trouve dans une impasse critique. Et pourtant personne n'ose en proposer l'abandon pur et simple. Pourquoi ? Parce que sans la comparaison nous ne pourrions plus donner une signification assertorique ou apodictique aux objets sociaux. L'activité d'interprétation et d'explication en serait profondément affectée. (Busino 1986 : 213)

Dès lors qu'on ne peut se passer de la comparaison, l'auteur invite à inventorier les pratiques comparatives pour tenter d'« élaborer une codification des procédures de comparabilité et d'interprétation sans que les observations générales de validité universelle deviennent insensiblement et inévitablement normatives » (*id.* : 214). Dans le domaine de l'analyse du discours, cet inventaire permettrait de constituer un corpus des pratiques comparatives qui permettraient sans doute de comprendre les logiques de notre discipline par rapport à d'autres. Ce faisant, à une époque où les travaux en analyse de discours ne cessent de se multiplier et d'emprunter des voies de plus en plus éloignées des voies « classiques » (telles qu'elles sont présentées par exemple dans le numéro de *Langages* 117 coordonné par Maingueneau 1995 ou l'ouvrage de Mazière 2005), tant sur les plans théoriques que méthodologiques, le recensement des pratiques serait un moyen de redonner une unité scientifique à un champ disciplinaire désormais éclaté.

Le présent travail porte sur des discours ordinaires, supposant leur compréhensibilité du grand public, et plus particulièrement sur une sous-catégorie de discours ordinaires, à savoir des discours de transmission des connaissances au sens large (voir les travaux du Cediscor sur OpenEdition [3]). Les discours analysés réfèrent à un type de communication qu'on qualifie de communication institutionnelle à visée informative et éducative qu'on présentera dans un premier temps. Pour analyser ce type de communication, on proposera deux types de comparaisons : une comparaison entre les logiques pragmatiques à partir d'un corpus constitué de deux sites web distincts ; et une comparaison entre les logiques énonciatives à partir de deux autres sites web distincts. L'objectif est ici

---

[3] De 2004 à 2016, Centre de recherche sur les discours ordinaires et spécialisés ; à partir de 2017, Cercle de recherche sur les discours. URL *des Carnets du Cediscor* : <https://journals.openedition.org/cediscor/>

de comparer des données hétérogènes au niveau des thématiques et des genres discursifs (voir Garric et Longhi 2012, Rakotonoelina 2019) et de montrer, grâce à ce travail comparatif explicite, qu'il est néanmoins possible de dégager des régularités discursives, au-delà des thématiques et des genres, que l'on situe à un niveau hiérarchiquement supérieur, à savoir à un niveau communicationnel (voir aussi par exemple Kohlmann 2019). Il nous semble qu'un travail sur des corpus hétérogènes dans une seule langue-culture peut faire avancer la réflexion sur le lien intrinsèque qui unit comparaison et analyse du discours.

2. La communication institutionnelle à visée informative et éducative : une approche globale

Si on emploie ici le terme de communication, c'est que l'approche proposée est globale et non locale comme on le verra *infra*. En effet, on ne traite ni un discours empirique particulier ni un genre discursif déterminé : plus précisément, on observe ici un type de communication présent sur un dispositif communicationnel, le web. Un site web n'est ni un discours particulier ni un genre discursif spécifique, mais recèle généralement une multitude de discours et de genres combinés qui forment un tout possédant sa propre logique communicationnelle. L'objectif est donc d'appréhender cette logique communicationnelle en portant un regard global sur un type de communication que l'on a qualifié de communication institutionnelle à visée informative et éducative et que l'on range dans la catégorie plurielle *des* discours de transmission des connaissances au sens large. En termes courants, on parlerait de campagnes d'information et d'éducation, que nous reformulons pour notre part en campagnes discursives d'information et d'éducation.

Ainsi, on examinera spécifiquement ici les dispositifs communicationnels proposés par les instances gouvernementales ou les instances associatives (ayant reçu l'agrément du gouvernement) pour répondre, voire apporter des solutions, à des problèmes sociétaux culturellement situés. En France, ces dispositifs web comportent généralement dans leur adresse web la mention « info ou info service » ou « stop X ou Y » : par exemple, « sida info service », « drogue info service », « rénovation info service », « info infections sexuellement transmissibles », etc. ; ou « stop discrimination », « stop harcèlement sexuel », etc.

Pour traiter cette communication institutionnelle, on propose de l'aborder à partir de deux approches différentes mais complémentaires : une approche pragmatique et une approche énonciative. Il s'agit donc de comparer, en référence à ces approches, différents sites web pour comprendre les logiques informatives et éducatives de la communication institutionnelle. Néanmoins, si l'on parle de logiques au pluriel, le résultat visé consiste en fait à dégager «une seule logique» de l'ensemble des analyses, pour montrer que la comparaison (re)produit de la cohérence à partir de la pluralité.

Le mot «logique» revêt ici son sens courant, celui de raisonnement cohérent, et vient rappeler qu'une logique n'a de raison d'être que si l'on rapporte la communication aux conditions d'énonciation (temps et lieu) dans lesquelles elle a été produite. En effet, en dehors de ces conditions, la communication perdrait une bonne part de sa signification et de sa cohérence, c'est-à-dire ne serait pas perçue comme cohérente dans l'espace-temps qui l'aurait fait émerger. Cette logique ne dépend pas seulement des conditions d'énonciation ; elle dépend également du domaine abordé – selon les domaines, les logiques sont différentes – et des publics visés – ces logiques sont directement corrélées à des publics cibles.

En un mot, la communication institutionnelle à visée informative et éducative possède des logiques intrinsèques qui n'ont de raison d'être que 1. pour des types de publics particuliers 2. en fonction des domaines abordés et 3. dans un espace-temps déterminé. Cela veut dire que cette communication, bien qu'accessible à tous et à toutes sur le web, ne vise en définitive que des catégories sociologiques et/ou professionnelles et/ou ethnoculturelles d'individus à l'intérieur d'une société donnée.

3. Comparaison des logiques pragmatiques

On commencera par aborder la comparaison du point de vue des logiques pragmatiques qui caractérisent ce type de communication. On cherche ainsi à rendre compte de la visée illocutoire de la communication, à reconstruire des actes à partir des énoncés, à dégager le sens de la communication, son vouloir dire, qui n'a de réelle justification que pour des publics déterminés : en un mot, il s'agit de dégager les macro- ou micro-fonctions qui délimitent cette communication.

Deux corpus distincts serviront d'exemples :

- un corpus portant sur l'interruption volontaire de grossesse (IVG), <http://ivg.social-sante.gouv.fr>
- un corpus portant sur la lutte contre le terrorisme, <http://www.stop-djihadisme.gouv.fr>

Ainsi, il s'agit de comparer non seulement les logiques pragmatiques selon les différents domaines, mais également les logiques pragmatiques selon les publics visés par ces domaines.

3.1. Les logiques pragmatiques par domaines

Quel que soit le domaine abordé par ces campagnes discursives d'information et d'éducation, il s'agit, dans tous les cas et comme leur nom l'indique d'INFORMER et, plus précisément, de FAIRE-SAVOIR. Mais ici on ne cherche pas à INFORMER ou à FAIRE-SAVOIR parce que les choses doivent être connues de tous ou de toutes ; on cherche à INFORMER et à FAIRE-SAVOIR parce que la société, en constante évolution, est confrontée soit à des problèmes auxquels elle doit faire face (c'est le cas de la prévention de la radicalisation en France par exemple) ou auxquels des individus peuvent être, à un moment donné de leur vie, confrontés (c'est le cas par exemple de l'avortement, qui est un droit garanti par la loi en France).

Ainsi, si l'on se place dans une perspective comparative, quelle est la logique pragmatique des discours liés à une campagne d'information sur l'IVG par rapport à une campagne de prévention de la radicalisation ? Pour cerner ces logiques, les pages d'accueil des sites et la structuration des menus de navigation suffisent à comprendre comment ces logiques s'organisent selon les domaines.

3.1.1. Le cas de l'interruption volontaire de grossesse

Dans le cas de l'IVG, dès lors que l'avortement est un droit codifié, les discours viseront à

- informer sur les droits à l'avortement
- informer sur les délais légaux pour avorter
- informer sur les deux consultations médicales obligatoires avant l'IVG
- informer sur les coûts de l'avortement

- informer sur les manières d'avorter (IVG chirurgicale ou médicamenteuse)
- informer sur les moyens de contraception.

Lorsqu'on observe ces différentes fonctions, on se rend compte qu'elles suivent une logique chronologique. En effet, au-delà d'un certain délai légal, l'IVG n'est plus possible et donc les informations relatives aux consultations médicales, aux coûts, aux manières d'avorter n'ont plus vraiment de raison d'être pour la femme qui se situerait hors délai.

S'il s'agit là des fonctions principales, l'objectif de cette communication institutionnelle est aussi de décloisonner sa propre information en référant à d'autres moyens permettant de s'informer sur l'IVG. Ainsi, au niveau des fonctions secondaires, on aura :

- permettre d'obtenir une aide par téléphone
- informer sur les autres sites web institutionnels
- donner les adresses des établissements de consultation et des centres d'éducation familiale
- et enfin mettre en garde contre la désinformation.

À ce sujet, qui revêt une importance dans notre société, on lit l'avertissement suivant qui donne l'origine énonciative et les raisons de la désinformation :

> Certains sites Internet que vous trouverez via/par les moteurs de recherche vous indiqueront qu'ils proposent une information neutre et médicale mais sont **en réalité** édités par **des militants contre l'avortement**. Il en va de même pour les forums où certains témoignages sont montés de toutes pièces par **des opposants au droit à l'interruption volontaire de grossesse**.

3.1.2. Le cas de la lutte contre le terrorisme

Si l'on observe maintenant les logiques pragmatiques sous-jacentes au site mis en place pour lutter contre le terrorisme et pour prévenir la radicalisation, on note cette fois que la société française prise dans sa spécificité hexagonale est avant tout concernée. Ainsi, lorsqu'on recense les fonctions du site gouvernemental en examinant la structure du site web stop-djihadisme, on constate trois grandes fonctions principales :

- Définir/expliquer ce qu'est la radicalisation et ce qu'est le terrorisme djihadiste

- Expliquer les mesures gouvernementales prises pour lutter contre la radicalisation et le terrorisme
- Donner au citoyen les moyens d'agir face au terrorisme, qu'il s'agisse de lutte contre la radicalisation ou qu'il s'agisse d'attaque.

Au sein de cette dernière fonction, on observe une micro-fonction qui vise à donner les moyens de lutter contre la propagande djihadiste. Précédemment, pour l'IVG, l'objectif était de lutter contre la désinformation véhiculée par les opposants à l'avortement. De même, on relève également un certain nombre de fonctions secondaires associées à cette communication institutionnelle. Ainsi, on retrouve la fonction

- permettre d'obtenir une aide par téléphone.

Mais on identifie également une autre fonction, à savoir,

- donner des informations sur les actualités relatives au terrorisme (un lien permet de consulter ces actualités sur Twitter).

3.1.3. Ce que montre la comparaison

Ce que montre une comparaison des logiques pragmatiques tous domaines confondus, c'est que la communication institutionnelle est le reflet d'une réalité légale et/ou vécue par tout ou partie d'une société donnée et que cette communication est le reflet d'attentes plus véritables que supposées, car correspondant à des réalités sociétales. Il s'agit ainsi de circonscrire un domaine, soit en informant sur des droits (comme le droit à l'avortement), soit en expliquant un concept (comme la radicalisation) et de livrer des moyens d'action pour faire valoir ses droits (à travers la chronologie des étapes menant à l'avortement) ou pour faire face à une menace (« comment réagir face à une attaque ? »). Mais ce ne sont pas les seules visées pragmatiques de ces campagnes discursives, puisqu'il s'agit également de contrer des discours participant d'une désinformation, d'une propagande ou de discours complotistes.

Les logiques pragmatiques ne sont pas seulement propres à des domaines et à de grandes catégories de publics (comme les femmes enceintes désireuses d'avorter ou les citoyens français devant faire face à la menace terroriste). Les campagnes discursives mettent en avant, au sein de ces grandes catégories, des catégories de publics plus spécifiques, comme on va le voir, et c'est la raison pour laquelle les logiques pragmatiques doivent être également observées à travers le filtre de ces publics spécifiques, car la communication institutionnelle se veut une réponse aux questions que se posent ces publics réels.

3.2. Les logiques pragmatiques par publics

Lorsque l'on observe maintenant les logiques pragmatiques qui régissent les domaines en fonction de publics spécifiques, on se rend compte que ces publics constituent généralement des éléments essentiels des dispositifs communicationnels mis en place.

3.2.1. Le cas de l'interruption volontaire de grossesse

Dans le cas de l'IVG, le public spécifique est constitué par les filles mineures qui tombent enceintes. Ainsi, le discours adressé aux mineures met en œuvre les fonctions suivantes (attendues puisqu'elles sont en lien avec le droit français) :

- informer la mineure sur le droit à avorter anonymement ou non
- informer la mineure sur le droit à avorter avec ou sans consentement des parents.

3.2.2. Le cas de la lutte contre le terrorisme

Dans le cas de la lutte contre le terrorisme, ces publics spécifiques sont représentés

- par les individus qui ont potentiellement dans leur entourage des personnes radicalisées
- et/ou par les individus qui ont été victime(s) d'un acte terroriste
- et/ou par les professionnels qui agissent dans des environnements accueillant des publics (par exemple, il peut s'agir de présidents d'université, de maires, d'organisateurs de festival, etc.).

Pour chacun de ces publics spécifiques, les discours visent chaque fois des fonctions qui leur sont propres :

- pour les individus ayant des doutes sur un membre de leur entourage, il s'agit d'appeler un numéro de téléphone (gratuit)
- pour les victimes d'actes terroristes, il s'agit de les rediriger vers un autre dispositif communicationnel autonome qui leur est

spécialement dédié et qui s'intitule « Guide-victimes » <http://www.gouvernement.fr/guide-victimes>
- pour les professionnels, il s'agit de les informer sur les manières de réagir en cas d'attaque dans leur environnement professionnel (des guides pratiques sont élaborés pour chaque secteur professionnel).

3.2.3. Ce que montre la comparaison

Une comparaison des logiques pragmatiques propres à des publics spécifiques montre qu'une mise en contexte de ces publics est chaque fois nécessaire, quel que soit le domaine traité. Deux types de contextualisations apparaissent :

- soit une contextualisation par la mise en place d'informations individualisées au sein du même dispositif de communication selon les catégories sociologiques et/ou professionnelles des publics
- soit une contextualisation par la mise en place de nouveaux dispositifs de communication (numéros de téléphone à appeler ou nouveaux sites web dédiés) si le public est très spécifique.

Au-delà des logiques pragmatiques de la communication institutionnelle, il paraît essentiel d'observer la manière dont des logiques énonciatives se mettent en place par domaines et par publics.

4. Comparaison des logiques énonciatives

On entend par logiques énonciatives la manière dont l'institution se représente son rôle communicationnel par rapport à l'autre. Cela revient à observer la manière dont l'institution se positionne à l'égard de ce dont il est question en intégrant l'autre ; mais cela revient aussi à observer la manière qu'elle a de se représenter l'autre et sa relation avec l'autre. Pour rendre compte de ces logiques énonciatives, deux autres corpus serviront de référence :

- le premier porte sur la prévention des violences contre les femmes, <http://www.stop-violences-femmes.gouv.fr/>
- le second porte sur la prévention contre l'alcoolisme, <http://www.alcool-info-service.fr>

On procédera comme précédemment : par domaines et par publics.

4.1. Les logiques énonciatives par domaines

Dans les deux sites, on retrouve les visées pragmatiques déjà relevées précédemment, mais appliquées cette fois aux domaines de l'alcool et des violences faites aux femmes (par exemple, donner une définition des produits alcoolisés ou expliquer les formes de violences dans les conflits conjugaux). Les domaines n'étant pas les mêmes, le rôle communicationnel de l'institution sera quelque peu différent : les violences sont condamnées par la loi, ce qui n'est pas le cas de la consommation d'alcool en tant que telle. Dans ces circonstances, comment l'institution se représente-t-elle son rôle communicationnel ? Dans les deux cas, celle-ci apparaît comme une aide, légale ou non.

4.1.1. Le cas des violences faites aux femmes

Dans le cas des violences contre les femmes, l'état se voit comme un « protecteur » : un menu s'intitule ainsi « L'état vous protège », mettant directement en scène la femme qui subit des violences par le pronom « vous ». L'institution construit une représentation de ce rôle de « protecteur » en montrant les principales mesures mises en place pour assurer cette protection. Mais il ne s'agit pas pour l'institution, par la communication, de s'attribuer des louanges – « on a fait ceci ou on a fait cela », même si cela fait partie de l'information. Il s'agit plutôt d'inciter, grâce à des graphiques par exemple, les femmes victimes de violences à « porter plainte », en montrant des taux de plainte anormalement peu élevés en regard des violences réellement subies (seuls 16 % ou 10 % des violences conduisent à des plaintes). Il s'agit aussi d'inciter les femmes à téléphoner ou à se rendre dans des « lieux écoute, d'accueil et d'orientation » relevant des services de l'état ou des milieux associatifs (« Les associations près de chez vous ») :

> Cette carte vous permet de localiser les dispositifs accompagnant les femmes victimes de violence

4.1.2. Le cas de la prévention contre l'alcoolisme

Dans le cas du domaine de l'alcool, l'institution se présente également comme une aide, cette fois à l'écoute des personnes dépendantes à l'alcool. Cela se manifeste de deux manières comme précédemment :

- L'institution propose elle-même d'être à l'écoute et le rapprochement entre la personne dépendante et l'institution s'opère cette fois au moyen de la forme du « nous » inclusif dans « Parlons-en » qui se développe ensuite en « Vos questions/nos réponses » pour le courrier électronique, ou « Contactez-nous » pour le téléphone ou « Chattez avec Alcool Info Service » pour le clavardage.
- L'aide se manifeste également par la mise en relation avec des structures d'accueil, ce qui était également le cas précédemment.

Au-delà de cette aide que l'on pourrait qualifier de « directe », on pourrait dire que l'institution peut se représenter comme une aide « indirecte ». En effet, et c'est le cas sur Alcool Info Service, l'institution apparaît comme un moyen de mettre en relation des personnes touchées directement ou indirectement par l'alcool, sans doute pour les décloisonner. On aura ainsi la mise en place de forum de discussion avec la consigne « Créez votre fil de discussion » pour les consommateurs et l'entourage, mais également un espace de témoignages pour les consommateurs et l'entourage avec la consigne « Déposez votre témoignage ».

4.1.3. Ce que montre la comparaison

La comparaison opérée entre deux domaines apparemment éloignés tant sur le plan juridique que sur le plan thématique montre que la communication institutionnelle propose des logiques énonciatives identiques. Au-delà de l'information qu'elle délivre et dont elle est détentrice, cette communication est tournée vers l'autre et l'institution se voit comme une passerelle qui sert de relais en montrant à l'autre ses moyens d'action, mais aussi les moyens d'action que l'autre peut avoir. Il s'agit également pour ce dispositif communicationnel d'articuler un décloisonnement entre des individus concernés (alcooliques, entourage) et les services (téléphone, centres d'accueil) et/ou des acteurs de terrain (centres d'accueil, associations, etc.). Ainsi, le consommateur n'est plus seul, mais celui qui le côtoie non plus et cela doublement : par la communication instaurée par l'institution elle-même et par la mise en place d'un dispositif d'échange qui devient un lieu de partage et qui fait partie intégrante de cette communication.

4.2. Les logiques énonciatives par publics

Il est possible d'observer des logiques énonciatives en fonction de publics spécifiques, prélevés au sein des catégories générales visées par la communication institutionnelle. Plus haut, c'était le cas des mineures et de l'avortement ou des victimes directes du terrorisme. Ici, il s'agit

- d'une part, des professionnels qui côtoient directement les femmes qui ont subi des violences (il peut s'agir de travailleurs sociaux, de policiers, de professionnels de santé, etc.)
- d'autre part, et parmi la catégorie des consommateurs d'alcool, des jeunes. <http://jeunes.alcool-info-service.fr>

Dans cette dernière catégorie, on notera qu'un deuxième site web indépendant du premier a même été créé, ce qui n'est pas le cas par exemple pour les professionnels en contact avec les femmes victimes de violence.

4.2.1. Le cas des violences faites aux femmes

Le fait d'intégrer au sein de cette communication les catégories professionnelles était déjà saillant pour la lutte contre le terrorisme. Il s'agit donc de voir ici comment l'institution réfère aux professionnels et envisage leur action. Pour contrer les violences faites aux femmes, l'institution montre aux professionnels qu'elle attend d'eux un véritablement engagement :

> **votre rôle est déterminant** pour aider les femmes victimes de violence.

Cet engagement doit se traduire, dans les faits, par le suivi de formations mises en place par l'État et d'autres organismes :

> Des formations spécifiques sont déjà en place. D'autres le seront prochainement. [...] **Renseignez-vous** auprès du service en charge de la formation dont **vous dépendez**.

Néanmoins, le dispositif communicationnel livre d'ores et déjà des ressources de formation pour des violences spécifiques (mutilations, harcèlements, etc.).

En dehors de ces rares formes qui marquent l'incursion de l'autre dans le discours, on constate que la communication institutionnelle, lorsqu'elle s'adresse aux professionnels, part du postulat qu'il leur revient, précisément parce que ce sont des professionnels, de s'engager, de s'informer, de se former, etc., sans qu'il soit véritablement besoin de le leur signifier explicitement, ce qui expliquerait finalement cette carence de formes personnelles.

4.2.2. Le cas de la prévention contre l'alcoolisme

Le rapport qu'il y a entre les jeunes et l'alcool est du même type que celui entre les mineures et l'avortement. La mise en discours de ce public spécifique s'actualise par une surabondance du pronom personnel «je», mettant le jeune en situation au travers d'une série d'assertions ou de questions. On aura ainsi, s'il s'agit du jeune consommateur :

> **Je** me sens mieux avec les autres quand **je** bois
> **Je** n'ai pas envie de boire de l'alcool en soirée mais **je** me sens obligé
> Comment savoir si **j'ai** un problème avec l'alcool ?

Mais le jeune n'est pas nécessairement consommateur et peut faire partie de l'entourage d'un consommateur. La mise en discours est la même :

> **Mon** ami boit trop, comment lui en parler ?
> Un de **mes** parents boit, **j'en** souffre
> Comment aider **mon** parent qui boit ?

Cette série d'assertions et de questions est censée correspondre aux cas les plus fréquemment rencontrés par les jeunes, puisque l'objectif est que le jeune s'identifie à l'un des pronoms actualisés et trouve réponse à sa question/assertion.

Un regard du côté des réponses apportées par la communication institutionnelle montre que le jeune est toujours mis en avant, mais cette fois différemment. En effet, les séries d'assertions/questions préliminaires en «je» supposent chez le jeune soit qu'il comprenne ce qui est en jeu soit qu'il se livre à une série d'actions. Ces actions sont mises en scène cette fois à travers le «vous», suivi du verbe «devoir», marquant une modalité déontique. Par exemple, en cas de coma éthylique d'un ami :

> Ce que **vous devez faire** : Coucher **votre** ami sur le côté, en position latérale de sécurité et **vous** assurer qu'il respire correctement dans cette position.

Mais la compréhension d'une situation se manifeste également par une surabondance de la forme « vous » à laquelle le jeune peut s'identifier, lui donnant ainsi l'occasion de se positionner :

> Peut-être **vous** a-t-on déjà dit : « Ça va, lâche-toi », « Regarde, tout le monde boit » ? Face à ces remarques, **vous** êtes mal à l'aise. Parfois **vous** avez même l'impression de jouer les trouble-fêtes. [...]
> Savoir dire non signifie assumer qui on est. **Vous** êtes libre de choisir ! Ne **vous obligez** pas à faire quelque chose que **vous n'aimez pas**, juste pour faire comme les autres

4.2.3. Ce que montre la comparaison

En résumé, ce que montre une comparaison des logiques énonciatives par publics, c'est que l'institution ne se positionne pas de la même manière selon ces publics :

- lorsqu'il s'agit de pointer les professionnels, l'institution tend à gommer les marques d'adresse, tout autant qu'elle efface les marques d'auto-référencement
- lorsqu'il s'agit de pointer les cibles directes de la communication (mineures, jeunes, etc.), les marques d'adresse deviennent primordiales dans le processus communicationnel.

Ces deux logiques énonciatives s'expliquent aisément. Dans un cas, il y a une relation tacite qui unit l'institution et les professionnels d'un domaine, sans qu'il soit nécessaire de rappeler les tâches qui incombent à ces derniers pour aider à la résolution de problèmes. Dans l'autre cas, la relation ne repose plus directement sur un rapport entre l'institution et la cible première de la communication, mais sur la relation que la cible a face à un problème donné, ce qui est alors mis en scène par le dispositif communicationnel. L'institution rend cette relation explicite, en supposant par là même qu'elle ne revêt aucun caractère d'évidence.

Dans cet article, on a voulu montrer que le faire comparatif était bien présent à chaque étape de l'analyse si l'on souhaitait dégager des logiques communicationnelles. Ainsi que nous l'avons dit dans la première partie, la comparaison est le fondement même des sciences humaines et sociales et l'analyse du discours n'y échappe pas. Si la démarche comparative apparaît mieux dans certaines pratiques d'analyse, comme la comparaison discursive des langues et des cultures, c'est, on le rappelle, parce qu'il y a deux systèmes plus ou moins éloignés, mais cette démarche comparative n'en demeure pas moins présente dans toute entreprise d'analyse du discours, de manière implicite ou explicite, pour une même langue et pour un corpus donné, hétérogène ou non.

Les questions de savoir pourquoi on compare et comment on compare sont essentielles pour faire ressortir la démarche comparative. En ce qui nous concerne, il s'agissait de traiter d'un type de communication actualisé à travers des campagnes discursives d'information et d'éducation, sur un type de dispositif communicatif, le web. La perspective était globale, puisqu'il ne s'agissait plus d'un genre ou d'un type de discours, voire du lien entre un discours et sa problématique. Cette perspective globale a donc amené à comparer des corpus dont les thématiques étaient hétérogènes, sans que cela ne présente un obstacle. Néanmoins, l'invariant, puisqu'il en faut toujours un dans toute entreprise comparative, était ici l'instance d'énonciation, les institutions, et la visée pragmatique générale de la communication, informer et éduquer le citoyen.

Éléments bibliographiques

Austin, J. L., 1962, *Quand dire, c'est faire*, Paris, Seuil.

Benveniste, É., 1966, *Problèmes de linguistique générale* (1), Paris, Gallimard.

Benveniste, É., 1974, *Problèmes de linguistique générale* (2), Paris, Gallimard.

Berthoud, G., 1986, « La comparaison : une idée ambigüe », *Revue Européenne Des Sciences Sociales* 24(72) : 5–15.

Busino, G., 1986, « Pour une 'autre' théorie de la comparaison », *Revue Européenne Des Sciences Sociales* 24(72) : 209–216.

Charaudeau, P. et Maingueneau, D. (éds), 2002, *Dictionnaire d'analyse du discours*, Paris, Seuil.

Culioli, A., 1990, *Pour une linguistique de l'énonciation. Opérations et représentations* (1), Paris, Ophrys.

Dubois, J., Giacomo, M., Guespin, L., Marcellesi, C., Marcellesi, J.-B., et Mével, J.-P., 1994, *Dictionnaire de linguistique et des sciences du langage*, Paris, Larousse.

Garric, N. et Longhi, J., 2012, « L'analyse de corpus face à l'hétérogénéité des données : d'une difficulté méthodologique à une nécessité épistémologique », *Langages* 187(3), 3–11.

Greimas, A. J. et Courtés, J., [1979] 1993, *Sémiotique. Dictionnaire raisonné de la théorie du langage*, Paris, Hachette.

Grize, J.-B., 1996, *Logique naturelle et communications*, Paris, Presses universitaires de France.

Jakobson, R., 1963, *Essais de linguistique générale* I, Paris, Les éditions de minuit.

Kerbrat-Orecchioni, C., 1980, *L'énonciation. De la subjectivité dans le langage*, Paris, Armand Colin.

Kerbrat-Orecchioni, C., 2001, *Les actes de langage dans le discours. Théorie et fonctionnement*, Paris, Nathan.

Kohlmann, E., 2019, « Évolutions de la communication du Parc Naturel Régional du Pilat à travers le thème de la biodiversité : 2010–2015 », *Les Carnets du Cediscor* 15, <https://journals.openedition.org/cediscor/2942>

Lyons, J., 1970, *Linguistique générale. Introduction à la linguistique théorique* (traduction française ed.), Paris, Larousse.

Mahmoudian, M., 1986, « La démarche comparative en linguistique : Pertinence et limites », *Revue Européenne Des Sciences Sociales* 24(72), 33–45.

Maingueneau, D. (éd.), 1995, *Langages* 117 – *Les analyses du discours en France*, Paris, Larousse.

Mazière, F., 2005, *L'analyse du discours. Histoire et pratiques*. Presses Universitaires de France.

Moeschler, J., et Reboul, A., 1994, *Dictionnaire encyclopédique de pragmatique*, Paris, Seuil.

von Münchow, P. et Rakotonoelina, F. (éds), 2006, *Les Carnets du Cediscor* 9, Paris, Presses Sorbonne Nouvelle.

von Münchow, P., 2010, « Langue, discours, culture : quelle articulation ? », *Signes, discours et sociétés*, <http://revue-signes.gsu.edu.tr/article/-LXz7yiZKgVO69fy49uT>

Paveau, M.-A. et Sarfati, G.-É., 2003, *Les grandes théories de la linguistique. De la grammaire comparée à la pragmatique*, Paris, Armand Colin.

Peytard, J. et Moirand, S., 1992, *Discours et enseignement du français. Les lieux d'une rencontre*, Paris, Hachette.

Rakotonoelina, F., 2017, « Didactique, discours médiatiques et événements : développement d'une compétence pragmatique et d'une culture médiatique par l'analyse de l'actualité », *Les Carnets du Cediscor* 13, <http://journals.openedition.org/cediscor/1012>

Rakotonoelina, F., 2019, « Biodiversité/biodiversity : dynamiques discursives des fonctionnements collocationnels dans le discours lexicographique et les discours environnementalistes en français et en anglais », *Les Carnets du Cediscor* 15, <https://journals.openedition.org/cediscor/3069>

Remaud, O., Schaub, J. et Thireau, I., 2012, Pas de réflexivité sans comparaison *in* Remaud, O., Schaub, J. et Thireau, I. (éds), *Faire des sciences sociales. Comparer*, Paris, Éditions de l'École des hautes études en sciences sociales.

Robins, R.H., 1973, *Linguistique générale : une introduction*, Paris, Armand Colin.

Sperber, D., 1996, *La contagion des idées*, Paris, Odile Jacob.

Van de Velde, C., 2010, Comparaison. *Les 100 mots de la sociologie*, <http://journals.openedition.org/sociologie/2370>

Études contrastives

Description, appropriation et traduction des langues et des cultures

La collection Études contrastives propose des travaux en français et anglais qui apportent des éclairages inédits sur des phénomènes d'équivalence, d'interférence ou de non-coïncidence, confrontant les langues les plus diverses dans leurs usages multiples. Offrant une ouverture sur la traduction en tant que contact de langues, elle accueille également des études portant sur le processus d'appropriation des langues et des cultures dans les contextes les plus variés.

Directeur de collection: **Thomas Szende**

Comité éditorial

Marc Brunelle, University of Ottawa, Canada
Jean-Marc Dewaele, Birbeck College, United Kingdom
Jean-René Ladmiral, Université Paris X – Nanterre, France
Daniel Lebaud, Université de Franche-Comté, France
Jean-Léo Léonard, Université Paris-Sorbonne, France
Roland Marti, Universität des Saarlandes, Deutschland
Antonio Pamies Bertrán, Universidad de Granada, España
Mojca Schlamberger Brezar, Univerza v Ljubljani, Slovenia

www.peterlang.com

www.ingramcontent.com/pod-product-compliance
Lightning Source LLC
LaVergne TN
LVHW011943060526
838201LV00061B/4198